Lisa Jenny Krieg

Drei Phasen der Entwurzelung

Oder

Die Liebe der Schildkröten

Lisa Jenny Krieg

DREI PHASEN DER ENTWURZELUNG

ODER

DIE LIEBE DER SCHILDKRÖTEN

WORTSCHATTEN VERLAG

IMPRESSUM

1. Auflage 2022

Printed in Germany

Wortschatten Verlag
Verlagsgruppe Mainz
Süsterfeldstraße 83
52072 Aachen

info@wortschatten.de
0049 (0)241 87343400
www.wortschatten.de

Gestaltung, Druck und Vertrieb:
Druckerei und Verlagshaus Mainz
Süsterfeldstraße 83
52072 Aachen

www.verlag-mainz.de

Lektorat:
Kim Colling

Umschlaggestaltung:
Dietrich Betcher

Abbildungsnachweis (Umschlag):
© RantGoil / stock.adobe.com

ISBN-10: 3-96964-028-8
ISBN-13: 978-3-96964-028-9

INHALTSVERZEICHNIS

Inhaltswarnungen

Fehlgeburt

Zerstörung der Heimat

Flucht

Ertrinken

Verlust von Familie durch eine Naturkatastrophe

Diskriminierung aufgrund von Herkunft

Wenn ich eine Schildkröte wäre, dann wäre ich frei.

Ich würde meine Flossen ausbreiten und fliegen. Hinein in das tiefe Blau würde ich fliegen und nichts würde mich aufhalten. Ich würde keine Angst kennen, denn mein Panzer wäre hart und meine Lungen stark. Nichts und niemand würde mich davon abhalten, tief und immer tiefer zu tauchen, weit und immer weiter zu schwimmen.

Bis zu den Sternen würde ich schwimmen, bis in die tiefsten Tiefen. Der ganze Ozean wäre mein Zuhause, nirgends wäre ich fremd.

Wenn ich eine Schildkröte wäre, müsste ich mich nicht erinnern. Ich müsste die Vergangenheit nicht mit mir tragen, wohin ich auch gehe. Sie würde nicht unerträglich auf meinen Schultern lasten und mir jede Bewegung erschweren. Ich würde sie hinter mir lassen wie die Küste, von der ich aufgebrochen bin, bis sie nichts wäre als eine ferne Erinnerung.

Was ist ein Mensch? Was ist ein Tier? Was liegt in dem Raum dazwischen? Diese Fragen wären mir egal. Ich würde lautlos lachen, meine Flossen würden die Strömung fangen und mit den Wellen spielen. Mein runder Körper würde sich in die tiefe Weite schrauben, bis die Welt über Wasser nicht mehr ist als ein Traumbild, das ich vergesse.

Der Rhythmus meiner Flossenschläge gäbe den Takt vor. Langsam würde ich meine Flossen auf und ab bewegen, auf und ab, auf und ab, auf und ab, bis es nur noch einen Rhythmus gibt: Meinen Herzschlag.

Wenn ich eine Schildkröte wäre, wäre ich frei.

Teil I

Anna und die Meeresschildkröte

WASSER

WEIT WEG VON ZU HAUSE

Der Mond taucht den Schreibtisch in silbernes Licht, das Meer rauscht leise durch das offene Fenster. Kleine Wellen brechen sich an Amphigebäuden, die seit dem Meeresspiegelanstieg unfreiwillig im salzigen Wasser des Golfs von Aqaba stehen wie steinerne Mangrovenbäume. Anna kneift die Augen zusammen und kratzt mit dem Füller über das Orgatek-Pergament. In Tinte so schwarz wie die Tiefsee korrigiert sie Sequenz um Sequenz, Zeile um Zeile. Anna schiebt ihr dickes rotes Haar von einer Schulter auf die andere und wischt sich kurz über die feuchte Stirn. Selbst die Nächte sind heiß in Eilat.

Sie ist kurz vor einem Durchbruch. Die Lösung wartet in greifbarer Nähe, sie *spürt* es. Ihre Finger zittern vor Anspannung. Ihr Holo hat die Nukleotidsequenzen des Gens TaT32 von *Artiaster roseus* auf das Pergament übertragen. Scharf und klar reiht sich Basenpaar an Basenpaar. Man muss nur den Fehler finden, der dafür verantwortlich ist, dass der Hybridseestern anstatt des geplanten Klebeproteins SfP32a das schwächere SfP32b produziert. Ein minimaler Unterschied, doch selbst ein minimaler Fehler ist ein Fehler. Ohne den richtigen Haftstoff versagen die Klebefüßchen des Seesterns. Er ist zu langsam, zu schwach, kann den Algenüberschuss des Riffs nicht abbauen, die Muschelpopulation nicht kontrollieren und damit auch das letzte Korallenriff der Welt nicht vor dem Zusammenbruch retten.

Aber so schnell wird Anna nicht aufgeben. Ihr Blick hat sich an den Sequenzen festgesaugt. Die Pergamentseiten sind vor ihr ausgebreitet. Der Druck der Füllerspitze regt die Mikroorganismen im Pergament an, Orga-Tinte zu produzieren. Meira würde sagen, es sei Verschwendung, so viele Seiten zu benutzen, anstatt eine einzelne Seite immer wieder zu überschreiben und alles automatisch in ihr Holo hochzuladen. Aber sie muss es vor sich *sehen,* muss die Abfolge der Sequenzen *fühlen.* Wenn sie nur so schnell schreiben könnte, wie sie denkt!

Ihre Augen fliegen über die Seite. Sie streicht Nukleotide und fügt andere hinzu. *Eine* falsche Aminosäure, *eine* falsche Faltung, und das Protein verliert seine Wirksamkeit. Aber sie hat keine Angst, Fehler zu machen. Ein bisschen Druck erhöht die Konzentration. Das Pergament füllt sich im Takt der Füllerspitze, als sie ganze Sequenzen löscht und neu schreibt. Vor ihrem inneren Auge sieht sie, wie sich Aminosäuren zu Peptidketten verbinden, wie sich Winkel an Winkel faltet und ein dreidimensionales Ganzes ergibt. *Eins, zwei, drei. Eins, zwei, drei.* Wie ein Schlüssel. *Ein Schlüssel, dem Zacken fehlen.* Anna kneift die Augen zusammen. Schweißtropfen laufen langsam ihre Stirn hinunter und sammeln sich über ihren Augenbrauen, rutschen am Haaransatz entlang bis in ihren Nacken. Wenn die Faltung des Proteins nicht zu den Klebefüßchen des Seesterns passt, muss sie eben andere Wege finden, *kreative* Wege. Wege, an die noch niemand gedacht hat. Sie schließt die Augen und konzentriert sich. Man muss den Nukleotiden zuhören. Die Sequenzen als *Ganzes* sehen. *Muster* erkennen. Und man darf sich einfach nicht beirren lassen.

Vor ihrem inneren Auge drehen sich Aminosäuren und anatomische Strukturen umeinander. Symmetrien verschmelzen, teilen sich und setzen sich wieder neu zusammen. Wenn man genau hinsieht, ist kein Objekt wirklich vom anderen getrennt. Nur eine dünne Hautschicht trennt Haftsekret und Klebefüßchen voneinander. *Haut*? Was ist das? Ein löchriges Organ, das Austausch ermöglicht. Grenzen sind eine Illusion. Wenn man nicht an die Einschränkungen der Materie gebunden wäre, könnte man einfach durch den Seestern hindurchgleiten, den sie an Computern berechnet und auf dem Glas produziert haben. Man könnte die Ambulakralfüßchen auf der Haut von *Artiaster roseus* sehen, oben rosa und an der Basis weiß. Man würde sehen, dass auf den Füßchen selbst weitere Füßchen sitzen, dass sich fraktalartige Formen fast unendlich oft wiederholen, bis es keinen Sinn mehr ergibt, von einer *Haut* zu sprechen. Denn anstatt einer Grenze zwischen dem Seestern und der Welt um ihn herum gibt es vielmehr ein wildwüchsiges Dickicht, in dem es unmöglich ist, festzustellen, wo der Seestern anfängt und die Welt aufhört. In einem bestimmten Moment würde man bemerken, dass man sich nicht mehr *zwischen* zwei Lamellen befindet, sondern schon *innerhalb* des Seesternkörpers, ohne dass man eine magische Pforte irgendeiner Art durchschritten hätte. Der Übergang zwischen innen und außen löst sich auf wie eine Träne im Meer, wenn man nach ihr greifen will. Man würde spiralförmigen Molekülen folgen, die einen Seestern aufbauen, den es natürlicherweise gar nicht geben dürfte – zumindest würden das die Hybridisierungsgegner behaupten. Aber was heißt das schon, »natürlich«?

Annas Füller setzt Zeichen an Zeichen, Linie an Linie. Verirrte Haarsträhnen fallen ihr in die Stirn, aber sie hat keine Zeit, ihre Haare zusammenzubinden. Neben ihr steht ein Krebsproteinbrei auf Ziegenmilchbasis, aber auch für ihn hat sie keine Zeit. Der Stift fällt ihr aus der Hand, sie legt ihren Kopf in den Nacken, stöhnt und schließt die Augen. Ihr Körper ist zu schwach. Das Zittern der Hände stört die Konzentration. Aber sie ist noch lange nicht fertig.

Entschieden öffnet sie die Augen. Ihr Blick schweift über die Sammlung. *Gabris und ihre Sammlung.* Muscheln und Steine, abgebrochene Korallenarme und ausgetrocknete Seepferdchen, gefunden und geordnet von ihr und ihrem kleinen Bruder, stapeln sich in den Regalen. Sie liegen nebeneinander und türmen sich aufeinander, formen Kreise, Spiralen und Linien, die sich bis über die Wände ziehen. Ein jedes Ding hat seinen eigenen Platz in diesem Muster. Wie ein Nukleotid nach dem anderen erschaffen die Einzelteile zusammen ein bedeutungsvolles Ganzes. Ein kurzer Blick auf die Uhr sagt Anna, dass es zwei Uhr nachts ist. Schnell schließt sie die Augen wieder. Ihre Finger fahren einer nach dem anderen über die drei glatten schwarzen Steine auf ihrem Tisch. *Eins, zwei, drei*. Kühle Oberflächen, unendlich oft berührt. Wenn sie einen Alg-Kaffee trinkt, kann sie vielleicht noch eine Stunde durchhalten. Gedankenverloren beginnt sie, den Krebsbrei zu löffeln. Jetzt nur nicht den Faden verlieren. Ein warmes Gefühl macht sich in ihrem Bauch breit. *Essen. Das* hat ihr gefehlt, *Energie*.

Wie ein Blitz durchzuckt es sie. Energie, natürlich … die Ammoniumkonzentration beeinflusst den pH-Wert … Sie muss es vor sich sehen. Der Löffel klappert auf den Tisch und die Füllerspitze attackiert das Pergament von Neuem. Wie konnte ihr das nur entgehen? Dabei lag die Lösung so klar vor ihren Augen!

Es ist 3:30 Uhr, als sie wie betäubt ins Bett wankt. Die salzige Luft mischt sich in ihrer Nase mit dem Geruch von Tinte und dem Moder des nie ganz trockenen Bettzeugs. Ein Lächeln schleicht sich auf ihre Lippen. Morgen wird sie mit Professor Jiddawi sprechen. *Talitha Jiddawi*. Sie wird große Augen machen.

Anna greift automatisch nach der braun-weiß getupften Muschel auf ihrem Nachtisch, presst sie fest in die Kuhle zwischen Schulter und Ohr, bis sich die Zacken beruhigend in die Haut an ihrem Hals drücken, und schläft ein.

Der Himmel ist weiß vor Hitze, das Meer glitzert dunkelblau. Die Berge auf der anderen Seite der Bucht von Aqaba liegen hellrot und schroff im morgendlichen Dunst. Das silberne Logo des IMGÖ glitzert schon zwischen zwei Gebäuden hervor, aber Anna hat keine Augen dafür. Sie geht fünf Treppenstufen nach unten, Wasser schwappt ihr über die Füße, die Algen sind schlüpfrig. Vier vorsichtige Schritte vorwärts, dann fünf Stufen hoch. Die Notizen von gestern Nacht in ihrer Umhängetasche, geht sie schnell über die Promenade an der riesigen Hotelruine vorbei. Der salzige Wind löst eine Haarsträhne aus ihrem langen Zopf. Die Eingänge der Amphigebäude an der Promenade Eilats liegen schon seit Jahrzehnten unter Wasser. Algenteppiche wachsen an Mauern empor, die unter der Last von Zeit, Sonne und Salz ächzen. Kloakengeruch dringt aus zerbrochenen Fenstern. Den Prunk früherer Jahrhunderte kann man nur noch erahnen.

Anna schaut nicht auf, sie zwingt sich, die Gedankenkette in ihrem Kopf immer wieder durchzugehen. Mentale Disziplin ist nötig, um sich nicht ablenken zu lassen. Ihre Füße kennen den Weg. Zwei Schritte, ein Loch im Asphalt. Am Plaza vorbei, einatmen, hier riecht die Luft am besten, nach Meer und Salz. Vor den renovierten Ruinen, in die die Forschungsinstitute gezogen sind, wird die Promenade täglich gewischt. *Eins, zwei, drei,* folgt ein Gedanke dem anderen, ohne die Kette zu unterbrechen – bis schrille Rufe sich gewaltsam in ihr Bewusstsein drängen.

Sie vergisst zu zählen. Verärgert geht sie schneller auf den Lärm zu, der in Eilats Forschungsquartier so fehl am Platz klingt. Dann sieht sie die Menschenmasse vor dem IMGÖ. Die Schilder. Die wütenden Gesichter und gereckten Fäuste. Hört die geschrienen Parolen. *Jetzt sind sie also auch hier!* Die Anti-Hybrider. Hybriditätsforschung würde eine Verwischung der Grenzen zwischen den natürlichen Arten unterstützen und damit die Auslöschung der Menschheit aktiv vorantreiben. Behauptet zumindest die MZ. *Menschen Zuerst,* so nennen sie sich. *Kompletter Unsinn.* Niemand am IMGÖ will irgendetwas auslöschen. Aber das interessiert keinen der Anti-Hybrider, die vor den wissenschaftlichen Einrichtungen ihre Schilder in die Höhe strecken wie die Stacheln eines Seeigels. Alexandria, Daressalam, und jetzt auch Eilat.

Eine Trommel gibt den Rhythmus vor. *Bam-bam-bam.*
»*Hybride nein – wir wollen Menschen sein!*«
»*Babys schützen, keine Gene spritzen!*«

»Fische raus!«

Fast bricht Anna in Lachen aus ob so viel Dummheit, wenn die Gesichter in der Menge nicht so unheimlich wütend aussehen würden, so … *hasserfüllt.* Sie zieht die Luft durch ihre Zähne ein. Dafür hat sie keine Zeit. Keine Zeit für politische Spiele, die ihre Arbeit verzögern. Sie muss an den Schreibtisch, und zwar dringend.

Anna hält sich mit einer schwitzenden Hand an der rauen Mauer des Institutsgebäudes fest. Der Weg zum Eingang führt durch die Menschenmenge. In Gedanken geht sie ihre Schritte durch: *Um die Ecke. Zehn Stufen hinunter. Dreiundzwanzig Schritte diagonal über dreiundzwanzig perfekt ineinanderpassende Marmorfliesen. Vier Stufen hoch. Ankunft …*

Bam-bam-bam, geht die Trommel. Drei grölende Männer haben sich von der Menge entfernt und drehen ihre Kreise. Anna hält die Luft an, aber es ist zu spät. Sie steuern direkt auf sie zu. Sie starrt in ihre Gesichter und versucht, den Gesichtsausdruck zu entschlüsseln, die Zukunft daran abzulesen. Ihre Hand presst sich fest gegen die Mauer, bis die rauen Spitzen des Putzes sich in ihre Haut drücken. Noch ein bisschen fester, und sie kann das ganze Gebäude zur Seite drücken. Mit einer einzigen Bewegung stößt sie sich von der Mauer ab, dreht sich um und geht gezwungen langsam in die entgegengesetzte Richtung.

Die Stimmen der Männer werden hinter ihr lauter. Anna beschleunigt ihre Schritte, nimmt drei Stufen auf einmal und rennt um die Ecke, gerade so schnell, wie sie ihre Tasche ruhig halten kann, damit die Pergamentseiten mit den Notizen nicht verknittern. Sie sieht den Hintereingang. Eine feste, weiße Tür. *Bam-bam-bam,* geht die Trommel. Hinter ihr klingen die Schritte der Männer zu schnell und zu nah. Mit zitternden Händen findet sie den Schlüssel in ihrer Tasche, erreicht die Tür und presst den Transponder auf das Schloss. Mit einem Piepen öffnet sich die Tür, viel zu langsam. Anna presst sich durch die Öffnung und drückt die schwere Tür hinter sich zu. Mit einem lauten Krachen fällt sie ins Schloss, gerade noch rechtzeitig.

Sekunden später treten Füße gegen die Tür. »Wir kriegen dich noch!«, grölt einer.

Anna lehnt sich gegen die kühle Wand. Ihr Herz rast, ihre Hände zittern immer noch, als sie ihre Tasche öffnet. Die Pergamentseiten sind durcheinander. Sie flucht, glättet ihre Haare und geht die Treppe hinauf ins Labor.

»Anna! Alles in Ordnung?« Ihr Kollege und vielleicht bester Freund, Muhit Pavier, schließt sie in eine viel zu feste Umarmung. Er ist das genaue Gegenteil von ihr: Laut, impulsiv und immer im Zentrum der Aufmerksamkeit. Trotzdem hat sie gelernt, ihn zu mögen.

»Nein. Meine Notizen sind komplett durcheinander.« Sie drückt ihn vorsichtig von sich weg und fährt sich schon wieder über die Haare. *Das war verdammt knapp.* Die anderen sitzen im Labor um den Kaffeetisch herum. Ein Live-Bericht über die Proteste läuft auf einem Bildschirm, die Trommel dröhnt verzerrt im Hintergrund. Alle reden gleichzeitig und schauen abwechselnd auf den Bericht und zum Fenster hinaus.

»Anna, wie bist du hereingekommen?«, fragt Meira Nasser. Sie ist auch Biologin und Postdoktorandin, wie Anna.

»Der Hintereingang«, sagt Anna und hält ihre Hände fest, weil das Zittern einfach nicht aufhört. Plötzlich brennen ihre Augen. Sie spürt Muhits besorgten Blick auf sich und bemüht sich, nicht so auszusehen, wie sie sich fühlt.

»War vorherzusehen, dass die Demos auch in Eilat anfangen«, sagt Meira trocken.

Anna legt ihre Tasche auf den Tisch und zieht die in Unordnung geratenen Notizen Blatt für Blatt heraus. Jemand schiebt eine Kaffeekanne und eine Tasse in ihre Richtung. »Vorsicht!«, sagt sie hektisch. Heiße Kaffeespritzer auf dem Pergament irritieren die Mikroorganismen in der Tinte darin. Sie seufzt und lässt sich in den Stuhl fallen.

Sie sollte sich neues Pergament leisten, oder noch besser, direkt im Holo arbeiten. Mit Licht in die Luft schreiben. Aber etwas im Kontakt von Füller und Pergament macht die Gedanken greifbarer. Sie seufzt noch einmal und drückt ihre Finger auf die Tischplatte, bis das Zittern aufhört. *Alles ist in Ordnung. Es ist nichts passiert. Atmen. Einfach atmen.* Sie schenkt sich Kaffee ein.

»In Daressalam ist letzte Woche eine Genetikerin krankenhausreif geprügelt worden«, sagt Muhit. Er sieht blass aus. Selbst die rotglänzenden Schuppen auf seiner braunen Haut, die ihn als marinen Hybrid kennzeichnen, sind heller als sonst.

Meira lacht kurz auf. »In Alexandria haben sie einen aufs Dach gejagt und ein Feuer gelegt. Die halbe Demo war hinter ihm her.«

»*Und?*«, fragt Anna.

Meira zuckt mit den Schultern und fährt sich durch die kurzen Haare. »Und? Was denkst du, was passiert, wenn man vom zwölften Stock springt?«

Anna starrt sie einen Moment lang an. Dann ordnet sie ihre Notizen vor sich auf dem Tisch sorgfältig nebeneinander. Hat sie wirklich vergessen, die Seiten zu nummerieren? Sie schüttelt verärgert den Kopf und lässt ihren Blick von Zeile zu Zeile wandern. Sie streicht das Pergament glatt und tauscht Seite drei und vier miteinander. Ein kleiner schwarzer Käfer krabbelt auf Seite fünf über ein Zwischenergebnis. Gelbe Flecken zieren seine blau schimmernden Flügel. Er ist so weit weg von zu Hause.

»Es finden eben nicht alle gut, was sich verändert«, sagt Yovesh.

Der Käfer klettert vom Papier auf die Tasse. Er streckt seine Beine. Bestimmt fliegt er gleich los. Vielleicht hat sie ihn unterschätzt. Vielleicht weiß er, was er tut. Ihr Herzschlag normalisiert sich, ihr Atem geht ruhiger. Sie versucht, sich auf die Zeilen vor ihr zu konzentrieren.

»Da müssen sie ja nicht gleich Leute umbringen«, sagt Muhit. »Oder willst du das etwa gutheißen?«

»Nein, nein, natürlich nicht«, murmelt Yovesh und wird rot.

Plötzlich steht Muhit hinter Anna und legt seine dunkelbraune Hand über den Käfer. Anna erschrickt und starrt Muhit fassungslos an. Aber er lächelt nur und nimmt das kleine Tier vorsichtig hoch. »Anna, du träumst schon wieder, oder?« Bevor sie zu einer Antwort ansetzen kann, dreht Muhit sich um und geht zum Fenster. »Erst sollen wir alle Probleme der Welt lösen, den genetischen Kollaps verhindern, und dann arbeitet man und arbeitet, und zum Dank wird man bedroht«, echauffiert er sich. Er öffnet das Fenster und lässt den Käfer frei.

»*So hart* arbeitest du auch wieder nicht.« Meira lacht. »Ist das erste Mal heute, dass ich dich vor halb zehn im Labor sehe.«

»Warte! Dort draußen wird er sterben!«, sagt Anna. Aber Muhit hört sie nicht und der Käfer ist schon fortgeflogen.

»Ich sage ja nur«, beginnt Yovesh wieder. »Man muss auch die *andere* Seite sehen.«

Anna hebt die Tasse an. *Der Käfer kann fliegen. Vielleicht findet er die Palme vor dem Eingang. Vielleicht schafft er es.* Sie verschiebt die Seiten sieben, acht, elf und zwölf und nimmt einen Schluck bitteren Alg-Kaffee. Beinahe ihr ganzer Kopf verschwindet in der Tasse und für einen Moment verstummen die Geräusche der Welt. Sie setzt die Tasse wieder ab und die Spiegelbilder von Meira und Muhit tauchen auf der schwarzen Oberfläche im Inneren der Tasse auf. Dann schwappt der Tasseninhalt und der ganze Raum verliert seine Kohärenz.

»*Andere Seite?*« Muhit stemmt die Hände in die Hüften. »Wenn Menschen sterben, dann gibt es keine andere Seite, die man sehen muss!«

Yovesh zuckt mit den Schultern, dreht sich zu Meira und erzählt ihr von seinen Versuchen, Seepferdchen-DNS zu mutieren. Muhit packt seine Sachen und geht an seinen Schreibtisch. Anna schüttelt langsam den Kopf. Yovesh versucht es nach der Schindler-Thomson-Methode, dabei hat eine rezente Studie gezeigt, dass die Quadratische Mutation weit bessere Ergebnisse liefert. »Was ist?«, fragt Yovesh und schaut sie an. Anna hat nicht gemerkt, dass die anderen sie beobachten.

»Die Schindler-Thomson-Methode. Sie ist ineffektiv«, sagt sie und legt sorgfältig ein Papier auf das andere.

Yovesh runzelt die Stirn. »Bisher habe ich gute Ergebnisse.« Sie zuckt mit den Schultern, nimmt ihren Kaffee und steht auf. Yovesh schaukelt nachdenklich auf seinem Stuhl. Als sie schon in der Tür ist, springt er auf. »Anna«, ruft er, »warte!«

SCHWARZE AUGEN

Zehn Meter unter der Wasseroberfläche strotzt das Riff nur so vor Leben. Korallen und Anemonen in Rot, Orange, Gelb und Lila ebben mit dem Rhythmus der Strömung auf und ab, schwingen hin und her. Türkisfarbene Wellen tragen kleine und große Fische vor und zurück. Der löchrige Fels des gigantischen Riffs fängt sie auf und stößt sie ab, um ihn dreht sich ihr ganzes Leben. Dort, wo der weiße Sand des Meeresgrundes in der Tiefe verschwindet, werden die hellen Farben abgelöst von einem unendlichen Dunkelblau.

Anna reißt sich los von dem hypnotisierenden Rhythmus und lenkt ihren Blick auf die Seesternkolonie auf dem Felsen unter ihr. Sie drückt ihren Atmer fest, schließt kurz die Augen und atmet den Sauerstoff ein, den das Gerät aus dem Meer filtert. *Gut*. Der Atmer sitzt immer noch. *Natürlich*. Sie hat ihn ja schon mehrmals überprüft, aber sicher ist sicher. Über fünf Jahre sind vergangen, seit sie das letzte Mal Wasser geatmet hat, und heute soll nicht der Tag sein, an dem sich das ändert. Sie wird ihre Messungen machen, ihre Proben nehmen und wieder auftauchen. Alles wird nach Plan verlaufen. Langsam atmet sie aus und schaut den tanzenden Luftblasen auf dem Weg an die glitzernde Oberfläche hinterher.

Ein Schwarm kleiner Glasfische teilt sich vor der jungen Meeresbiologin, als sie einen rosa Seestern vom Felsen schält. Sie streicht mit einem Finger bewundernd über die rosa irisierende Haut von *Artiaster roseus*. Der Seestern windet sich in ihrem Griff. Anna kneift die Augen zusammen. Durch ihre minimal marin-hybride Genetik ist ihre Linse flexibel genug, um auch unter unter Wasser fokussieren zu können – allerdings nur, wenn sie sich konzenriert. Sie greift das Tier etwas fester und setzt das Messgerät an. Chip auslesen – *klick*. GPS-Koordinaten – *klick*. Durchmesser: 7,3 cm – *klick*. Sie lächelt. *Drei*. Ihre

Lieblingszahl. Armumfang: 23,3 mm – *klick*. Zwei weitere Dreier. Das dürfte ein guter Tag werden. Die Ärmchen des hybridisierten Seesterns fühlen sich fest und prall an.

Sie zieht das Messer aus der Tasche, um die Gewebeprobe zu nehmen, als ein Glitzern sie ablenkt. Eine runde Muschel sitzt in geometrischer Perfektion eingezwängt zwischen zwei Ästen einer Feuerkoralle. Anna hält inne. Eine kleine Abweichung vom Plan kann sie sich erlauben. Mit der Pinzette in einer Hand versucht sie vorsichtig, die Muschel zu lösen. Nach ein bisschen Ziehen und Zerren fällt sie ihr in die Hand. Sie schimmert dunkelviolett im Licht. In beeindruckender Regelmäßigkeit umrunden parallele schwarze Streifen ihre Form. *Gabri hätte sie gefallen*. Anna wischt den Gedanken an ihren Bruder entschieden zur Seite und steckt die Muschel in ihre Tasche, als die Strömung sie mit der Wucht eines Solarbusses trifft. Die Welle versetzt die Riffbewohner in Aufruhr und zieht Annas Körper zur Seite wie ein Bündel Seegras. Pinzette, Messer und Seestern fallen, sinken in die Tiefe, und Anna rudert heftig mit den Armen. Ihre linke Hand trifft auf Widerstand und greift zu. Scharfer Fels bohrt sich in ihre Hand und sie saugt erschrocken die Luft ein. Die Strömung zieht fest an ihr.

Ihr Herz pocht immer noch, als das Meer sich wieder beruhigt. *Man muss immer vorbereitet sein*, ärgert sie sich. *So ist der Ozean, immer in Bewegung, nie kann man wissen, was passiert. Deswegen muss man wachsam bleiben. Immer*. Gerade als sie ihren Griff etwas lockert und sich nach ihren Sachen umsieht, trifft sie die zweite Welle wie eine Faust aus Wasser. Der Fels bohrt sich tiefer in ihre Hand und alles dreht sich. Ein Schrei löst sich von ihren Lippen. Ihr hektisch rudernder freier Arm stößt gegen den Atmer und schiebt ihn zur Seite, gerade weit genug, um den Luftstrom der Filterung zu unterbrechen. Die Strömung saugt an ihr, der Atmer rutscht weiter, sie hält die Luft an und paddelt panisch. Und dann löst sich das Gerät ganz von ihrem Kopf.

Nein, nein! Nicht jetzt, nicht hier! Wasser drückt kalt gegen ihre Lippen. Die Luft geht ihr aus. Ihr Herz pocht wie wild. Wellen schließen sich um ihren Körper wie eisige Hände, obwohl die Wassertemperatur warm ist. *Sie ist nicht bereit dafür.* Die feindliche Flüssigkeit will in sie eindringen. Sie droht zu platzen. *Du hast doch hybride Lungen,* hört sie die Stimme ihres ehemaligen Doktorvaters aus Alexandria, *warum atmest du nicht einfach?* Als ob es so einfach wäre! Sie explodiert innerlich. Alles in ihr schreit: »Hoch, an die Luft!« Aber die Luft ist weit weg. *Keine Panik, keine Panik! Zählen!* Ein schwarzblauer Käfer mit drei Punkten, *drei,* drei ist eine gute Zahl, *drei, vier, fünf.* Sie muss den Atmer zu fassen kriegen, sie muss den Fels loslassen, die Strömung wird sie mitreißen, *sie muss auftauchen*!

Anna zappelt mit Händen und Füßen. Sie öffnet den Mund. Das Wasser drückt sich hinein. Drückt gegen ihre Zunge, gegen ihren Gaumen, gegen ihre Zähne. *So muss Gabri sich in seinen letzten Momenten gefühlt haben.* Der Gedanke schießt ihr durch den Kopf und setzt sich fest, breitet sich von dort in ihrem ganzen Körper aus. Sie schließt die Augen und atmet ein. Lässt sich vom Wasser überwältigen. Wurde er ins Meer geschleudert, oder ist er auf der Flucht vor der Lava gesprungen? Ihr kleiner Bruder konnte kein Wasser atmen, es muss ein Akt der Verzweiflung gewesen sein.

Anna will schreien, aber es geht nicht. Sie hustet, aber das Wasser hat schon einen Weg in ihre Lungen gefunden. Ihr Körper muss wissen, was zu tun ist, wenn sie nur ruhig bleiben könnte. *Acht, neun, zehn.* Sie reißt die Augen auf. Der Atmer tanzt direkt vor ihr in den Wellen. Anna greift nach dem Gerät. Verzweifelt streckt und biegt sich ihr ganzer Körper durchs Wasser. Ihre Lungen wehren sich, alle Muskeln versteifen sich, als sie das Wasser aus sich hinausstößt. Ihre Hand erreicht den Atmer, berührt das Verschlussband, nur noch einen Zentimeter. *Nur nicht noch einmal einatmen!* Annas Hand schließt sich um das

Gerät, hält es fest, zieht es zu sich. Sie liegt schräg im Wasser, die nächste Welle wird sie gegen das Riff drücken. Sie stülpt sich den Atmer über den Kopf, die Bänder sind verdreht. *Zählen! Elf, zwölf …*

Auf einmal kommt ein riesiger Schatten auf sie zu. Eine Schildkröte. Aus dem tiefen Blau gleitet eine riesige Meeresschildkröte mit sanften Flossenschlägen auf Anna zu. Für einen Moment vergisst sie ihre Panik. Das massige Tier bleibt zielsicher vor ihr im Wasser stehen und schaut sie mit neugierigem Blick an. Alte, schwarze Augen schauen tief in Annas Seele, *erkennen* sie und halten sie fest.

Alles ist in Ordnung. Sie muss nur weiter die Schildkröte ansehen. Nicht zählen, nicht denken, nur ihren Blick halten. Langsam sortiert Anna Arme und Beine, entwirrt die Bänder des Atmers, rückt ihn zurecht und schnallt ihn fest. Einmal kraftvoll ausatmen, und dann fließt Luft in Annas Lungen. Süße Luft, trockene Luft. Kann eine Schildkröte einen fragenden Blick haben? Wie tief können ihre Augen sein? Mit pochendem Herzen mustert Anna das Tier. Als Arbeitstier sollte die Schildkröte um diese Zeit wichtigen Aufgaben nachgehen und nicht Meeresbiologinnen erschrecken. Was macht sie allein hier am Riff? Stark genug für eine *Instie* wäre die Schildkröte mit dem dunkelrot schillernden Panzer, aber die Implantate fehlen. Die für schwere Arbeiten hybridisierten Instandhaltungs-Schildkröten sind aus den Genen der Grünen Meeresschildkröte, *Chelonia mydas*, und der Unechten Karettschildkröte, *Caretta caretta*, hervorgegangen. Verdichtet, sinnvollerweise, mit den fundamentalen drei Prozent der mythischen Lederschildkröte, *Dermochelys coriacea*. Aber die Schildkröte, die Anna neugierig ansieht, hat unversehrte Flossen. Ohne kybernetische Implantate für Präzisionsarbeit. Ledrige, weiße Haut umrahmt jede einzelne rotbraune Schuppe ihres Körpers. An der Seite ihres Halses erkennt Anna eine einzelne silberne, sternförmige Schuppe. *Sonderbar*.

Eine verirrte *Navtie*? Aber Navigationsschildkröten verirren sich nicht. Ihre Sinne sind untrüglich. Außerdem trägt sie keinen Zuggurt. *Die Identifikationsnummer.* Sie wird eine Nachricht mit der Identifikationsnummer der Schildkröte an die Riffaufsicht schicken. Die Patrouillen können die Ausreißerin wieder einfangen. Anna löst ihren Blick widerwillig von den dunklen Augen der Schildkröte und ruft den Kontakt der Riffaufsicht an ihrem Holo auf. Sie will die Identifikationsnummer auf dem Halsband der Schildkröte ablesen, aber *die Schildkröte trägt kein Halsband.*

Anna kneift die Augen zusammen. Es *muss* da sein. Aber der Hals der Schildkröte ist genauso rotbraun geschuppt wie der Rest ihres Körpers. Man sieht nicht einmal einen Abdruck, den ein Halsband hinterlassen würde, wenn man es abnehmen würde. Wobei es wirklich keinen vorstellbaren Grund gibt, warum jemand einer Schildkröte das Halsband abnehmen sollte. Und dann setzt Annas Herz für einen Moment aus. *Auf dem Panzer der Schildkröte wachsen Algen!* Nicht nur auf dem Panzer, auch auf dem Rest ihres Körpers. Und Seepocken. Kleine, runde Krebse, die an ihr festgewachsen sind. Warum ist ihr das nicht gleich aufgefallen? *Das ist schlicht und ergreifend unmöglich.* Anna streicht sich mit einer fahrigen Bewegung über ihr Gesicht und stößt dabei gegen den Atmer. Die Arbeitsschildkröten werden jeden Abend gereinigt. *Jeden. Abend.* Könnte sie als Schlüpfling aus den Inkubatoren entkommen sein? Aber sie wäre niemals unbemerkt durch die Schleusen gekommen und die Schlüpflinge werden intraovular gechipt, noch vor dem Schlüpfen.

Aber natürlich! Es gibt eine Lösung. Eine noch unmöglichere Lösung. Sie könnte eine *wilde* Meeresschildkröte sein. Außer, dass es keine wilden Meeresschildkröten gibt, da sie seit beinahe hundert Jahren ausgestorben sind. Sicher, es gibt immer noch Menschen, die das leugnen, aber die Fakten sprechen für sich und den Fakten ist es egal, ob man sie leugnet oder nicht. Es gibt keinen Grund, an ihnen zu zweifeln, keinen rationalen zumindest. Bis auf diese Schildkröte hier, mit den tiefschwarzen Augen und dem überwachsenen Panzer.

Sie *muss* eine Nachricht an die Riffaufsicht schicken. Die Behörde wird wissen, was zu tun ist. Es ist schließlich nicht *ihr* Problem. Annas Finger schwebt über dem Holo an ihrem Handgelenk. Eine kleine Geste genügt und die Beobachtung wäre gemeldet. Sie zögert. Es ist etwas in den Augen der Schildkröte. *Absicht. Eine Frage. Neugier?* Alte Augen hat sie, wissende Augen. Anders als die Schildkrötenaugen, die Anna kennt. *Wilder.*

Sie atmet aus, erwidert den Blick der Schildkröte und hat das Gefühl, als würde sich etwas Schweres von ihr lösen. Dann kommt wieder eine Welle, bringt Anna ein drittes Mal aus dem Gleichgewicht und drückt sie auf die Schildkröte zu. Sie paddelt mit Armen und Beinen, aber die Strömung ist stärker. Anna stößt gegen das Tier, ihre Beine schlagen gegen den Panzer der Schildkröte und dann sind ihre schwarzen Augen direkt vor ihr. Sie blicken tief in Annas Seele hinein und Hände und Flossen finden sich instinktiv und berühren sich.

Richtungen verlieren ihre Bedeutung. Oben und unten lösen sich auf. Es gibt nur noch einen Weg: Tiefer. Ihre Finger kribbeln, violette Lichtflecken tanzen vor ihr hin und her. Anna fällt. Sie fällt in die Augen der Schildkröte. Und dann ist alles dunkel, warm und leise.

Langsam gehorcht ihr Körper ihr wieder. Sie bewegt die Flossen, ihr gepanzerter Körper findet sein Gleichgewicht in der Strömung. Sie öffnet die Augen und sieht eine andere Welt. Was ist nur mit dem Meer geschehen? Es ist angefüllt mit bunten Linien und Wirbeln, mit den Spuren kleiner Fische, mit den Mustern von Strömungen, ineinandergeflochten wie ein eng gewobener Stoff. Es riecht nach Delfin, nach Oktopus, nach Qualle und nach so viel mehr. Eine sonderbar zerbrechliche Frau schwebt vor ihr im Wasser. Ihre Haut ist braun, lange rote Haare fächern sich um ihren Kopf auf wie die Strahlen der untergehenden Sonne. Dort, wo die dünnen Finger ihrer viel zu dünnen Hand ihre Flossen berühren, ist es warm. Tiefblaue Augen starren sie überrascht an, als stünde die Zeit still.

Anna blinzelt, sie rudert panisch mit Armen und Beinen. Es sind ihre Arme und Beine, die da rudern. Ja, natürlich, ihr Körper, der in Panik geraten ist, ein *menschlicher* Körper, *ihre* Augen, die die Schildkröte suchen, die gerade noch hier war, vor nur einem Moment. Alles fühlt sich falsch an, ihr Blutsauerstoff ist zu niedrig, ihr Holo piept warnend. Sie hätte keine Warnung gebraucht. Es ist zu viel Wasser um sie herum. Es drückt gegen sie von allen Seiten. Es ist einfach zu nass hier, zu blau, zu tief. Sie muss nach oben.

EIN ORT FÜR JEDEN STEIN

Anna zieht sich an der Klappleiter hoch. Die *Navtie Lini103* hält das kleine gelbe Forschungsboot ruhig im plätschernden Wasser. Muhit streckt ihr einen Arm entgegen. »Auf drei.« Sie keucht, als sie es ins Boot geschafft hat, reißt sich den Atmer vom Kopf und legt sich flach auf den Rücken. »Du bist so bleich wie der Bauch eines Riffhais! Was ist dir denn da unten begegnet?« Ihr bester Freund kichert.

»Nichts«, antwortet Anna und streicht sich die nassen Haare aus dem Gesicht. Auf keinem Fall kann sie ihm von der Schildkröte erzählen. Muhit würde sie für verrückt erklären. »Du arbeitest zu viel«, würde er sagen, und vielleicht hätte er damit auch recht. Vor allem müsste sie ihm dann erklären, warum sie die Riffaufsicht nicht alarmiert hat. Dafür gibt es einfach keinen guten Grund. Vor allem keinen, den sie erklären kann. *Außer diesem Gefühl. Dass sie zu ihr gekommen ist.* Völliger Schwachsinn! Warum soll eine Schildkröte *sie* aufsuchen, mitten im Meer? Außerdem sind wilde Schildkröten ausgestorben. Es führt kein Weg an dieser Tatsache vorbei. Bestimmt hat sie das Halsband übersehen und die Schildkröte ist bereits auf dem Weg zurück zu ihrer Gruppe. Oder jemand anders wird sie der Riffaufsicht melden.

»Du atmest, als hättest du Leistungssport getrieben«, sagt Muhit.

Anna brummt. »Die Strömung war stark.«

Muhit schaut sie aufmerksam an. »Hast du alle geschafft?«

Zehn Seesterne fehlen noch, elf, wenn sie den verlorenen mitzählt. Anna schaut ihm nicht in die Augen. Sie schüttelt den Kopf. »Ein paar fehlen noch.«

»Und …« Er zögert. »Willst du nochmal rein?« Er weiß es, sie muss ihm nichts erklären. Irgendwann hat er wohl eins und eins zusammengezählt. Angesprochen auf die Panikattacken hat er sie nie, aber er weiß, was damals passiert ist. Muhit redet zwar mehr als alle anderen Menschen, die sie kennt, zusammen, aber die wirklich wichtigen Dinge muss man ihm nicht sagen. Die Dinge, die man nur schwer in Worte fassen kann, versteht er auch so.

Anna schüttelt den Kopf und presst die Lippen zusammen. Noch einen Tauchgang schafft sie nicht. »Ein anderes Mal«, sagt sie leise. Muhit nickt und gibt Lini103 das Signal zur Rückfahrt. Die starke Schildkröte wirft sich mit festen Flossenschlägen in den Zuggurt und das Boot setzt sich langsam in Bewegung. Die Grüne Meeresschildkröte, *Chelonia mydias,* ist die genetische Grundlage der *Navties.* Es wurde über die Jahre viel gekreuzt und gebastelt, vor allem seit das Leslie-Gupta-Gen ausgehebelt wurde. In gewissem Sinne sind *Navties* der Archetyp von Schildkröte. Schildkröten, wie sie sein *sollten,* besser noch, als die Natur sie erschaffen hat. Ihre Gelehrigkeit und Loyalität, ihre enge Bindung zu ihren Pflegern sind der Stoff von Mythen. *Niemand liebt wie eine Schildkröte,* so sagt man, und jeder weiß, dass damit *Navties* gemeint sind.

Der weiße Sand auf dem Meeresboden macht Platz für einen Flickenteppich aus Steinen, Felsen und großen dunklen Kratern. Manche davon sind mehrere Meter breit. »Wir sind über den Löchern.« Annas Stimme klingt angespannt.

»Deswegen haben wir ja auch Lini dabei, schon vergessen? Wir hätten auch den Alg-Motor nehmen können. Entspann dich. Genieß die Fahrt.« Muhit lehnt sich zurück und beginnt, ein Lied zu summen. Anna erkennt den Titel. *Messiba,* der letzte Hit von Muhits Lieblingsband, *Die Deserteure.* Muhit hat keinen Sinn für Gefahr. Er muss so geboren sein oder vielleicht ist ihm einfach noch nie etwas Schlimmes widerfahren. Rational weiß Anna, dass er recht hat. Linis Magnetorezeption ist hervorragend. Sie spürt die Vibrationen, die einem Ausbruch vorausgehen.

Deswegen besteht sie immer auf eine *Navtie*, wenn sie die Löcher überqueren müssen.

»Ich weiß«, seufzt sie. Dann klettert sie doch auf die Nase des Bootes. Von dort hat man den besten Überblick.

»Du weißt schon, dass du ihr nicht helfen kannst?«

»Ja, ja.«

»*Heywahey, Reena, wir machen messiba, heywahey, oh Reena …*« Muhit singt laut und ungehemmt. Mit seinen Armen macht er Tanzbewegungen. »Oh, Anna! Es gab seit Jahren keinen Unfall. Unsere Schildkröten sind die besten der ganzen Fünfstaatenallianz. Irgendeinen Vorteil muss die staatliche Förderung ja haben … *Messiba!*« Muhit seufzt. »Das weißt du alles, stimmt's?« Anna nickt und schaut konzentriert auf das klare Wasser. Sie starrt in jedes Loch hinein, als könnte sie so die Zukunft erraten.

Später sitzt Anna vor ihren Daten am Bildschirm und schiebt die Zahlenreihen hin und her, aber die Konzentration will sich einfach nicht einstellen. Stattdessen sieht sie die Augen der Schildkröte mit der sternförmigen Schuppe vor sich. Etwas in ihnen war … anders. *Besonders*. Ob jemand sie gemeldet hat? Sie ruft die Seite der Riffaufsicht auf, aber dort steht nichts darüber. *Natürlich nicht*. Eine verirrte Arbeitsschildkröte ist nicht gerade eine Sensation, die eine Meldung wert ist.

Sie zögert einen Moment, prüft, dass sie niemand beobachtet, und gibt *Halluzinationen beim Tauchen* ein. Mit pochendem Herzen überfliegt sie Artikel über Tiefenrausch und Überdruck. Über *Panikattacken* und Euphorie, ausgelöst durch Stickstoff. Das Risiko von Lungenvorerkrankungen. Panikattacken … Sie schluckt. Sie sollte ihren Atmer austauschen. Vielleicht gibt es ein Problem bei der Filterung. Oder es liegt am Schlafmangel. Vorerkrankungen hat sie keine. Sie ist eine erfahrene Taucherin, trotz allem. Sie schüttelt den

Kopf und schließt den Artikel. Heute wird sie einfach früher ins Bett gehen.

Anna seufzt und wendet sich der Arbeit zu, aber die Daten ergeben heute einfach keinen Sinn. Sie schüttelt den Kopf und lenkt sich mit der Lektüre der neuesten Ausgabe von *Marine Genetik* ab. Sie bereitet die Proben vor, die zur Analyse in die Labore der Unterwasserstadt Nof Shunit geschickt werden.

»Mittagessen?«, fragt Muhit und streckt den Kopf durch die Tür.

»Ich hab mir was mitgebracht«, sagt sie, ohne aufzuschauen. »Ich esse später unten bei den Schildkröten.«

»Wie du meinst«, sagt Muhit und tippt sich zum Gruß an die Stirn. »Die Proteste haben sich übrigens aufgelöst.«

Anna schaut zu ihm auf. »Gut«, sagt sie.

»Die Eingangstür ist eingeschlagen.«

»Hm.«

»Aber niemand wurde verletzt.«

»Gut.«

»Talitha will, dass wir alle morgen früh zur Sicherheitsbelehrung kommen.« Er zieht eine Grimasse.

»In Ordnung.«

»Als ob wir nichts Besseres zu tun hätten!«

»Sicherheit ist wichtig.«

Er nickt und schaut sie prüfend an. »Wie du meinst … Alles in Ordnung, Anna?«

Sie zwingt sich zu einem Lächeln für Muhit. »Alles in Ordnung. Danke.« Er nickt wieder und verschwindet. Anna atmet aus, schließt die Augen für einen Moment und konzentriert sich dann wieder auf die Berechnungen vor ihr.

Eine halbe Stunde später nimmt sie ihre Dose, geht die Treppe hinunter und hinaus zu den Schildkrötenbecken. Hier, zwischen der Rückseite des Gebäudes, den Becken und dem Meer ist die Welt ein bisschen leiser. Hier kann man denken und atmen. Was ist beruhigender als Schildkröten?

Sie setzt sich auf den warmen Steinboden in den Schatten und packt ihr Mittagessen aus. Die Luft ist bereits zu heiß, eine warme Brise bringt auch keine Abhilfe. Das Wasser plätschert. Faul schwimmen die Schildkröten hin und her. Zwei *Porties* beäugen Anna neugierig. Die massigen Transportschildkröten legen ihre großen Vorderflossen auf den Beckenrand. Anna streicht sanft über ihre schuppigen Köpfe. Ihre schwarzen Augen sind schön. Aber ganz anders als die der wilden Meeresschildkröte von heute Morgen. *Die wahrscheinlich nicht wild war,* korrigiert Anna sich.

Die Sonne spiegelt sich in jeder kleinen Welle und erschafft ein blendendes Netz aus glitzerndem Licht an der Wasseroberfläche. Anna kneift die Augen zusammen. Der Geruch von Meer und Schildkröten legt sich wie eine weiche Decke über ihre Sinne und die Welt wird langsamer.

»Anna, bist du immer noch hier?« Muhits Stimme reißt sie aus der Konzentration. Gerade haben die Daten begonnen, Sinn zu ergeben. Gerade hat sich ein Verdacht geformt, wo der Fehler liegen könnte. Anna atmet geräuschvoll aus und legt sich die Hände über die Augen. Ihr Kopf schmerzt. Es ist erst acht Uhr und schon dunkel. »Wir trinken ein Alg-Bier in der Küche. Meira, ein paar Master-Studenten und ich. Komm, setz dich zu uns.« Anna ist sich fast sicher, dass Muhit ein Auge auf den neuen Master-Studenten geworfen hat, denn er verbringt in den letzten Wochen besonders viel Zeit in der Gemeinschaftsküche. »Du hast noch genug Zeit zum Arbeiten. Dein ganzes Leben lang hast du Zeit dafür! Schalt den Computer aus. Versprich mir, dass du kommst!«

Es ist schwer, zu Muhit Nein zu sagen. »Ich überarbeite nur noch kurz eine Tabelle. Eine Minute.«

Als Anna wieder aufschaut, ist es elf Uhr. Das Gelächter aus der Küche ist verstummt. Sie schaltet den Computer aus, packt ihre Tasche und geht nach Hause.

Die Luft draußen ist immer noch warm. Sterne funkeln am Himmel. Ein orangefarbener, praller Mond geht über den Bergen im Osten auf. Das Meer rauscht, die Ziegen blöken. Eilat ist eine kleine Stadt. Sie ist bekannt für ihre Forschungsinstitute, aber der Rest der Infrastruktur liegt brach. Arbeit gibt es fast keine. Die ganz Verzweifelten handeln mit Schrott. Die Piratenlabore sind darauf angewiesen. Am Ende ist es wie überall der Schwarzmarkt, der alles zusammenhält.

In Gedanken versunken läuft Anna zwischen den Ruinen der alten Welt hindurch. Sie zählt die Sterne, so wie früher auf Réunion, als die Welt noch in Ordnung war. Sie und Gabri lagen im Sand, seine kleine Hand in ihrer, die Stimmen der Eltern nicht weit von ihnen. Rote Sterne zählten doppelt, Planeten zählten fünffach, Sternschnuppen zehnfach. Meistens ließ sie Gabri gewinnen.

Sie schließt ihre Tür auf. Ihr Apartment im Taba-Komplex III ist klein und heruntergekommen. Die Feuchtigkeit des Meers, die durch alle Ritzen kriecht, erinnert sie an zu Hause. Dem Kampf zwischen salziger Feuchte und trockener Wüstenhitze hat Materie nicht viel entgegenzusetzen. Die Fliesen im Bad haben ausnahmslos alle Risse, der Putz an den Wänden bröckelt. Anna hat es sich trotzdem gemütlich gemacht. Ein Zuhause muss es nicht werden. Es ist einfach der Ort, an dem sie gerade lebt, das muss reichen. Réunion war zu Hause. Das Meer rauschte sanft, die Wellen brachen sich gewaltig. Aber es bringt nichts, darüber nachzudenken, über dieses ganz besondere Grün der Palmen, darüber, wie der Wind nachts blies, wie es sich anfühlte, neben einem Vulkan zu leben, der die Erde unter einem zum Beben brachte. Es bringt nichts, denn es ist vorbei.

Vielleicht hat man nur ein Zuhause im Leben. Vielleicht hat es keinen Sinn, dieses Gefühl reproduzieren zu wollen. Anna geht mit langsamen Schritten durch ihre Wohnung, berührt eine große braun-weiß gestreifte Muschel, streicht über einen glatten, hellblauen Stein. Mit ihren Fingern fährt sie die Linien ihrer Sammlung nach, die die Erinnerungsstücke aus dem Wasser zeichnen. Ein jeder Stein an seinem Ort, eine jede Muschel an ihrem Platz. Gemeinsam zeichnen sie das Muster ihres Lebens. Eine Geschichte von dem, was war, was ist und was vielleicht noch kommen wird. Sie geht an den Wänden ihres Wohnzimmers entlang, an der Küche vorbei, durch den Flur und zurück ins Wohnzimmer. Wieder und wieder schließt sich der Kreis.

Sie macht sich eine Tasse Alg-Kaffee aus dem neuen Pulver, das wie echter Kaffee schmecken soll, nimmt sich zwei Kekse aus der Dose als Abendessen und setzt sich an den Tisch. Sie analysiert ihre Daten ein weiteres Mal, denkt über neue Ansätze der Gentranslokation nach, liest zwei Artikel, bis alles vor ihren Augen verschwimmt. Sie programmiert ein Modell, füttert es mit Daten, denkt an Gabri, denkt an die nötigen Korrekturen, findet den Fehler, denkt ans Meer. Das Modell funktioniert nicht, sie sucht den Fehler, hört die Wellen, hört die Stimme ihrer Mutter, sieht Gabri auf der Schaukel im Garten, sieht Gabri im Meer, ihr Herz zieht sich zusammen. Die Zahlen auf dem Bildschirm verschwimmen vor ihren Augen.

Sie macht eine Pause, legt sich in die Badewanne. Das warme Wasser plätschert leise, ein Käfer mit blauschwarzen Flügeln und gelben Punkten läuft an der Decke entlang. Er fliegt und landet neben ihr. Ist es der gleiche Käfer wie heute Morgen? Sie zählt seine Beine – sechs, – seine Punkte – drei – und lächelt. Unwillkürlich wandern ihre Gedanken zu Shiryam. Shiryam mit seinen schwarzen Locken, seinen meergrünen Augen und seiner sanften Stimme.

DIE DESERTEURE

Es ist dunkel und drückend warm. Anna hat keine Ahnung, wie Muhit es geschafft hat, sie zu überreden, zu dem Konzert mitzugehen. Die Tatsache, dass Shiryam mitkommt, hat vielleicht eine Rolle gespielt. Vielleicht auch nicht. Sie hat sich seit dieser einen Nacht vor drei Wochen nicht bei ihm gemeldet. Es ist schwer zu sagen, warum. Es ist einfach kein Platz in ihr für *so etwas*. Das Leben ist schon kompliziert genug, so, wie es ist. Auch ohne jemanden, dessen Blick sie nervös werden lässt und bei dessen Lächeln ihr Herz zu flattern beginnt. Auch ohne Konzerte mitten in der Nacht, die ihren Arbeitsrhythmus stören. Ein Teil von ihr bereut es jetzt schon, dass sie mitgekommen ist. Der andere Teil fühlt sich … *gut*. Sie nimmt einen Schluck von ihrem Alg-Bier. Dieses Kribbeln im Bauch ist angenehm. *Leicht*.

»*Yalla*, komm!«, ruft Anna Shiryam zu und läuft schnellen Schrittes mit Muhit voraus.

»Die Deserteure, Leute! Das wird spitzenmäßig! *Messiba, messiba, ohaoah, oh Reena!*« Muhit singt und tanzt durch die Nacht.

»Ein bisschen *Messiba* kann ich jetzt auch gebrauchen«, sagt Meira und seufzt. »Aber wo die Party ist, hast du uns immer noch nicht erzählt.«

»Die Location ist *top-secret*, Meira«, sagt Muhit verschwörerisch. Sie laufen über eine salzverkrustete Fußgängerbrücke, die wenig vertrauenserweckend aussieht. Danach biegt Muhit links ab und geht eine Treppe hinunter, die mitten in eine Gebäuderuine führt. Anna sieht sich um. Der Sternenhimmel funkelt über ihnen. Durch ein Loch in der Fassade sieht man den aufgehenden Mond. Sie spürt ein sehnsüchtiges Ziehen in der Brust, als sie an ihre Notizen auf dem Schreibtisch denkt. Heute Nacht wird niemand an ihnen arbeiten.

»Sag nicht, dass es in Herod's Palast ist, Muhit«, sagt Yovesh mit einem Ausdruck, der nahelegt, dass er dort noch nie war, und das auch nicht unbedingt ändern möchte.

Shiryam grinst, brummt, und schaut Muhit an. Muhit lacht. »Fast. Nicht ganz. Warum?«

»Man hört ja so einiges über den Palast«, sagt Yovesh. »Zwielichtige Geschichten. *Kil'ayim,* Extinktionsflüchtlinge und so weiter. Den Rest kann man sich ja denken.«

»*Hybride*«, sagt Muhit sanft, aber bestimmt. »Das Wort *Kil'ayim* kannst du aus deinem Wortschatz streichen. Und außerdem solltest du nicht alles glauben, was du hörst.« Ursprünglich wurden nur hybridisierte Menschen als *Kil'ayim* bezeichnet, deren Gesundheitsprobleme so tiefgreifend waren, dass ein normales Leben für sie unmöglich war. Aber das negativ konnotierte hebräischstämmige Wort setzte sich durch. Anna hat Muhits Meinung dazu schon so oft gehört, dass sie weiß, was jetzt kommt: »Es ist nicht nur unhöflich, Hybride als *Kil'ayim* zu bezeichnen, sondern reproduziert auch die Idee, dass es *zwei* Arten von Hybriden gibt«, beginnt Muhit zu dozieren. Stumm formt Anna mit ihren Lippen die bereits auswendig gelernten Worte nach. Muhit räuspert sich. »Die, die normalen Menschen überlegen sind, und die gescheiterten, kranken, kriminellen *Kil'ayim*. Du kannst weitere negative Worte einfügen.« Er macht eine großzügige Geste. »*Weder das eine noch das andere ist eine korrekte Repräsentation der Realität …*«, spielt Annas Gehirn weiter ab, während Muhit fortfährt. »Aber beides verschleiert die Realität: Nämlich, dass Hybride auf einem Spektrum existieren. *Jede* Veränderung der DNS bringt Vor- *und* Nachteile. Deswegen macht das Wort *Kil'ayim* kurz gesagt keinen Sinn, außer als Beleidigung.«

Anna bemerkt Yoveshs irritierten Blick. Bestimmt hat er kein Wort verstanden. Unwillkürlich rollt sie die Augen. Noch ein paar Monate als Muhits Kollege, dann wird sich das mit Sicherheit ändern. Muhit wartet den Effekt seiner Ausführung ab. Shiryam grinst und schüttelt den Kopf. »Also, ich lass mir nichts unterstellen«, verteidigt sich Yovesh. »Ich will niemanden beleidigen. Ich informier mich eben. Und ich habe so meine Theorien.« Muhit schüttelt den Kopf und stöhnt. »Gut. Also, ihr geht da öfter hin, was?«, fragt Yovesh, beinahe mit so etwas wie neuem Respekt in der Stimme.

»Yovesh, mein Bruder. Ja. Tun wir. Und du, ganz ehrlich, verpasst was.« Muhit klopft ihm auf die Schulter und Yovesh lächelt skeptisch.

So ganz kann Anna es ihm nicht verübeln. Yovesh Saab hatte bestimmt wenig Berührungspunkte mit Hybriden in seinem Leben. Er ist im Landesinneren aufgewachsen, in Yizraal, eine trockene Region mit wenig Kontakt zum Meer. Die Tiefen Hybride können unheimlich sein, das muss man zugeben. Nicht so wie Muhit. Muhit ist attraktiv, die Schuppen passen zu ihm. Tiefe Hybride sind etwas anderes. Wenn man sich nicht sicher sein kann, ob Mensch oder Tier vor einem steht. Wenn einem schwindlig wird, weil kognitive Kategorien vor einem zusammenbrechen … Wenn sie Muhit nicht kennen würde und Gabri nicht gehabt hätte, würde es ihr vielleicht auch so gehen.

Gabri hätte die Bezeichnung *Kil'ayim* verdient, so traurig es ist. Das war der Preis für eine billige Hybridisierung. Der Preis für die fast nicht zu integrierende, aber preiswert verfügbare Marsupial-DNS. Zahllose Stunden hat sie neben ihm verbracht. Die Pusteln in seinem Beutel-Rudiment desinfiziert. Salbe auf die vereiterten Fellstücke aufgetragen. *Niemand sucht sich so etwas freiwillig aus.* Der Effekt des Alg-Bieres lässt nach und ihr Kopf fühlt sich auf einmal heiß an. Pochend. Aber Yovesh kann nichts dafür. Niemand hier kann etwas dafür, dass die Welt ungerecht ist.

»Gehen wir weiter?«, fragt Anna mit gepresster Stimme. »Es wird spät.« Muhit nickt und geht voraus. Er führt sie über brüchige Treppen und durch zerfallene Durchgänge. Die sanft beleuchtete Kuppel der Riffaufsicht dahinter sieht unwirklich steril dagegen aus.

»Stimmt es, dass im Herod's illegale terrestrische Hybridbanden mit fellbewachsenen Schwänzen leben?«, fragt Yovesh Anna leise.

Muhit bekommt einen Lachanfall, aber Anna hört die Frustration hinter seinem Lachen, hört, wie er die Zähne zusammenbeißt, um freundlich zu bleiben. »*Banden?* Yovesh, woher hast du dieses ganze Zeug?« Muhit klettert über ein wackeliges Stück Mauer und flucht leise. »Illegal, ja.« Er lacht bitter. »Wenn illegal bedeutet, dass keine Krankenversicherung dich akzeptiert, weil deine gesundheitlichen Probleme zu teuer werden … Wenn du mal zwanzig Jahre mit einem fellbewachsenen Schwanz gelebt hast, dann zwingen dich Rückenprobleme in die Knie, was eben so passiert, wenn Leute in deiner DNS rumbasteln, die sich nicht damit auskennen, während du in der Gebärmutter ein Nickerchen machst. Im Herod's kommt einmal die Woche ein Arzt vorbei, der Hybride und Extinktionsflüchtlinge *pro bono* behandelt. So viel zu illegal.«

Anna beißt sich auf die Lippen. Sie schwitzt unter ihrem schweren Zopf. Dieses Thema tut ihr nicht gut. Sie muss sich setzen oder tief durchatmen. Zählen. Oder noch ein Alg-Bier trinken. Aber dann kann sie ihr Arbeitspensum für morgen gleich vergessen.

Yovesh wird rot. »Das kann man wohl so oder so sehen. Ich frage ja nur.« Er klingt defensiv.

»*Freun*-de!«, schaltet Shiryam sich ein und drückt sich dazwischen. Seine Stimme klingt sonderbar gedämpft, als hätten die Wörter Schwierigkeiten, seinen Mund zu verlassen. Er faltet seine Hände und summt etwas, das wie ein Satz klingt, aber keiner ist. Er schaut von einem zum anderen. »*Messiba*, ja?« Die Buchstaben klingen wie nicht zusammenhängende, weiche Murmeln. Anna erinnert sich dunkel, dass Shiryam etwas von einem Sprechproblem erwähnt hat. Aber als sie allein waren, klang seine Stimme zwar ein bisschen sonderbar, aber freier. Nicht so wie jetzt. Sie klang leise und melodisch. *Besonders.*

Yovesh und Muhit schauen betreten. Yovesh winkt ab, Muhit lächelt, klopft Yovesh wieder auf die Schulter und sie gehen weiter. Noch ein paar Schritte, dann türmt sich Herod's Palast vor ihnen auf. Früher, vor den Feuern, war es eins der luxuriösesten Hotels in Eilat. Auch heute ist die Ruine noch beeindruckend. Aus beigem Stein gebaut reiht sich Stockwerk auf Stockwerk und mündet ganz oben in schwindelerregender Höhe in einer Vielzahl kleiner Türmchen. Die meisten sind abgebrochen. Einige der Stümpfe wurden umgebaut oder mit Palmen bepflanzt, die sich mutig dem Wind entgegenstemmen. Tausende Fenster starren ihnen wie bewegungslose Augen entgegen. Reste von Balkonen schweben in der Luft, abgebrochen oder repariert mit Holzplanken, Drahtseilen und Eisenstangen.

Sie betreten den Eingangsbereich. In der Lobby kann man in das Gebäude hinein nach oben schauen, bis der Blick sich verliert. Der Marmorboden ist zerfressen vom Salz der letzten 150 Jahre. Eine leere Rezeption aus Granit empfängt sie. Man spürt die Atmosphäre von Luxus selbst jetzt noch, auch wenn das ehemalige Hotel eins von vielen Opfern des steigenden Meeresspiegels ist. Pflanzen machen sich in jeder Ritze breit, Algen wachsen auf feuchten Oberflächen. Krebse rennen hektisch über den Boden. Trotz der Zerstörung der Zeit ist der Palast aufgeräumt. Man spürt, dass hier Menschen zu Hause sind. Löcher sind abgedeckt oder vernagelt. Der brüchige Marmorboden sieht frisch gefegt aus, kein bisschen Schutt liegt in den Ecken und die üppige Vegetation wird in Bahnen geleitet, die den Durchgang ermöglichen.

»Warst du hier schon mal, Mei?«, fragt Yovesh.

»Nein«, sagt Meira unbeeindruckt.

»Ziemlich … heruntergekommen«, sagt Yovesh. »Also, sicher ist das bestimmt nicht. Ich hoffe, wir gehen nicht die Treppe hoch.« Er wirkt nervös und Anna kann es ihm nicht verdenken. Im Herod's gibt es tausend Wege, um ans Ziel zu kommen. Meistens kann sie sich mit Muhit auf einen einigen, der die Grundvoraussetzungen des gesunden Menschenverstandes erfüllt.

»Wohin, Muhit?«, fragt Anna.

»Wir gehen nicht hoch, wir gehen *hinunter*«, sagt Muhit feierlich. »Hier, hinter dem Treppenaufgang. Nur Geduld, meine lieben Mitstreiter, gleich werdet ihr sie sehen, die magische Pforte.« Er verbeugt sich theatralisch. Anna schüttelt den Kopf. Shiryam grinst und summt.

»So ein Quatsch«, murmelt Yovesh.

Mei geht unbeeindruckt hinter ihnen her. Ihre Finger streifen andächtig die Wände. Neben dem breiten Treppenaufgang ist eine türförmige Öffnung, hinter der eine kleine Treppe nach unten führt. Anna zieht fragend die Augenbrauen hoch. Muhit zuckt mit den Schultern.

»*Yalla!*«, sagt Shiryam und deutet nach unten.

Die Treppe ist schmal. Als Letzte in der Reihe muss Anna sich an Shiryam vorbeidrücken. Seit sie vor zwei Wochen eine Nacht miteinander verbracht haben, hat Anna sich gezwungen, nicht mehr an ihn zu denken, sich nicht zu fragen, was sie will. Oder was *er* will. Sie hat sich auf die Arbeit konzentriert, das ist immer die beste Lösung. Aber jetzt ist Shiryam auf einmal so nah, dass sie meint, sein Herz klopfen zu hören. Von seiner hellen Haut geht ein bläuliches Leuchten aus. Er riecht nach Meer. Eine lose, schwarze Locke streift ihre Stirn. Er schaut ihr in die Augen und lächelt scheu. Dann nimmt er ihre Hand, hält ihre Fingerspitzen nur ganz leicht fest, fast so, als hätte er es sich fast im letzten Moment anders überlegt. Seine Lippen bewegen sich, als versuche er, etwas zu sagen, aber kein Wort formt sich. Er lächelt entschuldigend und macht eine Geste mit der Hand, die Anna nicht versteht. Sie verliert sich trotzdem für einen Moment in seinen grünen Augen, die bei genauem Hinsehen so viele winzig kleine, dunkelgrüne Punkte haben, dass kein Mensch sie zählen kann. Auf einmal ist sie froh, dass sie den Artikel nicht zu Ende gelesen hat, sondern sich in Ruhe einen Fünfstrangzopf geflochten hat. Ihre Augen kommen so am besten zur Geltung, hat Mutter immer gesagt.

»Weißt du, wohin wir gehen?«, fragt Anna Shiryam, während sie die Treppe hinuntersteigen. Er nickt und sieht sie an, scheinbar hat er seine Worte immer noch nicht wiedergefunden. Anna stört seine Stille nicht. Sowieso wird Reden überschätzt. Alle reden den ganzen Tag, auch wenn sie eigentlich nichts von Bedeutung zu sagen haben.

»Eine Überraschung«, flüstert Shiryam. Anna runzelt die Stirn. »Etwas besonders Schönes«, sagt er und seine Stimme klingt wie langsam fallende Steine unter Wasser.

Am Ende der Treppe wartet Muhit und erklärt: »Zwei Wege führen zu unserer Destination, liebe Abenteurer.« Anna rollt mit den Augen. Muhit liebt dieses Drama. »Ein Weg auf dem Trockenen, der andere durchs Wasser.«

Meira und Yovesh stöhnen und Anna fühlt sich, als hätte die Vorderflosse einer *Navtie* ihr einen Schlag vor die Brust versetzt.

Muhit stoppt alle mit einer Geste. »Ich weiß, ich weiß. Aber – meine werten Damen und Herren! Wenn die Lungen es zulassen – « Er stoppt für eine dramatische Pause. »Würde ich die Wasserroute *sehr* empfehlen.« Er grinst in die Runde. »Glaubt mir. Das bisschen Nässe ist es wert.« Die anderen schauen ihn skeptisch an.

Die Wasserroute. Anna trägt Alg-Kleidung. Daran soll es nicht scheitern. Und die Nacht ist warm. Aber sie hat keinen Atmer dabei. Sie kann nicht ohne das Gerät tauchen … Zumindest konnte sie es *bisher* nicht. Konnte es auch das letzte Mal nicht, als die Strömung ihr den Atmer vom Gesicht gerissen hat. Aber jetzt ist Shiryam hier. Sie wirft einen schnellen Blick zu ihm. Er grinst Muhit zu und schüttelt sich seine Locken aus dem Gesicht. Bestimmt schwimmt und taucht er wie ein Fisch. Was würde er wohl denken, wenn sie sagt, dass sie Angst hat? Dass ihre Lungen Wasser atmen können, aber ihr Geist nicht? *Sie* nicht? Es ist vollkommen lächerlich. Es ist *dumm!* Ihr Herz pocht. Ihr Kopf ist heiß. Sie könnte sagen, dass ihre Lungen nur trocken atmen können. *Aber das wäre eine Lüge.* Muhit weiß, dass es nicht stimmt. Aber wenn sie die Wahrheit sagt, kommen die Fragen. Die *Blicke …*

»Yovesh, trägst du Alg?«

Yovesh schüttelt den Kopf. »Vergiss es, Muhit. Meine Lungen sind so trocken wie der Wüstensand. Ich kann nicht einmal mit Atmer tauchen, ich brauche Maske und Flasche. Ich nehme die Trockenroute, dankeschön.«

Muhit verbeugt sich. »Kein Problem, der Herr, wir beide nehmen die trockene Route. Anna? Mei?« Annas Gesicht glüht. Ihre Hände schwitzen. Auf dem letzten Tauchgang war sie nicht vorbereitet. Die Strömung hatte sie überrascht. Kein Wunder, dass sie in Panik geraten ist.

»Muhit, Muhit«, stöhnt Meira. »Wie lange dauert es? Ich bekomme Kopfweh, wenn ich Wasser atme.«

»Nicht lange, meine Liebste, nur ein paar Minuten.«

Meira seufzt. »Gut. Ich hoffe sehr für dich, dass es sich lohnt.«

Muhit klatscht in die Hände. »Ich wusste, dass du dabei bist, Mei!«

Anna knetet ihre Hände, ballt eine Faust, öffnet sie wieder. Sie könnte es einfach versuchen. Langsam. Schritt für Schritt ins Wasser gehen. Jetzt ist sie vorbereitet. Keine Überraschungen. Keine plötzlichen Strömungen. Vielleicht hat sich etwas verändert. Fünf Jahre sind eine lange Zeit. Sie ist älter geworfen. Reifer. Vielleicht kann sie es schaffen. Shiryam und Meira sind da. Das wird sie ablenken. Sie muss einfach an das Konzert denken. An Shiryam. Dann muss sie sich keine Blöße geben. Niemand muss etwas merken.

»Du hast hybride Lungen, Anna?«, fragt Meira.

Anna nickt. Sie räuspert sich. »Ich bin nicht so … in Übung.« Sie spürt ihr Herz schlagen. Eine gnadenlose Untertreibung. Shiryam lächelt sie ermutigend an. Warum sind seine Augen nur so unglaublich tief? Er soll nicht denken, dass sie sich nicht traut.

»Du kannst auch mit Yovesh und mir kommen.« Muhit schaut sie prüfend an.

»Kein Problem«, sagt Anna und spürt einen Knoten in ihrer Brust. »Ich nehme die Wasserroute.«

Muhit zuckt mit den Schultern. »Dann sehen wir uns auf der anderen Seite.« Er geht los und zieht Yovesh mit sich.

Shiryam deutet in die andere Richtung. Ein paar Meter weiter erwartet sie eine Treppe. Die Stufen führen direkt ins Wasser. Anna schluckt. Der Knoten in ihrer Brust zieht sich fester.

Mit seinen Händen bedeutet Shiryam ihnen, dass es nach unten geht und dann nach links. »Nicht weit«, lösen sich unförmige Worte aus seinem Mund. »Zeige euch.« Sie steigen die Stufen hinunter. Meira dreht sich nach Anna um und verbindet Daumen und Zeigefinger zu einem *Okay* und einer nach dem anderen tauchen sie ein. Das Wasser ist warm. Anna hält sich an den Wänden fest. Die Algen haben darauf einen weichen Teppich gebildet. Sie streicht mit den Fingern daran entlang und lässt sich ins Wasser gleiten. Dann sind alle Geräusche weg und die Welt ist dunkelblau. Shiryam hat eine Taschenlampe dabei und leuchtet voraus. Auf einmal hört sie seine Stimme. Deutlich, frei und klar. So klar, wie sie unter Wasser noch nie gehört hat, zumindest nicht ohne Aquavokalisierer. Wie ein Lied: »Kommt, hier entlang, kommt weiter.«

So weit, so gut. Aber sie hat noch nicht geatmet. Ihre Finger halten sich an der Wand fest, drücken sich gegen den schleimigen Algenteppich. Sie bleibt an Ort und Stelle, kommt keinen Fingerbreit voran. *Einfach atmen. Einfach atmen. Trau dich. Eins, zwei, drei, vier …* Und dann kommt es. Wie eine dunkle Faust, die sich um ihr Innerstes schließt und das Leben aus ihr herausdrückt. Das Wasser ist zu tief, zu nass, zu dunkel. Ihr Mund ist zu trocken, aber sie kann ihn nicht öffnen. Ihr Herz schlägt wie verrückt. *Zählen!* Sie muss Wasser einatmen, es gibt keinen Weg daran vorbei. *Zähl! Fünf, sechs, sieben … Und wenn es nicht klappt?* Wenn sie die Fähigkeit verloren hat? Wenn sie stirbt, wie Gabri? Ihr geht die Luft aus. Ihre Füße beginnen unkontrolliert zu zucken, stoßen gegen die Treppenstufen unter ihr. Die anderen sind schon unendlich weit weg, sie ist allein. *Acht.* Sie hört eine Stimme in der Entfernung, eine Stimme wie ein Lied. Sie öffnet ihren Mund, lässt das Wasser hinein. *Neun, zehn.* An etwas anderes denken. Shiryam. Das Konzert. An etwas Beruhigendes denken. *Schwarze Augen.* Sie atmet ein.

Ihre Lungen explodieren. Wasser ist überall, es kriecht in jede noch so kleine Ritze ihres Körpers. Nichts kann es aufhalten. Es ist ein Schlag gegen ihre Brust, eine dicke Flüssigkeit, die sie töten wird. Anna atmet aus, bietet dem Wasser Kontra, drückt es mit aller Macht aus sich heraus, schlägt mit Händen und Füßen um sich. Sie wird sterben, sie wird hier sterben, jetzt und hier. Ihre Finger krallen sich in die Wand, ihre Füße treten suchend nach dem Boden, ihr Körper kennt nur noch einen Gedanken. *Hoch.* Sie zieht sich nach oben, durchbricht die Wasseroberfläche. Ihr Innerstes explodiert nach außen. Mit einem brutalen Würgen erbricht sie einen Schwall von Wasser auf den Boden. Ihre Lunge krampft sich zusammen, wieder und wieder. Der Schmerz sticht in ihrer Brust. Dann spürt sie die Magenkrämpfe und erbricht sich.

Ein Heulen löst sich aus ihrer Kehle. Für einen Moment löst sich ein tiefer Schmerz aus ihrem Innersten und ein unkontrolliertes Schluchzen schüttelt ihren Körper. Auf einmal ist jemand neben ihr. Eine warme Hand legt sich auf ihren Rücken und streicht über ihre nassen Haare. Shiryam soll sie so nicht sehen. Sie drückt ihre Augen zu, befiehlt ihm in Gedanken zu verschwinden, sich in Luft aufzulösen. Befiehlt den Tränen zu versiegen. Aber nichts dergleichen geschieht. Shiryam bleibt neben ihr und die Tränen fließen weiter. Er sagt nichts. Er ist einfach nur da.

»Was habe ich verpasst?«, fragt Anna schließlich mit brüchiger Stimme und wischt sich die Tränen aus dem Gesicht.

Shiryam macht ein Geräusch und eine Geste, als würde er abwinken. Sein Mund bewegt sich, schließlich sagt er: »Quallen. Leuchten. Violett. Nicht wichtig.« Anna schaut ihn dankbar an. Niemand hat sie je so gesehen. Erinnerungen aus Réunion türmen sich über ihr auf wie riesige Wellen, die sich brechen müssen und sie verschlucken werden. Aber Shiryams Stille hält sie auf. Seine Gegenwart schafft eine kleine Lücke in dem tobenden Sturm.

»Mei«, sagt Anna leise. »Wo ist sie?«

Shiryam macht ein Okay-Zeichen mit der Hand, zeigt nach weit hinten. »Durch«, singt er, und macht wieder ein Okay-Zeichen. »Willst du … Trockenroute?« Anna nickt und steht auf. Ihre Hände und Knie zittern, ihr schöner Zopf ist ruiniert. Sie wäscht sich das Gesicht mit Meerwasser ab, Shiryam nimmt ihre Hand und sie gehen los.

Die Trockenroute führt einen schmalen Flur entlang, der sich mehrmals verzweigt und schließlich an einer rostigen Tür endet. Shiryam drückt dagegen und die Tür öffnet sich quietschend. Dahinter begrüßt sie die Nachtluft. Ein schmaler Gittersteg führt an der Außenseite des Gebäudes entlang. »Du … magst kein … Meer?«, fragt Shiryam mit diesem Singsang in der Stimme. Unter dem Steg plätschern die Wellen, brechen sich an den Grundmauern des Herod's, die im Wasser stehen.

»Doch«, sagt Anna leise. Natürlich liebt sie das Meer. Beinahe jede freie Minute ihres Lebens hat sie am Meer verbracht. Oder *im* Meer. Am Strand zu Hause, mit Gabri und ihrem Vater. Er stellte seine Staffelei auf und begann zu malen, sie und Gabri spielten im Sand. Sie sammelten Steine und Muscheln, nicht zu viel und nicht zu wild, Gabri durfte sich nicht überanstrengen. Jeden Tag malte

Vater das Meer. Er besaß einen beeindruckenden Vorrat an Farben und Pigmenten, der Großteil davon war blau. Hellblau, dunkelblau, mittelblau, graublau, azurblau, königsblau, türkis, grünblau, nachtblau … Er malte das Meer, wenn es ruhig und wenn es wild war, bei Sturm und bei Sonnenschein. »Ich liebe das Meer«, fügt sie hinzu.

»Ich auch«, sagt Shiryam. »Im Meer«, sein Mund formt unsichtbare Worte, als wären sie schwere Steine, die ihren Weg erst finden müssen, »bin ich frei.«

Anna lächelt. Ja. Shiryam passt ins Meer. Alles an ihm erinnert sie an langsame, gewaltige Wellen im tiefen Ozean. »Ich habe deine Stimme gehört, unter Wasser.«

Shiryam nickt. »Im Wasser … ist reden … leichter.« Er zuckt mit den Schultern, als würde er selbst nicht genau verstehen, warum.

Sie kommen an eine Kreuzung. Der vergitterte Steg läuft weiter um das Gebäude herum. In die andere Richtung biegt eine schmale Brücke hinab aufs offene Meer hinaus. In der Dunkelheit erkennt Anna die Umrisse einer Plattform und hört die verzerrten Geräusche von vielen Menschen. »Da lang?«, fragt Anna. Shiryam nickt. Seine Hand fühlt sich warm an in ihrer. So warm, dass ihr ganzer Arm pulsiert. Auf einmal ist ihr schrecklich heiß. Sie windet sich vorsichtig aus seinem Griff, lächelt entschuldigend, löst ihren Zopf und knotet ihre Haare neu zusammen. Zum Glück ist es dunkel.

Auf der Plattform herrscht Gedränge. Ein Zaun aus zwei Drahtseilen grenzt die Plattform ein. Außer dem Steg, über den sie gekommen sind, gibt es noch andere Zugänge. Zwei Treppen führen auf gegenüberliegenden Seiten direkt ins Meer. Dort sitzen, stehen und schwimmen die meisten Besucher, lachen, reden, und trinken. Salzige Luft bläst in weichen Böen über die Menschen und bringt zaghafte Erleichterung von der Hitze des Tages. Shiryam und Anna gehen um Gruppen von Leuten herum, die es sich mit ihren Getränken auf Kissen auf dem Boden bequem gemacht haben. Alle sitzen mit dem Rücken zur

Küste und mit Blick zur Bühne. Dort steht ein einzelnes Mikrofon verloren auf dem Blechboden.

»Hey, Shiryam! Anna!«, ruft jemand aus voller Kehle von der anderen Seite der Plattform. Muhit streckt sich, winkt und steuert durch das Gedränge auf sie zu. Yovesh folgt dicht hinter ihm. Er schaut sich fasziniert und nervös um, wie ein Kind auf einem Markt. Meira läuft hinter ihnen her, ihre kurzen Haare sind nass, ihre Alg-Kleidung schon fast vollständig getrocknet. Muhit und Shiryam tauschen bedeutungsvolle Blicke. Muhit schaut Anna kurz an, nickt ihr nur zu und fragt nichts.

»Anna, wo warst du? War ich jetzt etwa die Einzige, die die Wasserroute genommen hat?« Meira schaut in die Runde und lacht amüsiert.

»Mir war nicht so gut«, murmelt Anna und schaut zu Boden.

»Meira, Mei!«, flüstert Yovesh und stößt ihr den Ellenbogen in die Seite. »Nicht zu fassen, oder?«

»Was?«

»Hast du schon mal so viele *Kil'ayim* … Hybride gesehen?« Er lacht. »Ich meine, so viele auf einem Haufen?« Meira zuckt mit den Schultern.

»Yovesh, wir hören dich«, sagt Muhit.

Yovesh läuft rot an. »Ja, klar, aber …« Er gerät ins Stottern, sein Blick abgelenkt von einer violett geschuppten Frau mit übergroßen, grün leuchtenden Augen, die sich, zwei Alg-Biere in der Hand, an ihm vorbeidrückt. Sie lächelt ihn entschuldigend an.

Shiryam tippt Muhit auf die Schulter und winkt in die Runde, dann zeigt er zur Bühne und geht. »Was?«, fragt Anna, Yovesh und Meira schauen ihm irritiert hinterher.

»Oh, habe ich das nicht erwähnt?«, sagt Muhit mit gespielter Überraschung. »Shiryam singt heute Abend. In genau«, er schaut auf sein Holo am Handgelenk, »fünfzehn Minuten.«

Sie kaufen sich Alg-Bier und Seetanglimonade an der Bar. Muhit findet eine freie Ecke mit Sitzkissen in der Nähe der Bühne am Rand der Plattform und die Freunde lassen sich nieder. Anna kratzt sich getrocknetes Salz aus Gesicht und Haaren. Sie ist nicht mehr in Stimmung für Ausgelassenheit. Aber jetzt ist es zu spät, um einen Rückzieher zu machen. Das Alg-Bier vertreibt den Geschmack von Meerwasser aus ihrem Mund. Sie drückt sich tiefer in ihr Kissen und lehnt sich an den Gitterzaun, der die Plattform begrenzt. Das Meer wiegt die ganze Metallkonstruktion sanft hin und her, wie einen schlafenden Riesen. Die Gespräche übertönen das Knarren und Ächzen der alten Ketten nur beinahe.

Yovesh packt auf einmal Annas Arm. »Autsch!«, ruft sie.

»Da, *da!*«, sagt er, völlig aus der Fassung. Ohne Worte zu finden zeigt er wieder und wieder in Richtung der Stufen, die ins nächtlich schwarzblaue Wasser führen. Dort hat sich eine bunte Traube von Menschen gebildet. Manche liegen in den Wellen, andere sitzen auf der Plattform und lassen ihre Beine ins Wasser hängen, wieder andere stehen und mustern die Neuankömmlinge. Anna folgt Yoveshs Blick. Neben der Treppe ist ein riesiger weißer Oktopus aufgetaucht. Anna hält den Atem an. *Ist er ein Mensch? Ein Tier? Ein Tiefer Hybrid?* Sie starrt den Kraken an, wartet auf ein Zeichen, einen Hinweis in die eine oder andere Richtung. Es ist, als könnten ihre Augen nicht richtig scharfstellen, als würde der Krake verschwommen bleiben, sich einfach wehren, gesehen zu werden. Ihr wird schwindlig. Anna kneift die Augen zusammen und versucht verzweifelt, ein klares Bild zu bekommen. Aber es ist beinahe, als würde der Krake jede Bewegung zweimal vollführen, einmal als Mensch, einmal als Tier. Der Effekt führt zu einer fürchterlichen inneren Übelkeit, die Annas gereizten Magen erzittern und ihre Augen verkrampfen lässt.

Ein paar Leute sind aufgestanden und gehen auf das Weichtier zu, um es zu begrüßen. Er – oder sie? – streckt zwei saugnapfbedeckte Arme aus dem Wasser und beantwortet die Grüße mit verschlungenen Gesten in *Marino*, der Zeichensprache all derer, die nicht vokalisieren können und nichts von Implantaten oder Aquavokalisierern halten. Anna atmet geräuschvoll aus und Yoveshs Griff löst sich von ihrem Arm. Schwindel und innere Übelkeit verfliegen. *Ein Mensch*. Es ist ein Mensch.

Muhit drückt Yoveshs immer noch ausgestreckten Arm herunter. »Yovesh, Bruder, ja, es ist alles sehr spannend hier. Vielleicht hat es dir ja noch niemand gesagt, aber es ist unhöflich, mit dem Finger auf Menschen zu zeigen. Selbst hier.«

»*Menschen?* Hast du gesehen, was –«

»Ja, verdammt, Menschen! Ist das so schwierig für dich? Du bist doch selbst Biologe, *Genetiker!* Zum Feuer nochmal, Hybridisierung – ist das ein Fremdwort für dich?« Muhit streicht sich die dunkelroten Locken aus dem Gesicht und kratzt sich entnervt an der Reihe von roten Schuppen, die ihm quer über die braune Wange laufen.

»Na, komm schon, Muhit«, sagt Yovesh gutmütig. »Das kann man nicht vergleichen, das musst du doch zugeben. Ich forsche zu *Mollusken.*« Er grinst plötzlich. »Passt ja, sind ja auch Weichtiere.« Er schaut erwartungsvoll in die Runde, aber niemand lacht. Er räuspert sich. »Also, spontane Hybridisierung in der Natur, also das, was *meine* Mollusken machen, das ist ja mal was vollkommen anderes als …«, er pausiert und gestikuliert in Richtung Wasser. »Als *das.*«

Muhit kratzt sich immer heftiger im Gesicht. Seine Fingernägel fahren den Rand der Schuppen nach und kratzen tiefer und tiefer, beinahe, als wollten sie die marinen, glitzernden Schuppen von ihrem Untergrund lösen. »Sag mal, verstehst du eigentlich null von der Wissenschaft dahinter? Genetik ist der *Inbegriff* von Chaos und Vermischung! Reine Gene, oder was auch immer du dir vorstellst, was Menschen sind oder sein sollten, so etwas gibt es überhaupt nicht!«

Anna greift nach Muhits Arm und versucht, seine kratzenden Hände von seinem Gesicht zu lösen. »Das Wort ist falsch«, stellt sie fest. »›Reine Gene‹ – der Terminus ist nicht korrekt. Das hat so keine Bedeutung.«

»Ja, ja, ja!« Yovesh nickt. »Alles schön und gut. Aber es gibt ja wohl noch einen Unterschied zwischen Dingen, die draußen in der Natur spontan geschehen, und den Eingriffen, die wir Menschen vornehmen. Wir zwingen genetische Information von Arten, die sich über Hundert Millionen Jahre getrennt von Menschen entwickelt haben, in beschädigte, menschliche Embryos hinein.« Er lehnt sich nach vorne, auf Muhit zu. »Entschuldigung, aber das ist doch nicht natürlich! Das könnt ihr mir doch nicht ernsthaft erzählen! Und dann kommen Fehlkonstruktionen heraus, Kreaturen, die, keine Ahnung, ihre animalistischen Instinkte auf uns loslassen, die *wir* ihnen eingebaut haben!«

Die Geräusche der Welt werden leiser, als das Blut in Annas Ohren rauscht und ihr Herz immer schneller schlägt. Sie sieht Gabris kleines Gesicht vor ihrem inneren Auge. Seine funkelnden Augen, seine gefleckten Haare, sein übergroßes Grinsen. »*Niemand. Ist. Eine. Fehlkonstruktion!*«, sagt sie scharf. *Zu scharf*. Alle schauen sie an.

Yovesh hebt seine Hände. »Gut, 'tschuldige. Ich bin wohl besser ruhig.«

Muhits Hand wandert von seiner Wange weiter zu den Schuppen auf seiner Stirn und beginnt, dort wild weiterzuarbeiten. »Muhit, schhh«, sagt Anna.

»Hörst du Nachrichten, mein Bester? Weißt du, *welches Jahr* es ist?« Mit seiner freien Hand gestikuliert Muhit wild, mit der anderen zupft er kleine Hautstücke unter den Schuppen weg. »Es ist das Jahr *154 nach den Feuern!* Eins-Fünf-Vier-N-F! Wir haben die *niedrigste Geburtenrate seit Beginn der Aufzeichnungen*. Seit Anbeginn der *Welt* ist realistischer, wenn du mich fragst! Totgeburten sind der neue Standard! Der genetische Kollaps ist kein Zukunftsszenario, *Yoveshi*, wir sind bereits *mitten drin!*«

»Das mag ja sein, *Muhiti*«, sagt Yovesh spöttisch, »aber ich weiß nicht, was das mit *uns* zu tun hat. Soweit ich weiß, bin ich Ökologe und Genetiker, das war's.«

Anna atmet langsam ein und aus. »Du siehst den Zusammenhang nicht«, stellt sie fest.

»Politische Lösungen sind gefragt«, sagt Yovesh, ohne darauf einzugehen.

»Politik führt ja wohl kaum zu gesunden Babys!«, sagt Muhit und leert die Hälfte seines Alg-Biers mit einem Schluck.

Meira räuspert sich. »Die Fünfstaatenallianz ist eine politische Lösung. Und eine, die funktioniert hat. Zumindest für eine Weile.«

»*Davon* rede ich«, sagt Yovesh enthusiastisch. »Weil sich die Bevölkerungen *durchmischt* haben! Die Grenzen wurden geöffnet und schon ziehen alle ins Nil-Delta und ins Yizraal-Libanon-Tal. Schau *mich* an! Sehe ich etwa *defekt* aus? Das war ein *Geniestreich!* Eine Allianz, anstatt von Ägypten, Israel, Jordanien, Libanon, Syr–«

»Yovesh, wir kennen die Fakten«, unterbricht Meira ihn.

»Das hat doch auch nur das Unvermeidliche verzögert«, stöhnt Muhit und drückt seine Fingernägel zwischen die Schuppen, fährt die Linie zwischen ihnen nach. »Inzwischen sind wir auch nicht mehr besser dran als vorher. Vielleicht hat uns das *zehn Jahre* gekauft.«

»Ist ja wohl besser als nichts. Kann man ja wohl nicht kleinreden. Wir *haben* florierende Regionen. Auf dem *Trockenen.*« Yovesh nippt an seiner Limonade. »Ich sag's ja bloß.«

»Laut einer Klimamodellierung von *Oponui et al* werden in den nächsten zehn Jahren 70 bis 84% der aktuell fruchtbaren Regionen zu Extinktionszonen werden«, sagt Anna. »Die Prognose für die nächsten zwanzig Jahre liegt bei 84 bis 95%.«

»Ich weiß nicht.« Yovesh schaut sie skeptisch an. »Ich denke, die Menschheit kann es schaffen. Hey, positiv denken! Wir haben schon viel geschafft! Die *Feuer,* Leute!

Nur so als Beispiel. Viel schlimmer geht's ja wohl nicht. Also ich sage, Grenzen öffnen, Migration auslösen, Bevölkerungen durchmischen. *Das* ist der Schlüssel. Ganz einfach.«

Muhit schüttelt den Kopf und sagt nichts. Ein roter Rand hat sich um die Schuppenreihe auf seiner Stirn gebildet. Winzig kleine Blutstropfen treten daraus hervor. Er hält sein Alg-Bier mit beiden Händen. Annas Blick schweift über die Plattform. Die Mehrzahl der Menschen, die hier sitzen oder stehen, sind nass und mit Alg bekleidet. Einigen hängt Seetang in den Haaren, viele sind marine Hybride. In der Gruppe vor ihnen umarmen sich zwei Frauen, die auf dem Rücken eine Reihe von grün schillernden Flossenkämmen haben. Rechts neben Anna hält sich ein Mann mit Schwimmhäuten zwischen den Fingern an der Absperrung fest. Seine Gesichtszüge sind unter einem bunten Schuppenmuster nur schwer auszumachen. »Das Meer«, sagt Anna. »Es ist die einzige Lösung. *Wir müssen ins Meer.*« Yovesh reagiert nicht und Muhit ist damit beschäftigt, einen Fleck auf seiner Bierflasche abzukratzen.

Nur Meira schaut Anna nachdenklich an. Dann zeigt sie auf die Bühne. »Shiryam! Ich kann Shiryam sehen.«

Und dann singt Shiryam. Seine Stimme hebt und senkt sich wie der Wind und die Wellen. Innerhalb von wenigen Sekunden verstummen alle anderen Geräusche auf der Plattform. Niemand kann sich der Wirkung des Liedes entziehen. Shiryams Stimme trägt weit und doch wirkt sie zerbrechlich, als müsste man ganz stillhalten, um sie zu hören. Er singt tiefe und hohe Töne gleichzeitig, ein Lied, das aus den Tiefen der Welt zu kommen scheint.

In der Luft vor ihm zeichnen seine Hände leise Muster. Sein Kopf ist nach hinten geneigt. Fremd sind die Harmonien, die er singt, anderweltlich die Melodien. Anna fröstelt, sie kann ihre Augen nicht von Shiryam nehmen. Er sieht groß aus auf der Bühne, größer als sonst, als würde er mit jedem Ton wachsen, als würde jede Note ihn neu und stärker erschaffen. Shiryam, kaum größer als sie selbst, mit seiner blassen, bläulichen Haut, seinen welligen, schwarzen Haaren, so schmal, dass er etwas Kindliches hat. Wie kann es sein, dass er so ungeschickt dabei ist, Wörter zu sprechen, und dann *so* singen kann?

Sie zwingt sich, zur Seite zu schauen. Yovesh, Muhit und Meira sind genauso von dem Gesang in den Bann gezogen wie sie. Ihre Münder stehen offen, ihre Gesichter sind Shiryam mit einem Ausdruck zugewandt, der so offen ist, als würde ihr Innerstes nach außen treten. Der Mann mit den Schwimmhäuten neben ihr weint. Ungestört laufen ihm die Tränen übers Gesicht.

Nach einer zeitlosen Ewigkeit wird das Lied langsamer. Shiryams Arme sinken an seinen Seiten herab und sein Mund schließt sich, bis er ganz still ist. Nur das Rauschen der Wellen und das Knarren der Plattform sind zu hören. Niemand klatscht, niemand spricht, als wolle niemand den Zauber brechen, der hier gewirkt hat. Das Lied ist noch zwischen ihnen. Es füllt die Luft auf der Plattform mit unsichtbaren, meerfarbenen Wirbeln, und alle lauschen dem Echo in der Stille.

Erst als Shiryam die Bühne verlässt, bricht der Bann. Jemand räuspert sich und dann wird ein Flüstern hörbar, ein leises Gespräch, und dann noch eins.

»Gut, ich bringe die beiden dann mal trockenen Fußes nach Hause«, sagt Muhit und grinst. Es ist spät und *Die Deserteure* haben schon lange fertiggespielt. Er verbeugt sich theatralisch vor Anna und Shiryam. »Danke, dass ihr bei diesem epischen Ereignis dabei wart, meine liebsten Turtelfischchen.«

Anna wird rot und ärgert sich, denn ihr fällt keine passende Entgegnung ein. Shiryam ist natürlich auch still, er grinst Muhit nur an, zuckt mit den Schultern und pustet sich eine schwarze Locke aus der Stirn.

»Wir gehen auch gleich«, sagt Anna eilig. *Nicht an die Uhrzeit denken. Nicht an morgen denken.* Nicht an den Arbeitsplan und die Analysen denken, die sie verschieben wird, nicht an die Müdigkeit, die klares, rationales Denken morgen bestimmt unmöglich macht. Sie seufzt und zwingt sich zu einem Lächeln.

Shiryam sitzt neben ihr auf dem Gittersteg. Er lässt seine Beine baumeln. Mondlicht glitzert in seinen schwarzen Haaren und spiegelt sich silberblau auf seiner Haut. Warum riecht er nur so gut? Er dreht sich zu ihr, streicht ihr plötzlich mit einer Hand eine verirrte Haarsträhne aus dem Gesicht und legt seine Hand dann direkt neben ihre, sodass sich ihre Finger berühren. Seine Haut ist überraschend kühl. Anna spürt ein Pochen in der Brust, das sich nicht beruhigen will.

»Ich wusste nicht, dass du so singen kannst«, sagt Anna und bereut es sofort. Das klingt, als hätte sie ihn unterschätzt, dabei wollte sie ihm doch ein Kompliment machen.

»Das Lied … des Wals«, sagt Shiryam langsam. Sie sieht, dass sein Mund noch arbeitet, und wartet mit ihrer Antwort, um ihm Zeit zu geben. Aber Shiryam bleibt still.

»Was meinst du damit?«, fragt Anna schließlich.

Shiryams Hände beginnen zu arbeiten, als würden sie ein Bild in den leeren Raum zwischen ihnen zeichnen. »Erinnerung … im Meer.« Seine Hände formen eine riesige Schwanzflosse, einen mächtigen Körper, der sich langsam in der Tiefe bewegt. »Sie hat gesungen … für mich.«

Ein Wal? Shiryams Blick trifft sie. Trauer, Schmerz und Glück liegen darin, die Erinnerung an Schönheit. Das kann nah beieinanderliegen, das kennt sie nur zu gut. Aber ein Wal, das ist unmöglich, Wale sind schon vor den Feuern ausgestorben. *Wenn die Aufzeichnungen stimmen.* »Du warst als Kind *im Meer?*«

Seine Hände zeichnen ein kleines Kind, vielleicht ein Baby, das aus den Tiefen emportaucht. An den Strand gespült wird. »Ich weiß nicht …« Hilflosigkeit liegt in seinen Gesten, in seinem Gesicht. »Niemand … kann mir erzählen. Niemand … ist da.« Er ist Waise. So wie sie. Doch dann formt sich sein Mund zu einem Lächeln. »Es gibt sie …«, sagt er in verschwörerischem Ton zu Anna. »Ich will … sie suchen gehen. Egal … wohin!« Shiryams Augen funkeln aufgeregt und Anna bemüht sich, nicht die Stirn zu runzeln. Einen Wal, an den er sich aus den Tagen seiner frühesten Kindheit verschwommen zu erinnern glaubt, in einer sterbenden Welt zu suchen, das klingt nach verrückten Tagträumerei. Nach Realitätsflucht. Selbst wenn die minimale Chance besteht, dass ein einziger Wal in den Tiefen des Ozeans überlebt hat und Shiryam genau diesem Wal begegnet ist – was an und für sich schon ein unglaublicher Zufall wäre … die Chancen, dass er ihn *findet* … Das Meer ist beinahe unendlich groß, Milliarden von Kubikkilometern von Wasser. Vielleicht 1,5 oder 2 Milliarden. »Es gibt sie … noch. Wale«, flüstert Shiryam aufgeregt.

Ein einzelner Wal, der durch das Meer schwimmt und ein einzelner Shiryam, der ihn sucht. Wie hoch ist die Wahrscheinlichkeit, dass sie sich treffen? Was ist Shiryam schon, ein Punkt in den Weltmeeren? Punkte wie ihn gibt es viele … wenn man ihn, vereinfacht, als einen Kubikmeter ansieht, in 1,8 Milliarden Kubikkilometern Wasser … Punkte wie ihn gibt es dann insgesamt unendlich viele. Genau gesagt gibt es dann … 1,8 mal zehn hoch achtzehn solcher Shiryams. Und *wie viele Wale?* Vielleicht ist ein Wal dreißig Meter lang. Man erkennt ihn allerdings schon von Weitem, vielleicht aus dreißig Metern Entfernung. Damit kann man einen Wal ebenso als Würfel vereinfachen, ein Wasserwürfel von fünfzig Metern Kantenlänge. Der beinhaltet 125.000 Kubikmeter Wasser, also gibt es im ganzen Meer … ungefähr fünfzehn mal zehn hoch zwölf Walwürfel. Die Chancen, einen zu treffen, wenn er sich *nicht* bewegt, wohlgemerkt, lägen dann für Shiryam bei ungefähr eins mal zehn hoch minus vierzehn. *Gleich null.*

»Irgendwann ...«, sagt er und schaut mit hoffnungsvollen Augen aufs Meer hinaus, »... gehe ich ... auf die Reise.« Gut, Shiryam würde schwimmen und tauchen. Er würde aktiv suchen. Das würde seine Chancen erhöhen. Jeden Tag könnte er ein bestimmtes Volumen abdecken. Bestimmt sieht und hört er gut unter Wasser, ohne Implantate oder technische Hilfsmittel. Vielleicht kann er hundert Meter weit blicken und hören, vielleicht sogar fünfhundert Meter in die Tiefe hineinspüren, wenn man optimistisch ist. In seinem Sichtfeld liegen also vierzig Walwürfel, sozusagen. Wenn er am Tag dreißig Kilometer zurücklegt, dann kann er pro Tag 12.000 Walwürfel durchschwimmen. Das ist eine ganze Menge. Um alle Walwürfel des ganzen Meeres zu durchschwimmen, bräuchte er folglich ... zehn hoch neun Tage. *Eine Milliarde Tage*. Das sind dreihundert Millionen *Jahre*. Und das auch nur, wenn der Wal sich *nicht* bewegt. Er könnte den Wal auch verpassen, dann würde es noch länger dauern. Andererseits könnte der Wal *ihn* auch suchen, dann würde es schneller gehen. Vollkommener Wahnsinn.

»Hoffentlich findest du sie«, sagt Anna und verbannt jeden Zweifel aus ihrem Blick. Die Welt ist grausam genug. Shiryam lächelt sie stolz an. *Nicht an morgen denken. Einfach nur die Beine baumeln lassen, den Wind spüren, das Salz auf den Lippen schmecken und gemeinsam auf die nachtschwarzen Wellen blicken, in die Dunkelheit hinein.* Anna räuspert sich. »Es ist spät.« Sieht sie Enttäuschung in seinem Blick? Er steht auf und reicht ihr die Hand. Gemeinsam gehen sie über den Steg zurück Richtung Herod's.

Eine sanfte Brise lässt die Pflanzen in der Lobby erzittern. Sie wachsen aus Rissen im Gestein und wickeln sich um die Treppengelände. Zerfressener Marmor glitzert im Mondlicht, Steinbögen bauen sich um sie herum auf, Sterne funkeln durch offene Fenster. *Ein glitzerndes Schloss am Meer.* Anna hält inne und schaut Shiryam an. Seine Augen sind tief wie das Meer, weich und stürmisch wie die Wellen auf hoher See. Er zieht sie an sich und ihre Lippen treffen sich. Er riecht nach Wind und Salz und Wärme, etwas in Anna beginnt zu flattern. Sachte zuerst und dann immer stärker, flattern in ihr die Flügel eines kleinen Vogels, den ein tosender Sturm mitzureißen droht. Sie schiebt Shiryam vorsichtig von sich weg. »Es ist spät«, sagt sie schon wieder, eilig und mit rauer Stimme. »Ich muss nach Hause. Ich muss morgen früh ins Labor.«

Shiryam nickt. Sie hält noch kurz seine Hand und seinen Blick, versucht das Flattern in Zaum zu halten und nicht daran zu denken, wie es sich anfühlte, ihm ganz nahe zu sein. Wie es sich anfühlen *könnte*, wenn sie jetzt bleiben würde. Sie prägt sich den Moment ein, atmet salzige Luft und Mondlicht, dreht sich ruckartig um und geht. Sie geht, so schnell sie kann, ohne den Eindruck zu erwecken, dass sie vor einem Sturm flüchtet. Ihre Füße tragen sie wie gefiederte Flügel nach Hause, in ihre kleine Wohnung mit den feuchten Wänden, die heute ganz falsch riecht.

Anna schlägt die Türe zu und lässt sich aufs Sofa fallen. Sie heftet ihre Augen an die Wand, an die Muster aus Muscheln und Steinen. Sie lässt keinen Zweifel zu, keinen Gedanken an Shiryam. Sie lässt ihre Augen von Artefakt zu Artefakt springen und nirgendwo anders hin. Sie denkt nicht an die eine Nacht vor drei Wochen, in der alles ganz einfach war, in der sie geflogen ist, ohne Angst vor dem Sturm zu haben. Sie konzentriert sich auf die grüne Muschel mit den Kerben und den gelben Punkten, auf ein Stück Koralle, das wie ein Auge geformt ist, auf einen grauen, glatten Stein mit einem Loch. Sie denkt nicht an Shiryams Körper, nicht daran, wie es sich anfühlte, eins mit ihm zu werden. Sie nimmt die Muschel vom Nachttisch, drückt sie in die Kuhle zwischen

Schulter und Kinn, spürt ihre beruhigenden Zacken auf ihrer Haut. Ihre Augen folgen den Linien, wieder und wieder, verlieren sich in dem Muster, bis es nichts mehr anderes gibt und ihr die Augen zufallen.

ROTES WASSER

Etwas vibriert. Langsam wacht Anna auf und dreht sich stöhnend hin und her. Wenn ihr Holo vibriert, ist es *nach neun Uhr*. Nach neun Uhr? Ruckartig setzt Anna sich auf. Ihr Kopf fühlt sich schwer an, ihre Augen gehen nur langsam auf. Sie stolpert zur Küche, schenkt sich ein Glas Wasser ein und öffnet ihr Holo. Fünf verpasste Anrufe von Shiryam blinken auf dem holographischen Interface, sieben Anrufe von Unbekannt und sechs Nachrichten mit panisch klingenden Fragen nach ihrem Wohlbefinden.

Sie runzelt die Stirn und öffnet einen Nachrichtenkanal. Bilder von brennenden Gebäuden springen ihr entgegen. Feuer. Eine Explosion. Die Gebäude kommen ihr bekannt vor. Es ist das Forschungsquartier. Blind tippt sie eine der Sprachnachrichten an. »Anna …«, ertönt Shiryams Stimme. Sie klingt sonderbar. Noch enger und eingezwängter als sonst. »Wo bist du? Geht es … dir … gut? Am IMGÖ –« Den Rest des Satzes hört sie nicht mehr. Nur das eine Wort: *IMGÖ*. Am IMGÖ … *Ist etwas passiert*. Das Gebäude in den Nachrichten ist das IMGÖ! Eine Explosion. Sie muss Muhit anrufen! Sie muss Shiryam zurückrufen und ihm sagen, dass es ihr gutgeht. Dass sie zu Hause ist und verschlafen hat. *Weil sie einmal ausnahmsweise bis spät in die Nacht aus war*. Aber sie steht nur da und hält ihr Glas Wasser in der Hand. Und dann reißt ihr vibrierendes Holo sie aus der Starre.

»Shiryam!«, sagt sie.

»Anna«, tönt seine langsame Stimme aus dem Gerät. »Wo … bist du?«

»Zu Hause«, sagt sie und Tränen laufen ihr übers Gesicht, obwohl sie noch nicht einmal weiß, was genau passiert ist. Vielleicht nichts. Vielleicht war es gar nicht das IMGÖ. Vielleicht hat sie sich geirrt. Sie hört ihn atmen.

»Am IMGÖ … ist … etwas passiert.«

Widerwillig schaltet sie den Ton am Bildschirm an. Eine Stimme sagt etwas über einen Anschlag. Statistiken werden gezeigt. Gewalttaten von Anti-Hybridern. Die Stimmen klingen dringlich und besorgt. Anna sieht nur die Bilder. Wie in Zeitlupe spult sich alles vor ihr ab. Eine zerbrochene Tür, neben der eine Palme stand. Wände, die gestern noch Teil eines Gebäudes waren. Ihr Geist fügt bekannte Fragmente wie Puzzleteile zu einem Ganzen zusammen, erkennt Farben und Muster, die sich am falschen Ort befinden. Oberflächen, an denen ihre Finger jeden Tag entlangstreichen, *entlangstrichen*, genau wissen, wie sie sich anfühlen. *Nicht noch einmal ein Feuer. Nicht noch eine Explosion!* Anna schüttelt den Kopf. Alles ist durcheinandergeworfen, zerbrochen wie Glas. Ein Kaleidoskop ihrer Wirklichkeit. Dort liegt etwas, das wie Alg aussieht, wie mit Alg *bekleidet*. Aber dann schwingt die Kamera in die andere Richtung. Anna wird schlecht, alles dreht sich. Sie rennt ins Badezimmer und würgt, aber ihr Magen ist leer.

Sie spritzt sich kaltes Wasser ins Gesicht, stolpert in die Küche zurück, nimmt das Holo. Sie muss etwas trinken. »Shiryam?«, fragt sie. Er ist noch da. »Ist jemand verletzt? Hast du von jemandem gehört? Von Muhit?«

Es dauert eine Weile, bis er antwortet. »Nichts … gehört. Personen … im Gebäude.«

Anna atmet schnell. »Shiryam, ich muss los. Ich muss zum IMGÖ!«

Sie wartet nicht auf seine Antwort. Sie legt auf, rennt durch ihre Wohnung und versucht, Sachen in eine Tasche zu packen. Dann leert sie alles wieder auf den Boden. Sie hält sich an den Muscheln und Steinen fest, lässt sich von ihnen durch die Wohnung leiten, folgt den Linien mit ihren Fingern. Der Tag vor fünf Jahren ist mit einem Mal wieder ganz nah. *Zu nah. Nicht noch einmal. Nicht noch eine Familie verlieren.*

Sie rennt auf die Straße, rennt den ganzen Weg. Ihre Lunge protestiert und ihr Herz rast, aber sie rennt weiter. *Schritt, Schritt, noch ein Schritt.* Man darf sich nicht sicher fühlen, so ist es einfach. Es kann immer etwas passieren. Auch wenn man so nah am Wasser ist, an einem Meer, das jedes Feuer löschen kann. *Gerade* wenn man so nah am Wasser ist. Man darf einfach nicht annehmen, dass alles in Ordnung ist und bleibt, dass man in Sicherheit ist. Das ist ein Trugschluss. Selbst wenn man sich schwört, kein Zuhause mehr zu haben, wenn man nichts mehr lieben will, das man verlieren kann. Dann kommen Menschen wie Muhit, Meira und Shiryam. Dann kommen Schildkröten und Seesterne und drücken sich wie feiner Sand durch fest gefasste Vorsätze. Unmerklich erodieren sie fest aufgebautes Mauerwerk, finden Lücken und man steht wieder dort, wo man vorher war, klein und verletzlich. Und ein einziger Anruf kann eine ganze Welt zerstören.

Asche regnet vom Himmel wie grauer Schnee. Sirenen und laute Stimmen schlagen Anna entgegen wie die Schreie hungriger Möwen. Feiner, trockener Staub liegt in der Luft. Zahllose Menschen stehen vor dem *Nicht-Gebäude,* vor dem *Nicht-IMGÖ,* das ein Loch an der falschen Stelle hat. Wenn man sich konzentriert und die Augen fast ganz schließt, sieht die eine Seite des Gebäudes fast normal aus. Aber dahinter versteckt sich die andere Seite. Die Seite, auf der *gar nichts* in Ordnung ist. Dort haben abgebrochene Stockwerke schwarze Ränder zurückgelassen. Laborräume sind aufgebrochen, Schreibtische hängen in der Luft, Forschungsaquarien sind ausgelaufen. Alles sieht aus wie Miniaturen, auf die ein wütendes Kleinkind getreten ist.

Es gab ein Unglück auf Réunion. Niemand hat damit gerechnet. Es tut uns leid.

Der Eingang ist abgesperrt, es ist sowieso nicht viel davon übrig. Der gleiche Eingang, durch den Anna jeden Tag ein und aus geht, verwandelt in eine schwarze Höhle, in das weit geöffnete Maul eines Monsters. Riff- und Landwache sind da, strahlen eine verzweifelte Aura von Kontrolle aus, hier in diesem Inbegriff von Chaos.

Anna stößt beinahe mit Talitha zusammen. Die kleine, drahtige Professorin ist staubig, ihre Brille ist zerbrochen, ihre Haare sind blutig. »Talitha, *shalom*, was ist los? Wo sind die anderen?«

»Anna!« Talithas Augen fokussieren sich nur langsam auf sie. Wie ein gehetztes Tier schaut sie sich um. »Ich konnte dich nicht finden, dachte, du hast es vielleicht nicht geschafft, ich hätte noch im Ecklabor nachschauen sollen …« Talitha rückt ihre Brille zurecht und bemerkt die Tränen nicht, die aus ihren Augen laufen. »Ich habe nachgezählt, nicht alle fangen so früh an, aber ich habe nicht alle gefunden. Es waren noch Studenten hinten im Labor, an den Arbeitsplätzen gegenüber. Meira, die Master-Studenten, Muhit … Der Knall war so laut, meine Ohren … Ich kam nicht durch, es war blockiert. Ich habe alle gezählt, die ich konnte, haben sie nach draußen mitgenommen.« Ihre Stimme ist nur noch ein Flüstern. »Aber es waren nicht alle. Ich kam nicht durch und ich bin verantwortlich …«

»Wir werden sie schon finden, Talitha. Komm, jemand muss sich um dich kümmern.« Sie führt Professor Jiddawi zu einem der Krankenwagen.

»Ach, Anna, Anna, zum Glück habe ich dich gefunden.« Heftig zitternd sinkt sie neben dem Krankenwagen langsam in die Knie, bis sie auf dem Boden sitzt.

»Ich bin gleich wieder da, gleich«, murmelt Anna.

Talitha spricht weiter, aber Anna hört sie nicht mehr, denn etwas zieht sie weiter. Sie blickt sich um, aber es ist schwer, sich in dem chaotischen Geschehen zu orientieren. Auf einmal muss sie an die schwarzen Augen der Schildkröte denken. Sie geht auf das zerstörte Institutsgebäude zu. Ihre Füße finden einen Weg durch das Chaos, ihre Augen sehen immer nur den nächsten Schritt, was rechts und links von ihr passiert, blenden sie aus. Sie geht unter dem Absperrband hindurch und niemand hält sie auf. Sie muss weiter, hinter das Institut. Etwas ruft sie. Die Docks und Becken auf der Rückseite des Gebäudes haben den

Hauptteil der Explosion abbekommen. Alles liegt voller Geröll. Glühende Gesteinsbrocken strahlen Hitze ab. Es ist still hier. Anna klettert hektisch über Bruchstücke der ehemaligen Gebäudewand. Die Mauerstücke brechen unter ihrem Gewicht zusammen, sie stolpert und landet mit Armen und Beinen auf scharfen Kanten. Sie rutscht daran entlang, reißt sich klaffende Wunden ins Fleisch, rappelt sich auf und eilt weiter. *Sie hat keine Zeit.*

Auf der anderen Seite blickt sie in blutige Pfützen, in Becken, die meerblau sein sollten, neben denen sie gestern noch zu Mittag gegessen hat. Becken, in den die *Navties* ihre Runden drehen, in denen die *Porties* mit ihren Rucksäcken auf Aufträge warten und Proben in die Labore von Nof Shunit tragen. Jetzt ist das Wasser rot. Langsam geht Anna weiter. Neben riesigen Mauerbrocken liegen Schildkröten unbeweglich im Wasser. Massive, weiße Bäuche schaukeln anstatt der dunklen Panzer an der roten Wasseroberfläche. Sie schließt die Augen, ballt die Hände zu Fäusten. *Stark wie die Welle, dem Wind entgegen. Schritt, Schritt, noch ein Schritt.* Der Vulkan war zu groß für ein fünfjähriges Mädchen, aber Anna wollte nicht mehr warten. Sie wollte mit, wollte Mutter beweisen, wie stark sie war. Keine Träne, das war die Bedingung. Es war zu steil, zu weit, aber sie biss die Zähne zusammen und wischte sich die Tränen aus den Augen, bevor Mutter sie sah. *Sei wie ein Seevogel, der Wind trägt dich, das Meer trägt dich, breite deine Flügel aus. Schritt, Schritt, noch ein Schritt,* sagte Mutter. *Schritt, Schritt, noch ein Schritt.*

Sie will nichts mehr sehen, aber ihre Füße tragen sie weiter. Schritt, Schritt, noch ein Schritt, und ihre Augen sehen: Zu viel Blut. Schildkrötenpuzzleteile, die ein Ganzes sein sollten. Offene Oberflächen, nicht dafür bestimmt, von Augen gesehen zu werden. Fetzen der Pfleger-Uniformen, einzelne Stiefel, in denen noch etwas zu stecken scheint. Sie hört ein Wimmern, leise, schildkrötig. Anna rennt darauf zu, denn es ruft sie. Sie rennt auf ein Becken zu, auf das Blut, auf den Geruch von Tod. Sie verbietet ihrem Herz zu sehen, was ihre Augen sehen. Sie folgt nur dem Geräusch und dem Ziehen in ihrer Brust, das sie fast zerreißt. Eine gigantische *Instie* liegt am Rande eines Beckens, in das Geröllbrocken der Größe von mehreren Schildkröten gefallen sind. Die *Instie* versucht, sich über den Beckenrand zu ziehen. Sie hat sich ihre Implantate aus den Flossen gerissen, blutige Drähte stehen heraus. Aber sie versucht es weiter und weiter. Wahnsinn steht in ihren Augen, Panik, als sie versucht, ihr unmögliches Gewicht aus diesem grauenvollen Wasser zu ziehen.

Anna kniet vor ihr auf dem Boden, zieht an ihren Flossen in einem verzweifelten Versuch, ihr zu helfen. Aber die Schildkröte ist zu schwer, sie bewegt sich kein Stück. Aufgeben ist keine Option. »*Es wird nicht geweint, Anna, versprichst du mir das? Keine Tränen! Eine Vulkanologin weint nicht!*« Anna nickt und verspricht es mit ernster Miene, sie zieht an den Flossen der *Instie*, gibt nicht auf, auch wenn sie sich nicht bewegen lässt. Ihre Beine geben als erstes nach und sie sinkt auf den Boden, ihr Gesicht vor dem Kopf der wimmernden Schildkröte. »Schritt für Schritt, Flosse für Flosse. Du bist stark wie eine Welle, lass dich tragen«, flüstert Anna unter Tränen. Tränen, die sie vor langer Zeit versprochen hat, nicht zu vergießen, aber sie ist schließlich auch keine mutige Vulkanologin wie ihre Mutter, nur eine schwache Biologin, eine unwichtige Ökologin und Genetikerin, deren lächerliche Seestern-Hybride diese sterbende Welt auch nicht mehr retten werden, und vor allem nicht diese Schildkröte, dieses einzigartige Wesen.

Auf der anderen Seite des Beckens ist der Ausstieg flacher. Dort könnte sie es schaffen. Anna zieht und zeigt, aber die Schildkröte wimmert nur leise und schaut sie mit flehenden Augen an. Anna streichelt ihren schuppigen Kopf, flüstert und singt und hält ihre Flossen. Sie schaut ihr in die flehenden, schwarzen Augen. Ihre Finger kribbeln, sie hält die Flossen fest, hält den Blick der sterbenden Schildkröte. Das ist das mindeste, was sie für sie tun kann. Und dann wandert das Kribbeln weiter durch ihren ganzen Körper. Ihre Augen und die Schildkrötenaugen sind sich plötzlich ganz nah. Violette Lichtflecken tanzen durch Annas Sichtfeld und dann ist es nicht mehr aufzuhalten. Es fließt auf sie zu, durch die schwarzen Augen der Schildkröte, von Flosse zu Flosse, und Anna lässt es geschehen. Es ist ein altes Gefühl. Sie lässt sich mitreißen von dieser Welle, die sie nur beinahe wiedererkennt, und taucht unter. Sie sieht Bilder von unbekannten Orten aus der Tiefe. Blau umgibt sie, ihre Flossen tragen sie. Erinnerungen von lang vergessenen Mustern und Formen kommen und gehen, tanzen vor ihr. Eine tiefe Sehnsucht durchfließt sie. Die Schildkröte zittert, ihr ganzer Körper schüttelt sich. Einmal, zweimal. Und dann ist es vorbei. Sie schließt nicht einmal ihre Augen. Das Leben ist ihr einfach entwichen und sie bewegt sich nicht mehr. Auf einmal ist sie nur noch leblose Materie. Anna weint. Hemmungslos fließen ihre Tränen, fallen auf den Boden und mischen sich mit Blut und Staub.

Irgendwie ist Anna wieder an die Vorderseite des Gebäudes gelangt. Die Schnitte an ihren Armen und Beinen pochen schmerzhaft. Schildkrötenblut klebt an ihren Händen. Jemand kümmert sich um Talitha. Sie sieht Yovesh, dessen Arm verbunden wird, erkennt eine Master-Studentin. Alles ist leise um sie. Der Lärm dringt nicht zu ihr durch. Sie bleibt inmitten des Chaos stehen. Vor ihr auf dem Boden krabbelt ein kleiner Käfer, schwarzblau mit gelben Flecken. Sein Rücken ist staubig. Er versucht, einen Riss im Stein zu überqueren, aber der Riss ist wie ein tiefer Abgrund für ihn, unüberwindbar. Mit kleinen Beinen versucht er, sich auf der einen Seite festzuhalten und die andere zu erreichen, aber es gelingt ihm nicht. Vorsichtig manövriert er sich wieder zurück. Jemand eilt an Anna vorbei, eine Sanitäterin. Ihr brauner Stiefel tritt auf den Käfer, zermalmt ihn. Bestimmt geht sie Leben retten.

Anna schaut überrascht auf und dann sieht sie Shiryam. Er hat sie schon gesehen und rennt auf sie zu. Die Wogen des Chaos teilen sich vor ihm. Annas Augen halten sich an ihm fest. Sie muss nichts mehr sehen, nur ihn. Er fängt sie auf, Staub und Blut scheinen ihn nicht zu stören. Seine Arme halten sie fest. »Anna«, murmelt er. »Anna.« Sie schließt die Augen und lässt ihn für einen Moment die Wirklichkeit verdrängen, stellt sich vor, dass alles außerhalb dieser Umarmung nicht existiert. Das Gefühl zu schwimmen, zu tauchen, bemächtigt sich ihrer. Ein Rhythmus zwingt sich ihren Gedanken auf. Das Auf und Ab schwimmender Flossen, selbst durch geschlossene Augen sieht sie Blau. Sie öffnet ihre Augen, schüttelt diese Bilder von sich ab, die ihr überladener Geist zu produzieren scheint.

»Muhit«, sagt Shiryam. Anna löst sich aus der Umarmung und schaut ihn ungeduldig an, während Shiryams Mund langsam die Worte formt: »Ist … verletzt.« Er zeigt auf den Krankenwagen, ein sperriges Fahrzeug, solarbetrieben, vielleicht das einzige Fahrzeug dieser Art in der ganzen Stadt. Aber der Wagen ist schnell, er fährt los, wenigstens das, wenigstens ist er schnell. *Muhit …* Fragend schaut Anna Shiryam an. Er muss wissen, was sie fragen will, aber dieses Mal ist sie es, der die Worte nicht über die Lippen kommen. Er schaut weg, weicht ihrem Blick aus. »Nicht … gut«, sagt er schließlich.

Ihr ist schwindlig und schlecht. Alles dreht sich um sie. »Ich muss … hinterher«, presst sie hervor und versucht sich von Shiryam loszureißen. Der Krankenwagen ist um die Ecke gebogen, aber Annas Augen hängen immer noch dort, wo sie ihn das letzte Mal gesehen hat. Sie kann Muhit nicht allein lassen. Unmöglich große Wellen brechen über ihr zusammen, schwemmen sie fort, selbst Flossen nützen ihr jetzt nichts, die Strömung ist zu stark.

DIE SICHERE WIRKLICHKEIT

Shiryam nimmt ihr Gesicht zwischen seine Hände und sucht ihren Blick. Er schüttelt den Kopf. »Du musst … essen. Ruhen. Danach … Krankenhaus. Muhit. Ich … und du.« Anna nickt. Sie konzentriert sich auf Shiryams grüne Augen, sonst will sie nichts mehr sehen. Sie lässt ihn ihre Hand nehmen, lässt sich zu ihrer Wohnung zurückführen. Lässt ihn Alg-Brei und Kaffee aufkochen, duscht.

Sie sitzen an dem kleinen Tisch in der Küche und löffeln. Der Alg-Brei riecht anders. Anna ist immer noch schlecht. Ihre Augen schmerzen, als hätten sie zu viel gesehen. Die Bilder der sterbenden Schildkröten liegen über allem, was sie sieht, wie eine doppelte Schicht Wirklichkeit. Sie schließt die Augen und wieder sieht sie das Meer. Sie schüttelt sich. Was ist nur los mit ihr? Was sie gesehen hat, macht keinen Sinn. Genau genommen macht *nichts* mehr Sinn. Seit sie die wilde Meeresschildkröte getroffen hat, ist nichts mehr beim Alten.

Shiryam hat den Nachrichtenkanal gefunden. Jemand spricht über die Explosion am IMGÖ. »Terroranschlag«, sagen sie, zehn Tote. *Terror*, das Wort klingt nach in Anna, Terror. Auch in einer Hybridisierungs-Klinik in Daressalam gab es eine Explosion, fast zeitgleich, die A4M hat sich dazu bekannt. *Armee für die Menschheit*, lächerlich der Name, wenn man tötet. Natürlich verurteilen alle die Gewalt. Die regionalen Kanäle sind voll davon. International fließt wenig Information, die Netze sind langsam, die Satelliten sind gerade auf der anderen Seite der Erde. Nur die Vertreter der MZ, *Menschen Zuerst*, argumentieren, man müsse auch Verständnis haben, es sei die Angst vor dem Fremden. Die *wirklichen* Menschen fühlten sich nicht ernst genommen, man habe das sozusagen durch die Hybridisierungspolitik in Kauf genommen.

Sie nehmen eine Alg-Riksha ins Yoseftal II-Krankenhaus. Die Umgebung zieht schleierhaft an Anna vorbei.

Shiryam nimmt sie an der Hand, lenkt sie behutsam. Er spricht, sie weiß nicht, wie er es macht, die Worte sind ja schwer für ihn. Aber er schafft es, denn am Ende dürfen sie zu Muhit. Ihr Freund liegt in einem weißen Bett. Alles ist sauber und hell. Schläuche führen in seinen Körper und aus ihm hinaus. Er ist mit piependen Maschinen verbunden. Seine Augen sind geschlossen, sein Körper ist in weiche, glänzende Membranen gehüllt, seine Beine sind fixiert. Das künstliche Koma lässt ihn entspannt aussehen. Seine braune Haut ist blass. Vorsichtig berührt Anna seine wilden, roten Haare. Seine Schuppen scheinen ihr Glitzern verloren zu haben.

Anna schiebt einen Stuhl neben sein Bett. »Ich will bei ihm bleiben«, sagt sie leise. Shiryam nickt, schiebt einen zweiten Stuhl neben sie und setzt sich. »Du musst nicht …«, sagt Anna, aber Shiryam nickt wieder und bleibt sitzen.

Zögerlich berührt Anna Muhits Hand. Seine Haut ist mit Wunden und Blutergüssen übersät. Er ist einfach fehl am Platz hier, Muhit, in diesem weißen, sterilen Zimmer. Wenn er sich hier sehen würde … Muhit, der immer lacht, für jeden Spaß zu haben ist. Er sollte auf einer Feier sein, irgendwo, wo es aufregend ist, aber *nicht hier.* Anna streichelt seinen Arm, steckt eine kleine, weiße Muschel in seine Hand und schließt seine Finger darum. Er sieht so zerbrechlich aus, so löchrig, dass sie befürchtet, das Leben könne einfach so aus ihm herausfließen. Wenn sie genau aufpasst und ihn nicht aus den Augen lässt, vielleicht kann sie dann das Schlimmste verhindern. Aber ein kleiner Teil von ihr lässt sich nicht kontrollieren. Ein winziger Teil ihrer Aufmerksamkeit ist unter Wasser geblieben, taucht tiefer in den Ozean, sucht etwas, das verloren ist, etwas Wichtiges.

Lange sitzen sie so. Irgendwann legt Shiryam eine Hand auf ihre Schulter und sie schreckt hoch. »Komm«, sagt er und seine Hände malen in die Luft. Anna versteht etwas von Essen, von draußen, von frischer Luft. Sie lässt sich von Shiryam mitziehen. Ein Krankenpfleger sagt, dass Muhits Eltern auf dem Weg sind. Von Alexandria ist es weit, die Strecke über den Sinaii ist schwierig und gefährlich.

Nebeneinander verlassen Anna und Shiryam das Krankenhaus. Schweigend gehen sie durch die Stadt. Es ist ein schöner Tag, ein sanfter Wind weht vom Meer her. Ihre Füße tragen sie durch verlassene Gebäude. Staub und Salz bedecken jede Oberfläche. Näher am Meer wachsen die Algen und Kletterpflanzen, denen die salzige Feuchtigkeit zum Leben reicht. Sie gehen rostige Treppen hinauf und hinunter, überqueren eine Brücke, die nur auf einer Seite ein Geländer hat. Sie gehen eine weitere Treppe hoch, durch einen verrottenden Betonblock. Der Gestank aus den überfluteten unteren Stockwerken ist immer schlimm, aber heute ist es unerträglich. Anna versucht, flach zu atmen. Sie starrt auf den Weg vor sich, ihr Magen dreht sich hin und her. Schildkrötenaugen drängen aus unbekannten Tiefen herauf, zahllose schwarze Augen, die sie rufen. Anna wischt die Bilder zur Seite, konzentriert sich auf den Weg, auf die Stufen, auf ihre Atmung.

Es gibt einen guten Weg durch den Betonblock, wenn man ihn kennt. Eine Treppe hinauf, dann durch einen kleinen Ausgang zu einer Fußgängerbrücke im zehnten Stock. Anna atmet tief durch, als sie an die frische Luft gelangen. Vor und unter ihnen liegt der Ozean, blau und friedlich. Glitzernd reflektieren unzählige kleine Wellen die Sonne. Vorsichtig überqueren sie die Brücke. Eine schleimige Schicht von etwas Braungrünem wächst darauf. Die Brücke führt sie zum nächsten Gebäude, das zwanzig Meter tiefer vom Wasser umspielt wird. *Herod's Palast.*

Anna hält sich am Geländer fest. Sie starrt aufs Meer und beinahe schleicht sich ein Lächeln auf ihr Gesicht. Herrlich ist die Welt von hier oben. Der Wind spielt mit ihren Haaren, das Meer ist leuchtend blau, die Berge rot und golden. Shiryam steht neben ihr, hält seine Nase in den Wind und schließt die Augen. Von oben sieht das

Herod's ganz anders aus als von unten. Seilgeflechte, Drähte und feste Verschraubungen knüpfen Holz, Blech und Gitter ineinander in ein engmaschiges Netz, das sich um den Palast herumwindet. Es erschafft bewegliche Treppen, Leitern, Plattformen und Brücken, die Gebäudeteile und Stockwerke miteinander verbinden. Ein bewohntes Labyrinth mit tausend Wegen, für das die Grundstruktur des uralten Hotels nicht mehr als ein grobes Skelett ist. Salzresistente Ranken und Reben haben den bröckelnden Beton erobert. Ungestört wachsen sie am Gebäude empor, erobern es bis in schwindelerregende Höhen. Es ist ruhig hier, mitten am Tag. Eine Frau ist mit einem Algenbeet beschäftigt, zwei Männer reparieren eine defekte Treppe.

Auf einmal hat Anna Hunger. Ein unfassbarer Appetit überkommt sie und sie hat das Gefühl, keinen Moment länger warten zu können. »Komm«, sagt sie und zieht Shiryam mit. »Lass uns etwas essen.« Sie klettern über eine Strickleiter eine Etage höher, treten auf ein Gerüst und gelangen zur Bar. Diese besteht aus unterschiedlich hohen Plattformen, die auf dem Dach des Herod's in alle Richtungen wachsen.

Auf einer runden Plattform sitzt ein junges Paar im Gespräch vertieft. Die Frau ist dunkel und hat langes, weißes Haar, der Mann ist der bunteste Hybrid, den Anna je gesehen hat. Grüne, gelbe und blaue Federn bedecken seinen Körper, rotgefiederte Flügel sind auf seinem Rücken zusammengefaltet.

Die Hand der Frau liegt auf seinem Arm. Sie sieht besorgt aus »… Hat er gesagt?« Der Mann murmelt etwas und zuckt mit den Schultern. »Aber Dr. Refai wird schon wissen …«

Anna starrt ihn an. Wie bunt er leuchtet! Aber ein Leben mit Flügeln und Federn? Sie denkt an Gabri und sein Beutel-Rudiment, sein entzündetes Fell. Bestimmt verbringt der gefiederte Mann mehr Zeit bei Ärzten als zu Hause. Dr. Refai. Den Namen hat sie schon einmal gehört, hinter vorgehaltener Hand. Muhit hat ihn erwähnt, wegen seiner Arbeit mit Hybriden. Sie kann sich nicht vorstellen, dass die DNS-Integration reibungslos funktioniert. Ein kleines Kind spielt zwischen den Beinen des Mannes. Annas Mund bleibt offenstehen. Wie gebannt sieht sie jeder Bewegung des bunten Mädchens zu. So lange schon hat sie kein Kind mehr gesehen. Diese Unbeschwertheit, wie leicht sie lacht. Anna kann ihre Augen nicht von ihrem Spiel abwenden. Die Kleine kichert und dann dreht sie sich um. Sie lächelt keck aus einem gefiederten Gesicht und dort, wo Anna einen Mund erwartet hat, sitzt ein weit geöffneter Schnabel. Anna zuckt erschrocken zusammen. Ihr wird heiß vor Scham und sie zwingt sich zu lächeln, aber das Kichern des Kindes ist verstummt. Shiryam tippt ihr auf die Schulter und Anna beeilt sich, ihm zu folgen.

Hinter der Bar steht eine hochgewachsene Frau. Sie ist am ganzen Körper tätowiert. Ihre schwarzen, kurzen Haare entpuppen sich bei näherem Hinsehen als Federn. Sie spült Tassen und Teller ab, ihr langer, schwarzer Schwanz zuckt nervös. Sie grüßt sie mit einem kurzen »*Shalom*«. Es gibt nur ein Gericht: Krebseintopf. Sie bestellen jeder eine Portion. Annas Magen knurrt, ihr ist schon schlecht vor Hunger. Sie setzen sich in eine mit Teppichen und Kissen gepolsterte Nische auf einem Balkon. Das Krebsprotein tut gut und Annas Heißhunger lässt sie löffeln, ohne aufzusehen.

Als sie fertig gegessen hat, lehnt Anna sich an die Wand, seufzt und lässt ihren Blick über den Golf von Aqaba gleiten. Das Meer ist unendlich groß und weit. Von hier oben fühlen sich ihre Sorgen mit einem Mal kleiner an. Sie dreht sich zu Shiryam um. Er schaut sie an, der Wind spielt mit seinen Haaren. Ein Leuchten hat sich auf seine Wangen geschlichen. Sein Mund setzt zum Reden an, er formt die Worte. »Du bist … so schön«, sagt er. »Nur … deine Augen. Sind … traurig.«

Anna lächelt und schluckt. Shiryam blickt direkt in ihre Seele. *Trotz allem*. Vielleicht muss man mehr wagen.

Nicht immer zurückschauen, sondern nach vorne. Pläne machen, so wie er. Sie räuspert sich. »Vielleicht solltest du auf deine Wal-Suche gehen. Man weiß doch nie, was passiert. Es ist besser, nichts aufzuschieben.«

Shiryam schaut sie aufmerksam an. »Ich war … im Meer«, sagt er langsam. Sein Blick schweift zum Horizont. »Das Lied … des Wals. Es war … wundervoll.« In seinen grünen Augen spiegelt sich das blaue Meer. »Davor …« Er macht eine hilflose Geste mit seinen Händen. »Ist … nichts. *Nichts.*« Vielleicht war das Shiryams erste Erinnerung. Vielleicht ist er als Kleinkind fast ertrunken und sein Geist findet eine Erklärung dafür, die weniger traumatisch ist als die Wirklichkeit. Aber sind diese Grenzen so klar? Erinnerung, Traum, Wirklichkeit. Kann man das immer so genau wissen? Aber wenn da Bilder sind, Erinnerungen, die keine sein können, von weit entfernten blauen Tiefen … Vielleicht lohnt es sich, ihnen zuzuhören.

»Meine frühesten Erinnerungen sind vom Meer. In Réunion. Von meinen Eltern.« Anna macht eine Geste mit ihren Händen, von Blättern, die hin und her wehen, ihr Mund rauscht wie der Wind. »Mein Vater hatte seine Pinsel dabei. In meiner Erinnerung sind es tausende von Pinseln.« Sie lacht leise. »Und er mischt seine Farben, während ich im Sand sitze. Lauter Blautöne. Hellblau, Türkis, Dunkelblau. Tausend Schattierungen von Blau.« Anna schaut auf ihre Hände, zeichnet mit dem Daumen die Kratzer an ihren Fingern nach. »Ich würde alles tun, um nochmal dort zu sein, in diesem Moment.« Sie schluckt. »Auch wenn es nur eine winzig kleine Chance geben würde …« Aber die gibt es nicht. Die Insel gibt es noch, ja. Aber was sie wirklich will, das gibt es dort nicht mehr. Vorsichtig schaut sie Shiryam an. Für ihn ist es anders. Für ihn gibt es noch eine kleine Chance, seine Vergangenheit wiederzufinden. Kleiner als winzig klein.

Seine Lippen sind zusammengepresst, als würde er nachdenken. »Das Lied«, sagt er und schließt die Augen. »Ich will es … hören. Nur noch … einmal.«

Anna meint, eine Träne in seinen Augenwinkeln aufblitzen zu sehen. Sie atmet tief ein. »Wo würdest du suchen?«

Shiryam schaut sie überrascht an, dann schaut er zur Seite. Zögerlich oder beschämt? »Manchmal … höre ich … Nachrichten … kleine Kanäle. Aus Indochina. Ich höre … nachts. Andere … Satelliten. Leviathan … Meermonster.« Seine Hände malen Gesten in die Luft, während er spricht, und Anna kann sich zusammenreimen, dass er denkt, dass Wale gesichtet wurden. Ungeklärte Beobachtungen im Osten. Die Indochinesischen Königreiche sind weit, ihre Küsten unendlich, ihre Meere tief … Sie schüttelt den Kopf. *Das ist nicht möglich*. Die Wale sind ausgestorben. Sie denkt an ihre Rechnung. *Dreihundert Millionen Jahre*.

Aber Shiryam kann unter Wasser sprechen. Er kann singen. *Das Lied der Wale …* Ein Lied kann weit tragen. Ein Lied unter Wasser … ein Ruf … kann kilometerweit reisen. Hunderte oder vielleicht sogar *tausende* von Kilometern.

Anna schüttelt wieder den Kopf. Ihre Rechnung ist falsch. Wer weiß, wie lange Shiryam suchen wird? Vielleicht kann man es nicht berechnen. Vielleicht kann man die wirklich wichtigen Dinge einfach nicht berechnen. Oder wie berechnet man, ob das Feuer einem etwas anhaben kann, wenn man am Meer wohnt? Wie berechnet man, ob wilde Schildkröten ausgestorben sind? Wie berechnet man den Sinn einer Sammlung von hunderten von Steinen und Muscheln, die die Vergangenheit mit aller Macht am Leben halten sollen? Es tut gut, Dinge zu berechnen. Es macht sie greifbarer als die Wirklichkeit; schafft schöne, klare Linien.

»Ich hoffe einfach, dass Muhit bald aufwacht«, sagt Anna.

DER URALTE

Ohne Muhit auf Tauchgang zu gehen, fühlt sich falsch an. Die geliehene Ausrüstung fühlt sich falsch an. Der Atmer drückt, die Flossen sind zu groß, das Messgerät hat zu große Knöpfe. Es hat eine Ewigkeit gedauert, alles richtig einzustellen. Aber das Leben geht weiter, das hat auch Talitha gesagt und die Genehmigung für ihren Einzeltauchgang, ohne zu zögern, gestempelt. *Die Seesterne warten nicht, sie wachsen oder sterben, wie wir alle.* Die Bioingenieure vom Gebäude nebenan haben ihnen Asyl gewährt. Zwei Räume stehen der Arbeitsgruppe Jiddawi zur Verfügung. Der Schock sitzt allen tief in den Gliedern. Meira ist aufgetaucht. Sie war an jenem Tag nicht im Labor, sie hatte verschlafen, wie Anna. In den letzten Tagen sind Spenden eingetroffen. Computer. Ausrüstung. Holos. Laborzubehör. Wie auch die Tauchausrüstung, mit der Anna nun unterwegs ist. Sie haben keine *Navties* mehr. Die Mauern des IMGÖ sind in die Becken hineingestürzt und haben alles Lebendige unter sich begraben. Ohne Schildkröten muss man die Löcher umständlich mit einem Alg-Boot umschiffen, um zur Seesternkolonie zu gelangen. Das Taxiboot hat Anna in die Nähe der Kolonie gebracht und wird sie auf Knopfdruck wieder abholen. Der Skipper winkt ihr noch einmal zu, als das Boot sich entfernt. Anna bleibt als kleiner Punkt zurück, allein im Meer.

Die Ruhe tut gut. Das Blau und die Wellen sind kühlender Balsam für die Seele an diesem Sommertag in Eilat. Aber die Flossen sitzen schlecht. Anna schnallt sie fester, doch nun drücken sie. Sie prüft ihre Taschen. Es ist alles da, nur nicht ganz am richtigen Ort. Normalerweise sitzt jeder Handgriff. Muhit sollte hier sein. Er würde die Stimmung auflockern mit seinen Witzen. Er schafft es immer, Annas Grübelei zu durchbrechen. *Nicht schon wieder weinen. Sei stark. Stark wie eine*

Welle. Wie eine Welle. Einatmen, ausatmen. Anna drückt sich den Atmer fest vors Gesicht, lässt sich nach unten sinken und dann ist die Welt blau. Das Meer umgibt sie, trägt sie, beruhigt ihre Sinne und ihren Körper. In jede Richtung scheint das Blau unendlich. Etwas Schweres löst sich von Annas Herz, als sie nach unten schwimmt. Mit jedem Zug fühlt sie sich leichter. Sie taucht tiefer und tiefer, bis sie schwerelos ist.

Alles ist weich unter Wasser. Wenn sie jetzt ihre Augen schließen und zu denken aufhören würde, könnte sie sich verlieren. Sich im Blau auflösen und von der Strömung ins Nirgendwo tragen lassen. Aber sie hat eine Aufgabe. Sie öffnet ihre Augen. Das Ziehen in ihrer Brust wird stärker und das Gefühl, nicht allein zu sein, vibriert in ihrem Körper. Sie schaut sich um, aber da ist nichts. Sie schwimmt weiter. Langsam und rhythmisch bewegt Anna ihre Beine auf und ab, hält die Arme eng am Körper. Ist das ein Schatten über ihr, eine Wolke am Himmel? Aber die Wolke bewegt sich. Sie bewegt ihre Flossen. Eine riesige Schildkröte schwimmt über Anna, langsam, im gleichen Rhythmus wie sie. Sie dreht ihren kleinen Kopf zur Seite und schaut Anna neugierig an. *Die Schildkröte!* Langsam kommt sie näher und lässt sich nach unten sinken, bis sie fast neben Anna schwimmt. Anna bemüht sich, den Rhythmus zu halten und sich nicht aus der Ruhe bringen zu lassen. Aber ihr Herz pocht vor Aufregung, stößt mit jedem Herzschlag zitternd gegen ihren Brustkorb. Und dann schwimmen sie nebeneinander, Kopf an Kopf, Flosse an Schulter. Anna sieht die weiße, sternförmige Schuppe zwischen den rotbraunen Schuppen. Es ist die gleiche Schildkröte. *Die wilde Meeresschildkröte. Sternschildkröte.*

Die Schildkröte schaut Anna an. Die Frage, warum und woher sie gekommen ist, warum sie Anna gefunden hat und was sie von ihr will, erscheint mit einem Mal belanglos und löst sich auf wie trockener Algenstaub im Meer. Ihre Blicke treffen sich. Schwarze Schildkrötenaugen halten ihren Blick und Anna atmet aus, endlich, endlich, als hätte sie nur darauf gewartet. Da passiert es wieder. Sie spürt ein Kribbeln in ihren Fingern, das sich in ihrem ganzen Körper ausbreitet. Violette Lichtblitze tanzen vor ihren Augen. Dann fällt sie, fällt in die schwarzen Augen der Schildkröte. Augen wie tiefe Abgründe, wie Strudel, wie Eingänge in eine andere Welt. Die Welt dreht sich, Anna fällt und fällt, und dann ist alles dunkel.

Als sie wieder zu sich kommt, wäscht Erleichterung wie eine sachte Welle über sie, denn endlich gleitet sie so durchs Wasser, wie es sein soll. Alles fühlt sich richtig an. Elegant lenken ihre Vorderflossen ihren schweren Körper, als wäre er federleicht. Ihr glatter Panzer bietet den Wellen keinen Ansatzpunkt für Widerstand. Die Freude spornt sie an. Sie will jauchzen und lachen, sie öffnet ihren Schnabel und schwimmt schneller und schneller. Es gibt keine Gedanken mehr, es ist kein Platz für Angst oder Sorge. Es gibt nur den Rhythmus der Flossen und der Wellen. Sie taucht tiefer, denn sie weiß, wohin es geht. Leise schwimmt sie an korallenbewachsenen Felsen vorbei, an Quallen und Fischen. Vorbei an einem kleinen Tintenfisch auf der Flucht, vorbei an einem Delfin, der sie mit einem faulen Nicken grüßt. Riffhaie jagen kleine Fische und sie schwimmt weiter.

Und dann taucht Nof Shunit am Horizont auf. Hunderte von kleinen Lichtern, Membranblasen, transparenten Sphären und bizarren Gebäuden, die in der Strömung schaukeln. *Porties* schwimmen hin und her, bepackte Schildkröten, die zwischen Eilat und Nof Shunit pendeln. Tauchende Menschen oder besser, *Mehr-Als-Menschen*, Hybride sind in der Stadt unterwegs. *Nof Shunit*. Der hebräische Name der Unterwasserstadt bedeutet *Riff-Ausblick*. Und das hat man dort – einen wundervollen Blick auf die Korallenriffe. Noch nie war sie hier – oder doch? Fremd sieht die Stadt aus und doch fühlt sich ihr Anblick sonderbar bekannt an. Wie es wohl ist, hier zu leben, in ozeanischer Stille, umfangen vom endlosen Meer? Leise bestimmt.

Aber die Riffstadt ist nicht ihr Ziel und sie schwimmt weiter. Schnell schwimmt sie und tief. Immer tiefer taucht sie dorthin, wo der Meeresboden steil abfällt, bis er im dunklen Nichts verschwindet, wo Meerblau zu Schwarzblau wird. Doch selbst in den Tiefen gibt es Leben, man muss es nur sehen können. Ihre Augen sehen die Spuren, denn sie kann die Strömung lesen. Sie sieht die Zeichen. Die Steine, die Fische berührt haben. Die Sandkörnchen, die sie verschoben haben. Berge tauchen vor ihr auf. Schwarzes Lavagestein ist in fremdartige Formen zusammengepresst, die sich zu schwindelerregenden Höhen auftürmen. Die Welt über Wasser ist nur noch ein ferner Traum. Sie findet den Eingang und schwimmt durch das Tor im Fels. Steinerne Dunkelheit verschluckt sie. Der Tunnel ist lang. Seepocken, klein und rund, festgewachsen an den Felswänden, zeigen ihr leuchtend den Weg. Und dann ist sie da. Der Tunnel öffnet sich und sie schwimmt hinein in diese Landschaft von sanften, schwarzen Hügeln, die sie so gut kennt. Dunkel ist es hier und doch gibt es Licht. Laternenfische, Riesenmuscheln, die hellblau leuchten, Unterwasserschmetterlinge. Quallen, deren transparente Flügel von leuchtenden Fäden durchzogen sind. Sie beachtet sie nicht, sondern schwimmt weiter auf den *See* zu.

Da liegt er. In einem See aus dunklem Salzwasser. Wasser, das mit der Zeit schwer geworden ist, das Mineralien zu Boden haben sinken lassen. Mitten darin liegt er. *Der Uralte*. Die älteste Schildkröte, Wächter seiner Art. Riesengroß ist er. Dicke, schwarze Haut bedeckt seinen gefurchten Panzer. Auch die Flossen sind schwarz und lang, wo sie den Boden berühren, wachsen Korallenwälder. Leuchtende Seepocken haben sich auf ihm niedergelassen. Seegras wächst auf seiner Haut, schaukelt und windet sich im Wasser um ihn im Takt mit schreckhaften Fischschwärmen.

Sie lässt sich auf den Meeresgrund sinken. Wie klein sie neben ihm ist. Er öffnet seine Augen, als würde er aus einem hundertjährigen Schlaf erwachen. Alt sehen sie aus, älter als die Welt. Sein Blick trifft den ihren. Überrascht sieht er sie an.

Wer bist du?, fragt eine tiefe Stimme in ihrem Kopf und seine Augen durchbohren ihre Seele.

Ich …, sagt sie in ihrem Kopf, und stockt. *Ich suche …*

Du suchst, Schlüpfling. Ein tiefes, polterndes Lachen ertönt in ihrem Kopf.

Was –, beginnt sie.

Du bist zu früh, unterbricht er sie. *Die Tochter deiner Tochter wird mich finden, wenn die Zeit reif ist. Wer zu den Sternen schwimmt, muss nach vorne schauen.*

Und dann fällt sie wieder. Sie fällt nach oben und alles wird dunkel.

Das Rauschen der Brandung dringt langsam in ihr Bewusstsein. Anna fühlt sich leicht, als hätte sie lange und tief geschlafen. Sie öffnet die Augen. Es ist dunkel. Sie spürt Sand unter ihren Händen. Intuitiv finden ihre Finger einen glatten Stein, halten ihn fest. Verwirrt setzt sie sich auf. Zu schnell. Ihr wird schwindlig. Sie dreht sich zur Seite, gerade noch rechtzeitig, und übergibt sich plötzlich in den Sand. Die ankommenden Wellen tragen das Erbrochene fort. Anna wischt sich über den Mund, spuckt noch einmal aus. Ihre Arme schmerzen, als wäre sie zu viel geschwommen.

Schließlich kommt alles zurück zu ihr. Der Anschlag, Muhit. Die Gespräche mit Shiryam. Ihr Tauchgang, allein, zur Seestern-Kolonie. *Wo sie nie angekommen ist.* Die Schildkröte hat sie gefunden. Wieder. Und … *der Uralte* … war das ein Traum?

Laut ihrem Holo ist es drei Uhr morgens. Anna schaltet das Gerät aus. Sie schließt die Augen. Einfach nur alles vergessen, einschlafen und in der Dunkelheit verschwinden. Sie schließt ihre Hand um den kleinen, glatten Stein, spürt die Strömung in ihren Flossenspitzen. Sie öffnet sie Augen. *Was bei den Feuern geschieht mit ihr?*

Die Tochter deiner Tochter wird mich finden …

Wer zu den Sternen schwimmt, muss nach vorne schauen …

Was soll das alles bedeuten? Schon wieder ein Tiefenrausch? Mit dem neuen Atmer? Wie wahrscheinlich ist es, dass zwei Geräte das gleiche Problem mit der Filterung haben? Schwankend steht sie auf. Ihr Körper fühlt sich falsch an. Ihr ist schwindlig. Sie muss sich abstützen. Etwas stimmt nicht. Irgendetwas stimmt nicht mit ihr. Sie hat ein Problem. Sie sollte schnellstens herausfinden, was mit ihr los ist, bevor noch Schlimmeres geschieht.

In der grauen Dunkelheit des frühen Morgens erreicht sie ihre Wohnung. Eine zusammengesunkene Gestalt liegt vor ihrer Wohnungstür. Anna hält den Atem an und zögert. Kann es sein, dass sie jemand von den Demonstrationen bis nach Hause verfolgt hat?

Die Gestalt bewegt sich, stöhnt und streckt sich, Anna sieht schwarze Locken und bläuliche Haut blitzen. *Shiryam.* Er setzt sich auf, sieht sich verwirrt um und reibt sich die Augen. Dann fällt sein Blick auf Anna. Er lächelt schüchtern und steht umständlich auf. Eine große Tasche steht neben ihm im Türrahmen. »Anna«, sagt er ungewohnt klar. »Ich gehe.« Er schaut sie aufmerksam an, als würde er eine verborgene Antwort in ihren Augen suchen.

»Wohin?«, fragt sie sinnlos.

»Ich muss den Wal … suchen. Sie suchen. Es … ist Zeit. Es gab … eine Sichtung.« Er hebt seine Hände, erklärt mit Gesten. »In … Japan.«

Anna schluckt. »Das ist weit.« Sie hat ihn ermutigt. Das hat sie. *Es ist besser, nichts aufzuschieben.* Das waren ihre Worte. Wenn es nur eine winzig kleine Chance geben würde, in der Zeit zurückzugehen, dann würde sie es tun. Das hat sie ihm gesagt. Und nun geht er. Wahrscheinlich hat er recht. Wenn man ein Rufen spürt, ein Ziehen in der Brust, wie lange soll man dann warten?

Shiryam schaut sie an mit seinen unmöglich grünen Augen. Er nickt. »Ich weiß.« Er weiß nichts von ihrem … Schwindel. Den Träumen. Von den Schildkröten. Es ist besser so. Es würde nichts ändern. Es gibt Dinge, die muss man mit sich allein ausmachen, selbst wenn das bedeutet, dass sie zum Arzt geht. Dass sie vielleicht krank ist. Reisen sind wichtig. Sie lassen einen reifen, sagte Mutter. Dinge verstehen, über einen selbst.

»Du kommst ja zurück«, sagte Mutter. »So wie ich. Du wirst schon sehen.« Gabri sah das anders. Er kam nicht aus dem Schrank heraus. Studieren in Alexandria, an einem renommierten Institut, das bedeutete nichts für ihn. Er war ja erst sechs Jahre alt. Er wollte einfach, dass es ewig so weiterging. Dass sich nichts änderte. Anna und er am Strand, für immer.

Shiryam macht einen Schritt auf sie zu und Anna sinkt in seine Umarmung. Das ist ein Abschied. *Japan*. Eine Suche im Meer. Gibt es Busse bis nach Japan? Alg-Rikshas? Boote? Die Reise wird *Jahre* dauern. Und die Suche? *Dreihundert Millionen Jahre*. Die Chance, *zurückzukommen*, ist … Mutter hat Gabri gesagt, was er kann und was er nicht kann. *Der Vulkan ist zu groß für dich. Du schaffst das nicht*. Sie hat Anna gesagt, dass sie sowieso zurückkommt. Aber sie kam nicht zurück.

Sie schaut Shiryam in die Augen. »Du bist stark«, sagt Anna und eine Träne löst sich aus ihrem Augenwinkel. »Stark wie eine Welle, wie ein Seevogel. Der Wind trägt dich, das Meer trägt dich. Du kannst alles schaffen.« Sie küsst ihn.

TRAUM

Sie umarmt Shiryam. Sie sind eng miteinander verschlungen. Anna spürt ihn atmen. Sie öffnet die Augen und sieht nichts. Sie schweben im Nichts, um sie herum ist alles dunkel. Dunkelblau. Der Boden ist nicht zu sehen, über ihnen ist nichts, nur Schwarz und Blau. Anna öffnet ihren Mund, aber kein Laut kommt heraus. *Ein Traum, es muss ein Traum sein.*

Sie versucht, Shiryam aufzuwecken, aber er schläft friedlich in ihren Armen, ein Lächeln auf den Lippen, wie ein Baby. Vor ihnen schwimmt eine Schildkröte. Von einem Moment auf den anderen ist sie da. Ihre langen Flossen bewegt sie langsam auf und ab. Sie schaut Anna an, neugierig, abwartend. An der Seite auf ihrem Hals ist ein kleiner, weißer Stern. Anna blinzelt und die Schildkröte ist mit einem Mal doppelt so groß. Größer als Anna. Anna versucht, zu sprechen. Sie versucht Shiryam zu wecken. Aber es geht nicht. Stattdessen löst sich ein Lied von ihren Lippen, ein trauriger Ton. Wie das Lied eines Wals. Sie will schreien. *Was ist hier los,* will sie schreien, *helft mir, ist hier jemand?* Aber stattdessen singt sie. Ihre Walstimme erfüllt den dunklen Ozean. Ihr Klagelied ist allumfassend, sie bringt sich selbst zum Erzittern.

Sie muss Shiryam losgelassen haben, denn er treibt langsam von ihr weg. Seine Augen sind geschlossen. Er schläft immer noch, aber er sinkt langsam nach unten. Weg von ihr. Anna streckt ihre Hand nach ihm aus, sie darf ihn nicht verlieren. Sie bekommt seinen Arm zu fassen, hält ihn fest, zieht ihn nach oben. Er darf nicht untergehen. Aber er ist so schwer.

Die Schildkröte ist weitergewachsen. Sie ist jetzt viel größer als Anna und Shiryam zusammen. Ihre Schuppen und ihr Panzer sind nicht mehr grün, braun und rot, sie sind schwarz. Nur ihre Augen sind noch dieselben. Sie schaut Anna an. Für einen Moment vergisst Anna alles andere. Sie hält ihren Blick. Shiryams Gewicht zieht an ihren Armen, zieht sie mit sich nach unten. Anna schaut in die schwarzen Schildkrötenaugen, bis sie das Einzige sind, was sie sieht. Solange die Schildkröte bei Anna ist, lässt sie nicht los.

Und dann ist die Schildkröte so groß wie ein Wal. Sie öffnet ihren Schnabel. Eine rosa Zunge schaut heraus. Anna sieht eine Reihe spitzer Zähne und dann bewegt sich die Schildkröte, schwimmt auf sie zu. Sie kommt näher und näher und als Anna versteht, was passiert, ist es zu spät. Es gibt kein Entkommen mehr. Ihr Herz pocht, sie schreit lautlos, als sich der Schnabel der Schildkröte um sie und Shiryam herum schließt und alles dunkel wird.

ZIEGENLUFT

Eilat, du bist zu heiß. Es kühlt nicht ab, es weht kein Lüftchen. Es ist zu heiß und riecht nach Ziege. Die Tiere der Biogasanlage starren die Wartenden vor dem Praxiszelt an. Feiner Staub liegt über allem. *Algenstadt* – die Slums von Eilat. Zwischen Algenplantagen und Biogasanlagen leben die Ziegen überall. Sie produzieren Mist und Energie, Milch und Fleisch. Lange Holzbretter, alte Reifen, Stahlnetze und Drahtseile sind zu schwindelerregenden Konstruktionen zusammengebastelt worden, deren Stabilität Anna nicht überzeugt. Dazwischen liegt das Zelt von Bartel Refai. *Dr. Refai*. Jeden Tag ist er hier. Er behandelt Hybride, Extinktionsflüchtlinge, alle, die sonst nirgendwo hinkönnen. Er stellt keine Fragen, seine Preise sind niedrig, seine Qualifikationen fragwürdig. Die Schlange vor seinem Zelt ist immer lang.

Anna rutscht auf der kleinen Bank hin und her. Sie wartet seit Stunden. *Alle* hier warten. Eine geflügelte Frau steht und sitzt abwechselnd, ihr Rücken ist so krumm, dass es Anna schmerzt, sie anzuschauen. Ein Junge mit schrecklichen Pusteln wartet, ein altes Paar mit grauer Haut, unter der knochige Spitzen zum Vorschein kommen. Dr. Refais Praxis ist eine Piratenpraxis. Sie ist nicht zertifiziert, taucht in keinem Verzeichnis auf und wenn man zu genau nachfragt, hat niemand von ihr gehört. Wieder zwängt sich jemand Neues auf eine der Bänke. Nervös schaut Anna sich um. Niemand soll sie hier sehen. Sie kennt die Frau mit den müden Augen nicht, die zerrissenes Alg trägt. Sie sollte zur Institutsärztin gehen, wie alle Kollegen, wenn sie ein Problem hat. Nur dass es nicht so einfach ist zu sagen, was ihr *Problem* genau ist.

Sie muss herausfinden, was mit ihr los ist, eine unabhängige Meinung hören. Die Halluzinationen beunruhigen sie. Der Schwindel beunruhigt sie. Vielleicht eine Lungenkrankheit, die Tiefenrausch auslöst? Aber die

Schildkröte ... Die Institutsärztin würde sie für verrückt erklären. Zumindest für nicht tauchtauglich, *arbeitsunfähig*. Im schlimmsten Fall würde sie Talitha raten, ihren Vertrag nicht zu verlängern. *Und es ist ja nicht einmal direkt etwas passiert*. Vielleicht bildet sie sich alles nur ein. Besser, erst einmal diskret etwas herauszufinden. Vielleicht bekommt sie hier einen Hinweis.

Die Zelttüre wird geöffnet. »Anna Hoareau!«, schreit eine schrille Frauenstimme und Anna zuckt zusammen. Nun wissen alle, wie sie heißt und dass sie hier war. Ihr Atem geht in schnellen Stößen. *Was tu ich hier? Warum bin ich nicht zur Institutsärztin gegangen?* Sie springt auf und eilt auf das Zelt zu. Innen ist es kalt, Anna friert von einer Sekunde auf die andere. Das Zelt ist innen überraschend groß. Zahllose weiße Vögel sitzen in aufeinandergestapelten Käfigen, gurren, fliegen von Ast zu Ast, drehen ihre kleinen Köpfe hin und her. *Warum weiße Vögel?*

Die Frau, die sie gerufen hat, trägt eine Maske. Nur ihre Augen sind zu sehen. Sie bittet Anna wortlos zu sich, nimmt ihr mit einer kleinen Nadel im Stehen Blut ab. »Ich bin hier, weil –«, beginnt Anna, aber die Frau schneidet ihr mit einer Geste das Wort ab und weist sie wieder hinaus. Ihr Platz auf der kleinen Bank ist inzwischen besetzt. Die Hitze vor dem Zelt ist noch unerträglicher geworden, ebenso der Gestank. Anna steht, lehnt sich gegen einen Pfeiler. Sie atmet Ziege ein und Ziege aus, rümpft mit jedem Atemzug die Nase, aber es hilft nichts. Sie versucht, sich abzulenken, indem sie die Ziegen zählt. Sie sieht sieben in dem kleinen Stall nebenan. Auf der anderen Seite ist die Sicht durch Bretter verbaut. Man sieht nur Ziegenbeine. Vier, sechs, acht, zwölf, zwanzig, vierundzwanzig, zweiunddreißig, fünfunddreißig Ziegenbeine. Fünfunddreißig? Das kann ja wohl nicht sein, das ist nicht durch vier teilbar. Anna konzentriert sich, zählt noch einmal. Aber es sind wieder fünfunddreißig Beine. Acht Ziegen und drei Beine, wie kann das sein?

Eine dreibeinige Ziege. Natürlich, das wird der Grund sein. Erleichtert atmet Anna auf.

Sie tritt von einem Bein aufs andere. Es wird kein Platz mehr frei für sie auf den Bänken. Andere kommen, die es nötiger haben zu sitzen. Der Wartebereich ist überfüllt. Niemand kann Abstand halten. Alle schauen sich mit versuchter Freundlichkeit an, aber niemand lässt dem anderen Vortritt, niemand kann sich diesen Luxus erlauben. Neun Ziegen auf der einen Seite, sieben auf der anderen. Sechzehn Ziegen mit dreiundsechzig Beinen. Dreiundsechzig ist auch neun mal sieben, es könnten also auch neun siebenbeinige, oder sieben neunbeinige Tiere sein. Aber das wären ungerade Zahlen, solche Tiere gibt es nicht. Außer sie wären kreisförmig, dann vielleicht schon. *Wie Seesterne.* Neun siebenarmige Seesterne. Aber Seesterne riechen nicht so schlecht. Seesterne riechen sanft nach Alge und Salz, wie das Meer. Auch Shiryam riecht wie das Meer. Anna schließt ihre Augen. *Shiryam. Aber Shiryam ist nicht mehr da.*

Schroffe, rote Berge schließen die Algenstadt ein. Die Sonne geht unter, aber die Berge strahlen selbst in der Dunkelheit noch Hitze ab und Anna schwitzt. Sie tritt von einem Bein aufs andere, ihre Füße schmerzen. Ein Pfau (zwei Beine) drängt sich durch die Wartenden, beäugt sie kritisch, er glänzt blau und schleppt seine prächtigen Federn durch den Dreck. Auch er ist staubig, wie alle hier.

Eine Blutprobe – was kann die schon aussagen? Kann eine Blutprobe Halluzinationen erklären? Eine Schildkröte, die einen im endlosen Meer sucht und findet? Kann sie Schwindel und Übelkeit erklären? Muhit kennt Dr. Refai, aber heißt das, dass er zuverlässig ist? Wie offen soll sie sprechen? Wenn sie von der Sternschildkröte erzählt, wird er sie für verrückt erklären. Wenn sie von den Erinnerungslücken beim Tauchen erzählt, wird er ihr davon abraten, tauchen zu gehen. Das geht nicht. Sie *muss* ihre Messungen fertigmachen! Die Sonne ist hinterm Horizont verschwunden. Die Berge zeichnen schwarze, fraktalartige Linien an den Himmel. Die Bänke leeren sich. Einer nach dem Anderen wird ins Zelt gerufen und geht wieder. Anna sitzt und starrt vor sich hin, überwältigt von Ziegenluft und Hitze. Nach Hause. Sie will einfach nur nach Hause.

»Hoareau«, sagt ein Kopf, der sich aus dem Zelteingang streckt. Dr. Refai. Er ist klein, drahtig, hat dunkle Haut, kurze, weiße Haare. Sein rechtes Auge ist so hellblau, dass es fast weiß ist. Über dem linken Auge liegt ein kybernetischer Einsatz, das Auge ist ein Implantat. Zwischen seinen kurzen Haaren schauen kleine Spitzen hervor. Ein reptilienartiger Kamm zieht sich bis in seinen Nacken und verschwindet unter seinem Hemd. Anna geht auf ihn zu. Sie versucht ein müdes Lächeln, aber es gelingt ihr nicht. Dr. Refai führt sie durch die innere Zelttür in sein Behandlungszimmer. *Zimmer*. Anna lacht leise. Nur Zeltplanen begrenzen es. Das Gurren der weißen Tauben ist laut. Auch drinnen ist der Ziegengeruch nicht zu verleugnen.

Vor den flatternden Wänden stehen Regale, die mit kleinen Flaschen und Geräten aller Art überquellen. Eine abgetrennte Flosse schwimmt in einem großen Glasbehälter, ein Auge von der Größe eines Kindskopfes starrt sie aus einem anderen heraus an, verwahrt in einer grünlichen Flüssigkeit. Dr. Refai zeigt auf einen Sessel. Anna nimmt Platz. Jetzt drückt er ihr zur Begrüßung die Hand, als wäre sie erst in diesem Sessel eine vollständige Person, die seine Aufmerksamkeit verdient.

»Frau Hoareau. *Dr.* Hoareau!« Er schiebt seinen Stuhl näher zu ihr. »Wo zwickt es denn, meine Liebe?«

Anna atmet hörbar ein. »Ich … fühle mich sonderbar.«

»Sonderbar, Frau Hoareau, fühlen wir uns alle! Wenn das ein Grund wäre, zu Dr. Refai zu gehen, dann wäre die ganze Welt hier in meinem Zelt.« Er grinst. Anna sieht Augenringe unter seinen Augen. Er muss müde sein, nach einem ganzen Tag mit Patienten.

Sie lacht leise. »Es sah fast so aus, als wäre das auch so.«

Er öffnet seine Arme zu einer Geste der hilflosen Verwunderung. »Das Zelt lässt es nicht erahnen, Frau Hoareau, aber Dr. Refai ist der Beste der Besten. Ich verspreche es.« Er zwinkert ihr zu, dreht sich zur Seite zu einem der Vogelkäfige, in dem eine einzelne, weiße Taube sitzt. »Stimmt's, meine Hübsche?« Der Vogel gurrt bestätigend.

Anna lacht. »Was tun die ganzen Vögel hier?«

Dr. Refai öffnet die Käfigtür. Der Vogel hüpft auf seine Hand und Anna sieht, dass auch sie eine Prothese ist. Eine kybernetische Hand. Dr. Refai dreht die Taube vor seinem Gesicht hin und her. »Ist sie nicht hübsch?« Seine Augen glänzen. »Gibt es etwas Schöneres als diese Tiere? So edel, so elegant. Perfekt.« Er nähert sein Gesicht dem Vogel und fängt an zu gurren. »Meine Schöne«, gurrt er leise. »Hast du Hunger?«

Die Taube gurrt zurück oder vielleicht gurrt sie auch einfach so. Sie stößt sich ab und fliegt einen Kreis durch das Zelt. Sie landet auf ihrem Käfig und sucht irritiert nach dem Eingang. Ihr Kopf wackelt vor und zurück. Dr. Refai schaut Anna an und lächelt entschuldigend. »Nur so kann ich arbeiten. Die Vögel halten mich bei Sinnen. Ich brauche sie und sie brauchen mich. Eine Symbiose.«

Anna zieht die Stirn kraus. »Warum brauchen die Vögel Sie?«

Er schaut sie überrascht an, als wäre die Antwort offensichtlich. »Es ist zu heiß draußen. Das Zelt ist kühl. Nur hier drinnen können sie überleben.« Er gurrt, hält seine Hand bereit und die Taube fliegt wieder los. Sie landet bei Dr. Refai, legt ihren Kopf schief und schaut ihn erwartungsvoll an. »Gleich, meine Schöne. Gleich gibt es Futter.« Dann wendet er sich wieder Anna zu. »Aber jetzt zu Ihnen, meine Liebe, sonst werden wir hier nie fertig.«

Anna zuckt die Schultern. »Seit zwei Wochen fühle ich mich nicht gut. Schwindel. Übelkeit. Episoden, in denen ich …« Sie zögert.

Er beugt sich vertrauensvoll zu ihr vor. »Sagen Sie es ruhig, meine Liebe, es gibt nichts, was ich noch nicht gehört habe.« Etwas in seinem mechanischen Auge summt, als würde es auf sie scharfstellen.

Sie seufzt. Was bleibt ihr übrig? »Episoden, in denen ich … nicht ganz ich selbst bin?«

Er hat sein Holo geöffnet und notiert sich etwas. Blättert. »Gut, gut, gut. Dann schauen wir doch mal, was wir hier haben. Aha! Ihre Ergebnisse.« Mit dem Finger fährt er über die Anzeige, als würde er etwas suchen. Dann verzieht sich sein Mund zu einem Lächeln, als hätte er etwas Amüsantes entdeckt, und er schaut kurz auf. »Dass Sie schwanger sind, wissen Sie?« Anna schaut ihn an. Sie schaut einfach nur. Ihre Gedanken haben angehalten. Die Tauben gurren. Eine Brise bringt die Zeltwand zum Flattern. Sie hat etwas sagen wollen, aber sie hat vergessen, was. *Schwanger?* Was bedeutet dieses Wort? »Frau Hoareau?«

»Ja.« Sie schüttelt sich. »Nein. Das … wusste ich nicht.« Kann man hyperventilieren, ohne zu atmen? Alles dreht sich um sie. *Einatmen. Ausatmen. Schwanger. Von Shiryam. Es kann nur von Shiryam sein.* Sonst gibt es niemanden. *Shiryam*. Shiryam ist nicht mehr da.

»Glückwunsch!«, sagt Dr. Refai. »Das sind ja ganz hervorragende Neuigkeiten! Ich freue mich für Sie, meine Liebe, und wie ich mich freue!«

»Danke«, sagt Anna schwach und schaut in sein hellblaues Auge. *Schwanger*. Das kann nicht sein. Shiryam hat *keine* Injektion verpasst. Es ist nicht möglich! *Schwindel, Übelkeit, Heißhunger*. Wie konnte sie so blind sein? Aber … *alles* erklärt es nicht. »Kann man von einer Schwangerschaft Halluzinationen bekommen? Unter Wasser, meine ich?«

»Unwahrscheinlich. Ihre Werte sind in Ordnung. Ihre Zelltoxizität liegt im grünen Bereich«, sagt Dr. Refai enthusiastisch. »Der Embryo ist drei Wochen und zwei Tage alt. Weiblich. Genetischer Schaden bei 13,7 Qwa.«

»Langsam, bitte«, sagt Anna. Das Drehen hat sich verlangsamt, aber die Welt ist immer noch aus den Fugen. Ein Mädchen. *Die Tochter deiner Tochter wird mich finden …* Eine Erinnerung holt sie ein, aus der Tiefe, wie aus einem fernen Traum. »13,7 Qwa«, wiederholt Anna. »Das heißt …«

»Eine Intervention ist dringend nötig.« Dr. Refai nickt kurz. »Die Überlebenschancen ohne Eingriff liegen bei 5 bis 10%, ab einem Schaden von 10,1 Qwa sprechen wir von essenziellen genetischen Schäden, bis 19,9 Qwa raten wir zur Intervention.«

Essenzielle genetische Schäden. Anna hält sich an der Armlehne fest, sie hat das Gefühl zu ertrinken. *Zählen.* Wasser drückt sich von allen Seiten gegen sie, drückt gegen ihre Lippen, ihre Zunge, ihren Gaumen, bahnt sich einen Weg in ihre Lunge. *Eins. Zwei. Drei. Gabri!* Sie schließt die Augen, atmet. Schwarze Augen schauen sie aus der Tiefe an, rufen sie. Hat ihre Mutter so auch davon erfahren? Schwanger mit Gabri zu sein? Mit einem Kind, das nicht lebensfähig ist?

»Nun schauen Sie nicht so! Frau Hoareau! Ts-ts-ts!« Er schüttelt den Kopf, schaut sie fast amüsiert an. »Kein Grund zur Sorge! Sie sind nicht die Erste und auch nicht die Letzte, der das passiert. Sie haben noch Zeit, Sie haben ja noch Zeit, sich alles genau zu überlegen. Eine Woche, vielleicht auch zwei. Das ist reichlich! Gut, dass Sie jetzt schon gekommen sind! Deswegen haben Sie doch Dr. Refai.« Er zwinkert ihr verschmitzt zu. »Ich kann Ihnen ein Angebot machen. Im Vertrauen.« Er lehnt sich vor, schaut Anna verschwörerisch in die Augen. »Kinder sind *immer* gute Nachrichten! Besonders in Zeiten wie diesen, oder etwa nicht? Wir haben gute Möglichkeiten in unserer Praxis. Unsere Hybridisierungstechnologie ist *mindestens* so gut wie die der zertifizierten Kliniken. Aber …« Anna atmet scharf ein, öffnet den Mund zum Widerspruch. Aber Dr. Refai bringt sie mit einer sanften Geste zum Schweigen, legt seine breite, raue Hand auf ihren Unterarm. »Lassen Sie mich ausreden, meine Liebe, nur einen Moment. *Aber*, wie ich sagte …« Jetzt macht er eine dramatische Pause, grinst, redet beinahe im Flüsterton weiter. »Wir hier, in Dr. Refais Praxis, müssen keine Schmiergelder zahlen. Ja, das kann man ganz offen sagen. Wir müssen nicht für die ganzen Siegel und Zertifikate zahlen! Das kostet, Zertifikate sind nicht umsonst, das können Sie mir glauben. Und das ist *Ihr* Glück, meine Liebe. Deswegen können *wir* Ihnen eine embryonale Hybridisierung zu einem *Bruchteil* von dem Preis anbieten, den Sie woanders zahlen.« Zufrieden zwinkert er Anna zu.

Anna starrt die flatternde Zeltwand an. Er bietet ihr eine *illegale* Hybridisierung an. Das Gurren der Tauben durchbohrt ihr Bewusstsein. Ihr ist schlecht. *Eine illegale Hybridisierung!* Bilder von Gabri schwirren durch ihren Kopf. Bilder von eiternden Entzündungen, von fellbewachsener Haut, die sich in blutigen Schichten ablöst, von Gabris zusammengepressten Lippen, seinen leisen Tränen. Sie muss sich übergeben. Ihr Magen dreht sich, die Regale drehen sich, die Luft ist zum Schneiden. Ziegenluft-Stücke, die sich um ihren Körper drängen. Sie kennt die Statistiken. *Kil'ayim. Gescheiterte Hybride.* Illegale Hybridisierungen. Quacksalber! Keine Zertifizierungen. Wenn man kein Geld hat, hat man auch keine Wahl. So wie ihre Mutter und ihr Vater. Und Gabri. *Gabriel.* Er hatte auch keine Wahl. *Ihn* hat niemand gefragt.

»*Nein, Anna, dein Bildungsfonds wird dafür nicht angegriffen.*« Ihre Eltern hatten gespart. *Für sie.* Für ihre Zukunft. Denn *niemand* wird zwei Mal schwanger. Statistisch gesehen jedenfalls. »*Die Ärztin ist vertrauenswürdig. Sie weiß, was sie tut.*« Mutter ist Wissenschaftlerin, sie kennt sich aus, sie wird es schon wissen. »*Wir werden nicht deine Zukunft aufs Spiel setzen. Es wird schon gut gehen. Dein kleiner Bruder wird leben. Zertifizierungen können auch keine vollkommene Sicherheit bieten.*« Mutter war Optimistin, schon immer. Es wird schon gut gehen. Alles wird gutgehen. *Und wenn es nicht gutgeht, Mutter? Wie soll ich dann damit leben?* »*Vollkommene Sicherheit ist eine Illusion, Anna. Das musst du akzeptieren.*«

Das muss man akzeptieren. Dann muss man eben weitermachen. Dann studiert man mit dem Geld aus dem Bildungsfonds, das nicht für die Hybridisierung verwendet wurde. Wird Wissenschaftlerin und lässt den kleinen Bruder, den *Kil'ayim,* auf der Insel zurück, weinend, tobend, versteckt im Schrank, und versucht, das Beste daraus zu machen. Versucht, größere Probleme zu lösen. Versucht, wichtige Arbeit zu leisten. *Wichtiger als ein Leben?* Versucht, nicht darüber nachzudenken.

Sie würgt, steht auf, schwankt, und rennt aus dem Zimmer. Rennt aus dem Zelt, rennt weiter, hält nicht an. Stolpert über schlafende Ziegen und scheucht gurrende Vögel auf. Stolpert in der Dunkelheit, fällt auf die Knie in den nach Fäkalien stinkenden Schotter und übergibt sich.

Niemals. Niemals. Niemals.

Ziellos geht sie zwischen Zelten, Ziegenställen und verfallenen Gebäuden hindurch. Was soll sie jetzt tun? Das war nicht ihr Plan. Das war *überhaupt* nicht ihr Plan! *Schwanger.* Ein Kind zur Welt bringen? Allein? *Ihr Kind. Ihr und Shiryams Kind.* Ein Wesen, das in ihr lebt. In ihrem Körper. Ein winzig kleines Wesen, das auf sie angewiesen ist. Das sonst niemanden hat. Und damit es überleben kann, muss es hybridisiert werden. Muss es ein Stück seiner Menschlichkeit aufgeben. Muss durch die DNS anderer Spezies repariert werden, die besser auf sich geachtet haben. Die ihr Genom nicht durch arrogante Experimente zerstört haben. *Aber ist die Hybridisierung nicht auch ein arrogantes Experiment?* Ein *teures* Experiment ist sie, das ist sicher. Mit Sicherheit ein Jahresgehalt. Mindestens. Für sie. Für manche weniger. Für andere mehr. Selbst schuld, dass sie nur ein Stipendium bekommt. Dass sie Wissenschaftlerin ist. Für die Ehre arbeiten, für das Wissen, die Welt zu retten. Wer braucht dafür schon Geld?

Bestimmt hat Shiryam das regionale Netz schon verlassen. Es wird schwierig werden, ihm eine Nachricht zu schicken. Beinahe unmöglich, eine Antwort zu bekommen. Alle Satelliten müssten dafür richtig aufgereiht sein, alle Antennen mit Strom versorgt sein, damit ihr Nachricht nicht in den unendlichen Strom verlorener Daten fällt. Wenn sie Shiryam überhaupt eine Nachricht schicken *will. Was wäre, wenn er seine Reise für mich abbricht?* Kann sie die Verantwortung dafür tragen, einen *Traum* zu zerstören? Dafür, den Mut zu zerschlagen, den man im Leben vielleicht nur einmal aufbringt?

Die Straßen werden heller, die Gebäude sauberer. Und irgendwie finden Annas Füße den Weg ins Yoseftal II, bis sie in Muhits Zimmer steht. Der Raum ist dunkel und leise. »Muhit.« Tränen laufen Anna übers Gesicht. Er liegt auf seinem Bett, eingepackt in eine frische, feuchte Membran, angeschlossen an Maschinen. Er sieht immer noch dünn und fahl aus. Seine Augen sind geschlossen, seine Atmung geht ruhig und gleichmäßig. Er sieht friedlich aus. Noch nie hat Anna ihn so friedlich gesehen, so entspannt. Es macht ihr Angst. »Alles ist … durcheinander, Muhit. Du musst aufwachen.« Sie nimmt seine Hand. »Ich bin schwanger, Muhit«, flüstert sie. »Mit einem Kind. Von Shiryam. Einem Kind, das nicht … leben kann … Und Shiryam … ist weg. Er sucht einen … einen *Wal*!« Sie lacht durch ihre Tränen, so dumm klingt das, so dumm. »Und du …« Sie bricht ab, schluchzt.

Etwas bewegt sich in der Ecke. Anna zuckt zusammen. Jemand gähnt. Ein Stuhl wird ins Licht gerückt. »Mädchen, Mädchen«, sagt eine Stimme, die zu einer älteren Frau gehört. Ihre grauen Haare sind hochgesteckt, sie hält Stricknadeln in den Händen. »Bei den Feuern, da hast du aber Einiges auf deinem Teller!« Anna wird schwindlig vor Scham, aber die Fremde lächelt und ihre braunen Augen leuchten warm. Mitfühlend schaut sie sie an, als würde Anna sie an sie selbst erinnern, als wüsste sie genau, was in ihr vorgeht. *Muhits Mutter*. Sie muss Muhits Mutter sein. Wer sonst würde abends in seinem Zimmer sitzen, bei Dunkelheit, stricken und einschlafen?

»Sind Sie … Muhits Mutter?« Anna schluckt, wischt sich so unauffällig wie möglich die Tränen ab.

Die Fremde nickt. »Ich bin Asenath. Nenn mich ruhig Nath.«

Nath. Für einen Moment durchzuckt sie der Neid. Was für ein Glück Muhit hat. Er hat eine Mutter, die neben seinem Bett ausharrt und sich für ihn die Nächte um die Ohren schlägt. Die so warme Augen hat, dass man ihr alles erzählen will. *Als Vulkanologin wird dir viel abverlangt, Anna, ich will dich nur vorbereiten. Sag es mir noch einmal, welche Vulkanite kennst du? Alphabetisch. Fang an mit Andesit, Basalt …* Mutters Blick ruhte auf ihr, ihre Augen hellbraun, warm wie der Vulkan. Anna wusste schon früh, dass sie keine Vulkanologin werden würde, obwohl sie die Steine liebte. Aber sie behielt es für sich, um Mutter nicht zu enttäuschen. Um weiterhin den Blick ihrer Augen genauso auf sich zu spüren. Aufmerksam, zuhörend, warm.

»13,7 Qwa«, flüstert sie. »Er hat mir eine illegale Hybridisierung angeboten, hat er keinen Anstand? Niemals werde ich das machen, niemals werde ich ihr das antun, nicht *noch* einmal! Shiryam ist nicht da und *ich* habe ihm gesagt, er soll gehen, er soll sich trauen, *ich* habe ihm auch noch Mut gemacht, und jetzt …« Sie schluchzt. »Das habe ich jetzt davon.« Annas Atmung geht flach und schnell, alles sprudelt aus ihr heraus.

Nath hat den Kopf in die Hände gestützt und hört ihr zu. »Du musst Anna sein«, sagt sie nachdenklich und Anna nickt. »Er hat viel von dir erzählt. Muhit. Er bewundert dich sehr, weißt du das?«

»Er? *Mich?*« Anna starrt Nath fassungslos an, beinahe lacht sie. Welchen Grund hat Muhit, *sie* zu bewundern?

Muhit, dem alles so leicht von der Hand geht, den alle mögen, der keine Angst kennt?

Nath nickt. »Er hat mir erzählt, wie stark du bist. Dass du immer alles gibst. Immer die Zähne zusammenbeißt. Es ist nicht leicht für ihn, in Eilat dem Druck standzuhalten, immer noch besser zu sein, sich mit den anderen messen zu können. Du gibst ihm Halt.« Tränen laufen über Annas Gesicht. *Muhit!* Sie hätte nie gedacht, dass er damit zu kämpfen hat. Alles sah immer so leicht bei ihm aus, so mühelos. Sie schüttelt den Kopf. Asenath beugt sich vor zu ihr, nimmt ihre kleine Brille ab, schaut ihr in die Augen. »Nach allem, was Muhit mir erzählt hat, Anna, bist du eine richtige Kämpferin.«

Schluchzen schüttelt Annas Körper. *Wie kannst du nur so stur sein?* Das hatte Mutter gesagt. Sie wollte mit auf den Vulkan. Ließ es sich nicht ausreden. *Keine Tränen, hörst du? Du gehst selbst, ich trage dich nicht.* Und sie ging selbst. Fünf Jahre alt war sie damals. Jeden Schritt ging sie selbst. Die Tränen rannen ihr übers Gesicht, die Füße schmerzten, die Knie zitterten, aber sie musste es Mutter beweisen. Niemals, niemals hätte sie aufgegeben. *Meine Kämpferin,* sagte Vater, als sie zurück waren, hob sie hoch und trug sie in die Wanne und ins Bett, versorgte ihre wunden Füße.

»Aber wie?«, flüstert Anna. »Ich habe doch nichts. Mein Stipendium reicht kaum bis zum Ende des Monats. Eine Hybridisierung?« Sie lacht trocken. »Eine richtige, ordentliche, das ist unbezahlbar. Vielleicht in zehn Jahren, aber *jetzt?* Die Statistik ist gegen mich, ich kenne die Zahlen. Wie soll ich die Zahlen schlagen, wie soll das gehen? Ich will nicht noch einmal …« *Nicht noch einmal danebenstehen. Es passieren lassen. Mich schuldig machen.*

Asenath streicht sich die Haare aus dem Gesicht. »Es gibt jemanden. In Nof Shunit.« Sie schaut Anna konzentriert an, als würde sie ihre Worte abwägen. »Sie ist … ungewöhnlich. Ein Genie, wenn du mich fragst. Professor Xanthopolous. Eine außergewöhnliche Frau.« Nath kritzelt etwas auf ein Blatt Papier. »Hier«, sagt sie. »Das ist die Nummer ihrer Praxis. Sag, dass ich dich geschickt habe. Ich denke … vielleicht kann sich daraus etwas ergeben. Es schadet jedenfalls nicht, sich anzuhören, was sie zu sagen hat.«

GOLDENE AUGEN

Es kann ja nicht schaden, sich anzuhören, was sie zu sagen hat. Anna schaut aus der Membranblase hinaus in das Blau des Ozeans. Eine Navtie zieht das schaukelnde Gefährt Richtung *Nof Shunit.* Es ist soweit, sie wird die Unterwasserstadt besuchen. Die stille, blaue Stadt. Tiefer und tiefer zieht die Schildkröte sie. Mit jedem Flossenschlag geht ein leichter Ruck durch die Blase. Anna hält sich fest. Es wird kühler, je weiter sie tauchen. Dann schält sich Nof Shunit aus der Tiefe. Lichter wie Sterne funkeln im tiefen Blau. Die bizarre Stadt ist aus Membranen gewachsen und sorgsam geformt, wie ein großer Garten, dessen wildes Leben sanft in Bahnen gelenkt wird. Die ganze Stadt schaukelt und zittert in der Strömung. Keine Linie ist gerade. Alles ist schief und verknotet, in sich gewunden und gewachsen. Eine Stadt wie ein lebendiges Riff. Nof Shunit.

Die Schildkröte legt an, von außen vertäut jemand die Blase. Das Membrangefährt ist nicht wirklich eine Blase, es ist ein luftgefüllter Hohlraum, dessen Form sich an die Strömung anpasst. Flexibel, aber stabilisiert, um die Reise nach Nof Shunit so angenehm wie möglich zu machen. Aber spätestens hier, an den Anlegestellen, muss man aussteigen und sich dem Meer aussetzen.

Anna setzt einen Atmer mit Aquavokalisierer auf. Sie schließt die Augen, drückt sich durch die Amphimembran und dann ist sie im Meer. Es ist kälter hier. Sie rudert mit Armen und Beinen. Kneift ihre Augen zusammen, bis ihre Umgebung sich fokussiert. Die Alg-Schichten, die sie trägt, wärmen sie langsam auf. Man muss sich an das ozeanische Raumgefühl gewöhnen, daran, dass man fast nichts hört. Heftig atmet sie in den Atmer hinein. Man muss dem Gerät vertrauen. *Zählen, Anna, zählen.* Das Meer ist tief, auf ihren Schultern lastet das Gewicht einer gigantischen Menge von Wasser. Sie beginnt zu rechnen, beginnt Gleichungen über Volumen und Gewicht aufzustellen. Dann ruft sie sich zur Ordnung. *Der Atmer funktioniert. Er funktioniert. Konzentrier dich jetzt, finde Professor Xanthopolous' Praxis.*

Das marinurbane Chaos zieht Anna in die Stadt hinein. Es ist still hier, ja, aber nicht langsam. Bald findet sie sich zwischen wackelnden Gebäuden wieder, geformt wie durchscheinende Korallen mit kleinen Löchern, aus denen Menschen hinein und hinausschwimmen. Sie landet in verstärkten Strömungen, die sie mitreißen, wird in Membranrutschen gezogen, die sie an anderer Stelle wieder ausspucken. Sie folgt Schildern, die wie Fahnen wehen und deren Richtung für sie nur schwer zu interpretieren ist, bis sie schließlich vor einer großen runden Kuppel ausgespuckt wird, die an einen dunklen Seeigel erinnert. In diesem Gebäude soll die Praxis sein. Die Wände sind fast transparent. Man sieht Schatten, die sich drinnen bewegen. Auch dieses Gebäude hält nicht still, es zittert und wackelt ganz sacht. Kleine, weiße Lichter sind auf der Außenseite verteilt. Sie leiten Anna zu einer runden Membrantür. Anna drückt sich hindurch. Pfade und Schilder führen Besucher kreuz und quer durch die Kuppel, nicht nur nach rechts und links, auch nach unten und nach oben. Ihre Seiten sind mit Zellen gefüllt, in denen sich allerlei Läden befinden: Seetangprodukte werden verkauft, Kosmetikartikel, marine Delikatessen.

Ein Schild weist ihr den Weg zu Professor Xanthopolous' Praxis. Zum Glück hat sie nicht nur eine hybride Lunge geerbt, sondern auch die kavernösen Alveoli. Die Blasenstrukturen ermöglichen sowohl den Druckausgleich unter Wasser als auch das Sinken und Steigen. Sonst müsste sie noch eine Tauchweste anziehen. Mit dem Atmer hat sie schon genug zu tun. Eine Membrantür führt in die Klinik, das Schild davor ist klein und unscheinbar und Anna fällt unelegant in die trockene Praxis. Gerade hat sie sich ans Wasser gewöhnt, warum ist die Praxis amphib? Welche Kundschaft will man hier anlocken? Das

Wasser kriecht ja trotzdem in jede Spalte. Es tropft von der blauen Decke, fließt in kleinen Bächen in den Ecken. Die Wände sind feucht, weich und zittern. Es fühlt sich gerade so an, als würde man sich in den Eingeweiden eines riesigen Seemonsters befinden.

Eine beflosste Rezeptionistin nimmt Annas Namen entgegen. Den Aquavokalisierer hätte sie nicht gebraucht. Aber das Gefühl, mit einem Mund voll Wasser zu sprechen, vermisst sie bestimmt nicht. Nach ihrer Empfehlung von Nath, *Professor Asenath Pavier*, um genau zu sein, hat sie sofort einen Termin bekommen. Anna setzt sich auf ein Floßie. Als sie Platz nimmt, entfährt dem weichen Hocker ein Seufzer, als sei er erschöpft davon, schon wieder das Gewicht einer Person zu tragen. Anna schaut sich unruhig um. Sie kaut auf ihren Lippen. Neben ihr sitzt ein älterer Mann, der ihr aufmunternd zulächelt, sein Atmer liegt neben ihm. Er kommt also auch aus dem Trockenen hierher.

»Entspannend, unter Wasser, nicht wahr?«, fragt er. »Nof Shunit ist ein besonderer Ort.« Anna lächelt höflich. Ihr ist nicht nach Plaudern zumute, sie kann kaum stillsitzen. Sie steht wieder auf, das Floßie seufzt. Sie geht ein wenig hin und her, vertritt sich die Füße.

»Toiletten sind am Ende des Korridors links«, ruft die Rezeptionistin ihr zu. Anna nickt und geht in die besagte Richtung. Warum eigentlich nicht, warum sollte sie sich nicht ein bisschen umschauen?

Die Wände sind grau und blau meliert. Algen wachsen hier und dort, Seetang hängt dekorativ von der Decke. Türen und transparente Fenster zweigen rechts und links vom Korridor ab. Durch die durchsichtigen Membranen schaut Anna in mit Wasser gefüllte Räume. Sie sieht Labore und Abstellkammern mit prall gefüllten Marin-Regalen, in denen beschwerte Glasbehälter gestapelt sind, kleine, dekorative Zellen, die ungewöhnliche Kreaturen beherbergen. Anna sieht leuchtende Seesterne – *ob es wohl Hybride sind?* –, dreiköpfige, pinke Anemonen und

Seepferdchen mit langen Tentakeln. Ihre Füße tragen sie weiter durch diese wundersame Praxis bis zum Ende des langen Flures, auf einen kleinen, runden Platz.

Die Wand vor ihr ist ein riesiges Fenster, vom Boden bis zur Decke. Dahinter liegt Wasser. Es sieht beinahe aus wie das offene Meer. Anna sieht nur Dunkelblau. Sie geht näher auf die Wand zu, bis ihr Gesicht die Membran fast berührt. *Da!* Eine Bewegung. Etwas Großes. Ein gigantischer Oktopus schwimmt durchs Wasser, mindestens so groß wie Anna, wenn nicht größer, treibt er sich mit rhythmischen Stößen an. Seine Arme sind perfekt koordiniert. Sie bewegen sich im Takt wie eine große Welle. Der Körper des Oktopusses – oder was auch immer es ist – ist von blauen und grünen Schuppen bedeckt. Drachenartige Zacken laufen ihm über den Rücken und über einen Schwanz, der in einer eleganten Flosse endet.

»Was?«, flüstert Anna. Das Tier bewegt sich in konzentrischen Kreisen hin und her, die wie ein ausgeklügelter Tanz anmuten. Vom Zentrum des Kreises aus schwimmt es nach außen in eine Ecke und beschleunigt dann zurück ins Zentrum. Anna verfolgt gebannt jede seiner Bewegungen. *Unglaublich.* Warum ist ein solch einzigartiges Wesen hier eingesperrt, muss sein Dasein zwischen Membranwänden fristen? Anna drückt ihr Gesicht gegen die Membran. Sie muss mehr sehen. Was für ein Ort ist das? Was wird hier geforscht, wer oder was wird hier hybridisiert? Das Tier hat seine Bewegungen verlangsamt, es kreist von Seite zu Seite, schwingt und schaukelt, lässt seine Arme in der Strömung rollen. Dann hält es plötzlich an und dreht seinen Kopf zu Anna. Goldene Augen treffen ihre eigenen, durchbohren sie und Anna springt einen Schritt zurück. »Was?«, murmelt sie wieder und rutscht fast in einer Pfütze aus. Der Oktopus ist an die transparente Wand geschwommen, seine Augen folgen ihr. Mit klopfendem Herzen dreht Anna sich um und geht schnell zum Wartebereich zurück.

»Haben Sie sie gefunden?«

»Was?«, fragt Anna, außer Atem, als sie wieder auf dem Floßie Platz nimmt.

»Die Toiletten!«

»Ach, ja. Ja. Danke.«

»Haben Sie auch die Frau Professor angetroffen?«

»Wie?«

»Sie ist dann auch gleich bei Ihnen.«

Nach wenigen Minuten wird Anna in einen trockenen Raum geleitet. »*Shalom,* Frau … Hoareau. Xanthopolous.« Die Professorin streckt ihr einen blaugrün geschuppten Oktopus-Arm entgegen. Anna schnappt nach Luft. Im Trockenen sieht Professor Xanthopolous nicht sehr elegant aus. Vielmehr erweckt es den Eindruck, als könnte sie sich kaum bewegen. Sie sitzt wie eine in sich zusammengefallene, weiche Masse in einem Rollstuhl. Vor ihren goldenen Augen trägt sie eine Art Brille mit kleinen Gläsern und einem dünnen, silbernen Rand. *So eine, wie Mutter hatte.* »Ja«, sagt sie, als sie Annas Blick bemerkt. »Alles andere als praktisch, das ist mir durchaus bewusst. Was man nicht alles für seine Kundschaft tut. Nächstes Jahr werden wir wohl auf 100% Wasser umstellen. Bis dahin …« Sie macht eine Bewegung, die an ein Schulterzucken erinnert.

»Das vorhin, das … das tut mir leid«, stottert Anna. »Am Fenster, ich … weiß nicht was ich da …« Sie spürt ihr Gesicht heiß werden.

»Keine Sorge, Frau Hoareau.« Professor Xanthopolous bewegt drei Arme hin und her. »Ich war selbst überrascht, um ehrlich zu sein. Sie haben mich in einem kontemplativen Moment erwischt.« Ihre Augen glitzern. Sie haben diese unglaubliche Farbe zwischen gelb und braun. Wenn Licht darauf fällt, sehen sie golden aus. Jetzt, wo sie es weiß, sieht Anna die Menschlichkeit überdeutlich in diesen Augen. Dass sie sie für ein Tier gehalten hat … Scham steigt in ihr auf. Anna nimmt Platz und Professor Xanthopolous blättert in ihrem Holo, das ein Lichtbild in die Luft wirft. Sie murmelt leise. Silbernes Haar auf ihrem Oktopuskopf bewegt sich dabei in der Luft, als hätte es einen eigenen Willen. »Professor Pavier hat Sie zu mir geschickt?« Anna nickt und Professor Xanthopolous neigt ihren Kopf zur Seite. »Eigentlich nehmen wir keine neuen Patienten an. Wir müssen uns auf die Forschung konzentrieren, das ist im Moment vorrangig. Aber in *diesem* Fall … Asenath ist eine ganz außergewöhnliche Frau.« Goldene Augen schauen Anna nachdenklich an und sie spürt, wie sie schon wieder rot wird.

»Ich will keine Umstände machen«, sagt sie schwach.

»Papperlapapp!« Die Professorin winkt ab, wendet sich wieder der Anzeige zu, gestikuliert darin herum. »Hm, hm, hm«, macht sie. »Ein geschädigter Embryo. 13,7 Qwa. Hm, hm, hm. Wenn Sie wissen wollen, wie Ihre Chancen stehen, dann kann ich Ihnen gleich sagen, dass es nicht gut aussieht.«

Anna schüttelt den Kopf. »Ich weiß. Ich bin Biologin. Ich …« Sie schluckt. »Ich will es nicht darauf ankommen lassen. Ich will ein gesundes Kind. Ich will keine …« Wieder sucht sie nach dem richtigen Wort.

Die Professorin scheint zu schmunzeln. »Sie können das Wort *illegal* ruhig benutzen, Frau Hoareau. Mir sind die gängigen Praktiken durchaus geläufig.«

Anna schaut sie dankbar an. »Ja. Ich will *keine* illegale Hybridisierung. Das Risiko ist mir zu hoch.« Am besten wäre keine Hybridisierung. Allein der Gedanke, dass an ihrem Baby herumgeschnippelt wird, lässt eine Übelkeit in ihr aufsteigen. Es sollte einfach nicht so sein. Es sollte nicht nötig sein. Aber auch Professor Xanthopolous ist hybridisiert. Offensichtlich. Sie ist ein Tiefer Hybrid. Tiefer geht es fast nicht mehr. Und kann man sie als *entstellt* bezeichnen? Kann man Gabri als entstellt bezeichnen? *Niemals*. Vielleicht würde Yovesh das sagen. Aber sie ist ein Mensch. Auf ihre Art. Ein einzigartiges menschliches Wesen mit einer eigentümlichen Schönheit. Die Emotionen der letzten Woche haben sich aufgestaut und die Mauern drohen zu brechen. Anna zittert und gleichzeitig ist ihr heiß. *Keine Tränen. Durchhalten, Zähne zusammenbeißen.* Sie zwingt sich, langsam und bewusst zu atmen. »Ich kann mir keine Hybridisierung in einer Klinik leisten. In einer zertifizierten«, sagt sie mit leiser Stimme. Sie hätte sparen sollen. Jeden Monat eine kleine Summe zurücklegen. *Aber selbst dann …*

»Mh«, macht die Professorin und ihre Stimme vibriert sonderbar. Mit einer Armbewegung wirft sie ein Lichtbild in den Raum, vergrößert es, bis es zwischen ihnen hängt. Ein Labyrinth aus Linien, Punkten, Buchstaben und Zahlen. »Das ist das Genom Ihres ungeborenen Kindes«, sagt sie feierlich und dreht das Lichtbild hin und her, vergrößert einzelne Abschnitte und verkleinert sie wieder, als würde sie etwas suchen. »Hier«, sagt sie und zeigt mit einem saugnapfbedeckten Arm an eine Stelle. »Und hier … und hier. Das sind die defekten Sequenzen. Es sieht schlimm aus, zugegeben, aber ich habe schon Schlimmeres gesehen.« Sie wischt das Lichtbild zur Seite. »Gut. Ich denke, es ist an der Zeit, Ihnen zu erklären, was wir hier tun.« Sie nimmt ihre Brille ab, verschlingt ihre Arme miteinander und dreht sie dann wieder auf. »Unsere Arbeit konzentriert sich auf zwei Säulen. Die erste Säule ist *HKX2*, ein Algorithmus, den ich entwickelt habe, der im Vergleich mit herkömmlichen Algorithmen in einem *Bruchteil* der Zeit die Passung einer DNS-Sequenz mit defekter embryonaler DNS feststellen kann. Ein fortgeschrittener Kongruenz-Test, sozusagen. Das ermöglicht es uns, und hier komme ich zur zweiten Säule, eine wesentlich größere *Datenbank* zu überprüfen. Von potentiellen DNS-Flicken. Die Möglichkeiten, die unser Algorithmus prüfen kann, sind beinahe unendlich. Das Genom von allen vorstellbaren Arten, seien sie noch so klein oder selten, schlüsseln wir auf, bereiten es auf und integrieren es in unsere Datenbank. Wir haben so bereits zwölf Prozent aller bekannter Mikrobenspezies katalogisiert, wohingegen herkömmliche Datenbanken nur ungefähr sieben Prozent beinhalten. *HKX2* iteriert durch alle möglichen DNS-Kombinationen, bis er das bestmögliche Ergebnis findet. Daraus baut er den Reparationscode zusammen.«

»Wie viele Arten sind in der Datenbank?« Anna kneift die Augen zusammen. Ihr Kopf dreht sich.

»Aktuell stehen wir bei 1,9 Millionen.«

Sie zieht Luft durch die Zähne ein. *1,9 Millionen!* »Das heißt dann auch, wenn ich das richtig verstehe, dass DNS von mehreren Arten zusammen für die … Intervention … Reparatur kombiniert wird?«

Professor Xanthopolous lacht leise. »Oh ja, Frau Hoareau, oh ja. Im Durchschnittsfall handelt es sich um 100 bis 2.000 verschiedene Arten, aus denen der Reparationscode zusammengebaut wird. Sie verstehen, dabei trägt die einzelne Art in den meisten Fällen nur noch Bruchteile von Sequenzen bei. Das drückt sich nicht unbedingt im Phänotyp aus.«

»Oh … Wie … wie wird das Kind …« Sie findet wieder nicht die richtigen Worte, kann sich nicht überwinden, es zu sagen.

»Aussehen?«, hilft ihr Professor Xanthopolous auf die Sprünge. »Das können wir natürlich nicht vorhersagen. Das ist immer noch die Arbeit der Natur. Wir greifen ihr ein bisschen unter die Arme, polieren den Bauplan auf. Der Rest …« Sie hebt hilflos vier Arme nach oben. »Über den Rest haben wir keine Kontrolle.«

»Natürlich«, beeilt sich Anna zu sagen. Sie weiß das ja. Anna reibt sich die Augen mit den Händen, wischt sich über die Stirn. Sie ist nass.

»Im Gegensatz zu traditionellen Methoden liegt unsere Erfolgsrate bei 95%.«

Anna schaut sich im Zimmer um. Ihre Augen wandern die leuchtenden Linien entlang, die das Genom ihres Babys darstellen. Ihres *Embryos*. Eine defekte Grundlage, die geformt werden muss. Übelkeit macht sich wieder in ihr breit. »Ich weiß nicht, ob ich eine solche Prozedur … bezahlen kann«, antwortet sie schließlich flach.

»Sie zahlen mit *Information*. Wir befinden uns in der Testphase. Unsere Ergebnisse sind gut, ja, aber bevor wir an den Markt gehen, ist noch einiges zu tun. Sie können als Testperson in die Beta-Versuchsreihe einsteigen. Das ist noch keine Zertifizierung, aber wir müssen uns natürlich an Regeln halten und das nehmen wir sehr ernst.« *Keine Zertifizierung!* Annas Herzschlag beschleunigt sich. »Wir nehmen den genetischen Code Ihres Kindes in unsere Datenbanken auf. Exklusiv, versteht sich. Die Interaktion mit dem Reparationscode wird danach genau beobachtet und ausgewertet. Sie werden intensiv betreut. Weiterhin entstehen für Sie keine Kosten.« Die Professorin hebt ihre langen Arme, rollt sie ein und wieder aus. Streckt sie sich? Ist es unbequem für sie, auf einem Stuhl auf dem Trockenen? »Wir profitieren *beide*, Frau Hoareau. Sie profitieren von unserer Forschung und gleichzeitig tragen Sie zur Verbesserung unserer Algorithmen bei und erhöhen die Wahrscheinlichkeit, Ihr Baby gesund auf die Welt zu bringen.«

»Ich verstehe«, sagt Anna heiser.

»Denken Sie darüber nach. Und warten Sie nicht zu lange. Das Zeitfenster schließt sich. Die Prozedur sollte stattfinden, bis der Embryo sechs Wochen alt ist. Das lässt Ihnen … zwölf Tage.« Ihre goldenen Augen halten Annas Blick. Wer könnte behaupten, dass sie nicht menschlich ist?

WENN

Anna dreht sich auf den Bauch, streckt die Hand nach der weißen Muschel mit den braunen Punkten auf dem Nachttisch aus. Ein paar Zacken hat sie auf der Seite, aber sonst ist sie glatt. An einer Stelle sind die Punkte fast verschwunden, so oft hat Anna sie in der Hand gehalten. Hat ihre glatte Oberfläche gestreichelt, bis sie eingeschlafen ist. Gabri hat sie gefunden, am Strand. »*Ein Geschenk*«, hat er gesagt und sein strahlendes Lächeln gezeigt.

Auch nachdem Gabri geboren wurde, ging Mutter auf den Vulkan. Sie verbrachte dort Tage, manchmal auch *Wochen* am Stück. Nur eine kleine Tasche nahm sie mit. Sie roch nach Schwefel, wenn sie herabstieg. Nach Schwefel, Schweiß und Erde. Kann es sein, dass ein Vulkan nicht weiß, dass eine Frau ihn liebt? Dass sie ihm so nahe sein will, wie es nur geht? Dass sie deswegen mit ihrem Mann und Kindern an seinem Fuße wohnt, neben der Küste, dort, wo auch bei einem Ausbruch keine Lava entlangfließen sollte? Wie kann es sein, dass dieser Vulkan das nicht weiß? Dass es nichts für ihn ändert? Dass er mit einer solchen Kraft explodiert, obwohl es in seiner Natur liegt, ein langsamer Vulkan zu sein, dass er hundertfünfzig Millionen Tonnen Lava in *diese* Richtung gießt, in der die Frau wohnt, die ihn am meisten liebt? Deren Leben er war, bevor die Lava über sie floss, als sie schlief, als ihr Mann schlief, als ihr Sohn schlief. Nur ihre Tochter war weit weg, in Alexandria, geflohen vor der Insel, vor der Schuld, vor den Grenzen, die jeden Tag von allen Seiten näherzukommen schienen.

Wenn …

Aber so kann man nicht denken. Anna hält die Muschel fest, drückt ihre Spitzen mit aller Macht in ihre Hand, bis sie die Haut durchstoßen. Sie kann an nichts mehr denken, nur an die Zahlen. 150 Millionen Tonnen Lava, 3,5 Stunden, 730 Grad. *150 Millionen … 3,5 … 730 …*

Wenn du den Vulkan nicht geliebt hättest … Mama.

Dann würde Gabri … noch leben.

Dann wäre ich nicht … allein.

ALLEIN

Hin und her. Feste drücken, sich nicht von Unebenheiten aufhalten lassen und immer schön feste schrubben. Anna kniet auf dem nassen Boden und krallt sich in den Putzlappen. Sie schrubbt den Boden, die Wände, die Fenster, das Bad. Alles, was sich schrubben lässt. Langsam lösen sich Salzkristalle und verkrusteter Staub. Braune Rinnsale fließen auf den Boden, vermischen sich mit Seife und Wasser. Anna schrubbt und schrubbt und wischt alles in den Abfluss. Die Fenster sind auf, die Nachtluft weht durch ihre Wohnung. Warum fühlt sich die Zeit an wie eine zähe, graue Masse, wenn man eine unmögliche Entscheidung treffen muss? Warum fühlt sich jede Minute genau wie die andere an? Arbeiten, Essen, Schlafen. Immer der gleiche Moment, tausendmal vervielfältigt. Trotzdem verfliegen die Minuten und der Zeitpunkt, an dem die Entscheidung für einen getroffen wird, kommt näher, ob man will oder nicht, ob man bereit ist oder nicht.

Will sie dieses Kind? Will sie eine Hybridisierung? Kann man dazu je bereit sein? Ein Kind zu bekommen? Dessen Menschlichkeit zu kompromittieren? Ihm etwas zu nehmen, das es nie wirklich hatte? Natürlich, Kinder unterscheiden sich von ihren Eltern. Haben sich *immer* von ihnen unterschieden. Aber sie waren über Tausende, Zehntausende von Jahren dennoch die gleiche *Art!* Es gibt biologische Mechanismen, man erkennt sich in seinen Kindern, um das *Band* zu stärken. Erkennt man sich in einem Kind, das einen *Schnabel* hat? Liebt man ein Kind, das *Flügel* hat? Dessen Gesicht bis zur Unmenschlichkeit verändert ist, nicht *entstellt*, nein, entstellt ist kein gutes Wort, *verändert?* Auch wenn ein menschlicher Geist darin wohnt? Aber soweit muss es gar nicht kommen. Auch wenn ihr Kind, *ihre Tochter*, kein Tiefer Hybrid wird. *Sondern wie Gabri*. Wieder und wieder schrubbt sie die gleiche Stelle, die gleiche hartnäckige Salzkruste, die einfach nicht nachgibt.

Eine experimentelle Hybridisierung. Ein Beta-Test. Mit 1,9 Millionen Arten. *Unzertifiziert! Vollkommene Sicherheit ist eine Illusion, Anna. Das musst du akzeptieren.* Kann sie Dr. Refais Prozedur ablehnen und dann Professor Xanthopolous ebenso unzertifzierte Behandlung ernsthaft in Betracht ziehen? Was heißt das überhaupt, *Piratenpraxis*? Was sind Piraten, außer dass sie sich niemandem beugen und ihre eigenen Regeln aufstellen? Was sagt das über Qualität aus? *Nichts.* Und trotzdem ihr wird schlecht bei dem Gedanken an Ziegenluft, an gurrende Vögel, bei dem Gedanken an Dr. Refais weißblaue Augen. Nath hat ihr Professor Xanthopolous empfohlen. Sie vertraut Nath, weil sie Muhits Mutter ist, weil sie eine bekannte Wissenschaftlerin ist, weil sie die Nächte strickend an Muhits Bett verbringt. Weil sie ihr zugehört hat.

Und wenn sie ein Kind wie Gabri bekommt? Wenn sein Zustand kein Ergebnis einer schlechten Hybridisierung war, sondern eine Konsequenz der Gene, die er von seinen Eltern vererbt bekommen hat? Vielleicht ging es nicht besser. Vielleicht waren die Defekte zu groß. *Vielleicht war er sein bestes Selbst.* Vielleicht würde es ihrer Tochter ähnlich gehen. Vielleicht war das ihr Erbe. *Unreparierbar.* Aber mit solchen Gedanken kann man sich gut aus der Verantwortung ziehen. Denn damit wäre es egal, was sie entscheidet. Damit würde sie keine Schuld treffen. Wenn etwas schiefgehen würde, würde es einfach in der Natur der Sache liegen.

Nein, so einfach wird sie es sich nicht machen. Wenn Gabri gewusst hätte, wie über ihn entschieden wurde … Dass Anna bekommen hatte, was *er* viel nötiger gebraucht hätte. Dass seine und ihre Zukunft gegeneinander aufgewogen wurden. Dass ihre Eltern zu ihren Gunsten entschieden haben. Vielleicht nicht absichtlich, nein, das nicht. Aber aus falschem Optimismus. *Es wird schon gutgehen.* Und wenn nicht? Gesundheit gegen Bildung. Wie kann diese Gleichung aufgehen? Ihre Hände sind schon rot, immer fester bearbeitet Anna den Salzfleck. Wenn er es gewusst hätte, dann hätte er sie nie mehr so angelächelt. Ja, sie wechselte seine Verbände, wusch seinen entzündeten Beutel aus. Kämmte sein Fell, spielte mit ihm. Sie ging mit ihm zum Arzt. Brachte ihm das Lesen bei. Von außen sah es vielleicht nicht so aus, aber sie wusste es. Wusste es von der ersten Sekunde an, als sie in seine unschuldigen Augen schaute, seine kleinen Hände hielt.

Sie war nicht mehr allein. Sie brauchte ihn. Was hätte sie ohne Gabri getan? Ohne sein Lächeln, seine überschäumende Freude? Sein Juchzen, wenn er das Meer sah? Wie er in ihr Ohr flüsterte: »*Gehen wir morgen wieder ans Meer? Gehen wir wieder Muscheln sammeln?*« Wie er darauf bestand, dass Anna ihn ins Bett brachte, weil sie die besten Geschichten erzählte. »*Wir finden die schönsten Muscheln, stimmt's, Anna? Du lässt mich nie allein, stimmt's Anna?*« Später kamen andere Fragen hinzu. Es war schwer, seinem gierigen Blick standzuhalten. »*Wie ist es auf dem Vulkan, Anna? Erzähl es mir!*« Gebannt sogen seine Augen jedes ihrer Worte auf. Er brauchte das Abenteuer, wollte es so sehr. Sie musste es erzählen, auch wenn es ihr das Herz brach. Wenn jedes Wort ihr immer klarer vor Augen führte, was er nie erleben würde, es ihm nicht zu erzählen, wäre noch grausamer gewesen.

Ihre Eltern drängten sie nicht zum Studium, aber sie zahlten die Reise bereitwillig. Das Institut in Alexandria war renommiert. Sie finanzierten ihr Studium aus dem unangetasteten Bildungsfonds. Ohne einen einzigen bedeutungsvollen Blick. Es war fast so, als hätten sie vergessen, dass dieses Geld für Gabris Hybridisierung stand. Dass alles, was es bewirken würde, *immer* ein Ersatz für Gabris Gesundheit sein würde. Sie machten ihr keinen Vorwurf, knüpften keine Erwartung an sie. Es war unerträglich. Ebenso unerträglich war es, in Alexandria zu sein. Sicher, sie war frei, musste niemandem mehr ihre Abenteuer erzählen, keine Wunden pflegen. Sie war allein. Jeden Tag, jede Minute. Es war unmöglich, etwas anderes zu tun als zu lernen. Gabri hatte verzichtet, *für sie*. Ja, er hatte es sich nicht ausgesucht, und sie hatte es nicht so gewollt, aber so war es gekommen. Und niemand konnte es rückgängig machen.

Die Salzkruste löst sich mit einem leisen Knirschen, der Mond scheint durchs Fenster und Anna schrubbt weiter, immer weiter.

Es ist spät, als sie ins Bett geht. Sie hält die braungepunktete Muschel in der Hand, streicht sanft über ihre glatte Oberfläche und dunkle Gedanken wandeln sich in Träume. Im Traum sieht das Meer anders aus als sonst, bunter. Anstatt von Blau sieht sie alle Farben des Regenbogens. Lila, Rot, Orange, Gelb, Grün und Pink fließen zusammen und trennen sich, sind ineinander verflochten. Manche fließen nebeneinander, andere wickeln sich umeinander in engen Wirbeln. Wieder andere erschaffen weite Flächen, die das Licht glitzernd reflektieren.

Anna schwimmt. Sie sieht kleine Fische, Mikroben und Plankton. All diese kleinen Tiere schwimmen entlang der bunten Ströme, als wären es Straßen. Sie halten sich an eine Landkarte von bunten Routen. Es ist so leicht, in diesem Meer zu schwimmen. Annas Herz singt und sie ist furchtlos. Sie atmet das kühle Wasser genussvoll ein und aus, als würde sie jeder Atemzug nähren. Ihre starken Flossen tragen sie durch schnelle und langsame Ströme, auf sie ist Verlass. *Schildkröten atmen kein Wasser. Ist das ein Traum?* Sie spürt, dass sie nicht allein ist. Ihre Flossen haben die Strömung gelesen. Ein anderer Körper bewegt sich zwischen den bunten Fäden, verformt sie, schickt die Nachricht seiner Gegenwart durch den Ozean. Für alle, die sie lesen können. Ein Schatten mit Flossen schwimmt an ihr vorbei. Die wilde Schildkröte?

Sie kreist um Anna. Sie erkennen sich, schauen sich an wie alte Freundinnen. Wortlos lesen sie alles Wichtige in den Augen der anderen. Weitere Schildkröten tauchen aus den bunten Tiefen auf, große und Schlüpflinge. Manche haben leuchtend bunte Panzer, manche sind gefiedert und geflügelt, manche haben fellige Pfoten, Tigerschwänze und manche sehen aus wie Menschen. Ein lautloser Schrei formt sich in Annas Mund, als eine Reihe von Babyschildkröten mit winzig kleinen Panzern an ihr vorbeischwimmt und sie aus Menschengesichtern anlächelt.

Schreiend wacht Anna auf. Sie verheddert sich in ihrer dünnen Bettdecke, die Muschel fällt ihr aus der Hand, fällt scheppernd zu Boden. Sie schwitzt. Ihr Herz klopft wie wild. Die Fratzen von lächelnden Babyschildkröten tanzen vor ihrem inneren Auge umher. *Falsch, falsch, schrecklich falsch!* Ihr wird übel, sie rennt ins Bad und übergibt sich, würgt, bis sie so leer ist, wie sie sich fühlt. Sie bleibt auf dem kühlen Boden liegen und weint, legt ihre Stirn gegen den kalten Stein. Das Schluchzen überwältigt sie. Sie lässt sich schütteln von der Trauer und dem Schmerz, die wie ein Sturm auf dem offenen Meer durch ihren Körper fahren.

Ihre Eltern sind tot, der Vulkan hat sie im Schlaf geholt. Gabri ist ertrunken auf der Flucht vor der Lava, Shiryam ist weg, auf einer unmöglichen Reise ohne Ende. Muhit ist im Koma, wer weiß, ob er jemals wieder erwacht. Alles, was ihr bleibt, sind eine wilde Schildkröte und ein defekter Embryo. Was für einen Sinn macht es schon, die Tränen zurückzuhalten, den Schmerz kontrollieren zu wollen, wenn es doch die Wahrheit ist? *Sie ist allein.*

Ein Strudel von Meer und Schwerelosigkeit

Mit langsamen Schritten geht Anna die Promenade entlang, es ist noch früh. Wenn man nicht mehr schlafen kann, ist es besser, aufzustehen, zu arbeiten, produktiv zu sein. Sie will neue Daten analysieren, einen Tauchgang planen, einen Artikel lesen, ein neues Modell ausprobieren. Je mehr sie darüber nachdenkt, desto langsamer werden ihre Schritte. Das Meer riecht salzig. Es riecht wunderbar. Ihre Gedanken drehen sich im Kreis, sie spürt eine Schwere im Herzen, ein Ziehen in der Brust. Wen interessiert es, ob sie ins Labor geht oder nicht? Wer würde es merken, wenn sie einen Tag nicht auftaucht? Würde sie jemand vermissen? Sie bleibt stehen, dreht ihren Kopf zum Meer, das tiefblau neben ihr liegt, in dem sich die Sonne glitzernd spiegelt. Sie atmet tief ein und aus.

Daten warten darauf, analysiert zu werden. Die Herausgeber des Buches warten auf ihren überarbeiteten Text. Sie schließt die Augen. Sie fühlen sich wund an vom Weinen. Und wer wartet auf *sie?* Sie lässt ihre Tasche zu Boden sinken, steigt aus ihren Sandalen. Barfuß geht sie einen Schritt Richtung Meer. Es gibt keinen richtigen Strand hier in der Stadt, nur ein paar Steine auf schwarzem Sand, zwischen den überschwemmten Gebäuden. Daran lecken die Wellen. Anna klettert die Promenade herunter, hoch ist es nicht. Sie dreht sich um, lehnt sich an die feuchte Mauer. Wenn jetzt jemand über ihr entlanggeht, ist sie fast nicht zu sehen. Dann macht sie einen weiteren Schritt, geht auf das Meer zu. Und noch einen. Sie hat keinen Atmer dabei.

Sie macht noch einen Schritt. Die Wellen lecken an ihren Füßen, das Meer ist angenehm kühl. Die Hitze der Stadt ist schon morgens unerträglich. Noch ein Schritt und sie steht knietief im Wasser. Langsam lässt sie ihren ganzen Körper vom kühlen Blau einfangen. Mit kräftigen Armschlägen schwimmt sie hinaus, legt sich auf den Rücken, lässt sich treiben. Wenn sie ausatmet, sinkt ihr Körper nach unten, wenn sie einatmet und die Luft anhält, schwebt sie. Sie kann sich bewusst sinken lassen, es bedarf nur dem Willen, schwer zu sein. *Was hat sie zu verlieren?*

Sie lässt sich nach unten sinken und atmet langsam aus. Die Luft entweicht ihren Lungen, bis nichts mehr übrig ist. Sie schließt die Augen, öffnet sie wieder. Endlich. Am richtigen Ort. Das unendliche Blau, das weiche Wasser und der Rhythmus der Wellen sind Balsam auf ihrer Seele. Und dann geht ihr die Luft aus. *Atme. Öffne deinen Mund*, befiehlt sie sich. *Du kannst es.* Sie öffnet ihre Lippen, spürt Salzwasser an den Zähnen, öffnet ihren Mund gegen alle Instinkte. Salzwasser schießt gewaltsam in ihren Mund. *Was hast du zu verlieren?* Sie kann nicht länger warten. *Nichts, ist die Antwort*. Sie atmet ein. Sie schluckt und atmet Wasser gleichzeitig, hustet. Ihre Lungen reagieren mit Schock und Schmerz, als hätte ihr jemand vor die Brust geschlagen. Kalt ist das Wasser in ihren Lungen, eine kalte Faust. *Atme!* Sie schreit mit aller Macht, ein lautloser Urschrei, der das Wasser aus ihrem Körper hinausdrückt. Sie sinkt in die Tiefe wie ein Stein, sie hat ihren Körper nicht mehr unter Kontrolle. *Atme!* Einatmen. *Zwei. Drei. Vier.* Ein bisschen Wasser, nicht viel, nur ein bisschen. Sie spürt die Tränen, salzige Tränen in einem salzigen Ozean. *Fünf. Sechs. Sieben.* Ausatmen. Ihr ganzer Körper zittert. Krämpfe schütteln ihr Innerstes, immer und immer wieder. Kraftlos schaut sie sich um. Sie hat die Orientierung verloren. Sie atmet, ja, sie atmet Wasser ein und aus. Es fühlt sich an, als würde sie abwechselnd trinken und sich übergeben. Es ist schrecklich, aber sie hat den Kampf aufgegeben. Die Panik ist verflogen, an ihre Stelle ist Schwäche getreten, Verzweiflung, Müdigkeit. Unter ihr ist der Meeresgrund sandig, nicht weit von ihr fällt er plötzlich steil ab und das Blau wird undurchdringlich. Ihr Herz klopft schneller. *Dort* will sie hin, in die blaue Tiefe! Wo die Welt der

Oberfläche noch weiter weg ist. Sie spürt das bekannte Ziehen in der Brust wieder. *Sei stark. Wie eine Welle! Reiß dich zusammen!* Jeder Atemzug kostet sie Kraft, Überwindung. Ihre Lungen waren nie besonders effektiv unter Wasser. Auch in Alexandria hatte sie bei ihren ersten Unterwasser-Expeditionen oft noch Ausrüstung dabei, um ihre Lungenleistung zu erhöhen oder im Notfall auf trockene Luft umzustellen.

Mit langsamen Zügen schwimmt sie zum Riff. Ihr Körper schmerzt von der Panik und den Krämpfen. Und doch fühlt sie sich leicht im Meer. Das Riff ist voller Leben. Pilzkorallen mit pinkbraunen Lamellen, orangefarbene Feuerkorallen und die riesigen, kugelförmigen Hirnkorallen. Seeanemonen mit ihren zahllosen, beweglichen Tentakeln. Felssäulen, gewachsen auf den toten Korallen der Vergangenheit, schrauben sich vom Boden hinauf bis zur Meeresoberfläche. Die Korallensäulen erschaffen einen eigenartigen Wald. Bunt gestreifte Fische schwimmen dazwischen hin und her. Krebse krabbeln durch die Felsformationen. Sogar Seesterne findet Anna, wenn auch keine *Artiaster roseus*. Hoffentlich geht es ihnen gut, ihrer Kolonie. Sie muss wieder nach ihnen sehen.

Und dann schwimmt *sie* auf sie zu. Schnell, als hätte sie auf sie gewartet. *Die Schildkröte!* Ob das Meer wohl für sie aussieht wie im Traum von letzter Nacht? Voller Spuren und Zeichen? Anna wartet darauf, dass sie näherkommt, und ihr Herz schlägt schneller vor Freude. *Sie hat auf sie gewartet*. Anna spürt, wie sich etwas Schweres von ihr löst, wie ihre Atemzüge leichter werden. Als wäre etwas um sie herum festgeknotet gewesen und etwas hätte den Knoten geöffnet. Was auch immer das hier ist – Traum, Fantasie, Realität –, die Unterschiede sind bedeutungslos. Vielleicht muss man nicht alles verstehen. Vielleicht muss man nicht immer eine Antwort finden. Vielleicht kann man es einfach geschehen lassen. Kann den Moment genießen und einfach nur Sein. Sie gibt ihren Widerstand auf und lässt sich treiben. Sie lässt sich hineinziehen in einen Strudel von Meer und Schwerelosigkeit, hin zu der wilden Schildkröte. Der *Sternschildkröte.* Sie bewegt ihren Kopf auf und ab zum Gruß, als Anna sie erreicht. Gemeinsam schwimmen sie weiter, um Felssäulen herum und durch Korallenwälder, durch Kolonien von Anemonen. Blaue und schwarze Augen treffen sich. Flossen und Hände treiben Körper durchs Wasser.

Anna bekommt eine schnelle Strömung zu fassen und die Schildkröte folgt ihr. Noch nie ist sie so schnell geschwommen und sie juchzt vor Freude, lautlos. Die Schildkröte ist ganz nah. Ihre Körper bewegen sich im Einklang mit dem Wasser, im Einklang miteinander. Beinahe kann Anna mit ihren Fingern die hellen Bauchplatten der Schildkröte berühren. Flossen formen die Strömung, treiben sie an, fangen sie, reflektieren sie und schicken sie wieder zurück. Sie spielen mit dem Wasser. Sie tanzen in Mustern, die sich so anfühlen, als hätte es sie schon immer gegeben. Haut und Schuppen berühren sich fast, sie schwimmen wie ein Körper. Weiter unten am Meeresboden sehen sie ein Tor aus Felsen. Korallen und Meerespflanzen haben es gebaut. *Dorthin,* denkt Anna und im gleichen Moment tauchen sie und die Schildkröte tiefer, tauchen durch das Tor. Sie bekommen eine Strömung zu fassen, die sie wieder zurückträgt, und beginnen das Spiel von Neuem. Ihre Grenzen haben sich aufgelöst, ihr Selbst ist verschwunden. Oder vielleicht ist es das erste Mal *wirklich* sie selbst. *Anna.* Eins mit der Umgebung, mit dem Wasser und der Schildkröte. Sorglos im Hier und Jetzt. Noch nie ist sie so schnell geschwommen, nie zuvor hat sie das Wasser mit ihren Flossen so geformt, dass es etwas bedeutet.

Bis sie erschöpft ist. Sie lässt sich widerwillig von der Strömung nach oben tragen, bis sie mit geschlossenen Augen durch die Oberfläche stößt. Sie spürt die Sonne warm auf ihrem Gesicht, dann atmet sie aus, hustet das Wasser aus ihren Lungen. Sie liegt auf den Wellen, lässt sich tragen, lässt sich wärmen von der Sonne, bewegt ihre Finger. *Finger* hat sie. Ein Lächeln spielt auf ihren Lippen.

Ihre Beine sind schwer, als sie das Meer verlässt, ihre Arme bleiern. Aufrecht zu stehen verlangt ihr unmenschliche Kraft ab. Die Nachmittagssonne ist heiß. *Wie lange war sie im Meer?* Sie setzt sich auf die Promenade, lässt das Wasser auf den Boden tropfen. Das Meer ist tiefblau, die Berge auf der anderen Seite der Bucht schimmern rotgolden mit absurd vielen Details. Unendlich viele Sonnenstrahlen funkeln in den kleinen Wellen. *Wie schön alles ist!*

Ihre Hände wandern auf ihren Bauch, bleiben dort liegen. *Du sollst eine Chance bekommen. Die beste Chance, die ich dir geben kann. Wenn du überlebst, schaffen wir alles andere. Gemeinsam.* Sie holt ihr Holo aus der Tasche und schreibt eine Nachricht an Professor Xanthopolous. Sie ist bereit.

EIN ERNSTHAFTES RISIKO

Ihr Holo klingelt. Anna bleibt vor dem Eingang zum Yoseftal II stehen, nimmt ab und das transparent leuchtende Bild von Professor Xanthopolous faltet sich vor ihr auf. »Frau Hoareau, guten Morgen«, surrt sie aus dem Wasser.

»Guten Morgen«, antwortet Anna mit klopfendem Herzen. Ihr Mund ist mit einem Mal trocken.

»Wir haben *HKX2* nach Ihrer Nachricht über Nacht laufen lassen und einige mögliche Treffer für einen Reparationscode gefunden für die Defekte an den Genlokationen 17q12-22.« Ihre Arme rollen wild um sie herum, als sie mit einer Armspitze auf ein Lichtbild aus Zeichen, Punkten und Linien zeigt. Das Genom von Annas Baby. Sie wischt das Bild ins Holo und Anna sieht sofort besser. Professor Xanthopolous vergrößert zwei rot markierte Stellen. »Auch hier, bei 5p8-9.2 und 8p39-43.3 gibt es optimale Treffer.« Sie schiebt das Bild weiter, während sie spricht. »Außerdem für einige Bereiche mit kleineren Schäden. Aber …« Sie seufzt. »Aber dann gibt es noch Lokation 21qter. Und damit haben wir ein Problem.« Der Ausschnitt, den Anna auf ihrem Holo sieht, ist durch und durch rot. »Hier sind die Schäden erheblich. *HKX2* hat keine Treffer gefunden, zumindest keine optimalen.«

Trotz der Hitze fröstelt es Anna plötzlich. Ihre Hände schwitzen kalten Schweiß. Sie fixiert die Krankenhaustür, die auf und zu schwingt. »Wie kann das sein?«

»Wir analysieren die Ergebnisse gerade. Ich bin, ehrlich gesagt, ebenso überrascht wie Sie. Das ist ungewöhnlich, in gewisser Weise interessant. Aber für jedes Problem gibt es eine Lösung, nicht wahr? Man muss sie nur finden.« Anna starrt den Code an, das transparente Bild, das das zerstörte Genom ihres Babys zeigt. *Ein Loch in ihrem Kind!* »Wir verändern die Parameter für einen zweiten Durchlauf. Vielleicht findet sich ja noch etwas. Aber ich will ehrlich mit Ihnen sein: Ich habe meine Zweifel. Und die Zeit läuft, bestimmt muss ich Sie nicht daran erinnern. Wenn der Algorithmus keine Treffer findet, müssen wir uns Alternativen überlegen.«

»In Ordnung«, sagt Anna langsam und konzentriert sich auf Professor Xanthopolous' blaues Gesicht. »Was schlagen Sie vor?« *Shiryam sollte hier sein.* Wie viel leichter es wäre, diese Entscheidungen zusammen zu treffen. Der Gedanke an seine grünen Augen und seine sanfte Stimme erinnert sie daran, wie sehr sie ihn vermisst. Aber es geht nicht darum, was *leicht* ist, sondern darum, was *richtig* ist. Und es ist *richtig*, seinen Traum von der Walsuche nicht zu zerstören.

»Eine Möglichkeit wäre es natürlich, mit einer suboptimalen Passung weiterzuarbeiten.« Professor Xanthopolous' Stimme klingt zögerlich. »Die Erfolgschancen nehmen damit ab. Mit der aktuellen Passung liegen wir bei … 46%. Nicht schlecht, aber unser Ziel sind höhere Zahlen.« Anna schaut hinunter auf den Boden, auf die sechskantigen Pflastersteine, die sich so perfekt aneinanderfügen. Ihr Muster wiederholt sich unendlich oft. Sechseck reiht sich in geometrischer Vollkommenheit an Sechseck. Genau hinter dem Lichtbild des defekten Genoms ihres Babys. Professor Xanthopolous redet weiter. »Dann ist da noch unsere *experimentelle* Datenbank. Habe ich die schon erwähnt?« Ihre Oktopus-Arme verknoten sich ineinander, kneten sich gegenseitig. »Die DNS-Daten in der experimentellen Datenbank sind noch nicht alle im Einzelnen überprüft worden. Mängel im Code können wir dort also nicht zu 100% ausschließen, was den Prozess im besten Fall verzögert. Im schlimmsten Fall … schleichen sich unbemerkt Fehler ein.«

»Oh.« Irgendwie sind Anna die Antworten ausgegangen. Ihre Augen folgen immer noch den Linien der Pflastersteine. Etwas in der Regelmäßigkeit der Sechsecke beruhigt sie.

»Das Projekt ist natürlich vielversprechend. Wir sind international im Geschäft, tauschen und kaufen DNS weltweit, nutzen auch historische Quellen, paläontologische. Oft bekommen wir Spenden. Aktuell enthält die Datenbank etwas über 4,2 Millionen Arten. Teilweise aber nur mit einem oder wenigen hinterlegten Individuen. Das ist beispiellos. Wir werden damit in absehbarer Zeit auch an die Öffentlichkeit gehen. Aber noch sind wir eigentlich nicht ganz so weit.« Anna schluckt, sie schiebt mit dem Fuß einen kleinen Stein zur Seite, der die Regelmäßigkeit der Pflastersteine stört. »Die Wahrscheinlichkeit, dass wir dort kompatible DNS finden, ist hoch. *Sehr hoch*. Allerdings wäre die Prozedur ein kleines bisschen … mehr fehleranfällig.«

Anna starrt ihre Füße an. Der kleine Stein ist aus ihrem Sichtfeld verschwunden. Die Sechsecke greifen perfekt ineinander. »Das sind die beiden Optionen?«

»Ja. Tut mir leid. Ich würde Ihnen gerne mehr anbieten, aber …« Hilflos hob sie drei rollende Arme in die Höhe.

»Kann ich … kann ich den Code sehen? Die Sequenzen? Die Arten, die den Reparationscode zusammenstellen würden?«

Professor Xanthopolous zieht ihre Stirn in Falten. Ihre goldenen Augen leuchten so noch mehr. »Sind Sie sich da sicher? Normalerweise raten wir davon ab. Studien zeigen, dass das die emotionale Akzeptanz der Hybridisierung erschwert.«

»Ich … muss es wissen«, sagt Anna.

Professor Xanthopolous nickt. »In Ordnung. Meine Rezeptionistin wird Ihnen den Katalog schicken.«

Den Katalog. Wie umfangreich ist diese Liste? Anna schaut Professor Xanthopolous an. Ihr glattes, blaues Gesicht, ihre goldenen Augen, das Meer und ihre blaue Praxis im Hintergrund. Ihr Blick springt hin und her zwischen dem transparenten Holo-Bild und dem Hintergrund, dem Pflasterstein-Boden, dem Krankenhaus, dem trockenen Eilat. Ihre Tochter. In ihrem Bauch. *Die beste Chance, die ich dir geben kann*. Und wenn die beste Chance nicht gut genug ist? Mit rauer Stimme sagt sie: »Machen Sie mit der experimentellen Datenbank weiter.« Schnell schließt Anna das Holo. *Was hat sie erwartet?* Dass ein Wunder geschieht? Dass Professor Xanthopolous anruft und sagt: »Wir haben den perfekten Treffer, Ihre Tochter ist in absoluter Sicherheit«? Solche Dinge passieren nur im Traum, nicht in der Realität. Die Realität ist nicht perfekt, man muss nur über den Bildrand hinausschauen und man sieht die Fehler, man sieht die Steine und Unebenheiten, die die Illusion perfekt ineinanderpassender Sechsecke zerstören. Denn das ist die Sache mit Perfektion, sie ist eine Illusion. Vielleicht muss man das akzeptieren. *Vollkommene Sicherheit ist eine Illusion, Anna. Das musst du akzeptieren.* Es ist ein Spiel mit den Zahlen. Ein Spiel mit Perfektion *und* Sicherheit, nur, dass es bei diesem Spiel um Leben und Tod geht. Dass es um das Leben ihres Kindes geht. *Das kann man nicht akzeptieren.*

Anna geht langsam über die Sechsecke auf den Eingang des Yoseftal II zu. Man kann es nicht vermeiden, auf die Spalten zwischen den Steinen zu treten. *Nichts ist perfekt.* Ihre Füße tragen sie zu Muhits Zimmer. Wenn wenigstens er wach wäre, wenn sie mit ihm reden könnte, mit *jemanden* reden könnte ... Sie öffnet die Tür, aber das Zimmer ist leer. Irritiert schließt sie die Tür wieder, sie ist einfach nicht bei der Sache. Sie schaut den Flur hinunter, prüft die Zimmernummer. Aber nein, sie ist ganz richtig. Sie öffnet die Tür wieder, ein leeres Bett schaut ihr entgegen. Es ist frisch bezogen. Weiße Laken und weiße Wände starren sie an, als wäre Muhit nie hier gewesen. Sie geht ein paar Schritte hinein, runzelt die Stirn und kann keinen klaren Gedanken fassen. Ist ihrer Erinnerung überhaupt noch zu trauen, nach allem, was mit ihr geschieht?

Das Holo am Ende des Bettes ist eingeschaltet. *Muhit Pavier,* steht dort. Ganz klar, er war hier, das ist sein Zimmer. Sie verliert nicht den Verstand. Und dahinter: *Abbruch Behandlung – NoS.* Abbruch? Auf einmal geht ihre Atmung stoßweise. Es gibt natürlich eine Erklärung dafür. Es gibt eine *ganz einfache* Erklärung, warum dieses Bett leer ist. Aber dieser Gedanke ist unmöglich, man *darf* ihn nicht denken. Anna spürt ihre Augen brennen, ihr Kopf pocht heiß. Nein. *Nein, nein, nein. Nicht auch noch Muhit!*

Und dann klingelt ihr Holo. »Anna, willst du etwas Unglaubliches hören?« Meira ist außer Atem, es klingt, als würde sie rennen.

»Was denn?«, antwortet Anna langsam. Ihre Zunge ist steinschwer.

»Jemand hat eine *wilde Meeresschildkröte* gesichtet! In unserer Bucht! Kannst du dir das vorstellen? Das ist die Entdeckung des Jahrhunderts! Und weißt du, was das Beste ist? Wir dürfen dabei sein, wenn sie eingefangen wird! Und zwar jetzt gleich!« Meira spricht abgehackt. Anna steht einfach nur da, atmet ins Telefon, obwohl ihr ganzer Körper sich anfühlt, als würde er ihn Flammen stehen. *Obwohl sie schreien will.* Einfach nur schreien, denn das darf nicht sein. Es kann nur *eine* Schildkröte sein, die entdeckt wurde. Eine wunderschöne, edle Meeresschildkröte mit einer sternförmigen, weißen Schuppe auf dem Hals. Mit wilden, schwarzen Augen und starken Flossen. Eine Meeresschildkröte, die frei und wild ist, die vielleicht die letzte freie Schildkröte ist und die unter allen Umständen frei bleiben *muss.* Meira deutet ihr Keuchen falsch. »Komm mit, Anna, triff uns an den Docks. Neben dem IMGÖ, an der großen Anlegestelle. Gleich geht es los, ich halte dir einen Platz frei!« Meira legt auf, Anna steht in Muhits leerem Zimmer und die Welt ist aus den Fugen geraten.

Sie dreht auf dem Absatz um und beginnt zu rennen. Sie flieht aus dem Krankenhaus und rennt, so schnell sie kann, zur Anlegestelle. Sie sieht die Ansammlung von Leuten an den Docks. Mehrere kleine Boote mit Alg-Antrieb liegen dort. Ein blauer Streifen markiert sie als Boote der Riffaufsicht.

»Die wilde Schildkröte darf nicht entkommen!«, ruft jemand mit lauter, fester Stimme. Der Mann mit den kurzen, schwarzen Haaren klingt, als wäre er es gewohnt, Anweisungen zu geben. Auf seinem blauen Hemd sieht Anna das Logo der Riffaufsicht. »Sie stellt ein ernsthaftes Risiko für unsere Arbeitsschildkröten dar. Sie könnte Krankheiten übertragen oder sie angreifen. Wir sind verantwortlich für unsere Schildkröten und müssen sicherstellen, dass es nicht dazu kommt.« Alle nicken und murmeln aufgeregt und Anna schüttelt fassungslos ihren Kopf. Angreifen? Die anderen Schildkröten? »Was für ein Unsinn«, murmelt sie. Am liebsten hätte sie es laut geschrien, so dass alle es hören.

Jemand greift sie am Arm, es ist Meira. »Anna! Bei den Feuern! Das ist aufregend, was? Hier, auf dem Boot da hinten ist noch Platz für dich.«

»Alle bereit?«, ruft Talitha. Ihre gesamte Arbeitsgruppe ist da, zumindest was davon übrig ist. Sie nickt Anna zu.

»Gut, dass du gekommen bist, Anna. Wir brauchen jede Hilfe.«

Annas Gesicht wird heiß. Sie zuckt mit den Schultern und brummt etwas.

»Was meinst du?«

»Dass ich nicht ganz verstehe, warum eine Schildkröte so gefährlich sein soll.« Sie erschrickt in dem Moment, als der Satz gesagt ist. Talitha schaut sie noch einen Moment lang prüfend an, dann tippt ihr jemand auf die Schulter und Meira zieht Anna weiter.

»Sie kennt den Typ von der Riffaufsicht«, sagt Meira. »Scheinbar hat er nach dem Anschlag einiges gespendet. Jetzt ist Talitha ihm was schuldig, also sind *wir* ihm was schuldig. Ob es Sinn macht ...« Sie zuckt mit den Schultern, klopft Anna auf die Schultern und joggt zu ihrem Boot. Anna geht in die andere Richtung zu dem Boot, auf das Meira gezeigt hat. Auf jedem Boot ist mindestens eine Person von der Riffaufsicht, ausgerüstet mit Betäubungsgewehren. Eine Flotte *Navties* und *Insties* ist unterwegs im Meer und der Mann mit den schwarzen Haaren prüft ständig die übertragenen Videos. Auf Annas Boot wartet schon Yovesh. Er ist total überdreht. Mit jeder Bewegung bringt er das Boot zum Wackeln. Eine Frau der Riffaufsicht löst gerade die Taue. Sie stellt sich als Bibi vor, sie ist jung und hat einen strengen Blick.

»Anna, gut dich zu sehen«, sagt Yovesh erleichtert, nervös tritt er von einem Bein aufs andere. Dass das Boot schaukelt, scheint er nicht zu bemerken. »Und, denkst du, sie ist echt? Wir werden es ja gleich sehen, wenn wir sie finden. Spannend, was?«

»Vielleicht sollten wir sie auch einfach in Ruhe lassen«, sagt Anna.

Aber Yovesh redet einfach weiter und lacht nervös. »Mir ging es nicht so gut die letzten Wochen. Konnte mich nicht mehr konzentrieren. Mei ist jeden Tag bei mir vorbeigekommen. Mann, ohne sie hätte ich das nicht geschafft, ich meine, vorbei ist es immer noch nicht, weißt du, nicht so, als hätte ich das jetzt überwunden, aber zumindest gehe ich wieder raus. Von arbeiten kann noch keine Rede sein, aber Mei meinte, ich soll es langsam angehen lassen, mich nicht unter Druck setzen. Druck hat noch niemandem geholfen, ich schätze, sie hat recht.« Anna nickt und schaut aufs Wasser. Sie versucht, Yovesh auszublenden, und denkt, so fest sie kann, an schwarze Augen, versucht der Schildkröte eine Warnung zu schicken, einen Schrei der Angst.

Bibi hat das Boot losgeknotet und den Motor gestartet. Langsam steuert sie aufs offene Meer zu. Langsam zum Glück, denn Alg ist nicht besonders effizient, und Annas Gedanken rasen dafür umso schneller. Was soll sie tun? Sie *muss* etwas tun! Aber was? Und was ist, wenn sie ins Wasser geht und die Schildkröte zu ihr kommt, wie schon zuvor? Wenn sie sie fangen … *ihretwegen!* Oder was, wenn ihr im Meer etwas Sonderbares passiert, während sie mit der Schildkröte im Wasser ist? Was, wenn jemand etwas bemerkt? Was dann? Aber wenn sie nicht ins Wasser geht, ist die Schildkröte auf sich allein gestellt. Dann ist wirklich niemand da, um ihr zu helfen. Das kann sie nicht zulassen.

Bibi hält das Boot an. »Hier gehen wir rein«, sagt sie mit so ernster Miene, als würden sie Terroristen jagen und keine verirrte Schildkröte. Anna drängelt sich vor. Gegen ihre Instinkte will sie die Erste sein, *muss* sie die Erste sein, die ins Wasser springt. Yovesh legt seine Ausrüstung an, Bibi trägt nur Alg, wie Anna. Eine zweite Ausrüstung ist nicht an Bord. *Es ist keine Zeit.* Sie springt.

Es spritzt und dann ist alles Blau. Anna schaut sich unter Wasser um, orientiert sich. Hier ist es tiefer, als sie dachte. *Sie hat keine Zeit.* Keine Zeit für Panik, keine Zeit für Angst. Die Schildkröte braucht sie. Mit einem entschlossenen Zug atmet Anna Meerwasser ein. Der Umstellungsschock schlägt ihr gegen die Brust, aber sie presst alle Gedanken daran zur Seite, presst die Angst in eine ganz kleine Ecke ihres Geistes. Sie denkt an die Schildkröte, sieht sie schon gefangen in einem Netz, wie sie sich lautlos wehrt, Panik in ihren schwarzen Augen. *Nein, das darf nicht sein!*

Sie beginnt zu schwimmen, ihr rechter Fuß zuckt, er zuckt hin und her und Anna atmet aus, beginnt zu zählen: *Zwei, drei …* Aber sie kann nur an die Augen der Schildkröte denken, an die vielen Boote, die Betäubungsgewehre, die Netze, an ihre Flossenschläge, an den Rhythmus des Tanzes im Meer. *Fünf, sieben …* oder war sie schon bei acht? Yovesh und Bibi sind neben ihr ins Wasser gesprungen, sie zeigen *Okay* mit ihren Händen, verständigen sich mit Zeichen über die Richtungen.

Du lässt mich nie allein, stimmt's, Anna?

Niemals, Gabri, ich lasse dich niemals allein, nicht, solange es noch Muscheln am Strand gibt. Ihre Brust zerreißt, aus Schmerz oder aufgrund der Kälte des Wassers, oder wegen beidem. *Nicht noch einmal!* Wasser füllt sie aus, Wasser ist um sie herum, es ist in ihr, es ist *überall.* Aber ihre Angst um die Schildkröte ist stärker.

Sie brennt heiß wie Feuer – wie Lava – und verbannt die Kälte. Sie weiß nicht wie, aber sie wird *alles* tun, um der Schildkröte zu helfen.

Bibi spricht Marino, mit flinken Fingern gibt sie Anweisungen im Wasser. Annas Marino ist holprig. Die Feinheiten, die nötig sind, um Ambivalenz oder Komplexität ausdrücken, hat sie nicht unter Kontrolle, den Wasserwinkel zu berücksichtigen überfordert sie. Aber heute ist das auch nicht nötig. Yovesh versteht Marino noch weniger als sie. Bibis komplexe Nachricht geht an ihm vorbei, aber sowohl er als auch Anna verstehen das Wesentliche: Eine Sichtung ist über das Holo am Handgelenk an alle zu melden. Dann werden die Kräfte für den Fang gebündelt. Anna soll nach Süden, Yovesh nach Osten, Bibi nach Westen.

Anna nickt und schwimmt los. Hektisch schaut sie sich um. Sie muss die Erste sein, die die Schildkröte erblickt. Sie versucht, sie in Gedanken zu erreichen. *Weg von hier*, ruft denkt sie, schwimm weit weg! Östlich von ihr liegt eine löchrige Felsformation auf dem Meeresgrund, ein kleines Stück Korallenriff. Westlich ist nur weißer Sand und blaues Meer. Annas Blick folgt einem kleinen, grauen Riffhai, der auf dem Boden seine Kreise dreht. Und dann taucht sie auf, schwimmt hinter der Felsformation hervor und auf Anna zu, mit einem Funkeln in ihren schwarzen Augen und schnellen Flossenschlägen: die Sternschildkröte. Panisch schaut Anna sich um. Ihr Herz pocht. *Nicht jetzt schon!* Bibi ist gerade aus ihrem Blickfeld verschwunden. Yovesh war eben noch zu sehen, weit kann er nicht sein.

Sie muss sie verjagen, das ist es. Anna schwimmt auf die Schildkröte zu, wedelt mit den Armen. Fixiert sie. Versucht, aggressiv zu erscheinen. Die Schildkröte hält an, kurz bevor sie und Anna zusammenstoßen. Sie sieht beinahe überrascht aus, als sie ihren schweren Körper zur Seite bewegt. Oder amüsiert? Anna schwebt direkt vor ihr Wasser, versucht Schläge mit Armen und Händen anzudeuten, ohne einen Gedanken daran zu verschwenden, was passieren würde, wenn die Schildkröte sie *wirklich* als Bedrohung sehen würde.

Aber die Schildkröte bewegt sich nicht. Sie dreht ihren Kopf hin und her und beobachtet Anna. Anna vermeidet den Blickkontakt, sie unterdrückt das Ziehen in ihrer Brust, ignoriert es, obwohl es immer stärker wird. Und dann öffnet die Schildkröte ihren Schnabel und bewegt ihre Flossen vor und zurück. Anna atmet entgeistert aus. Die Schildkröte imitiert sie! Denkt sie, dass das alles ein *Spiel* ist?

Und dann sieht sie Bibi. Die Riffoffizierin ist vielleicht dreißig Meter von ihnen entfernt. Schwimmt sie auf sie zu? Oder von ihnen weg? *Hat sie sie entdeckt?* Im Wasser ist alles verschwommen. Panisch schwimmt Anna auf die Schildkröte zu, greift nach ihrer Flosse, versucht, sie mitzuziehen, mit nach unten, in die Deckung der Felsen. Und zu ihrer Überraschung folgt sie ihr. Vielleicht denkt sie, auch das sei ein Spiel. Anna zieht das große Tier weiter nach unten. Sie sieht ein Loch in dem Felsen unter ihnen. Groß ist es nicht, aber es sieht wie der Eingang zu einer Höhle aus. Mit etwas Glück passen sie beide hinein.

Das Loch ist scharfkantig, das Innere sieht ungemütlich aus. Aber Anna sind die Ideen ausgegangen. Vielleicht ist das ihre einzige Chance. Sie zieht fester, aber jetzt folgt die Schildkröte nicht mehr. Sie zieht in die andere Richtung und sie ist viel stärker als Anna. Anna zieht zurück, sie versucht ihr Bestes, aber es zeigt keine Wirkung. Sie spürt ihren Widerwillen. Natürlich will die Schildkröte sich nicht in dieses Loch zwängen.

Aber vielleicht gibt es einen Weg. Einen Weg, den sie eigentlich um jeden Preis vermeiden wollte.

Anna konzentriert sich. Sie verlangsamt ihre Atmung und lässt es geschehen. Sie gibt dem Ziehen in ihrem Inneren nach, gibt die Kontrolle auf. Und dann geschieht alles von allein. Die Wirklichkeit verschiebt sich ein bisschen. Das Meer bekommt eine andere Struktur und das Gefühl in ihren Händen ändert sich, bis sie nicht mehr nur Finger, sondern auch Flossen spürt. Endlich fällt ihr ein, wie sie die Strömung formen muss, damit sie *Gefahr* sagt, *große Gefahr*. Und endlich folgt ihr die Schildkröte. Nacheinander pressen sie sich in das kleine Loch hinein. Eine Felsspitze drückt sich in Annas Rücken. Ihre Hände und Arme schürfen sich schnell an den Wänden auf und das Salzwasser brennt in den Wunden. Sie stößt ihren Kopf an der scharfkantigen Decke und versucht, sich so wenig wie möglich zu bewegen. Die Schildkröte hat sich auf den unebenen Boden der Höhle sinken lassen. Halb lehnt Anna auf ihr. Die Höhle ist mehr ein Spalt im Fels. Wenn jemand direkt vor ihnen vorbeischwimmt, würde man sie sofort entdecken.

So nah ist die Schildkröte. Anna spürt ihren Körper neben dem ihrem. Bewegungslos. Das Ziehen in ihrer Brust ist unerträglich. Die Welt flirrt vor ihren Augen wie überlagerte Bilder, als würden zwei Wirklichkeiten existieren. Es gelingt ihr nicht, eine auszublenden. Hände und Flossen wechseln sich ab, blitzen hin und her, bis es Anna schwindlig wird. Erinnerungen aus unbekannten Tiefen des Ozeans tauchen in ihr auf. Nur die Angst ist es, die sie immer wieder zurückholt. Sie atmet in Stößen, konzentriert sich auf ihre Hände, versucht, das Gefühl festzuhalten, damit es ihr nicht entgleitet. Aber das Ziehen wird stärker und es wird immer schwieriger, den Schwindel auszuhalten. Die Schildkröte sucht ihren Blick, aber Anna kann nicht in ihre Augen schauen, ohne sich darin zu verlieren. Sie fixiert eine Seepocke, die an der Höhlenwand sitzt, und streicht der Schildkröte über den Kopf, hofft, dass sie ruhig bleibt. So vergehen die Minuten.

In einem Moment der Klarheit wirft Anna einen Blick auf ihr Holo. Bibi schreibt, dass sie sich die Felsformation näher anschauen will, und Anna wird schlecht. *Nein, nein, nein*. Bibi darf sie nicht sehen! Wenn die Schildkröte nur noch eine Weile durchhält … Jemand anders schreibt, dass sie vielleicht etwas gesichtet haben. Andere Teams stoßen dazu, um die vermeintliche Schildkröte einzufangen, und dann folgt ein Hin und Her, bis es sich herausstellt, dass es sich um eine Riesenkrabbe handelt. Anna zittert. Bestimmt hat die Höhle angefangen sich zu drehen. Bibi meldet sich nicht mehr. Anna versucht, stillzuhalten und ruhig zu bleiben, aber in Gedanken sieht sie die Riffoffizierin jeden Moment vor dem Eingang der Höhle auftauchen. Sieht ihren überraschten und grimmigen Gesichtsausdruck, als sie sie entdeckt.

Aber Bibi kommt nicht. Dann schreibt sie, dass sie weiter nach Osten schwimmt, dass dort wildes Seegras ist, das man sich mal anschauen sollte. Schließlich schreiben Yovesh und Bibi und fragen, wo Anna ist. Sie atmet erleichtert aus. Da versucht die Schildkröte, sich umzudrehen. Aber es geht nicht, ihr Panzer hat sich verklemmt. Es knirscht. Sie versucht es nochmal, stößt sich mit ihren Flossen ab, noch einmal, fester. Panik steht in ihren Augen, fließt von dort zu Anna. Die Schildkröte wirft sich mit aller Macht zur Seite. Ihr Panzer trifft auf Annas Bein, schiebt es mit einem Ruck gegen die Felswand, gegen etwas Spitzes. Wie ein Messer schneidet der Fels in ihr Fleisch. Anna schreit lautlos ins salzige Wasser, die Schildkröte bewegt panisch ihre Flossen hin und her, wirft sich ein weiteres Mal mit dem ganzen Körper zur Seite und nach oben, drückt Annas Bein fester gegen die Felsspitze, etwas stößt hart an Annas Kopf und alles wird schwarz.

Sie schwimmt durch die Dunkelheit, weiter und weiter. Tausend Sterne leuchten. Das Meer sieht aus wie der Nachthimmel. Galaxien werden geboren und sterben, hier, im Ozean. Es gibt keinen Grund und keine Oberfläche, nur unendliches Wasser. Ihre Bewegungen hinterlassen leuchtende Spuren in der Dunkelheit. Anna sieht einen

Umriss, der sich auf sie zubewegt und wie ein Komet leuchtende Spuren im Wasser hinter sich herzieht. Sie weiß, was es ist, lange bevor sie *sie* sieht.

Die Schildkröte hält nicht an vor Anna, sie schwimmt an ihr vorbei und um sie herum, ohne sie aus den Augen zu lassen. Anna dreht sich mit. Sie schaut in ihre Augen und gleitet in ihren eigenen kleinen Kreisen, bis sie sich beide umeinander drehen und eine leuchtende Spirale im schwarzen Ozean hinterlassen. Langsam tanzen sie aufwärts, ihre leuchtende Spuren winden sich umeinander.

Sie halten inne, für einen Moment, Anna und die Schildkröte, blicken sich an. Schwarze Augen und blaue Augen. Die leuchtende Spirale windet sich weit nach unten in die unendliche Tiefe. In der Dunkelheit sind die Umrisse der Schildkröte fast nicht zu sehen. Nur wenn sie sich bewegt, leuchtet das Wasser. Die Augen der Schildkröte reflektieren Annas Bewegungen, spiegeln das Leuchten, das Anna in der Dunkelheit hinterlässt. Die Schildkröte öffnet ihren Schnabel, aber sie macht keinen Laut. Leuchtende Tränen fließen aus ihren Augen. *Schildkröten weinen Tränen, die salziger als das Meer sind*. Annas Gesicht ist ganz nah am Kopf der Schildkröte, sie sieht die Reflektion ihrer Augen in den Augen der Schildkröte, sieht, dass auch sie leuchtende Tränen weint.

Unsere Zeit zusammen endet hier, hört sie eine weiche Stimme in ihrem Kopf. Ist das ein Abschied?

Bleib noch, denkt Anna, *lass mich nicht allein!* Ihre Hände berühren die Flossen der Schildkröte. Ganz sanft. Sie sind wärmer, als sie erwartet hat.

Ich muss weiter, sagt die Schildkröte. *Aber ich habe noch ein letztes Geschenk für dich*. Näher und näher kommen sie einander, bis Hände und Flossen eins werden. Bis sich Grenzen auflösen und Körper miteinander verschmelzen. Sie fallen ineinander und werden eins. Himmel und Ozean, Frau und Schildkröte, bis die Welt aufhört zu sein.

Dröhnendes Kopfweh weckt Anna auf. Sie zuckt zusammen, schlägt sich schon wieder den Kopf an, direkt auf die schmerzende Stelle. Sie schreit auf, aber nur ein dumpfer Laut verlässt ihren Mund, denn sie ist immer noch unter Wasser. *Wasser, überall Wasser. Wasser in ihrem Mund.* Sie schnappt nach Luft, atmet Wasser, ihr Körper krümmt sich. Die Panik ist bereit zuzuschlagen und es kostet große Anstrengung, sie zurückzudrängen.

Ihr Bein tut höllisch weh. Desorientiert schaut sie sich um, atmet weiter in heftigen Stößen. Alles ist dunkel, ihr Kopf schmerzt schrecklich, ihr Bein noch mehr. Als sie versucht, sich zu bewegen, wird ihr schlecht. Nur nicht jetzt, nicht hier im Wasser … Aber es ist zu spät. Sie hustet und verschluckt sich, ihr Kopf pocht unerträglich, wieder und wieder übergibt sie sich ins Wasser. Erbrochenes schwimmt vor ihr, in der Dunkelheit versucht sie, die Stücke mit den Händen zur Seite zu wischen.

Ruhig atmen. Sie zwingt sich, zu zählen. Zahlen sind beruhigend. Sie denkt an die sechseckigen Pflastersteine, wie vollkommen sie ineinanderpassen. Aber es ist einfach zu dunkel hier. Viel zu dunkel. Die Sechsecke halten nicht still in ihrem Kopf und ihr wird wieder schlecht. Sie muss den Ausgang finden. Ihre Finger tasten sich an scharfkantigem Fels entlang. Langsam gewöhnen sich ihre Augen an die Dunkelheit und sie erkennt die Umrisse der Höhle. Die Schildkröte ist weg. *In Sicherheit, oder eingefangen?*

Sie muss hier raus! Sie braucht Hilfe. Sie muss ins Trockene. Anna zwingt sich, sich langsam zu bewegen. Die Öffnung muss irgendwo über ihr sein. Aber ihre Finger ertasten nur Fels. Scharfen, harten Fels.

Vielleicht ist alles andersherum, als gedacht. Anna dreht sich, stößt an etwas Scharfes, kratzt sich den Arm auf. Ihr ganzer Körper pocht vor Schmerz. Anna beißt die Zähne zusammen, *Schritt, Schritt, noch ein Schritt. Sei stark.* Sie drückt sich langsam auf die andere Seite, kneift die Augen zusammen. Warum sieht sie nichts? Die Dunkelheit ist fast vollkommen. Sie tastet sich weiter am Fels entlang, aber alles fühlt sich anders an als vorher. Der Ausgang ist nicht zu finden.

Und was, wenn die Höhle eingestürzt ist? Was, wenn die Schildkröte geflohen und dabei der Fels kollabiert ist? Annas Herz pocht plötzlich bis zum Hals. Es dröhnt in ihren Ohren. Der Schwindel nimmt wieder von ihr Besitz. *Kann die Höhle über ihr einstürzen? Sie unter sich begraben? Möglich ist alles, solche Dinge passieren. Menschen sterben. Durch kollabierende Höhlen, Anschläge und Vulkanausbrüche. Sicherheit ist eine Illusion.*

»*Nein!*«, schreit sie mit aller Kraft, ihre Stimme sprudelt sinnlos ins Wasser. Panik ergreift sie, blind schwimmt sie hin und her, kracht gegen den Fels. Sie keucht, Wasser fließt in sie hinein und aus ihr heraus. Der Schmerz macht sie wahnsinnig, schon wieder wird ihr schlecht. Schluchzen schüttelt sie, das Wasser schießt in unsichtbaren Wellen aus ihren Augen, gnadenlos, Welle über Welle schüttelt ihren Körper. Schon wieder würgt sie, übergibt sich, aber es kommt nichts mehr, sie ist leer. Nichts kann ihr Körper mehr halten, alles ist schon aus ihm herausgeflossen und gebrochen. Sie lässt sich auf den Boden sinken.

Ihr Kopf berührt den felsigen Grund. Sie schließt die Augen und rollt sich zusammen. Alles vergessen. Einfach nur vergessen. Warum kann die Welt nicht aufhören zu sein, wenn man die Augen schließt? Warum muss alles immer weitergehen, auch wenn es so weh tut? *Warum habt ihr mich allein gelassen? Warum? Gabri, konntest du nicht warten? Warum hast du mich allein gelassen mit dieser Schuld?* Weinkrämpfe schütteln sie, bis Anna nur mehr wie ein verwundetes Tier winseln kann. *Mama, Papa! Warum habt ihr mich allein gelassen mit diesem Schmerz? Warum habt ihr nie gesagt, dass ihr die falsche Entscheidung getroffen habt? Warum habt ihr zugesehen, wie ich mir die Schuld auflade, wie ich Gabris Wunden pflege, als wären sie meine eigenen? Habt ihr nichts verstanden? Warum habt ihr weggeschaut? Es war nicht meine Schuld! Ich war doch nur ein Kind! Ich war doch nur ein Kind. Ein Kind wie Gabri. Ich vermisse euch. Ich vermisse euch so sehr …*

Annas Schluchzen wird leiser. Aus dem Augenwinkel sieht sie etwas Helles. Sie dreht sich zur Seite, wischt sich die brennenden Augen aus. Über ihr ist ein heller Fleck, dunkelblau, nicht schwarz, wie alles andere. Sie drückt sich nach oben, beißt die Zähne zusammen. *Jetzt nicht aufgeben.* Sie lässt den blauen Fleck nicht aus den Augen, hangelt sich am Fels entlang. Ihre tauben Finger finden die Öffnung. *Die Öffnung.* Sie war dort, die ganze Zeit! Anna zieht sich hinaus, bis ihr ganzer Körper im Freien ist.

Auch im Meer ist es dunkel, aber nicht so nachtschwarz wie in der Höhle. Es muss Abend sein. Anna sieht den weißen Sand auf dem Meeresgrund. Sie versucht, ihr Bein ruhigzuhalten, paddelt mit den Armen. Nach oben. Sie taucht auf, hustet verkrampft Wasser, bis ihre Lungen leer sind, zieht Luft in ihren Körper, endlich, doch die Erleichterung bleibt aus. Die Luft fühlt sich fahl an. Sie sieht die Küste vor sich. Die Sonne ist bereits hinter dem Horizont verschwunden, aber hat noch nicht alles Licht des Tages mit sich genommen. Jede Bewegung, jede Welle potenziert den Schmerz. Jetzt nur nicht anhalten, jetzt nur nicht aufgeben. *Stark wie eine Welle bist du. Du schaffst das.* Sie krabbelt an den Strand, zieht sich auf den Sand. Ins Trockene. Sie sinkt in sich zusammen. Ihr ganzer Körper zittert, obwohl der Abend warm ist.

Der Himmel leuchtet in Blau, Rosa und Orange. Anna hebt ihre Hand und schaut auf ihr Holo. *Warum ist ihr das nicht früher eingefallen?* Alles blinkt vor Nachrichten und Anrufen. Wo sie ist, wo sie verdammt nochmal ist, sie solle unverzüglich antworten, sich auf der Stelle melden und dass ein Suchtrupp organisiert wird, um sie zu finden. Sie tippt mit zitternden Fingern ihre Koordinaten ein.

Der Stoff ihrer Alg-Hosen ist gerissen und blutig. Vorsichtig entfernt Anna die Stofffetzen, beißt ihre Zähne zusammen. Die Wunde ist lang und tief, voller Sand und kleiner Steine. Der Winkel des Beins stimmt nicht ganz. Wegschauen hilft nicht. Mit spitzen Fingern entfernt sie Felssplitter und kleine Steine. Dem Sand ist nicht beizukommen. Sie muss eine Pause machen. Durchatmen. Etwas steckt tief in der Wunde. Es sieht scharfkantig aus, wie ein Stück Glas. Anna hält die Luft an. Sie hält den Splitter fest zwischen Zeigefinger und Daumen und zieht ihn mit einem Ruck heraus. Ein Schrei löst sich von ihren Lippen und frisches Blut quillt aus der Wunde. Sie atmet heftig, einmal, zweimal, dreimal. Wartet darauf, dass der Schmerz nachlässt.

Dann erst kann sie sich den Splitter genauer ansehen. Es ist kein Stein, keine Koralle. Er glänzt dunkelrot und braungrün. Auf der einen Seite ist er rund und flach. Die andere Seite fühlt sich rau an. Blut klebt daran. *Ihr* Blut? Es sieht so aus, als wäre der Splitter von einem Untergrund abgerissen worden. Was dort noch klebt, fühlt sich weich an. Es sieht fast so wie eine … *Schuppe*? Eine Hornschuppe. Von der Schildkröte. Es würde passen. Farbe, Textur, Größe. Könnte sie in ihre Wunde geraten sein, als die Schildkröte gegen sie gestoßen ist? Als sie versucht hat, sich aus der Höhle zu befreien? Anna schließt die Hand um die Schuppe. Sie fühlt sich warm an. *Ein letztes Geschenk*. Anna schließt die Augen. Sie spürt die Gegenwart der Sternschildkröte. Leise plätschern die Wellen am Strand. Sie zittert immer noch. Wenn sie die Augen schließt, kann sie sich für einen Moment vorstellen, zurück in Réunion zu sein. Zu einer ganz anderen Zeit.

Bald kommt auch schon ein Rettungsboot. Zwei Sanitäter rennen auf sie zu. Meira ist auch da. »Anna, bei den

Feuern, was ist passiert? Du hast uns den Schreck unseres Lebens eingejagt!«

»Ich weiß auch nicht«, stottert Anna. »Ich erinnere mich nicht so genau … Da war ein Schlag und mein Bein hat furchtbar weh getan. Und dann war alles schwarz. Als ich zu mir kam, war es fast dunkel und mein Kopf tat schrecklich weh.«

»Bei den Feuern, Anna! Wir dachten schon …« Meira schüttelt ihren Kopf. »Wir haben uns wirklich Sorgen gemacht. Wir hatten wirklich genug … *Pech* … in letzter Zeit. Und all das für nichts und wieder nichts!« Sie schlägt sich mit der Hand gegen die Stirn.

»Für *nichts?* Was meinst du?« Anna ist plötzlich hellwach.

»Ich würde dir lieber gute Nachrichten überbringen. Aber die Schildkröte ist entkommen. Der Chef der Riffaufsicht kocht … Risiko, Krankheitsvektor und so weiter. Die ganze Aufregung für nichts. Du musst dich schrecklich fühlen. Talitha hat auch ein ganz schlechtes Gewissen, das kann ich dir sagen. Wenn du das nächste Mal mit ihr verhandeln musst, hast du auf jeden Fall eine gute Position. Ach, was rede ich, das ist dir im Moment bestimmt ganz egal.«

Süße Erleichterung tanzt durch Annas Körper und Seele. *Für nichts!* Oh nein, nicht für nichts. *Für alles.* Für alles. Sie spürt den Schmerz fast nicht mehr. Das war es wert, das war es mehr als wert. Die Schildkröte ist entkommen!

EIN LETZTES GESCHENK

Vom Boot laden die Sanitäter sie in einen solarbetriebenen Krankenwagen, der sie leise und schnell ins Yoseftal II-Krankenhaus bringt. Wo auch Muhit ist. *War.* Wie ein Messer rammt sich die Erinnerung in ihre Brust. Während der Jagd nach der Schildkröte hat sie nicht einen Gedanken an Muhit verschwendet. Vor Sorge und Scham, dass sie ihn vergessen konnte, wird ihr ganz heiß. »Meira? Mei?«, ruft Anna von ihrer Liege. Sie muss eingenickt sein. Ihre Lider sind geschlossen. Sie hat den Überblick verloren. Sie fahren noch, aber sie weiß nicht mehr, wer bei ihr ist und wo sie gerade sind. Eine Sanitäterin beugt sich zu ihr herunter.

»Alles in Ordnung?«, fragt sie.

»Meine Kollegin, Meira, ist sie …«, flüstert Anna.

»Nach Hause gegangen. Bestimmt kommt sie Sie bald besuchen, keine Sorge.«

»Mein Freund … Ich muss wissen, was mit ihm ist. Muhit Pavier, können Sie mir sagen, was mit ihm ist?«, presst sie hervor.

»Alles in Ordnung. Entspannen Sie sich, bestimmt kommt er Sie auch bald besuchen.« Die Sanitäterin streicht über Annas Haare. Das ist angenehm. Ihre Augenlider sind so schwer.

Muhit …

Als sie wieder zu sich kommt, ist es hell. Das Bett ist ungewohnt weich und riecht anders. Sauber, nicht modrig. Stimmen murmeln und langsam öffnet sie sie Augen. Ihr Kopf pocht leicht. Meira schenkt ihr ein strahlendes Lächeln. »Wasser?«, fragt sie. Anna nickt. Sie setzt sich vorsichtig auf, schlägt das viel zu weiße Betttuch zurück und sieht, dass sie einen weißen Pyjama trägt, sieht die bioaktive Membran, die um ihr Schienbein gewickelt ist. Ihre Haut darunter kitzelt. Sie heilt schon. »Hier«, sagt Meira und reicht Anna ein Glas. »Aber bleib erstmal liegen. Langsam.«

Anna nimmt das Glas, trinkt einen Schluck, und auf einmal kommt alles zurück. Die Jagd, die Schildkröte, der Unfall … der Strand. *Die Schuppe.* Sie verschluckt sich. »Mei, wo ist meine Hose?«

»Deine Hose? Anna, keine Ahnung …« Anna sieht sich hektisch um. Meira steht auf und geht durchs Zimmer. »Ah, das vielleicht?« Sie hebt einen Stapel mit zusammengefaltetem Alg hoch und bringt ihn zu Anna.

Hektisch greift Anna nach dem Alg-Stoff, Sand bröselt auf das saubere Bett. Es sind ihre Kleider vom Vortag, dreckig und zerrissen. »Danke«, sagt sie und beeilt sich, zu lächeln. Sie hält den Stapel fest auf ihrem Schoß. Nach der Schuppe wird sie später suchen. Hoffentlich ist sie noch da. Hoffentlich ist sie nicht rausgefallen. Hoffentlich hat sie niemand entdeckt.

»Die kannst du wohl nicht mehr anziehen«, sagt Meira entschuldigend. »Ich hoffe, du hängst nicht allzu sehr an den Kleidern. Ich kann dir was von mir bringen. Heute darfst du eh noch nicht raus.«

Anna nickt und versucht, unbekümmert auszusehen. »Ja, das wäre nett.« Wenn Meira geht, muss sie sofort nach der Schuppe sehen. Nicht jetzt. *Gleich.*

Die Sonne blendet sie. Das Weiß blendet sie. Sie schließt die Augen für einen Moment, spürt, dass sie hungrig ist, vielleicht steht das Frühstück schon neben ihrem Bett. Warum sind diese Zimmer so weiß im Krankenhaus? Wie fehl am Platz Muhit hier aussah … *Muhit!*

»Mei«, sagt Anna mit rauer Stimme. »Was ist mit Muhit passiert?«

»Oh, Anna«, sagt Meira mit bestürzter Miene. »Hat dir niemand Bescheid gesagt? Bestimmt hast du deine Nachrichten nicht gelesen.«

»Nein«, haucht sie.

Meira schaut sie eine Sekunde lang bestürzt an. Aber eine Sekunde ist zu lange, wenn man auf eine wichtige Antwort wartet. »Er wurde verlegt. Nach Nof Shunit.«

»Nach Nof Shunit?«, wiederholt Anna. *Verlegt*. Er ist nicht gestorben.

»Sein Zustand hat sich wohl verschlechtert. In Nof Shunit geht es ihm besser, hört man.«

»Hört man?«

»Hat Talitha gesagt.«

Natürlich. *Abbruch Behandlung. NoS.* »NoS« heißt Nof Shunit! Darauf hätte sie auch selbst kommen können! Die ganze Sorge … und er wurde einfach verlegt. Eine Träne der Erleichterung läuft über ihr Gesicht.

»Talitha richtet Grüße aus«, sagt Meira. »Wahrscheinlich kommt sie später kurz vorbei. Ich muss los, Anna. Bin froh, dass es dir gut geht. Ich komm später nochmal mit den Sachen.«

»In Ordnung.« Anna lächelt. »Danke.«

»Hier.« Meira schiebt ihr das Tablett mit dem Frühstück herüber. »Iss was, ok?«

Anna nickt, aber als Meira das Zimmer verlässt, faltet sie zuerst den Kleiderstapel auf. Noch mehr Sand fällt heraus, aber sie ignoriert ihn. Ihre Finger wühlen sich durch den Stoff. Finden die Hose. Die Hosentasche. Der Alg-Stoff hat sich verklebt. Sie reißt daran herum. Ihre Finger finden einen Weg in die Tasche. Spüren etwas Hartes, etwas Kleines. Sie zieht es heraus. Eine Seite ist rund, eine scharfkantig. Sie hält es ans Licht. Das ist sie. Die Schuppe.

Blutverkrustet und dreckig, das Grün und Braun darunter kann man nur erahnen. Fest schließt Anna ihre Hand um die Schuppe, sie ist immer noch warm. Und auf einmal spürt sie den Hunger, so plötzlich, dass ihr fast schlecht wird.

Anna legt die Schuppe auf das Tablett und löffelt den Alg-Brei. Er schmeckt nach fast nichts. Ihr Holo liegt neben dem Teller. Sie zieht es um ihr Handgelenk und beginnt sich durch die Nachrichten und Anrufe zu arbeiten. Nath hat ihr eine Nachricht hinterlassen, dass Muhit verlegt wurde. Dass sich seine Vitalfunktionen in Nof Shunit verbessert haben. Anna schickt ihr eine Nachricht zurück. Sie erwähnt ihren Unfall nicht, erwähnt Professor Xanthopolous nicht. Sie will sie nicht beunruhigen und vor allem will sie keine Fragen beantworten.

Eine Nachricht von Professor Xanthopolous. Annas Herz schlägt schneller. »Guten Abend, Frau Hoareau, ich kann Sie leider nicht erreichen«, vibriert die aufgenommene Stimme der Professorin. »Wir haben bisher immer noch keine optimalen Treffer erzielt. Wir haben mit der experimentellen Datenbank begonnen und stehen aktuell bei 52% Überlebenschancen. Bitte rufen Sie uns doch zurück.« Keine optimalen Treffer. Sie ballt die Hände zu Fäusten. 52%! Das ist zu wenig! Es muss … es muss sich einfach etwas finden! Die Chance, dass ihr Kind stirbt, ist fast so hoch wie die, dass es lebt. Fünfzig-fünfzig. Eine Wette mit dem Schicksal. *Nein, nein, nein.* Es *muss* etwas geben. In der experimentellen Datenbank, es *muss* einfach etwas auftauchen. Ein Zufall, eine neue Methode, ein Geschenk des Himmels. Neue, unbekannte Arten. Außergewöhnliche DNS – *oder ein Geschenk des Meeres*. Ein Geschenk der Schildkröte.

Annas Blick wandert zu der Schuppe, bleibt auf ihr liegen, saugt sich an ihr fest. Ihr Mund ist mit einem Mal trocken. Eine tiefe Aufregung hat sich ihrer bemächtigt. Könnte es sein? Die Chancen sind minimal. Schildkröten-DNS ist Standard, bestimmt wurden alle bekannten Arten bereits im ersten Durchlauf getestet. *Aber eine wilde Meeresschildkröte?* Eine Population, die nicht ausgestorben ist?

Mit zitternden Händen berührt sie Professor Xanthopolous' Namen in der holographischen Benutzeroberfläche vor ihr. »Safia hier, guten Morgen. Frau Hoareau, gut, dass Sie anrufen.« Das transparente Bild der Rezeptionistin erscheint vor ihr in der Luft. »Die Frau Professor hat mich informiert, dass die Zeit knapp wird, dass kein Treffer in Sicht ist und sie gerne morgen den Eingriff vornehmen würde. Spätestens übermorgen.«

Annas Herz schlägt schneller. *So bald schon?* »Ich …«, beginnt sie, ihre Stimme ist heiser. »Ich muss Ihnen etwas schicken. Dringend. Und vertraulich. Eine Gewebeprobe. Die vielleicht DNS enthält, die nicht in Ihrer Datenbank ist.«

»Nicht in unserer Datenbank?« Safia bricht in schallendes Gelächter aus. »Meine Liebe, in unserer Datenbank ist *alles*!«

»Ich schicke eine Express-Portie. Die Transport-Schildkröte sollte die Probe in ein oder zwei Stunden zu Ihnen bringen. Könnten Sie sie heute noch analysieren?«

Safia seufzt. »Oh je. Wenn das jeder machen würde … na gut. Lassen Sie mich die Frau Professor fragen.« Sie verschwindet. Und dann taucht Professor Xanthopolous' Gesicht vor ihr auf.

»Was denken Sie, dass Sie haben und wir nicht?« Professor Xanthopolous klingt amüsiert.

Anna atmet tief ein und aus. »Die Schuppe einer wilden Meeresschildkröte.« Sie flüstert beinahe.

Das Gesicht der Professorin wird starr und für einen Moment befürchtet Anna, die Verbindung wäre unterbrochen. Mal wieder ein Stromausfall, mal wieder eine defekte Antenne. Aber dann kommt wieder Bewegung in die Wissenschaftlerin. »Schicken Sie die Probe. So schnell wie möglich. Wir analysieren die Schuppe heute noch.«

Meira kann sie dabei nicht um Hilfe bitten, sonst könnten Yovesh oder Talitha davon Wind bekommen. Und Nath … Nath ist trotz allem eine Mutter. Sie wird Fragen stellen. Besser, sie nicht da hineinzuziehen. Nichts erklären zu müssen. Anna klappt das Interface ihres Holos vor sich in der Luft auf, tippt *Kurier-Service Eilat-Nof Shunit* ein, schickt drei Anfragen, bekommt zwei Angebote. Sie schluckt. Private *Porties* sind *teuer*. Die Abholung im Krankenhauszimmer kostet Aufpreis. Express kostet

Aufpreis. Aber jetzt geht es um alles. Es gibt keine Alternativen mehr. Sie schickt den Auftrag ab.

Nicht hoffen. Die Chancen sind minimal. *Perfektion ist eine Illusion, Anna. Das musst du akzeptieren.* Und wenn es keinen besseren Treffer gibt? Wenn es bei 52% Prozent bleibt? *Dann habe ich es zumindest versucht. Es wird schon gut gehen, Anna. Mach dir keine Sorgen. Zumindest habe ich mir Sorgen gemacht. Zumindest habe ich alles gegeben. Alles dafür getan, dass sie überlebt.*

Sie zittert. Die Anspannung raubt ihr jede Energie. Müde blättert Anna weiter in ihrem Holo, schiebt die Nachrichten mit einer fließenden Geste vor sich durch die Luft und zur Seite. Wo Shiryam wohl jetzt ist? Was ihm gerade durch den Kopf geht? Ob er wohl versucht hat, sich bei ihr zu melden? Nachrichten von außerhalb der Fünf-Staaten-Allianz schaffen es fast nie durchs Netz. Nachrichten von außerhalb Eilat, wenn man ganz ehrlich ist. Er bräuchte Zugang zu den Satelliten. Ihre Finger öffnen automatisch das Nachrichten-Interface, beginnen, eine Nachricht zu schreiben:

Shiryam. Ich hoffe, es geht dir gut. Hier ist viel passiert. Ich muss dir etwas erzählen.

Aber will sie wirklich, dass er seine Suche für sie abbricht?

Es klopft. Anna schreckt hoch. »Herein«, sagt sie laut. Ein junger Mann mit roter Mütze und rotem Hemd, das ihn als *Portie-Express Aqaba* kennzeichnet, eilt herein und grüßt. Anna greift nervös nach der Schuppe, die sie notdürftig in Alg eingewickelt hat. »Es wäre gut, wenn Sie dafür noch eine Tüte hätten«, sagt sie verlegen. »Tut mir leid. Das war alles etwas kurzfristig.«

»Kein Problem, Frau Doktor Hoareau«, sagt er und wischt mit seinen Fingern durch das Lichtbild vor ihm in der Luft. Er nimmt das Päckchen an sich und lässt sich mit keiner Miene anmerken, dass ihn die in sandige Fetzen verpackte Fracht wundert. Zum Gruß tippt er sich an die Mütze, dann ist er auch schon wieder draußen.

Anna atmet tief aus und lässt sich zurück in die weichen Kissen sinken.

Automatisch bewegen sich ihre Finger durch das Lichtbild ihres Holos. *Der Arten-Katalog*. In einer Nachricht von Safia, von Professor Xanthopolous' Praxis. Geistesabwesend öffnet sie ihn. Seiten über Seiten blättern sich auf und überlagern alles andere. *So viele Arten? 435 Spezies,* steht dort. *Vierhundertfünfunddreißig*. Anna wird schwindlig.

Shiryam, ich bin schwanger.

Sie blättert. Die Arten sind taxonomisch gruppiert. Die meisten Namen hat Anna noch nie gehört. Landschnecken sind dabei. Zweihundert Arten von Mikroben.

Bitte, komm zurück.

Du musst nicht extra zurückkommen.

Ich warte auf dich.

Ich weiß nicht, ob ich warten kann.

Elf Arten und Unterarten von *Phelsuma* – Taggeckos. Eine ganze Familie von Korallen. Sie schluckt schwer. Nicht gerade die nächsten Verwandten der Menschen. Schmetterlinge kommen dann. So viele Schmetterlinge: *Papilio manlius, Morpho menelaus, Zeuxidia aurelius, Rhetus periander. Polyommatus Icarus*. Schön sind sie. Illustrationen zeigen blaugemusterte Flügel. Ein kleiner Riffhai. *Ein Riffhai?*

Anna löscht die Nachricht an Shiryam.

Sie stellt sich ein kleines Mädchen mit großen Schmetterlingsflügeln, Fühlern, und Schlitzen als Kiemen an den Seiten ihres kleinen Halses vor, und ein enger Knoten schließt sich um ihre Brust.

Ein Klopfen an der Tür reißt sie aus ihren Gedanken. Bevor sie »herein« sagen kann, stürmt Talitha in ihr Zimmer. Ihr schuldiger Blick trifft Anna sofort. »Oh Anna, es tut mir so leid! Ich hätte das nie zulassen dürfen! Es hätte eine bessere Einführung geben sollen …

niemand hätte in einem Sektor tauchen sollen, den sie nicht kennen, und –« Talitha knetet ihre Hände und eilt auf Annas Bett zu.

»Talitha«, unterbricht Anna sie und schaut ihrer Vorgesetzten in die Augen. »Du kannst nichts dafür. Es war ein Unfall. Ein Unfall kann immer passieren.«

»Ja, ja. Sicher«, haucht Talitha. Knetet das Betttuch, rückt ihre Brille zurecht.

»Vollkommene Sicherheit ist eine Illusion, Talitha. Das muss man akzeptieren.«

Die Professorin schüttelt ihren Kopf. »Vielleicht, vielleicht«, murmelt sie. »Eine wilde Schildkröte! Ich konnte nicht mehr klar denken.« Ihre Augen funkeln. »Wer hätte gedacht, dass sie noch da draußen sind, Anna? Niemals hätte ich das geglaubt. Aber eine bestätigte Sichtung …« Sie drückt Annas Hand. Zu fest. »Wenn wir ihre DNS bekommen hätten, Anna, stell dir das vor! Was wir damit hätten tun können! Welche Fragen wir damit hätten klären können. Wir … wir wären …« Ihr Blick ist starr. Sie schaut in die Luft, in eine Zukunft, die sie so knapp verpasst hat.

Und die Schuppe ist auf dem Weg zu Professor Xanthopolous. Anna hat nicht einmal darüber nachgedacht, welchen Wert sie für die Forschung haben könnte. *Ihr Geschenk.* Sie konnte nur an sich denken, an ihr Kind, das repariert werden muss. Keinen Gedanken hat sie daran verschwendet, welches Wissen sich in der Schuppe verbirgt, welche Möglichkeiten. Welche Chancen.

Nein. Die Schuppe war für *sie.* Von der Sternschildkröte. *Für sie allein.* Ein Geschenk, das für ihre Verbindung stand. Für diese sonderbaren Träume der letzten Wochen. Tagträume und Nachtträume. Träume, die sie und die Schildkröte auf unerklärliche Weise miteinander verbunden, miteinander verwoben haben.

»Naja«, sagt Talitha mit gezwungenem Optimismus. »Noch haben die Flammen ja nicht alles aufgefressen, wie man so schön sagt. Vielleicht fangen wir sie heute.

Sharaf sagt, sie sei ein unhaltbares Risiko. Er ist wirklich ein außergewöhnlicher Mensch. Liebt das Meer.« Talithas Augen leuchten wieder, als sie von dem Riffoffizier spricht. »Sie verwirrt alle unsere Flotten, sagt Sharaf, und stellt ein beachtliches Infektionsrisiko dar.« Anna schließt ihre Augen. *Sie dachte, es wäre vorbei.* Dachte, dass die Schildkröte entkommen wäre. Aber warum sollte die Riffaufsicht nach einem Tag die Suche abbrechen? »*Ich muss weiter …*« Hoffentlich hat sie die Bucht verlassen. Hoffentlich schwimmt sie weit, weit weg. Nach draußen ins offene Meer, wo sie sicher ist. »Na gut«, sagt Talitha. »Du musst dich bestimmt ausruhen.« Ihr Blick springt nervös durch das Zimmer, auf der Suche nach einem Anhaltspunkt. Als sie keinen findet, steht sie auf, nimmt ihre Tasche und schickt sich an zu gehen. Im letzten Moment dreht sie sich noch einmal zu Anna um. »Ich weiß nicht, ob du es schon weißt. Muhit ist aufgewacht. Professor Pavier wollte dich nicht stören. Als ich ihr von deinem Unfall erzählt habe, schien sie recht aufgebracht. Sie wollte dir die guten Nachrichten eigentlich selbst überbringen.«

»Das …« Anna schluckt. »Das ist wundervoll!« Es ist nicht alles verloren.

»Anna!« Naths Stimme klingt besorgt, als Anna sie anruft. »Ist alles in Ordnung? Ich habe mir solche Sorgen gemacht!«

Fast muss Anna lachen, dass Nath sich Sorgen um sie macht, während sie an Muhits Bett wacht. Aber dann laufen ihr doch wieder leise Tränen über das Gesicht. »Mir geht es gut. Nur ein kleiner Kratzer«, müht sie sich, Naths Sorgen beiseite zu wischen. »Wie geht es Muhit? Ist er wirklich wach?«

»Ja, Anna. Ich hätte schon vorher auf meine innere Stimme hören sollen.« Sie seufzt. »Ich wusste, dass es in Yoseftal II zu trocken für ihn ist. Aber die Ärzte meinten, die Ausstattung dort sei exzellent. Ich habe mich überreden lassen. Seine Werte wurden schlechter, du hast ihn ja gesehen. Dann habe ich mich durchgesetzt. Im Krankenhaus in Nof Shunit hat man ihn direkt aufgenommen. Und ich schwöre, von dem Moment an, als er Wasser geatmet hat, als er schwerelos im Nassen schwebte, fing er wieder an zu leben!« Asenath schüttelt den Kopf auf dem Holo-Bild, man sieht ihr an, dass sie zu wenig geschlafen hat. »Und dann ist er aufgewacht, Anna. Einen Tag später. Seine Werte sind gut. Er schläft noch viel. Und er hat nach dir gefragt.«

»Ich komme ihn besuchen«, beeilt sich Anna zu sagen.

»Du musst dich erstmal selbst erholen, meine Liebe.«

Anna nickt pflichtbewusst. Auf einmal ist sie schrecklich müde. Und hat schon wieder Hunger. Sie hat Appetit auf Seegras. Seegras-Suppe vielleicht, oder Seegras-Bratlinge … das Wasser läuft ihr im Mund zusammen. Die Augen fallen ihr zu und sie versinkt in einem Wirbelsturm aus Blau und Tiefe. Ihre Flossen tragen sie durch die Strömung. Auf und ab, auf und ab. Der Rhythmus trägt sie tiefer und tiefer …

Und dann klingelt ihr Holo. Anna schreckt auf und Professor Xanthopolous' Lichtbild faltet sich vor ihr auf. »Ja?«, sagt sie, verschlafen und desorientiert, als wäre ein Teil von ihr noch in den Tiefen des Ozeans unterwegs.

»Frau Hoareau«, sagt Professor Xanthopolous mit fester Stimme. »Ich bin mir nicht sicher, ob ich wissen will, wie Sie das angestellt haben. Daher frage ich nicht.« Sie pausiert kurz, sammelt sich. »Aber das … grenzt an ein *Wunder!* Ich nahm an, Sie sind verzweifelt, verständlicherweise, da ergreift man verzweifelte Schritte.« Ihre Stimme surrt wie eine vielschichtige Melodie.

»Bitte sagen Sie es mir«, sagt Anna schwach.

»Ein perfekter Treffer.« Sie räuspert sich. Das Surren dröhnt in Annas Ohren. Es übertönt die Geräusche der Welt. Sie hört nicht mehr, was die Professorin ihr sagt. Nichts dringt mehr zu ihr durch. »… stellen gerade den finalen Reparationscode zusammen. Können Sie morgen um elf Uhr hier sein für den Eingriff?«

»Ja«, sagt Anna. »Sicher.« Und sie ist sich so sicher wie vielleicht noch nie in ihrem Leben. Sie schließt ihre Augen und atmet einfach. Atmet ein, atmet aus. Sie schwimmt durch den wilden Ozean. Sie fühlt riesige Wellen auf sich zukommen, aber sie hat keine Angst mehr. Tränen fallen aus ihren Augen, die Wellen türmen sich über ihr. Sie brechen sich, sie nehmen Anna mit, reißen sie mit, aber sie geht nicht unter. Nein, sie wird getragen. Auf zu neuen Ufern.

EIN MUSTER ENTSTEHT

Annas Finger fahren die Linien zwischen Steinen und Muscheln auf den Wänden ihrer Wohneinheit entlang. Sie zeichnen die Muster nach, die ihr Leben beschreiben. Die sie mit Gabri verbinden. Mit dem Meer. Ihre Finger finden die leere Stelle im Zentrum der Spirale. Hier hätte die Schuppe der Sternschildkröte sitzen sollen, um Vergangenheit und Zukunft miteinander zu verbinden. *Das tut sie auch jetzt, nur auf eine andere Art …*

Heute ist es soweit. Der große Tag. Im Navtie-Taxi nach Nof Shunit drückt Anna ihr Gesicht gegen die transparente Membranwand. Sie beobachtet, wie Türkis zu Blau wird und Blau zu Tiefblau. Die Membranblase schaukelt sanft. Sie fühlt sich sonderbar ruhig, obwohl sie allen Grund hätte, aufgeregt zu sein.

Fischschwärme teilen sich vor ihnen. Im Westen sieht Anna eine Säule aus Korallenfels. Eine einzelne dunkle Silhouette. Vielleicht fängt hier schon der sonderbare Wald an, durch den sie mit der Schildkröte geschwommen ist. Sie kniet sich auf den Boden und schaut nach unten. Jetzt sind sie über den Seegras-Plantagen. Hunderte von Schildkröten grasen hier. Arbeitsschildkröten.

Die Navtie lässt sich nach unten gleiten und die Blase folgt. Sie passieren das Hauptriff, eine unregelmäßig gezackte Linie, an der das Leben zu explodieren scheint. Fische und Krabben wuseln hier umher, Korallen und Anemonen wachsen. Anna sieht einen kleinen Kraken und einen Schwarzspitzen-Riffhai. Sie sinken weiter.

Und dann taucht Nof Shunit unter ihnen auf. Anna hält den Atem an. Immer wieder aufs Neue lässt dieser Moment sie erzittern, wenn die Riffstadt wie aus dem Nichts erscheint. An den Farben kann sie sich einfach nicht sattsehen. Unendlich viele Blautöne. Mittelblau und Lila, Hellblau und Dunkelblau, Türkisblau und

Königsblau. Wer braucht noch andere Farben, wenn es so viele Schattierungen von Blau gibt?

Wenn man näherkommt, erkennt man, dass transparente Strukturen kreuz und quer wachsen und in den Wellen schaukeln. Die ganze Stadt lebt und wächst.

Sie erreichen die Anlegestelle. Die Navtie hält an. Anna steht vor der Ausgangsmembran und zieht sich Flossen an die Füße. Unschlüssig mustert sie den Atmer in ihrer Hand. Noch ist sie nicht so weit. *Bald*. Heute hat sie andere Prioritäten. Das Einzige was heute zählt, ist, dass der Eingriff erfolgreich verläuft. Die Hybridisierung. Dass ihr Baby lebt. *Mit der DNS der wilden Meeresschildkröte*. Der Sternschildkröte. Wie wird sie aussehen? Ein Schildkrötenmädchen. Anna lächelt bei dem Gedanken daran. Sie zieht sich den Atmer über, drückt sich durch die Membran und das Meer empfängt sie mit offenen Armen.

Die Rezeptionistin winkt sie in einen Wasser-Behandlungsraum. Das Zimmer hat Fenster, durch die Anna hinein in den Ozean sehen kann. Die gefilterte Luft aus dem Atmer fühlt sich künstlich an, beengt. Noch ein bisschen. *Nur noch ein bisschen.*

Professor Xanthopolous schwimmt herein. Die Türmembran scheint ihr keinen Widerstand zu bieten, ihre vielen Körperteile gleiten einfach elegant hindurch, ihr delfinartiger Schwanz lenkt ihren Körper mit Präzision. Ihre Augen treffen Annas. Sie leuchten wie Bernsteine. Unter ihrem Blick kann Anna sich endlich ein bisschen entspannen. *Es wird alles gutgehen, bestimmt.* »Frau Hoareau, wir sind sehr zufrieden mit dem finalen Reparationscode. Äußerst zufrieden! Und sehr neugierig, die Ergebnisse zu sehen, muss ich sagen.« Sie lacht ein vibrierendes Lachen, ihre marine Stimme klingt immer sonderbar melodiös. Aber vielleicht liegt das auch nur daran, dass Anna sie durch den Vokalisierer hört. »Wir haben den Code bis ins letzte Detail überprüft. Keine Sorge, meine Liebe, keine Sorge, wir kümmern uns gut um Sie. Vielleicht schreiben wir beide einen Artikel darüber, wenn alles gut geht? Ein Präzedenzfall!« Anna zögert und Professor Xanthopolous lacht schon wieder. Sie scheint keine Antwort zu erwarten. »Legen Sie sich hin, entspannen Sie sich. Sie schlafen ein in 5 … 4 … 3 … 2 …«

Und dann ist alles dunkel.

Sie schwebt im Wasser. Ein Traum? Nein, sie liegt auf einem Floßie. Einer Floßie-Liege. Sie fühlt sich leicht. Safias Gesicht dringt nur langsam durch den Nebel. »Alles ist gut gegangen, Frau Hoareau. Ruhen Sie sich ruhig noch ein bisschen hier aus. Sie dürfen dann nach Hause gehen, wenn Sie soweit sind. Übermorgen ist Nachsorge, da machen wir beide gleich noch einen Termin, ja?« Sie drückt zwei Tabletten in eine Blase neben Anna und reicht ihr einen Seetang-Saft.

»Was ist das?«, drückt Anna mit schwerfälliger Zunge vibrierende Worte durch den Vokalisierer und schluckt die Tabletten.

»Gegen die Nachwirkungen.« Safia gestikuliert mit ihren Flossen und Anna fragt sich, wie sie ohne richtige Hände lebt. Wobei »richtig« vielleicht auch eine Frage der Perspektive ist. »Zu Mittag essen dürfen Sie heute leider nicht. Abends können Sie dann wieder etwas Leichtes zu sich nehmen. Trinken Sie ordentlich viel Wasser. Wasser ist gut für Sie.«

Wasser ist gut für Sie? Bis vor Kurzem hätte Anna da nur laut aufgelacht. Wasser … Wasser steht für ihren Vater. Für tausend Töne von Blau. Für Gabri am Strand, Gabri in den Wellen, allein, ertrunken … Für die Forschung. Und für die Schildkröte. Für Bilder aus der Tiefe. Wie kann ein Element für so viel stehen? So viele Widersprüche beinhalten, ohne gesprengt zu werden? Aber Wasser wird nicht gesprengt, nein. Es gibt nach. Es fließt, in Wellen. Es dehnt sich aus und zieht sich zusammen. Es ändert seine Form und seinen Rhythmus und bleibt doch immer dasselbe.

»Wie fühlen Sie sich denn, meine Beste?« Safia legt ihr eine Hand auf den Arm.

»Gut«, sagt Anna, das Wort dick wie Gummi in ihrem Mund. Und es stimmt. Sie fühlt sich gut. Leicht, schwerelos. Ein sachtes Ziehen im Bauch, das ist alles, sonst ist von dem Eingriff nichts zu spüren. Sie löst sich von der Floßie-Liege, rudert mit den Händen im Wasser, um ihr Gleichgewicht zu finden, und bindet ihre Haare zu einem losen Knoten zusammen.

»Wollen Sie sich nicht noch kurz ausruhen?«, fragt Safia und zieht die Stirn kraus.

»Mir geht. Es gut.« Kein Schwindel, kein Kopfweh, keine Übelkeit. »Ich muss …« Sie konzentriert sich auf ihre Worte, die sich gegen den Aquavokalisierer wehren. »… dringend noch … wo hin.«

Mit schnellen Flossenschlägen schwimmt Anna entlang der Korallenbaumallee. Sie passiert verschlungene Gebäude mit bunten Auswüchsen, die sich selbst unsicher zu sein scheinen, ob sie lebendig sind oder nicht. Dann findet sie das Krankenhaus von Nof Shunit. Es ist auf der einen Seite an eine dicht bewachsene Riffwand angelehnt. Auf der anderen Seite liegt ein Seegraswald.

Muhit schläft auf einer Floßie-Liege in einem kleinen Zimmer mit weichen, blauen Wänden. Membranschläuche versorgen seinen Körper. Seine Haut schimmert dunkelbraun, seine Schuppen glitzern rot. *Dunkelrot*, dunkler als vor dem Anschlag. Sein Haar ist länger und unordentlicher. Anna setzt sich neben ihn auf ein Floßie.

Muhits Hand zuckt im Schlaf. Seine Augenlider flimmern und dann öffnen sie sich ein kleines bisschen.

Er wacht nur langsam auf, als brauche er Zeit, um sich an die Idee gewöhnen. Als er Anna sieht, zieht sich ein breites Lächeln über sein Gesicht

Anna paddelt mit ihrem Floßie ganz nah zu seiner Liege, nimmt seine Hand in ihre beiden Hände und schaut ihn einfach nur an. Unter Wasser sieht ihre Haut fast so dunkel aus wie seine.

»Wie geht es dir?«, flüstert sie, ihre Zunge leichter.

»Mir ist so schrecklich langweilig«, flüstert Muhit zurück.

»Ich hab dich … so vermisst.«

»Ohne mich hat niemand Spaß.« Muhits Stimme vibriert, ein bisschen so wie die von Professor Xanthopolous, die auch ohne Vokalisierer spricht. Er streckt sich auf der Liege. »Schrecklich unbequem ist es«, stöhnt er. »Weißt du, wie lange ich hier schon liege? Insgeheim glaube ich, genießen es alle, dass ich ihr Gefangener bin. Dies darf ich nicht, jenes darf ich nicht …«

»Muhit …« Anna rückt ihren Atmer zurecht. »Ich hab mir … solche Sorgen gemacht. Als sie dich da rausgetragen haben … wussten wir nicht …« Ihre Stimme bricht.

»Oh Anna, nicht weinen. Ist doch alles gut gegangen, oder? Schau mich an! Ich sehe besser aus als je zuvor! Sagt jedenfalls meine Mutter.« Anna nickt und lacht durch einen Schleier roter Haarsträhnen hindurch, die sich gelöst haben. Sie spürt die Tränen ins Wasser laufen. »Gut. Hätten wir das geklärt. Dann mal los! Was habe ich verpasst?«

Anna reibt sich die Augen und hebt ihre Hände hilflos in die Höhe. »Muhit … es ist so viel passiert. Ich weiß gar nicht, wo ich anfangen soll.« Wenn sie leise spricht, geht es. Man muss einen anderen Rhythmus finden unter Wasser. Nicht gegen die Worte kämpfen.

Er zappelt auf seiner Liege. »Komm schon, lass mich nicht betteln. Fang einfach irgendwo an.« Er gestikuliert mit seiner freien Hand. Die andere ist mit einer Membran und einem Schlauch fixiert.

Sie streicht sich die Haare zurück und fängt sie an. Mit dem Tag des Anschlags. Den toten Schildkröten, den verstorbenen Kollegen und Kolleginnen. Sie spricht über das neue Labor, wo alle sitzen und wenig arbeiten. Über Yovesh, der in ein tiefes Loch gefallen ist. Über Talitha, die sich schuldig fühlt. Dass Shiryam gegangen ist, um einen Wal zu suchen. Sie erzählt ihm, dass sie schwanger ist. Dass Shiryam es nicht weiß. Flüsternd spricht sie von der Schildkröte. Von ihrem Unfall. Zwingt ihn, auf sein Leben zu schwören, dass er es niemals jemandem erzählt. Und schließlich erzählt sie ihm von der Schuppe und von der Hybridisierung.

Muhit ist still. »Wie lange war ich im Koma? Ein Jahr?« Er lacht heiser. Schmerzhaft. Anna zuckt mit den Schultern. Muhit schüttelt den Kopf. »Einen Wal?«, sagt er endlich. »Wie bei allen Feuern will er *den* denn finden?«

»Ich weiß«, sagt sie leise.

»Eine wilde Schildkröte, Anna? Träume? Visionen?«

Anna schafft es nicht, seinem Blick zu begegnen. »Du glaubst mir nicht, oder?«

»Und ich dachte, ich kenne dich! Jedem anderen würde ich nicht glauben, aber *dir* … Was bleibt mir übrig?« Ihre Augen wandern vorsichtig weiter, bis sie Muhits Blick treffen. »Natürlich glaube ich dir, Anna.«

»Ich würde mir ja selbst nicht glauben.«

»Vielleicht ist das das Problem, meine Liebste.« Anna zuckt mit den Schultern. »Und du kommst gerade aus der Praxis?« Sie nickt. Anerkennend stößt er Wasser durch die Zähne. »Du hast hybridisiert.«

»Ja.«

»Du bekommst ein Schildkröten-Baby.«

»Ja.«

»Ach, Anna …« Er greift nach ihrer Hand.

»Tut mir leid … es ist einfach nur …« Sie wischt die Tränen weg. »Was … was machst du jetzt, Muhit?«

Er zuckt die Schultern und verzieht das Gesicht. »Autsch! Ich … naja. Also … Hier sind die Neuigkeiten.« Er atmet tief durch. »Ich muss wohl in Zukunft unter Wasser bleiben. Irgendeine Schockreaktion meines Körpers. Meine Lungenfunktion im Trockenen ist im Eimer.« Anna schaut ihn schockiert an. »Ich werde in Nof Shunit bleiben. Hier soll auch ganz gut was los sein. Und wenn nicht, dann werde ich dafür sorgen.« Er zwinkert. Daran hat sie keinen Zweifel. »Talitha organisiert mir einen Arbeitsplatz in den Unterwasser-Mikrobiologie-Laboren, wo sie auch unsere Analysen machen.« Anna nickt. »Meine Proben nehme ich sowieso unter Wasser. Also brauche ich nur noch eine Wohnung.«

»Talitha denkt, dass es ihre Schuld ist. Dass sie nicht alle rechtzeitig rausgeholt hat.«

»Weiß sie von deiner … dass du …«

»Nein. Es war so viel los. Und … ich wollte noch warten. Ob es … ob *sie* … überlebt.« Sie schaut zur Seite.

»Und dann. Was machst du dann?«

»Ich habe noch gar nicht darüber nachgedacht.« Ihr Gesicht wird heiß.

»Zieh nach Nof Shunit.«

»Muhit …«

»Ich meine es ernst, Anna. Du bekommst ein Schildkrötenbaby! Schildkröten brauchen Wasser!« *Wasser ist gut für Sie …* »Wir könnten zusammen hier unten arbeiten. Zusammen Proben nehmen. Wenn es sein muss, passe ich auch mal auf dein Schildkrötenkind auf.« Er zwinkert.

Sie schaut ihn skeptisch an. Etwas an Muhits Schnapsidee klingt gar nicht so verrückt. Wenn da nicht das Problem wäre, dass man unter Wasser auch *Wasser atmen* muss. Und nur weil es einmal geklappt hat, heißt das nicht, dass es wieder klappt. Aber die Vorstellung, in dieser blauen Welt zu leben, hat etwas … Leichtes.

»Ich weiß nicht.«

»Denk mal darüber nach.«

»Gut.« Nach einer kurzen Stille räuspert Anna sich. »Ich muss los. Es ist spät.« Aber dieses Mal nicht arbeiten.

Sondern ausruhen. Einfach nur ausruhen. Sie hat es sich verdient.

»Nein, geh nicht.«

»Ärztliche Anweisung. Ich muss mich schonen.« Außerdem schmerzt ihre Zunge vom vielen Sprechen. Sie drückt seine Hand noch einmal.

»Komm bald wieder, ok? Sonst sterbe ich vor Langeweile.«

Sie verlässt das Krankenhaus und schwimmt Richtung Anlegestelle. Müdigkeit macht ihre Beine langsam und ihre Augen schwer. Sie schwimmt an dem Seegraswald hinter dem Krankenhaus vorbei. Ein kleiner, tunnelartiger Pfad führt hinein. Daneben steht ein schiefes Schild, auf dem kleine Schnecken entlangkriechen. Es sieht so aus, als hätte ihn lange niemand benutzt. Schließlich kann man auch von oben über den Wald schwimmen.

Aber das ist nicht das Gleiche. Das Seegras schaukelt in hypnotisierender Regelmäßigkeit vor und zurück. Leise rascheln die langen Halme, brechen die Sonnenstrahlen, die in den kleinen Wald fallen. Sie erschaffen ein grün-blau-goldenes Muster, das Licht, Gras und Wasser ineinander webt.

Anna nähert sich der Öffnung zwischen den Seegraspflanzen. Ihre müden Beine paddeln sie in den Wald hinein, folgen einem Ziehen in ihrer Brust. Das Seegras wächst drei oder vier Meter hoch. Bald ist sie von schlängelndem Schaukeln und Schwingen umgeben, von Licht, das mit den Wellen spielt. Der Rhythmus umfängt sie. Alles schwingt leise glitzernd hin und her, bis sie das Gefühl hat, mitzuschwingen. Anna folgt dem Pfad, lässt sich mit ihm nach unten sinken, bis der Wald verschwindet. Ein großes Tal eröffnet sich direkt vor ihr. Ein Tal, das ihr den Atem raubt. Anna hält inne und schaut einfach nur.

Wände aus weißem Korallenstein rahmen es ein. Auf ihnen wächst hohes Seegras. Unten im Tal liegen die Schildkröten. Hundert. Oder mehr. Sie ruhen. Manche grasen. Langsam, als wären sie gerade erst aufgewacht.

Manche haben ihren Kopf auf den Grund gelegt, ihre Augen geschlossen. Jede Welle hebt ihre Körper ein bisschen nach oben und setzt sie dann sanft wieder auf den Sand. Annas Fingerspitzen kitzeln. Ihre Müdigkeit ist verflogen. Sie schwimmt aus dem Wald in das Tal hinunter. Die Schildkröten haben sie bemerkt. Hundert Augenpaare wenden sich ihr zu. Schildkröten öffnen blinzelnd ihre schwarzen Augen, gähnen. Manche knabbern an einem Seegrashalm. Andere dösen, heben ihren Kopf nur kurz. Aber ihre Augen ruhen auf Anna. Ohne Eile schauen sie sie an. Und Anna schwebt am Eingang des Tals und schaut zurück. *Navties, Porties, Insties. Alte Arbeitsschildkröten.* Sie schaut in schwarze, alte Augen. Ihre Haut vibriert, die Grenzen ihres Körpers erschauern. Aber dann bleibt sie doch sie selbst.

Sie schwimmt vorbei an Schildkröte um Schildkröte, lässt ihre Blicke über sie streichen. Hat je etwas schöner ausgesehen als diese alten Arbeitsschildkröten, die im Sand ihre Pause genießen, umgeben von wiegendem Seegras? Vielleicht … *vielleicht ist Perfektion nicht immer eine Illusion.*

Vergeht die Zeit anders für Schildkröten? Schildkrötenzeit schwappt über Anna wie eine mächtige Welle. Die Schildkröten sind in der Überzahl, ihre Langsamkeit in der Übermacht, so einfach ist es. Man kann nichts dagegen tun.

Etwas Schweres fällt von ihrer Brust, als Anna durch das Tal schwimmt. Etwas in ihr wird langsamer. Sie setzt sich auf den sandigen Boden. *Einfach hierbleiben, für immer.* Aber etwas stört, etwas beengt sie. Sie zieht sich den Atmer vom Kopf. Die Langsamkeit bleibt. Die Schildkröten neben ihr schauen sie erwartungsvoll an. Mit einem Seufzen atmet Anna die letzte Luft aus und atmet Wasser ein. Warum ist nicht immer alles so leicht wie hier?

Ein alter Portie schwimmt auf Anna zu. Langsam stößt er sich auf dem Sand ab. Als er vor ihr liegt, hebt er seinen Kopf und schaut ihr in die Augen. Anna berührt seinen

Panzer, streichelt die weiche Haut an seinem Hals. Er hält still, genießt die Aufmerksamkeit.

Shiryam würde die Stille hier gefallen. *Hoffentlich findet er, was er sucht. Hoffentlich … vergisst er mich nicht.*

Anna schließt die Augen und versucht, sich an Shiryams Lied zu erinnern. Sie summt, aber ihre Stimme funktioniert nicht im Meer, die dicken Wasserschichten verschlucken sie. Ihre Larynx-Muskulatur ist zu schwach. Sie singt trotzdem sein Lied.

Vielleicht hört Shiryam sie ja, Tausende Kilometer weiter. Die Schatten sind lang, es wird spät. Zeit, nach Hause zu gehen. *Nach Hause. Ist Eilat zu Hause?* Réunion war zu Hause, aber es liegt hinter ihr. Es wird Zeit, nach vorne zu schauen.

Sie lässt ihren Blick noch einmal über die Schildkröten gleiten und in diesem Moment kommt Bewegung in die schuppigen Riesen. Eine Schildkröte streckt sich und beginnt, in Kreisen zu schwimmen. Ein, zwei, drei andere Schildkröten folgen ihr langsam. Anna staunt. *Was ist das, ein Spiel, ein Tanz? Ist die Pause vorbei, müssen sie zur Arbeit?* Die Schildkröten bewegen ihre Flossen rhythmisch auf und ab, berühren den Sand hier und da, zeichnen Punkte und Linien. Jede Schildkröte setzt ihre eigenen Akzente. Ein Muster entsteht. Gebannt schaut Anna ihnen zu. Und dann setzen sich die Schildkröten wieder in den Sand. Nur eine Vibration bleibt in der Luft. Eine Resonanz tief in ihrem Inneren.

Anna dreht sich um, endgültig. Für heute ist es genug. *In Nof Shunit wohnen. Mit Muhit.* Immer unter Wasser sein. Nicht nur zu Besuch. Was für eine Art Mensch wird man im Meer? Was bedeutet das, dem Trockenen zu entsagen, sich vom Land zu verabschieden? Vielleicht kann man selbst entscheiden, was es bedeutet, Mensch zu sein. Vielleicht ist es keine feststehende Kategorie. *Würde sie das Land vermissen? Eilat?* Bestimmt nicht. *Kann Nof Shunit ein Zuhause werden?* Tag und Nacht Wasser atmen. Ihre Stimmbänder trainieren, bis sie die ozeanische Stille durchbrechen kann. Umgeben von tausend Tönen von Blau. *Wer braucht schon andere Farben, Anna, wenn es so viel Blau gibt?* Das sagte Vater. *Blau ist genug*. Umgeben von mariner Hybridität leben. Warum sollte es sich nicht ändern, was ein Mensch ist? Warum sollte man der Vergangenheit verhaftet bleiben, warum den Anti-Hybridern glauben? Warum nichts Neues wagen? Welche Grenzen kann man überschreiten und doch man selbst bleiben?

Sei stark wie die Welle, geh dem Wind entgegen. Schritt, Schritt, noch ein Schritt.

Sei wie ein Seevogel. Der Wind trägt dich. Das Meer trägt dich. Breite deine Flügel aus.

Schritt, Schritt, noch ein Schritt.

Schritt, Schritt, noch ein Schritt.

Du kannst alles schaffen.

Teil II

Nishas Metamorphose

LUFT

EIN HOFFNUNGSLOSER FALL

»Meine Mutter sagt, es gibt keine Babys mehr. Und dass auch keine mehr kommen«, sagt Nisha zu Bina und verschränkt die Arme vor ihrer Brust. Sie zeichnet mit den kräftigen, purpurnen Fußflossen, in denen ihre geschuppten Beine enden, und die ihr Schildkröten-Erbe unverkennbar machen, Wirbel ins Wasser, die den Sand unter Binas Floßie-Bett hervorziehen. Mitten in ihr aufgeräumtes Zimmer hinein.

Bina funkelt sie aus unmöglich türkisfarbenen Augen an. »Dann kannst du deiner Mutter ausrichten, dass sie *falsch* liegt. Papi sagt, wir müssen zum Uralten beten, zu den Sternschildkröten, dann kommen die Babys zurück. Und überhaupt: Menschliches Wissen ist begrenzt.« Ein überlegenes Lächeln breitet sich auf ihren Lippen aus.

»Und *wann* soll diese Rückkehr bitte sein?«, fragt Nisha. Fasziniert beobachtet sie, wie Sandkorn nach Sandkorn in ihren Wirbel gezogen wird. Langsam bildet sich ein kleines Häufchen auf dem blauen, gummiartigen Membranboden. Mit fünfzehn Jahren kann man ihr nichts mehr vormachen. Die meisten Erwachsenen halten sie noch für ein Kind, denken, man kann ihr erzählen, was man will, oder ihr die komplizierten Sachen verschweigen. Aber das Spiel hat sie schon lange durchschaut. Dann findet sie eben andere Wege, herauszufinden, was sie wissen will. Bina Leta'a ist auch fünfzehn, wie sie. Ihre Väter haben einen marinen Delikatessen-Laden, den besten in ganz Nof Shunit. Sie gehen jeden Tag in den Tempel. Und Bina … sie ist anders. Denkt anders. Sieht die Dinge oft von einer ganz anderen Seite. Man kann gut mit ihr diskutieren. Sie denkt gut nach über das, was sie sagt. Und manchmal weiß selbst Mutter nichts auf Binas Argumente zu erwidern.

»Bald«, sagt Bina. »Zeit … spielt eine andere Rolle für Schildkröten.« Ihr skeptischer Blick springt zwischen

Nisha und dem Sandhaufen auf ihrem Zimmerboden hin und her. Vielleicht hat sie recht. Vielleicht gibt es wirklich irgendwann wieder Babys.

Fakt ist, jetzt gibt es keine. Oder zumindest so wenige, dass niemand, den sie kennt, jemals eines gesehen hat. Mutter sagt, dass es auf dem Trockenen noch schlimmer ist. Dass dort selbst die Tiere und Pflanzen keine Babys mehr haben. Nisha will niemals aufs Trockene gehen. Aber einmal ein Baby in den Armen halten … Sie seufzt. Ein einziges Mal hat sie ein Baby gesehen, bei Bina zu Hause. Von einer Freundin von Binas Papa. Es hatte winzig kleine Hände mit winzig kleinen Fingern und Schuppen in allen Farben des Regenbogens. Aber es ist gestorben. Vielleicht, wenn mehr Leute beten würden … wer weiß? Auch Mutter hat nicht immer recht. *Beten. Zu den Sternschildkröten.* Warum eigentlich nicht? Immer mehr Menschen gehen in die Tempel und kommen mit den schwarzen Strichen im Gesicht wieder heraus. Sagen, es hilft ihnen. Hören die Unterweisungen der Lehrerin, die den Tempel gegründet hat, nachdem die Sternschildkröten ihr einen Sohn geschenkt haben. Darüber, welche Opfer sie dem Uralten bringen müssen, um die Menschheit zu retten. Vielleicht kann Nisha selbst auch ein Baby haben, eines Tages. Nicht jetzt. Mit Fünfzehn sollte man kein Baby bekommen. Am liebsten hätte sie drei. Aber das ist unrealistisch und Mutter sagt, man soll mit seinen Wünschen realistisch sein, sonst wird man enttäuscht.

»Ich will auch zu den Sternschildkröten beten«, sagt Nisha. Mutter würde das nicht gutheißen. Sie hasst die Bewegung, obwohl sie sonst alles mag, was mit Schildkröten zu tun hat. Eine Sekte sei das, für die Verzweifelten und Ignoranten. Man sollte der Wissenschaft vertrauen, nicht den zweifelhaften Visionen einer zweifelhaften Lehrerin. Aber auch Mutter ist nicht unfehlbar. Sie ist so mit ihrer Forschung beschäftigt, dass sie bestimmt schon vergessen hat, dass Menschen Babys bekommen können.

Beziehungsweise, nicht mehr bekommen können. Und dass man vielleicht endlich mal etwas dagegen tun sollte.

Paps' Miene verfinstert sich, als sie ihm von ihrem Plan erzählt. »Sag das lieber nicht deiner Mutter, Nisha. Das wird sie nicht gut finden.«

»Shiryam! *Was* werde ich nicht gut finden?« Annas Stimme klingt brüchig, selbst mit viel Training vokalisiert sie unter Wasser so unbeholfen wie ein Fisch an Land. Nishas Mutter schwimmt ins Wohnzimmer, ihr langes, rotes Haar zieht sie hinter sich her. Sie haben die gleichen Haare, Nisha und Mutter. Leuchtend rot. Nur dass Mutters Haare von silbernen Strähnen durchzogen sind. *Zaubersträhnen*, hat Nisha früher gesagt, als Kind. Jetzt natürlich nicht mehr. Aber immer noch hat ihre Mutter diese zauberhafte Aura. Alles an ihr ist elegant. Langsam und überlegt, ganz anders als bei Nisha. Nisha ist laut, zu laut. Zu schnell, zu unüberlegt. *Ein Kind eben*, würde Mutter sagen. Obwohl sie kein Kind mehr ist, sondern schon fast erwachsen.

Die grünen Augen hat sie von Vater, ebenso wie ihre tragende Singstimme, ihre geschuppte Haut und die Fußflossen sind zweifellos von den Schildkröten. Mutter schaut ihre Füße manchmal mitleidig an, wenn sie denkt, Nisha bemerkt es nicht. Als wäre sie traurig darüber, dass die Beine ihre Tochter in Flossen enden. Nisha kann darüber nur lachen. Annas Blicke stören sie nicht im geringsten. Wer muss denn im Meer schon stehen? Flossen, so kräftig wie ihre, lassen sie blitzschnell durchs Wasser gleiten. Füße sind überflüssig. Sie hat Hände mit Fingern, das ist unbestreitbar nützlich, auch wenn sie manchmal muskulöse Vorderflossen wie die von Mahira bevorzugen würde. Mutter hat trockene Haut, vollkommen ungeeignet für ein Leben in Nof Shunit. Jeden Morgen und Abend schmiert sie sich mit endlosen Cremes ein und trotzdem bekommt ihre Haut Risse und löst sich in großen Stücken. Unter der braunen Haut kommt neue, rosa Haut zum Vorschein, die das gleiche Schicksal erwartet. Außerdem hört sie schlecht. Nisha hat es besser, keine Frage. Als Schildkrötenhybrid ist sie am ganzen Körper violett, grün und dunkelrot geschuppt. Nur an ihrem Rücken ist die Haut dunkelblau, glatt und weich. Wahrscheinlich ein Synergie-Effekt, meint Mama. Das kann passieren, wenn sich Gene vermischen und etwas herauskommt, was anders aussieht als die kombinierten Einzelteile. Oder es hat etwas mit dem fehlenden Panzer zu tun, den hat sie nämlich nicht. Jedenfalls ist sie perfekt ausgestattet für das Leben im Meer. Mit ihren Flossen ist sie schneller als Mama und Paps zusammen. »Mein Schildkrötenmädchen«, nennt Mama sie. Wenn sie mal Zeit hat, *überhaupt* irgendwas zu ihr zu sagen, außer: »Räum dein Zimmer auf«, »Schwimm nicht so schnell« oder »Du bringst hier alles durcheinander mit deinen Wellen«.

Nur Flippy kann mit ihr mithalten. Flippy, die sie als Kind bekommen hat, wie die meisten Kinder in ihrem Alter, als klar wurde, dass es keine kleinen Brüder und Schwestern mehr geben würde. Dafür gibt es Schildkröten-Geschwister. Konties sind Gefährten, Begleiter, Haustierschildkröten. Genetisch gemixt aus Grüner Meeresschildkröte und Atlantik-Bastardschildkröte. Die Panzer der Konties sind weich, ihr Bund mit ihrem Lieblingsmenschen unzerstörbar, ihr Verhalten sanft. Die perfekten Geschwister wurden auf Kleinheit gezüchtet, sodass sie in marine Häuser passen. Binas Kontie heißt Nuri, aber Flippy ist viel schneller.

Nisha stöhnt. Warum kommt Mutter genau in diesem Moment aus ihrem Arbeitszimmer, wenn sie dort fast den gesamten Tag und den Großteil der Nacht verbringt? Hätte sie nicht noch ein bisschen länger vor ihren Notizen sitzen können?

»Nichts«, sagt sie.

»Nisha!«, warnt Paps sie mit seiner Singsang-Stimme. »Sag die Wahrheit.«

»Gut! Dann sag ich eben die Wahrheit!« Nisha springt von der Couch, vor Wut schwimmt sie höher und höher im Zimmer, bis sie fast unter Decke ist. »Ich gehe zum Sternschildkröten-Tempel! Ganz richtig. Ich werde beten, dass es wieder Babys gibt!«

Anna stemmt ihr Händen in die Hüften, steht still im Wasser, bewegt sich keinen Zentimeter nach oben. »*Was* willst du? Einer Sekte folgen? Denkst du, das wird unsere Probleme lösen?«

»Das ist keine Sekte! Immer verdrehst du alles! Ich will, dass es wieder Babys gibt! Binas Vater sagt, dass die Sternschildkröten sie zurückbringen können.«

»Das ist Blödsinn, Nisha, und das weißt du auch. Niemand hat das Recht, aus seinen eigenen ... Träumen, Halluzinationen, oder was auch immer, eine Religion zu machen und Regeln für andere aufzustellen. Opfer zu verlangen! Oder die Zukunft vorherzusagen. Auch nicht die sogenannte Lehrerin. Das ist verantwortungsloser Humbug. Das ist gefährlich! Und jetzt komm von der Decke herunter!« Ein wütendes Funkeln hat sich in die Augen ihrer sonst so ruhigen Mutter geschlichen, als würden die Unterweisungen der Lehrerin sie persönlich beleidigen. Wenn ihre Stimme nicht so unbeholfen trocken klingen würde, könnte Nisha sie vielleicht ernst nehmen.

»Nein, das weiß ich nicht. Ich muss nicht alles glauben, was du sagst! Du hast doch sowieso schon aufgegeben. Willst du überhaupt, dass andere Menschen noch Babys bekommen? Ich zum Beispiel? Dir ist doch alles egal! Du interessierst dich doch nur für deine Schildkrötentänze und die Weiße Grippe. Und für Zahlen. *Zahlen, Zahlen, Zahlen!*« Anna schaut sie verletzt an und Nisha weiß, dass sie zu weit gegangen ist. Die kavernösen Alveoli vibrieren unkontrolliert in ihrem Körper, der Auftrieb drückt sie weiter gegen die Decke. Aber etwas drängt sie weiter voran, sie kann jetzt keinen Rückzieher mehr machen. »Warum tust *du* nichts? *Du* bist doch Wissenschaftlerin! *Die bekannte Anna Hoareau! Entdeckerin der Schildkrötentänze!*« Ihre Stimme klingt spöttisch. »Wenn du so schlau bist, dann tu doch etwas dagegen! Aber du tust nichts! Überhaupt nichts!« Und damit stürmt Nisha hinaus und schlägt so heftig mit den Flossen, wie sie kann. Flippy springt aus ihrem Nestchen und schwimmt hinter ihr her. Sie hört, wie die Wellen die Bücher vom Tisch fegen.

Zu Bina. Mit festen Flossenschlägen schwimmt sie zum Haus ihrer Freundin. Die Bewegung löst das Gas aus den Alveoli, das Vibrieren lässt nach und langsam bekommt sie ihren Auftrieb wieder unter Kontrolle. Mit einem heftigen Ausatmen strömt das Wasser aus ihren Lungen und die Anspannung aus ihrem Körper. Sie war nicht fair. Die Forschung ihrer Mutter zu den Schildkrötentänzen hat die Kommunikation zwischen Menschen und Schildkröten revolutioniert, die entdeckten Symmetrien haben sich als unentdeckte mathematisch-topologische Symbole entpuppt. Eine Art fundamentale Universalsprache. Und die Schildkrötengrippe … alle haben Angst vor dem Virus. *Die Weiße Grippe.* Jeden Tag gibt es neue Gerüchte über tote Schildkröten. Natürlich ist es gut, dass ihre Mutter die Epidemie erforscht. Aber einmal, einmal nur mit Mutter über etwas sprechen, das nicht mit ihrer Arbeit zu tun hat, ist das zu viel verlangt?

Nisha gleitet durch die Korallenallee, springt mit einem gut kalkulierten Flossenschlag in eine kanalisierte Strömung, die schon länger nicht für Warentransport genutzt wird. Hinter der Schule lässt sie sich hinausfallen, von dort ist es nur noch eine Wellenbreite bis zu Bina. Sie schwimmt direkt hoch zum Fenster von Binas Zimmer, obwohl Binas *einer* Vater, Papi, das nicht mag. Ihr Papi ist im Trockenen aufgewachsen. Er beharrt auf der Idee, dass man Gebäude durch die unterste Tür betritt. Vollkommen rückständig, aber er lässt nicht mit sich reden. Argumente interessieren ihn nicht. Typisch für Erwachsene.

Bina lässt sie hinein und zieht eine Grimasse. »Nisha, warum nimmst du nicht einfach mal die Tür?«, beschwert sie sich. Sie kämmt gerade ihr fliederfarbenes Haar, bürstet vorsichtig um die weißen Flossenkämme herum. Die Haare flicht sie immer so ein, dass die schimmernden Kämme besser zur Geltung kommen, und bekommt dafür jede Menge Komplimente. Was würde Nisha für solche Haare geben. Aber ihre sind leuchtend rot und störrisch und passen absolut nicht zur Farbe ihrer Schuppen.

»Ach, Bina, hör schon auf. Türen sind für alte Leute.« Nisha inspiziert Binas Zimmer, die Wut auf ihre Mutter schlägt immer noch Wellen in ihr. Sie bleibt vor dem schwarzen Spiegel stehen, der den Umriss einer Meeresschildkröte hat. Bina hat ihn von ihren Vätern bekommen, als sie der Sternschildkröten-Bewegung beigetreten sind. »Religion«, würden sie sagen. »Sekte, Kult, Lügen«, würde Mutter sagen. Paps würde nichts sagen. Er spricht nur, wenn es nötig ist. Der Spiegel ist glatt. Hübsch ist er. Nisha schaut ihr Spiegelbild an, das dunkler aussieht, als sie wirklich ist. Eleganter. Sie will die glatte Oberfläche berühren. Will auch so einen Spiegel haben. Ihre Finger verharren kurz vor der makellosen, schwarzen Fläche. Ruckartig dreht sie sich zu Bina um. »Lass uns zum Tempel gehen. Ich will beten.« Bina zieht die Augenbrauen hoch. »Bitte, Bina. Komm schon. Zeig mir, wie das geht. Wie man betet.« Sie atmet tief ein und aus. »Bitte.«

Bina seufzt. Sie schaut Nisha mit *diesem Blick* an, der sagt: *Wie schaffst du es immer, mich zu überreden.* Sie nimmt einen kleinen, schwarzen Schildkröten-Anhänger vom Regal, der an einer dünnen Silberkette hängt. Der Anhänger schwebt im Wasser zwischen ihnen, wie eine echte, winzig kleine, lebendige Schildkröte. Binas Hand greift nach dem Anhänger, umschließt ihn fest.

»Gut. Dann mal los«, sagt sie. »Aber die Konties bleiben hier.« Nisha legt Flippy und Nuri Seegraskekse auf den Boden und schließt das Fenster schnell hinter sich und Bina. Enttäuscht blicken ihnen die beiden Schildkröten hinterher.

Die gigantische, schwarze Kuppel des Tempels am anderen Ende von Nof Shunit sieht man schon von Weitem. Anders als die anderen Gebäude in der Unterwasserstadt bewegt die riesige Kugel sich nicht. Der Sternschildkröten-Tempel ist nicht aus einer der selbst wachsenden Membranen gemacht, die der Stadt das Aussehen eines großen Riff-Gartens verleiht. Der Tempel ist aus dem gleichen schwarzen, glatten Stein wie das Pendant an Binas Kette und wie ihr Spiegel. *Schattenobsidian.* »Wie kann es sein, dass sich so ein großes Gebäude gar nicht bewegt? Es sieht unnatürlich aus.«

»Das wirkt nur so, Nish. Wir fertigen Schattenobsidian in den Laboren. Er ist beweglich. Es sind einfach nur minimale Bewegungen. Aber die Tempel-Sphäre schwingt genauso im Wasser, wie alles andere. Auf so einer Fläche schaukelt sie …« Bina kneift die Augen zusammen und bewegt die Lippen. »Zwischen eins komma fünf und zwei komma fünf Zentimeter hin und her.«

»Hast du das gerade ausgerechnet?« Nisha schaut sie ungläubig an, aber Bina zuckt nur mit den Schultern. Sie verbringt ihre Nachmittage oft in den Rifflaboren und Nisha hat schon lange den Überblick darüber verloren, was sie dort eigentlich tut.

»Wir sind gleich da. Blamier mich nicht, Nish. Mach einfach alles so, wie ich es mache.« Je näher sie kommen, desto größer wird die schwarze Sphäre. Dann stehen sie vor einem Tor. Dahinter liegt ein Weg, der zu der Kuppel führt. Das Tor wird von zwei schwarzen Schildkröten eingerahmt. Sie scheinen einen anzublicken, egal wo man steht. Ihre schwarz glänzenden Augen durchbohren Nisha. Sie fühlt sich durchschaut. Bestimmt sehen alle sofort, dass sie keine wirkliche Anhängerin des Sternschildkröten-Kultes ist. Sie schwimmen durch das Tor. Nisha dreht sich einmal um sich selbst, um alles genau zu sehen. Die Kuppel steht im Zentrum eines symmetrischen Komplexes, den schwarze Obisidianfelsen mit Schildkrötenköpfen begrenzen. Den Boden zieren labyrinthartige Ornamente aus schwarzem und weißem Sand. *Wie die Schuppen einer Schildkröte*. Das Muster wird durch die Flossenschläge der Ankommenden langsam, aber sicher verwischt. Ob die Kultanhänger den Sand wohl jeden Morgen aufs Neue so anordnen?

Bina redet mit einem jungen Mann, der neben dem Tor wartet. Er trägt eine weiße Robe, die im Wasser flattert. Seine Gesichtszüge sind fast nicht vorhanden, nur silbrige Schuppen, zwischen denen dunkle, große Augen herausstechen. Er hält eine flache, schwarze Schale. Bina beugt sich darüber, schaut hinein, verneigt sich kurz und schwimmt dann weiter. Nisha will ihr folgen, als der junge Mann ihr zunickt.

»Willst du auch in den Spiegel blicken?«, fragt er sie andächtig. »Das Einzige, was du erkennen kannst, bist du selbst.«

Nisha runzelt die Stirn, aber sie folgt seiner Aufforderung. Neugierig schaut sie in die Obsidianschale. Eine dunkle Flüssigkeit ist darin. *Eine Flüssigkeit im Wasser?* Sie schwappt leicht hin und her, ansonsten ist sie so glatt wie … ein Spiegel, eben. Verwundert beugt Nisha sich tiefer darüber und zuckt zusammen, als dunkelgrüne Augen sie anstarren. Ihr Spiegelbild. Ihr verzerrtes Spiegelbild. *Warum habe ich mich erschreckt?* Bestimmt ist der Wächter jetzt ganz zufrieden mit sich, wird etwas über Selbsterkenntnis zu ihr sagen. Aber er nickt nur. Nisha würdigt ihn keinen Blickes mehr und schließt wütend zu Bina auf. »Bescheuert, diese Schale«, murmelt sie.

»Man sagt, der Uralte schaut durch sie direkt in unsere Seele«, sagt Bina.

»*So ein Quatsch*«, liegt Nisha auf der Zunge, aber sie schluckt den Kommentar herunter. Schließlich wollte *sie* den Tempel besuchen. Nof Shunit spiegelt sich verzerrt in der schwarzen Obsidiansphäre, die sich vor ihnen aufbaut. Nisha und Bina sehen ihre Spiegelbilder winzig klein auf den Eingang zu schwimmen. Wie kann etwas so glatt sein, so perfekt? *Perfektion ist eine Illusion, zumindest meistens,* sagt Mutter immer. Sie schwimmen durch den Eingang, gleiten durch eine dünne Membran, die kaum spürbar ist. Innen ist die Dunkelheit perfekt. Scheinbar ist Perfektion keine Illusion … Jedenfalls ist es so dunkel, dass Nisha die Orientierung verliert.

»Bina?«, sagt sie, etwas zu laut und mit leichter Panik in der Stimme.

»Pst, Nisha!«, zischt Bina ärgerlich, aber sie nimmt Nishas Hand. Gemeinsam schwimmen sie langsam weiter.

»Ich sehe nichts«, flüstert Nisha.

»Das ist Absicht. Entspann dich. Gleich wirst du es sehen.«

Nisha schaut sich um, sie hat jeden Richtungssinn verloren. Sie kneift die Augen trotzdem zusammen, sieht sich konzentriert um. Ob sie *es* wohl verpasst hat? »Ich sehe immer noch nichts«, zischt sie.

Aber Bina antwortet nicht, sie brummt nur, ihre Hand fühlt sich leicht an in Nishas Hand. Ist sie eingeschlafen? Betet sie? Sollte sie jetzt auch beten? Nisha überlegt. Wie fängt man damit nur am besten an? *Sternschildkröten … Wenn es euch gibt … Dann* – So ein Quatsch, *wenn es euch gibt,* wenn es sie nicht gibt, hören sie es sowieso nicht! *Bringt die Babys zurück. Bringt einfach die Babys zurück. Wir brauchen sie. Bitte.*

Sie hat aufgegeben, sich zu orientieren, sie lässt ihren Körper einfach schweben, die Strömung hier ist minimal. Wo soll sie auch landen? Sie hält Binas Hand, sie muss sie nicht sehen, sie weiß, dass sie da ist. *Das klingt alles so oberflächlich. Wir brauchen sie. Ich brauche sie …*

Ich … Ich … habe Angst, dass alles noch schlimmer wird. Ich … will nicht, dass alles stirbt. Dass Babys sterben. Dass Schildkröten sterben. Was tun wir, wenn unsere Schildkröten an der Weißen Grippe sterben? Wenn Flippy etwas passiert … das wäre … undenkbar.

Bitte … beschützt Flippy, Sternschildkröten. Bitte.

Dann sieht sie etwas. Ein Glitzern. Kleine, leuchtende Punkte, wie Leuchtplankton. Wie Sterne am Nachthimmel. Alles um sie herum beginnt zu leuchten, die kleinen Punkte sind überall, sie ziehen durch die Dunkelheit wie der Schweif einer Tiefseequalle, sie erleuchten einzelne Gesichter, hier und da. Wurde ihr Gebet erhört? Nishas Mund steht offen. Wie geht das? Sind hier Leuchtstoffe im Wasser? Leiten sie Plankton in die Sphäre? So viele Gesichter, so viele Menschen sind hier versammelt. Sie dachte, sie wären allein. Es war ihr fast lieber, als sie niemanden gesehen und nur Binas Hand gespürt hat. Allein in der Dunkelheit, mit Bina, das hatte etwas Tröstliches.

Sie schüttelt den Gedanken ab. »Ist es jetzt vorbei?«, zischt sie Bina zu.

»Mh«, macht Bina und Nisha spürt, wie sie sich streckt, als würde sie gerade aufwachen.

»Hast du etwa geschlafen?«, flüstert sie.

Bina antwortet nicht, aber sie beginnt zu schwimmen und zieht Nisha langsam mit sich hinaus. Am Ausgang schwebt eine Wächterin im Wasser und hält eine kleine Schale. Bina und Nisha reihen sich in eine Schlange von Menschen ein. »Das Opfer«, flüstert Bina ihr zu. Jeder taucht seinen Finger in die Schale. Bina ist vor ihr dran. Sie taucht ihren Finger ein, zuckt, reibt ihn sich über die Stirn und dreht sich kurz zu Nisha um. Sie sieht den schwarzen Strich der Sternschildkröten-Anhänger auf Binas Stirn, den sie schon so oft in Nof Shunit gesehen hat.

Sie atmet tief ein, steckt ihren Finger in die Schale. *Mutter wird sich schrecklich aufregen,* denkt sie, als ein stechender Schmerz durch ihren Finger zuckt. Sie keucht und zieht den Finger schnell aus der Schale. Ihre

Fingerspitze ist schwarz. Entsetzt starrt sie zuerst ihren Finger an, starrt dann in das freundliche Gesicht der Wächterin. Plötzlich fällt ihr auf, dass alle auf sie warten, und sie reibt sich mit einem zitternden Finger die schwarze Farbe über die Stirn.

Still schwimmen Bina und Nisha nebeneinander her. »Was war das, bei den Feuern? Hättest du mich nicht warnen können?«, fragt Nisha und hält anklagend ihre schmerzende schwarze Fingerkuppe hoch.

»Das Opfer. Jeder muss es selbst erfahren. Der Uralte verlangt es.«

»Geht das wieder weg?«

»Es tut nicht lange weh. Die Farbe verblasst in ein paar Tagen. Mit einem harten Schwamm kannst du es auch abkratzen.« Nisha brummt. »Und?«, fragt Bina nach einer Weile. »Hast du sie gehört?«

»Was?«

»Na, die Sternschildkröten. In der Kuppel.«

Nisha zögert. Sollte sie etwas gehört haben? In der Dunkelheit? War da etwas? Visionen von weisen Schildkröten, wie es die Lehrerin beschreibt? Sie hat gebetet, ja, aber geantwortet hat niemand. »Nein. Du?«

»Ja. Ich höre ihre Stimmen in der Dunkelheit. Manchmal leise, manchmal lauter.« Nisha sieht ein Glänzen in Binas Augen, das sie sonst nur hat, wenn sie von ihrem Labor kommt.

»Also …« Nisha räuspert sich. »Wie oft, glaubst du, müssen wir kommen, damit das klappt? Mit den Babys?«

Leise schwimmt Nisha wieder ins Haus. Hinter ihr blubbert Flippy fröhlich. Anna und Shiryam diskutieren. Sie klingen aufgebracht. »Es macht einfach keinen Sinn! Sie haben alle Tests gemacht, der Reparationscode sollte funktionieren. Tut er aber nicht!«

»Was bedeutet das?«, fragt Shiryam.

»Sie wird das Baby verlieren. Es wird nicht überleben.« Nisha erstarrt. Über wen reden Mama und Paps? Leise schwimmt sie näher, lehnt sich an die weiche Membranwand auf der anderen Seite des Zimmers und hört zu. Mutter vergisst manchmal, wie gut sie hört. »… verloren. Fünf Prozent! *Zehn Babys!* In der gesamten Fünf-Staaten-Allianz! Da können wir doch gleich …«

»Anna. Es gibt immer Hoffnung Das weißt du doch. Das weißt du doch selbst am besten.« *Was meint er damit?*

»… als Flüchtling zu uns gekommen … noch nicht mal richtig atmen. Im Trockenen … keine Chance mehr … Nur noch Hybridisierung. Und jetzt …«

Sie hält es nicht mehr aus. Mit einem schnellen Flossenschlag ist Nisha auf der anderen Seite der Wand, zwischen Anna und Shiryam. »Wer ist schwanger?«, fragt sie atemlos. »Wer?«

»Nisha!« Beide schauen sie wütend an.

»Wo warst du?«, fragt Mutter, ihr Blick fällt auf Nishas Stirn und verfinstert sich.

Beinahe will Nisha den schwarzen Strich verstecken, aber sie tut es nicht. *Jetzt erst recht nicht.* »Im Sternschildkröten-Tempel«, stößt sie hervor. »Ich habe gebetet!«

Ihre Mutter schaut sie ernst an und Nisha schaut genauso ernst zurück. Sie wird bestimmt nicht nachgeben. Bestimmt nicht. Und dann ändert sich etwas in Annas Blick. Die Wut verfliegt, als wäre sie nie dagewesen. Ihre Augen sind plötzlich ganz weich und sie nimmt Nishas Hand. Typisch. Nisha stöhnt. Sie hasst es, wenn das passiert. Und es passiert jedes Mal! Ihre Mutter schaut sie an, als wäre sie ein Wunder. Ganz egal, was sie gerade angestellt hat, ganz egal, wie sauer sie eben noch auf Nisha war. Zuerst schimpft Anna und im nächsten Moment, von einer Sekunde auf die andere, als hätte sich ein Schalter umgelegt, werden die Augen ihrer Mutter weich. Sie bekommt *diesen Blick* und ist nicht mehr wütend. Vorbei. Einfach so! Kein Streit mehr. Keine Diskussion. Es ist zum verrückt werden!

Anna seufzt und schaut Shiryam an. Er schüttelt den Kopf. Dann streicht Anna durch Nishas rotes Haar und schwimmt hoch in ihr Zimmer, zu ihren Notizen. Und das war's. Wie soll man so streiten? Mit Paps und Mutter ist es genau das Gleiche. Jedes Mal, wenn sie etwas diskutieren oder vielleicht sogar streiten – das passiert selten genug –, dann kommt dieser Moment. Paps wird still und schaut Mutter einfach nur an. Sein Gesicht wird ganz weich, er bekommt *diesen Blick* und die Diskussion hört auf. Einfach so. Zum Verzweifeln! Und sie haben nichts gelöst, rein gar nichts! Sie hat ihnen schon so oft gesagt, dass sie ihre Diskussion zu Ende führen müssen, dass es einfach nur dumm ist, mittendrin aufzuhören. Aber dann haben beide Nisha mit *diesem Blick* angeschaut.

Es ist hoffnungslos!

TRÄNEN IM MEER SIND UNSICHTBAR

»*… sind Zehntausende aus dem Norden der Allianz auf der Flucht, nachdem das Libanongebirge zur Extinktionszone erklärt wurde. Dass das Wachstum der Extinktionszonen alle Schätzungen übertrifft, lässt sich, so Dr. Kalanit von der Universität Alexandria, mit unserem aktuellen Verständnis der Ökosysteme nicht erklären. Ein neues Forschungsprojekt soll Klarheit verschaffen …*« Das Aquaradio schmettert seine Vibrationen durch das Wasser in der kleinen Küche, in der Nisha und Shiryam auf Floßies sitzen und Süßkelp naschen. Nisha hört den Nachrichten nicht zu. Sie hat andere Sorgen.

»Sie hat es vergessen.« Nisha schmollt. Es ist typisch für ihre Mutter. Warum ist sie überhaupt noch enttäuscht? Anna hat ihr versprochen, früh vom Labor nach Hause zu kommen, um gemeinsam etwas zum Anziehen für Binas Geburtstag zu kaufen. Heute Abend ist die Feier. Jetzt ist es schon später Nachmittag und sie ist immer noch nicht zu Hause.

»Bestimmt kommt sie jeden Moment«, sagt Shiryam, aber Nisha glaubt ihm kein Wort. Immer vermittelt Paps, immer sieht er in Mutter nur das Beste. Kritik ist für ihn wohl ein Fremdwort.

»*… die Flucht ins Meer ist ein Ausweg, der beileibe nicht jedem zur Verfügung steht. Wer nicht über einen Mindestanteil mariner Gene verfügt, für den bleibt nur noch der Weg zu den wenigen grünen Inseln, die ihre Grenzkontrollen jedoch zunehmend verschärfen. Wir haben mit Sarit gesprochen, deren Ziel das Zweistromland ist. Unseren letzten Informationen nach wurde das Flüchtlingskontingent von Zentral-Babylon aus weiter reduziert. Sarit, warum …*« Die Stimme im Aquaradio rattert weiter. Shiryam schwimmt auf und schaltet das Gerät aus.

»Sie kommt nicht mehr. Wir können ruhig realistisch sein.« Sie ist in den Rifflaboren, wie immer, wie jeden Tag. Was dort so spannend ist, dass man dort den ganzen Tag bis in die Nacht hinein sein kann, das ist Nisha ein Rätsel. Und Bina ist diesem Magnetismus jetzt auch erlegen. Ständig berechnet sie irgendetwas.

Shiryam hebt hilflos die Hände. »Ich gehe mit dir einkaufen.«

Nisha schüttelt den Kopf. Nein. Mama hat es versprochen.

Es ist schon dunkel, als Anna nach Hause kommt. Sie lässt ihre Tasche in die Ecke gleiten und sich selbst auf das Floßie-Sofa. Mit einem Stöhnen schlägt sie die Hände vor die Augen. »Also, die guten Neuigkeiten sind, dass jemand an der Uni Daressalam endlich gezeigt hat, dass es für Menschen nicht ansteckend ist«, sagt sie zu niemand Bestimmtem. *Die Weiße Grippe*. Schon wieder. In den letzten Wochen gibt es kein anderes Thema mehr. Die Satelliten werden nur noch dafür genutzt, es sind sogar Nachrichten aus den ASSA, den Autonomen Staaten von Südamerika, nach Nof Shunit gekommen, dass ganze Schildkrötenflotten dem Virus zum Opfer gefallen sind. Schildkröten bekommen Zuckungen, verfärben sich weiß, sterben. Manche Quellen behaupten sogar, dass es in den ganzen ASSA keine einzige Schildkröte mehr gibt. Aber selbst Mutter sagt, das sei übertrieben, man müsse sich erstmal keine Sorgen machen. Schließlich ist das Rote Meer eines der sichersten Meere. Die Kontinente schützen es vor dem Schlimmsten. Aber trotzdem ist sie die ganze Zeit im Labor, von morgens bis abends.

»Und die schlechten Neuigkeiten?«, fragt Nisha und schwimmt zu ihr.

»Niemand weiß, wie man es behandeln kann.« Anna legt die Hände auf ihr Gesicht, wieder. »Das ist nicht gut«, murmelt sie.

»Weißt du, was auch nicht gut ist?« Nisha legt ihr Gesicht ganz nah an das ihrer Mutter, sodass sie durch

Annas Hände ihre Augen sieht. »Dass du mir versprochen hast, dass wir einkaufen gehen, und jetzt ist es zu spät. Binas Feier fängt gleich an.«

Anna stöhnt wieder und setzt sich auf. Ihr Blick sieht aus, als würde er von ganz weit weg kommen. Ihre Haare sind zurückgebunden, ihr Zopf schwebt im Wasser hinter ihr. Ihre Augen sind müde. Nisha sieht Falten in ihrem Gesicht, Linien, die sie vorher noch nie bemerkt hat. »Oh nein, Nisha, mein Liebling, das habe ich ganz vergessen! Es tut mir leid, Liebes. Wie kann ich das wiedergutmachen?«

»Es ist immer das Gleiche mit dir!« Nishas Stimme ist wütend, obwohl Anna ihr fast leidtut. Aber so einfach will sie es ihr nicht machen. »An alles denkst du, nur nicht an mich!« Sie zieht einen Schmollmund.

»Nein, nein, das stimmt nicht. Komm her, mein Schildkrötenmädchen, komm her. Wir gehen morgen einkaufen, in Ordnung? Oder nächste Woche?«

»Mama!«, stöhnt Nisha. »Du hörst mir nicht zu! Ich brauche *jetzt* etwas zum Anziehen. Nicht nächste Woche. *Jetzt*!« Anna schaut sie ausdruckslos an. Sie ist ein hoffnungsloser Fall. Von ihr kommt heute bestimmt keine Idee mehr. Nisha seufzt. »Kann ich deine blaue Tunika haben? Die lange?«

»Ah. Ja! Gute Idee, gute Idee. Die steht dir bestimmt gut. Komm, ich flechte dir einen Zopf.« Nisha lässt sich murrend vor Anna auf den Boden sinken, lässt sie ihre Haare lösen, mit den Fingern durch das Wirrwarr auf ihrem Kopf streichen, die Knoten aufknüpfen und ihr einen Fünfstrangzopf flechten. »Wer kommt denn alles?« fragt Anna.

»Ach, wer eben immer kommt«, murmelt Nisha. »Omek, Mahira … keine Ahnung. Wer soll schon groß kommen?«

Wer soll schon groß kommen, wenn es niemanden gibt? Jeder spricht von der Geburtenrate, aber was es bedeutet für die wenigen, die noch geboren werden, davon redet niemand. Die Erwachsenen sprechen davon, was es für die Menschheit bedeutet. Aber wie es für die Kinder ist, in eine sterbende Welt hineingeboren zu werden, das fragen sie nie. Wie es ist, anders als die Eltern auszusehen. Andere DNS zu haben. Ein Hybrid zu sein, weil man sonst überhaupt nicht leben würde. Wie es ist, kein richtiger Mensch zu sein. Obwohl *das* natürlich niemals jemand sagen würde. Außer im Trockenen. Dort, wo sie keine Hybride mögen. Wo sie sie ins Meer werfen, selbst die, die keine marinen Gene haben. Sie ertrinken lassen. Selbst wenn Mama und Paps das Aquaradio bei schlechten Nachrichten ausschalten, weiß sie Bescheid darüber. Ist ja nicht so, dass sie es nicht später wieder einschalten könnte.

»Ein Geschenk bist du, Nisha«, sagt Mutter immer. Ja, aber was für ein Geschenk? Alle tun so, als ob die Hybridisierungen Kosmetik wären. *Ihr seht zwar anders aus, aber ihr seid Menschen, ganz genau so wie wir.* Dabei weiß doch niemand, ob das stimmt. Was sich durch die Hybridisierung *noch* ändert. Welche Langzweitwirkungen der nichtmenschlichen DNS in ihnen schlummern. Vielleicht sind sie alle tickende Zeitbomben. Die Menschheit darf nicht aussterben … Aber die Erwachsenen fragen sich nie, was der Preis für die verzweifelten Versuche ist, die Menschheit zu retten. Die *Menschheit.*

Fakt ist, dass es nicht mehr viele junge Menschen gibt. Eilat ist auf Fünftausend Einwohner geschrumpft. Letztes Jahr hat Nof Shunit ihre Zwillingsstadt auf dem Trockenen überholt. Sechstausend Einwohner haben sie inzwischen, Tendenz steigend. Aber trotz allem: In ganz Nof Shunit gibt es nicht mehr als zwanzig Jugendliche in Nishas Alter. Es gibt fünf Kinder unter zehn. Jeder kennt ihre Namen. Ein Kind unter fünf. Binas Party wird klein werden.

Binas Väter haben ihr tatsächlich das Haus für den Abend überlassen. Nisha schwimmt dieses Mal durch die Tür hinein, obwohl genau jetzt niemand da ist, den es stört.

Glitzerfische sind überall verteilt. Nisha schüttelt den Kopf, *typisch Bina*. Die Fischchen funkeln in Grün und Rosa, Leuchtplankton schwebt durchs Wasser. Wenn das an den Wänden kleben bleibt, bekommt sie bestimmt Ärger. Bina schwimmt ihr entgegen, umarmt sie stürmisch, zieht sie mit sich nach oben. Ihr kleines Zimmer ist voll. In jedem Kubikmeter Wasser schwimmt oder schwebt jemand, das Floßie-Bett ist voll besetzt und obwohl nur etwas mehr als zehn Jugendliche da sind, wirkt es wegen der Enge wie eine richtige Feier.

»Nish!«, ruft Mahira, springt ihr entgegen und wirft sie fast um. Mahira Kachol ist klein und flink. Sie ist jünger und hybrider als Nisha. Anstatt Armen und Beinen hat sie kräftige Flossen, mit denen sie schneller als alle ihre Freunde schwimmt. Ihre Beine sind zu einer Schwanzflosse zusammengewachsen, ihre Vorderflossen hat sie gelernt wie Hände zu benutzen, auch wenn sie keine getrennten Finger hat. Ihre Haut ist glatt und tiefschwarz mit wenigen weißen Streifen, sie hat Tentakel auf dem Kopf, die in verschiedenen Farben glühen. Mahira sagt, man könne daran ihre Stimmung ablesen, aber außer ihr selbst hat das noch niemand geschafft. »Hier, willst du eine Limo?« Sie wirft Nisha eine Membranblase entgegen, die mit einer gelblichen Flüssigkeit gefüllt ist.

»Was ist das, Mahi? Hast du das wieder selbst gebraut?«

Mahira grinst sie mit spitzen Zähnen an. »Ich werde besser, wirklich!«

»Viel Glück …«, murmelt Bina kaum hörbar und greift sich eines der Krebsies, Krebsproteinbällchen, die vor ihr im Wasser schweben.

Nisha setzt die Limoblase an den Mund, beißt sie auf und saugt die gelbe Flüssigkeit ein. Mahira folgt jeder ihrer Bewegungen mit weit aufgerissenen Augen. »Und?«, fragt sie aufgeregt.

Nisha schluckt, wälzt einen sonderbar herben Geschmack und ein Prickeln mit der Zunge durch den Mund und verzieht das Gesicht. »In Ordnung, würde ich sagen?« Ihre Zunge kitzelt angenehm. »Was ist drin?«

»Feuerkoralle!« Mahira schaut sie stolz an.

»Was?«, schreit Nisha und starrt Mahira entgeistert an. Alle Gespräche um sie herum haben aufgehört. »Mahira, das Zeug ist *giftig*! Weißt du das nicht?«

Mahira schaut sie beleidigt an. »*Ich* habe es vertragen. Omek auch. *So* schlimm kann es also nicht sein. Glaubst du *alles*, was die Erwachsenen dir erzählen?«

»Das hat doch damit nichts zu tun!« Nisha stemmt aufgebracht die Hände in die Seiten, ihre Fußflossen paddeln wilde Kreise. Dass alle sie anschauen, könnte sie nicht weniger interessieren.

»Ich mache meine Versuche, Nish. Glaubst du, das ist was anderes als das Tieftauchen, das Omek und du macht?«

»Woher –?« Nisha starrt Mahira an. *Woher weiß sie das?* Sie wirft einen Blick zu Omek. Der immer korrekte Omek Yamli, der jetzt unschuldig zur Seite schaut. »Das haben wir schon lange nicht mehr gemacht. Und außerdem …« Sie kann es nicht glauben, dass Omek es Mahira erzählt hat. Das sollte ein Geheimnis sein. *Ein Versuch.* Wenn die Eltern davon Wind bekommen …

»Außerdem?« Mahira blickt sie neugierig an.

»Außerdem geht das niemanden was an!« Ihr ist so heiß, dass sie gleich wieder nach oben schwimmt, wenn sie sich nicht zusammenreißt. Sie spürt schon die leisen Vibrationen der pumpenden Alveoli. Etwas pulsiert feurig in ihrem Kopf.

Aber Mahira lacht nur. »Ach, Nish, komm schon! Entspann dich! Wir machen doch alle unsere Experimente. Ich jedenfalls glaube den Erwachsenen kein Wort mehr. Giftig, gefährlich, riskant … Vielleicht für *sie!* Für uns gelten andere Regeln und noch hat sie niemand herausgefunden.« Mahira kichert und schwimmt mit einem Schlag ihrer Schwanzflosse einen schnellen Purzelbaum. Bina schickt prüfende Blicke zu Nisha und Nisha lässt sich wieder auf den Boden sinken. Sie hat recht. *Mahira hat recht.* Sie machen *alle* ihre Experimente. Wie sollen sie sonst herausfinden, zu was sie fähig sind? Von ihren Eltern bestimmt nicht. Der Rest der Gruppe fängt wieder an zu reden.

Zweimal waren Omek und sie Tieftauchen, danach hat ihr schlechtes Gewissen gesiegt. Sie wollten einfach ausprobieren, wann das enge Gefühl in der Brust kommt, von dem die Erwachsenen erzählen. Wenn der Druck der Tiefe zu groß wird.

Aber es kam nicht. Schildkröten und Scouts tauchen tiefer als die minus dreißig Meter, auf denen Nof Shunit liegt. Sonst eigentlich niemand, wenn es nicht unbedingt nötig ist. Omek und Nisha sind langsam und bedacht vorgegangen, haben sich Stück für Stück tiefer sinken lassen. Vierzig Meter, fünfzig. Dann sechzig. Pausen, Druckausgleich. Sie haben kein Ziehen und kein Drücken in der Brust gespürt. Also sind sie noch weiter. Siebzig, achtzig, neunzig. Und noch immer hatten weder Nisha noch Omek das leiseste Unwohlsein bemerkt. Es war dunkel so weit unten und bei neunzig Metern wollte Omek wieder hoch. Das nächste Mal nahm sich Nisha vor, die hundert Meter knacken, aber Omek hatte Zweifel. Er wurde nervös und sie kamen nur bis achtzig. *Ohne ihn hätte sie es geschafft.*

Nisha schaut zu Omek. Er kaut auf gesalzenen Seetang-Blättern herum und lächelt sie nervös an. Sie hat mit Omek nicht mehr darüber gesprochen, danach, aber es war klar, dass etwas Sonderbares vor sich ging. Von den Erwachsenen taucht niemand hundert Meter tief, einfach so. Ohne Training, ohne Vorbereitung. »*Viel zu gefährlich …*« Wie oft haben sie das schon gehört. Es ist ja nicht so, dass sie absichtlich Regeln brechen will. Aber Mutter und Paps verstehen einfach dieses Gefühl nicht. Was es bedeutet, ein richtiger Hybrid zu sein. Dieses Ziehen tief im Inneren, dass da etwas ist, das nur auf die richtige Herausforderung wartet, um sich entfalten zu können. Das das Risiko sucht, weil es sonst nicht ans Licht kommen kann.

Sie dreht sich zu Bina, lehnt sich an ein Floßie und atmet durch. »Schöne Tunika, Nish«, sagt Bina und grinst.

Nisha rollte mit den Augen. »Meine Mutter war mal wieder mit der Arbeit beschäftigt.« Betroffen senkt sie plötzlich ihre Stimme und schaut Bina vorsichtig an. »Wie geht es Nuri?« Bina schüttelt den Kopf. Es hatte mit motorischen Ausfällen angefangen. Nuri war noch nie der schnellste, aber dass er seine Flossen gar nicht mehr unter Kontrolle hatte, war noch nie vorgekommen. Dazu kamen kleine, weiße Flecken auf seinem Panzer. Eine Woche ist er jetzt schon in der Quarantänestation und Bina darf ihn nicht berühren, nicht streicheln, nicht einmal das gleiche Wasser atmen wie er. Nur durch ein Fenster haben sie Kontakt.

»Nicht jetzt«, flüstert Bina und Nisha sieht ihre Augenlider zucken. Sie presst die Lippen zusammen. Nisha nickt. Wenn etwas mit Flippy wäre … sie wüsste nicht, was sie tun würde.

»Ich habe was, um dich aufzuheitern«, flüstert sie. Sie greift in ihre Tasche und schwimmt in die Mitte des Zimmers. »Auf Bina!«, ruft sie laut. »Alles Gute zum Geburtstag!« Und damit dreht sie sich um sich selbst, wirbelt um ihre eigene Achse, schnell und immer schneller, und lässt langsam die Leuchtalgen-Konfetti aus ihren geschlossenen Fäusten entkommen. Ein bunter, leuchtender Strudel entfaltet sich um sie herum. Die staunenden Rufe der anderen feuern Nisha an. Die leuchtenden Konfettis werden durchs ganze Zimmer getragen, bis sie langsam verglühen.

* * *

Das ist nicht gut. Gar nicht gut. Die Schlafzimmertür ist geschlossen, Nisha hört Shiryams und Annas Stimmen und vor allem hört sie … Weinen. *Ihre Mutter weint.* Nisha schwimmt hektisch in die Küche und wieder zurück, Flippy folgt ihr Flosse an Flosse. Mit jedem Mal, das

Nisha das Haus durchquert, wird sie schneller. Sie sollen rauskommen. Sie sollen ihr sagen, was los ist. Sie sollen ihr verdammt nochmal sagen, was los ist! Wahrscheinlich ist wieder eine der Plantagen-Schildkröten gestorben. Eine der Schildkröten, wegen denen Mama nach Nof Shunit gezogen ist. Durch die sie die Schildkrötentänze entdeckt hat. Topologische Grundsätze revolutioniert hat. Die Chelonidischen Kognitionswissenschaften begründet hat.

Nisha schlägt heftig mit den Fußflossen, merkt nicht, wie die Wellen hinter ihr Bücher aus den Regalen drücken und Geschirr zu Boden werfen. Die Erwachsenen sollten das unter Kontrolle kriegen, und zwar schnell. Mutter sagt, dass die Rifflabore Tag und Nacht an Lösungen für die Weiße Grippe arbeiten. Dass sie exklusiven Zugang zu den Satelliten haben. Dass sie mit Daressalam und Alexandria und, wer weiß noch wo, zusammenarbeiten. Wenn das nicht hilft, was denn dann?

Nisha schwimmt vor der Schlafzimmertür unentschlossen hin und her. Schließlich klopft sie. »Mama? Paps? Kommt ihr raus?« Sie zögert, schluckt. »Ist … alles in Ordnung?«

Sie bekommt keine Antwort. *Einfach die Tür aufmachen? Einfach reinschwimmen?* Sie dreht sich schließlich um, schwimmt aufgebracht nach unten, öffnet die Dose mit dem süßen Kelp, den Anna so mag, verschüttet viel, flucht. Sie mischt Anemonennektar dazu, wickelt die kleinen Bällchen in Membran, die Hälfte zerfällt, der Teig schwimmt aus der Membran heraus. Sie öffnet das Fenster, wischt die Krümel im Wasser mit einer Welle hinaus, stellt den Rest unter die Glasglocke auf den Tisch. Drei mickrige Bällchen sind es geworden, für ihre Mutter, für später. Lächerlich sieht das aus. Lächerlich wenig, lächerlich unordentlich, lächerlich hilflos. Etwas muss sich ändern, etwas *muss* passieren.

»… keine Nachrichten aus dem westatlantischen Gürtel. Eine Sprecherin der Partei ›Menschen Zuerst‹ ließ verlautbaren, dass die Epidemie eine der Spätfolgen von

übertriebener Hybridisierung seien, vor denen MZ schon seit Jahrzehnten warnt …« Das Aquaradio schmettert seine schlechten Nachrichten durchs Haus und niemand schaltet es aus. Nisha legt die Hand auf den Regler und dreht langsam weiter, bis die Stimme der Sprecherin sich in ein Rauschen verwandelt. Sie dreht schneller, bis wieder Worte kommen, die nahtlos in Rauschen, Musik und wieder andere Worte übergehen. Eine sinnlose Symphonie. So viele Worte und zusammen sind sie nur Krach. Völlig bedeutungslos. Sie nimmt ihre Hand vom Regler. »*L'okapi est meurt … eteint … dire que c'est une métaphore …*« Nisha erstarrt mitten in der Bewegung. Kaum hörbar tauchen fremd klingende Worte aus dem Rauschen auf, verschwinden wieder. *Lokapi.* Was bedeutet das? Was ist das für eine Sprache? Sie drückt ihre Ohren gegen das Gerät. »*L'okapi, ce qui l'était entre la girafe et le zébra … l'okapi …*« Es hilft nichts, die Worte erschließen sich ihr nicht. Lokapi … Die Stimme wird leiser, bis das Rauschen sie schluckt. Enttäuscht dreht Nisha den Regler weiter, aber sie findet den Sender nicht mehr. Nur das Lokalradio ist klar und deutlich. »*… dem entgegnet, es gäbe keinen Grund zur Sorge, die Weiße Grippe sei für Menschen vollkommen ungefährlich …*«, fährt die Sprecherin ungestört fort.

Aber was ist mit Halbmenschen? Mit mehr-als-Menschen? *Was ist mit Schildkrötenmenschen?*

»Mama?« Anna zeigt keine Reaktion. Sie hat das Abendessen nicht angerührt. Sie starrt an die Wand. »*Mama*!«, ruft Nisha.

Anna zuckt zusammen und schaut Nisha irritiert an. »Was denn, Liebes?« Shiryam schaut nervös zwischen beiden hin und her. Er mag es nicht, wenn gestritten wird. *Sein Pech.*

»Ich hab dich was gefragt.«

»Kannst du es nochmal wiederholen, Liebes?« Annas Ruhe macht Nisha wahnsinnig. Sie hört vielleicht schlecht unter Wasser, aber wie kann man so entrückt sein? Merkt sie gar nicht, was um sie herum eigentlich los ist?

»Ob die Weiße Grippe für Hybride ansteckend ist. Du weißt schon. Für Schildkrötenhybride.« Sie fixiert Anna mit ihrem Blick, es soll ihr bloß nicht einfallen, jetzt wieder die Wand anzustarren. »Falls du welche kennst.« Ihre Ironie ist beißend. Shiryam schaut sie streng an.

Anna schaut hin und her, bewegt ihren Mund, aber es dauert mehrere Sekunden, bis sie antwortet. »Die Plantagen sind leer, wisst ihr? Die Schildkröten sterben alle …« Sie schaut auf die aufgeweichte, braune Haut ihrer Hände hinunter. »Vielleicht, wenn sie noch nicht so überzüchtet wären, vielleicht, wenn der Genpool größer wäre, diverser. Wenn es noch wilde Meeresschildkröten gäbe …« Sie schaut Nisha mit einem langen Blick aus großen, blauen Augen an, die heute fast schwarz aussehen. Als würde sie von *ihr* eine Antwort erwarten, dabei ist *sie* es doch, die gerade schon wieder keine gegeben hat. Anna schaut zurück auf ihren Teller. »Hast du gekocht, Shiryam? Es schmeckt wirklich lecker.« Erst jetzt fängt sie an zu essen.

Nisha reißt die Augen auf, es ist nicht zu fassen. Sie schaut zu Shiryam, aber er schüttelt den Kopf. Immer nimmt er Anna in Schutz. *Immer*. Und was ist mit *ihr*? Hat sie denn kein Recht auf Antworten? »Und, habt ihr schon ein Gegenmittel?« Sie kontrolliert ihre Stimme. Es bringt nichts, Wut zu zeigen, es bringt sowieso nichts. Sie braucht Informationen. Anna schiebt ihr Essen von einer Seite auf die andere. »Du bist doch den ganzen Tag im Labor, irgendwas müsst ihr dort doch machen!« Nishas Stimme zittert, sie ist lauter als beabsichtigt.

Mit einem Mal schaut Anna Nisha direkt in die Augen. »Lass Flippy nicht mehr raus. Sie darf das Haus nicht mehr verlassen. Besser noch: Sie darf dein Zimmer nicht verlassen.«

»Wie soll *das* denn gehen?« Sie schreit jetzt. »Was soll das denn jetzt noch bringen?« Sie ist schon wieder unwillkürlich nach oben geschwommen, schwebt vor Wut über dem Tisch, über ihren Eltern. Aber es ist ihr egal, es ist ihr alles egal. Sie stürmt hinaus, überlegt es sich anders, stürmt in ihr Zimmer, Flippy an ihre Flossen geheftet. Was muss passieren, damit ihre Mutter sie einmal *wirklich sieht*? Ihr eine einfache Frage beantwortet? Muss sie auch die Weiße Grippe bekommen, wie die Schildkröten?

Nisha legt sich auf ihr Floßie-Bett. Flippy springt schwungvoll auf sie, drückt ihr das Wasser aus den Lungen. Mit ihrem kleinen Schnabel knabbert sie an den Schuppen an Nishas Kinn. *Was unterscheidet sie denn schon von Flippy?* Auch Flippy ist ein Produkt von genetischer Manipulation, ein Hybrid. Flippys DNS ist im Labor entstanden, basiert auf Züchtung, Manipulation und Zurechtschneiden von Sequenzen. In Nisha wurde Schildkröten-DNS hineingebastelt, um die defekte menschliche DNS zu ersetzen. DNS aus einem Katalog, DNS, die ein Computer gefertigt und gedruckt hat oder wie auch immer das funktioniert. Ihre Mutter wüsste es bestimmt ganz genau, aber sie erzählt ja nichts.

Wenn es noch wilde Meeresschildkröten gäbe … Ja, das hätten sie sich vielleicht früher überlegen sollen, die Erwachsenen, bevor sie alles zerstören. *Die Menschen!* Denn von einer wilden Meeresschildkröte könnten sie und Flippy nicht weiter entfernt sein. Wie lange man wohl in seinem Zimmer überleben kann?

»Nisha.« Shiryam spricht leise, wie immer. »Kommst du raus?« Nisha antwortet nicht. »Ich komm rein, gut?«

»Nein!«, platzt es aus ihr heraus. »Lass mich in Ruhe. Flippy und ich bleiben hier drin. Wir brauchen euch nicht.« Sie hört ihn hinter der Tür seufzen. Bestimmt schüttelt er den Kopf. Bestimmt erzählt er Mama, wie stur sie ist. Bestimmt sagt Mama, dass sie eben doch im Herzen noch ein Kind ist, was soll man mit Fünfzehn auch erwarten, erwachsen sei sie noch lange nicht. Bestimmt seufzt Paps wieder und schüttelt im Gleichklang mit ihr den Kopf.

Sie muss eingeschlafen sein. Flippys Atmung neben ihr geht regelmäßig und ruhig, ihre Flosse liegt warm und schwer auf Nishas Schulter. Zum Glück muss Flippy zum Atmen nicht auftauchen. Keine Schildkröte muss das heutzutage mehr. Ein Hoch auf die Wissenschaft!

Es ist dunkel und still. Vorsichtig schiebt Nisha Flippys Flosse beiseite und steht leise auf. Sie schwimmt an ihre Zimmertür. Nichts zu hören. Vorsichtig öffnet sie die Tür, schleicht hinunter in die Küche, stopft sich die Reste des Abendessens in den Mund. Mit sanften Flossenschlägen schwimmt sie wieder hoch. *Bloß keine Wellen schlagen.*

Am Zimmer ihrer Eltern bleibt sie stehen. Sie hört gedämpfte Stimmen und drückt ihr Ohr gegen die Wand. »… bist dir sicher?« Das ist Paps.

»… wenn ich es dir doch sage … keine Sorgen machen.« Dann unverständliches Gemurmel. »… als Erstes nachgeprüft. Das Leslie-Gupta-Gen aktiviert die Immunabwehr … Sie hat es …« Mehr unverständliches Gemurmel. Können sie nicht deutlicher sprechen?

»Weiß Nisha das?« Paps. Das war Paps. Weiß Nisha *was?* Stille.

»… nicht den richtigen Moment … das alles zu erzählen …« *Was soll Mama ihr erzählen?* Sie drückt sich näher an die Wand. Wieder Mamas Stimme. Sie spricht leise und konzentriert. Seit Wochen hat Nisha sie nicht mehr so reden hören. »… vielleicht letzte wilde Meeresschildkröten… Wenn es sie noch gibt, dann in der Tiefe des Ozeans … nachgeforscht, damals, ich denke, es war das *Dunkelriff* … lange niemand mehr gewesen … Wir sind nicht für die Tiefsee gemacht …«

Wilde Meeresschildkröten? Sollte es etwa doch noch welche geben? Das ist doch vollkommen unmöglich.

Was meint ihre Mutter damit? Und was ist das Leslie-Gupta-Gen? Sie muss Bina fragen. Dunkelriff … Nishas ganzer Körper beginnt bei diesem Wort zu vibrieren. Dunkelriff. Was ist das für ein Ort? »Wir sind nicht für die Tiefsee gemacht.« Ja. Ihr seid vielleicht nicht für die Tiefsee gemacht …

Sie hört ein leises Poltern und zuckt zusammen, schwimmt mit einer schnellen Flossenbewegung zu ihrem Zimmer und schließt die Tür hinter sich. Ihr Herz rast, ihr Atem geht schnell, in ihrem Kopf dreht sich alles wie eine Sogwelle. *Was hat sie da gerade gehört?*

Sollen sie ruhig klopfen. Sie wird nicht nachgeben. Flippy schaut sie vorwurfsvoll an. »Ich weiß, es ist langweilig hier«, sagt Nisha und streichelt ihren weichen Panzer. »Aber es ist sicherer für dich.« Ist es das wirklich?

»Nish? Liebes? Willst du kein Frühstück?« Das ist Mama. Dass selbst sie mal nach ihr fragt. *So* funktioniert das also.

Zwei Tage hat sie es schon ausgehalten und so schwer war es nicht. Die Langeweile ist das schlimmste. Nicht mal Bina ist vorbeigekommen. Einen Tag schafft sie noch, und danach noch einen und dann noch einen … Einfach durchhalten. Stark sein. »*Wie eine Welle. Schritt, Schritt, noch ein Schritt.*« Das sagt Mama immer. Lächerlich, wo sie doch von jeder ernsteren Welle umgeworfen wird, weil sie immer versucht, aufrecht im Wasser zu stehen. Landerbe. Trockenerbe. Es sieht nicht nur komisch aus, es macht auch keinen Sinn. Genauso, wie es keinen Sinn macht, Staub und Algen zu wischen, anstatt auf die reinigende Strömung zu warten. Aber das kann sie Paps und Mama noch so oft sagen, sie lernen einfach nicht dazu.

Mama seufzt, geht, lässt sie in Ruhe. Gut so.

Wie können die Stunden so langsam vergehen? Wie lange kann ein Tag sein? Flippy schläft, zuckt im Schlaf mit den Flossen, wacht auf, schaut sich erschrocken um, schwimmt gegen die Wand. Nisha kichert. Zumindest ist sie nicht allein. Sie legt sich neben Flippy, kuschelt sich an ihre warmen Schuppen und vergisst die Zeit.

Wie lange kann man an einem Tag schlafen? Bestimmt gibt es eine Obergrenze.

Endlich ist es dunkel. Nisha stiehlt sich aus ihrem Zimmer, schwimmt leise in die Küche. Unter der Glasglocke liegt der Rest des Abendessens, verdächtig ordentlich arrangiert. Der Rest sieht lecker aus, verdammt lecker. Was soll's. Nisha greift zu, schiebt sich alles in den Mund und steckt sich den Rest in die Taschen, packt Futter für Flippy ein und schwimmt schnell wieder hoch.

Flippy schwimmt auf, als sie Nisha hört, wackelt komisch mit den Flossen und stürzt sich auf ihr Futter. Nisha streicht ihr über den Panzer, bleibt an einem Kratzer hängen. Ist sie schon wieder gegen die Wand geschwommen?

»*Mama*! Mama?« Nisha schreit. Es muss früh am Morgen sein. Anna stürzt in Nishas Zimmer.

»Was?«, fragt sie atemlos.

»Flippy … hat sich gestoßen. Sie hat sich überall gestoßen …« Nisha ist im Pyjama, ihre verknoteten Haare treiben im Wasser in alle Richtungen, ihre Schuppen hat sie seit Tagen nicht geschrubbt. Sie zeigt auf Flippys Panzer, auf dem weiße Flecken und Kratzer verteilt sind.

»Nisha …« Anna setzt sich neben Flippy und schaut sie genau an. Ihre Finger fahren mit geübten Bewegungen über den Panzer der kleinen Schildkröte. Sie zieht Nisha zu sich, streicht ihr über die unordentlichen Haare. »Nisha …«

»Sie hat sich einfach nur angeschlagen, Mama. Hier. Am Regal. Sonst nichts.«

»Liebes.« Anna legt einen Arm um Nisha und drückt sie an sich, obwohl Nisha sich wehrt.

»Sie hat sich angeschlagen!« Nishas Stimme ist schrill. Dann bricht sie und Nisha kauert sich in den Armen ihrer Mutter zusammen. »Sag, dass sie sich nur angeschlagen hat. Sag es«, flüstert sie.

»Mein liebstes Mädchen, es tut mir leid. Es tut mir so leid.« Sie streichelt Nishas Haare, streicht über die weichen Schuppen ihrer Wangen.

Nisha frühstückt, ohne zu sprechen. Anna kümmert sich um Flippy, füttert sie, wickelt sie in eine schmerzstillende Membran. Nisha legt sich wieder zu Flippy ins Floßie-Bett. Anna legt sich neben sie und hält ihre Hand.

»Mama?«

»Mh?«

»Erzähl mir was.«

»Was denn?« Stille. Atmen.

»Was ist ein Lokapi?«

»Wo hast du das denn gehört, Liebes?«

»Im Radio …«, brummt Nisha leise. »Ich habe aber nichts verstanden.«

»Vielleicht ein Okapi?«

»Nein. Sie haben ›Lokapi‹ gesagt.« Nisha begegnet Annas zweifelndem Blick. »Wirklich!«

»Ist ja gut. Ich weiß nicht, was ein Lokapi ist. Ein Okapi ist jedenfalls ein ausgestorbenes Landtier. Ein Huftier, mit Streifen.«

»Für immer ausgestorben?«

»Ich befürchte ja, mein Schatz.« Anna seufzt.

»Wird es auch den Schildkröten so gehen? Ist alles verloren?«

»Nein!« Anna klingt erschrocken und sie drückt Nishas Hand fest. »Das darfst du nicht denken. Es ist nie alles verloren. Es gibt immer noch Hoffnung.«

»Für die Okapis nicht.«

»Wer weiß. Vielleicht gibt es sie ja doch noch irgendwo auf der Welt. Vielleicht gibt es auch für sie noch Hoffnung.« Ihre Stimme klingt wie früher, als sie der kleinen Nisha Gutenachtgeschichten erzählt hat. Sanft. Als wollte sie Nisha vor der Wirklichkeit schützen. Ihr einen Schutz aus Träumen weben.

Nisha schließt die Augen, blinzelt das Brennen weg. »Lo-ka-pi.« Sie lässt das Wort langsam über ihre Zunge rollen. »Es klingt schön. Bestimmt war es ein schönes Tier.«

Anna streicht ihr über den Kopf. »Bestimmt, Liebes.«

»Mama?«

»Hm?«

»Wie hast du nochmal die Schildkrötentänze entdeckt?«

»Ach, Liebes, das hab ich dir doch schon so oft erzählt. Wirklich?« Nisha nickt. Ihre Augen brennen, ihre Stimme versagt. Neben ihr atmet Flippy leise. »Es war eines Morgens, ich war mit dir schwanger. Ich lebte noch nicht lange in Nof Shunit zu dieser Zeit. Dein Vater war noch nicht von seiner Reise zurückgekehrt, ich wohnte zusammen mit Onkel Muhit.« Sie seufzt. »Also, eines Morgens, als die Wellen langsam waren und das Licht sich besonders golden an der Wasseroberfläche brach, ging ich nicht ins Labor. Ich schwamm direkt zum Seegraswäldchen hinter dem alten Krankenhaus. Dort war früher eine Schildkrötenplantage und ein dichter, weiter Seegraswald. Hunderte von Schildkröten grasten dort. Ich legte mich in den weißen Sand. Mein Bauch war riesig. Darin warst du! Ich sah einfach zu, wie sich das Seegras hin und her bewegte, sah die Schildkröten vorbeigleiten. Ich genoss das Gefühl der Schwerelosigkeit, den sanften Druck der Wellen. Die tiefe Ruhe, die Langsamkeit.« Nisha schließt ihre Augen, hört Annas Stimme zu, stellt sich den Wald und die Schildkröten vor und sich selbst, ganz klein in Mamas Bauch. »Eine Idee hatte begonnen, sich in mir zu entwickeln. Ein Gefühl mehr. Ein Wissen ohne Worte. Ich sah den Schildkröten zu, wie sie grasten, dann stand ich auf und begann im Sand zu malen. Ohne Plan, einfach so, mit meinen Fingern, mit Händen und Füßen. Während ich die Schildkröten beobachtet hatte, hatte sich in meinen Gedanken ein Muster geformt. Ein kreisförmiges Muster von ineinander verflochtenen Linien und Punkten, das sich von der Mitte nach außen erstreckt, spiralförmig und dann wieder zurück ins Zentrum.« Nisha kennt diese Worte, sie kann sie schon auswendig und spricht sie in Gedanken mit. »Woher dieses Muster kam? Das kann ich dir nicht sagen. Wer weiß, vielleicht hast *du* mir ja die Idee gegeben? Es war, als ob mein ganzer Körper plötzlich zum Werkzeug wurde. Ich tanzte durchs Wasser, berührte den Sand hier und dort, nutzte die Strömung und die Bewegungen der Wellen für meine eigenen Zwecke.« Anna zwirbelt eine Strähne von Nishas rotem Haar um ihre Finger, zieht vorsichtig die Algen heraus. »Den ganzen Tag tanzte ich und als ich fertig war, setzte ich mich auf den Boden. Das Tal war angefüllt mit verschlungenen Linien und Punkten. Es sah aus, als folgten sie dem Land und den Wellen, als folgten sie unsichtbaren Linien. Es sah ganz wundervoll aus. Und dann geschah etwas Sonderbares.« Nisha lächelt. Sie weiß, was jetzt kommt. »Die Schildkröten begannen, sich zu bewegen. Eine nach der anderen, bis alle hundert Schildkröten in Bewegung gekommen waren. Sie tanzten ihren eigenen Tanz, zeichneten ihr eigenes Muster. Zuerst sah es zufällig aus. Hundert Schildkröten, die sich auf und ab bewegten, wie sie wollten. Aber dann bemerkte ich Regelmäßigkeiten. Muster. Gruppen von kleinen und großen Schildkröten. Manche bewegten sich schnell, drehten sich, wirbelten, berührten den Sand für einen kurzen Moment mit den Flossen, andere waren langsam, zeichneten verschlungene Linien. Das ganze Tal bewegte sich mit hundert tanzenden Schildkröten.« Annas Finger zeichnen Muster auf Nishas Kopf und in Nishas Haaren. Nishas Atem wird ruhig und rhythmisch, wie der von Flippy. »Sie antworteten. Sie tanzten stundenlang. Als sie fertig waren und zurück in den Sand sanken, war das Tal ein Ornament, in das eine fremde Schrift hineingewebt war. So war es, mein Herz. So habe ich die Schildkrötentänze entdeckt. Darauf folgten natürlich viele Stunden von mathematischen, topologischen, ethologischen, kognitiven, und linguistischen Analysen … «

Annas Stimme dringt nur noch gedämpft zu Nisha durch. Sie erzählt weiter, streicht Nisha durchs Haar und Nishas Augen fallen zu. Irgendwann geht Anna.

Shiryam legt sich neben Nisha. Flippy schläft. Den ganzen Tag schläft sie. Wenn sie aufwacht, schwimmt sie irritiert hin und her, stößt heftig gegen die Wand. Ihre Flossen zucken. *Weinen* … noch so ein Landkonzept. Was bedeutet es, im Meer zu weinen? Nishas Augen brennen den ganzen Tag. Ist *das* Weinen? Sie atmet schwer, manchmal schüttelt es sie. Ist das Weinen? Ja, sie hat den Himmel gesehen, hat die Sterne gesehen, den Mond und die Sonne. Als Kind war sie in Eilat, erzählt Mama. Sie erinnert sich an gleißende Helligkeit, an Schmerz in den Füßen. Tränen im Trockenen hat sie noch nie geweint. Tränen im Meer sind unsichtbar.

»Was ist das Leslie-Gupta-Gen, Paps?«, flüstert Nisha.

Shiryam schaut auf, überrascht. »Das … wo hast du das gehört?«

»Ist doch egal, wo. Ich hab's eben irgendwo gehört. Also?«

»Ich … «

»Ich kann auch Bina fragen.«

Paps kann nicht gut Nein sagen. Vielleicht ist es nicht fair, das auszunutzen, aber was bedeutet das schon, fair? Ist es fair, dass Flippy stirbt? Dass Mama nie zu Hause ist? Dass ihr niemand antwortet? Dass alles, die ganze Welt, gerade zu feinstem Sand zermahlen wird, und niemand etwas dagegen tut? Shiryam räuspert sich. »Es ist ein Gen, das wilde Meeresschildkröten hatten. Hör mal, Nish, ich weiß das auch nicht so genau. Das Gen wurde ausgeschaltet oder ausgeschnitten, irgendwann nach den Feuern. Deswegen konnten die Schildkröten so leicht hybridisiert werden. Deswegen haben wir die Arbeitsschildkröten, die verschiedenen Typen.«

Nisha schaut Flippy an. Ihre Augen sind geschlossen, ihre Flossen zucken im Schlaf. Träumt sie? Oder stirbt sie schon? Flippy hat das Leslie-Gutpa-Gen also nicht. Und deswegen muss sie sterben. Aber wer hat es? »*Das Leslie-Gupta-Gen aktiviert die Immunabwehr … Sie hat es.*« Sie hat es. Sie, *Nisha*? Über wen könnten sie sonst geredet haben? Es würde erklären, warum Anna sich keine Sorgen um sie zu machen scheint … *Das, oder dass sie Wichtigeres zu tun hat.*

»Nuri ist gestorben, Nish.« Shiryams Stimme ist leise. Warum weiß er das und sie nicht? *Bina.* Bina muss es schrecklich gehen …

»Warum tut Mama nichts dagegen?« Nishas Stimme bricht und verstummt.

»Deine Mutter tut eine Menge. Hat eine Menge getan. Sie hat viel … aufgegeben. Mehr als du denkst. Sie kann nur nicht … sie kann nicht gut darüber reden. Bestimmt … wird sie es dir eines Tages erzählen.«

»Mir *was* erzählen?« Aber Shiryam schaut sie nur an. Mit *diesem Blick.* Nisha schaut zur Seite und schließt die Augen.

Zwei Tage später ist Flippy tot und die Welt um Nisha herum versinkt im Chaos.

TROCKENERBE

»Auf eine sterbende Welt!«, sagt Mahira. Nisha, Bina, Omek und Mahira heben ihre Limo-Blasen, prosten sich mit ernsten Gesichtern zu und leeren die grüne Flüssigkeit mit einem Biss und einem Zug. Nisha und Bina lehnen aneinander, Omek und Mahira schwimmen entspannt über dem weißen Sandboden des kleinen Tals, das früher eine Schildkröten-Plantage war. Hinter dem alten Krankenhaus. Der Seegraswald wird nicht mehr gepflegt und ist ausgetrocknet, nur an ein paar Stellen wachsen die Halme noch und schaukeln in der Strömung.

»Wie geht es Ori?«, fragt Bina.

Mahira schluckt und schüttelt den Kopf. »In Quarantäne.«

»Und Luz?«, fragt Nisha, zu Omek gedreht.

»Ihr geht es gut. Glaube ich.« Er zuckt mit den Schultern. »Ich kontrolliere jeden Tag jeden Zentimeter ihres Panzers. Bei jedem Kratzer werde ich verrückt, bringe sie zur Notaufnahme und die schicken mich wieder nach Hause.« Nisha nickt, Mahira und Bina schauen betreten zur Seite. »Ich habe irgendwie das Gefühl, dass sie schon gestorben ist, wisst ihr?« Er massiert sich die Schläfen. »Als wäre es nur eine Frage der Zeit. Ich versuche, jede Minute mit ihr zu genießen, aber es geht nicht mehr. Jedes Mal, wenn ich sie anschaue, frage ich mich, wie es sein kann, dass sie noch lebt. Manchmal wünsche ich mir fast, sie würde endlich sterben. Damit ich nicht länger darauf warten muss. Das klingt schrecklich, oder?«

Nisha nickt. »Das Warten darauf ist das Schlimmste. Ich weiß, was du meinst. Die letzten Tage mit Flippy … Man kann nichts tun. Man kann einfach nichts tun. Nur warten und zuschauen.« Schon wieder brennen ihre Augen. Sie lehnt sich an ihre beste Freundin. Bina legt ihren Arm um Nishas Schulter. »Und niemanden kümmert es! Die Erwachsenen schauen doch auch bloß zu. Sie haben auch keine Ahnung, was zu tun ist«, echauffiert sich Nisha.

Bina schüttelt den Kopf. »Nish, das stimmt so nicht. Im Rifflabor haben sie wirklich *alles* versucht, Tag und Nacht gearbeitet, auch Anna. Das musst du deiner Mutter schon lassen. Impfstoffe, genetische Eingriffe, Mikrobiom-Intervention, Kryotherapie … an allen Ecken und Enden wurde geforscht. Es hat einfach nichts funktioniert.«

»Für was ist sie dann gut, die ganze Wissenschaft, wenn nichts funktioniert?« Nisha ist aufgeschwommen, stemmt die Hände in die Hüften. »Wenn sie den Schildkröten nicht helfen können? Erst brennen sie uns den ganzen Planeten ab, töten alle Tiere, lassen die Babys sterben, hybridisieren uns, geben uns Schildkröten als Geschwister, und dann … und dann … lassen sie die auch noch sterben! Und dann? Vielleicht kommen wir als nächste dran? Dann kann man uns Hybride auch plötzlich auch nicht mehr retten! Dann hat man auch *alles versucht!*« Nisha dreht sich im Kreis, ihr Körper vibriert von tief innen, sie treibt immer höher, wie von allein. Der Druck in ihrem Kopf ist einfach zu groß.

»Nish.« Binas Stimme dringt von Weitem zu ihr. »Nish! Durchatmen!«

Nisha schaut nach unten, atmet aus, atmet ein, atmet aus, bekommt ihre Alveoli halbwegs unter Kontrolle und lässt sich wieder nach unten sinken. Ein unbequemes Ziehen in der Brust bleibt. »Tut mir leid«, sagt sie leise.

»Es ist für Menschen nicht ansteckend, Nish.« Bina schaut ihr tief in die Augen.

»Ich weiß.« Nisha schaut zur Seite. *Menschen.* Schildkröten. *Schildkrötenmenschen.*

Mahira prustet. »Ich glaube denen schon lange nichts mehr. Erwachsene lügen jeden Tag. Entweder, weil sie ihre eigenen Lügen schon glauben, oder weil sie nicht zugeben wollen, dass sie keine Ahnung haben.«

Omeks grau geschuppter Kopf ist noch blasser geworden. »Glaubt ihr wirklich, wir können die Weiße Grippe auch bekommen?«

»Weiße Grippe, Grüne Grippe, Rote Grippe! Was weiß ich! Irgendwas wird schon kommen.« Mahira schaukelt hin und her mit den Wellen, ihre Tentakel leuchten dunkelrot, was auch immer das bedeutet. »Der ganze Ozean ist doch ein einziges großes Rätsel für die Erwachsenen. Giftig, gefährlich! Sie trauen sich nichts, bleiben ahnungslos.«

»Nof Shunit … ist eine *Badewanne*.« Nishas Stimme klingt hart. »Wisst ihr, was das bedeutet? In einer Badewanne macht man sich ein bisschen nass, wenn man im Trockenen lebt.« Mahira kichert. »Im Ernst, Mahi. Was ist das hier? Eine Stadt für *Menschen*. Für Menschen, die aus dem *Trockenen* kommen. Warum sind wir so nah an der Küste? Alle schauen Richtung Land. *Wofür* brauchen wir das Land? *Auf was* hoffen wir? Dass wir wieder raus können, ins Trockene? Dass wir das Land zurückerobern, dass sich alle Probleme auf einmal lösen? Schwachsinn. Es wird nicht besser, nur noch schlimmer! Es muss doch mehr geben. Und ich weiß, dass es das gibt. Ich spüre es.« Nisha hält die Hand auf ihre Brust und auf einmal brennen ihre Augen.

»Es gibt mehr als das Offensichtliche, Nish. Wenn mehr Menschen in die Tempel gehen würden …« Binas Augen sind verzweifelt. Seit Nuri gestorben ist, ist sie nur noch im Sternschildkröten-Tempel. Und sie ist nicht allein. Alle Verzweifelten pilgern dorthin, tagein, tagaus.

»So ein Quatsch, Bina! Reißt du dir jetzt auch schon Schuppen aus, bringst *Opfer*, wie die ganzen Verrückten? Glaubst du, das hilft? Nuri ist tot, Flippy ist tot. Keine Sternschildkröte juckt das und den Uralten erst recht nicht! Deine blutigen Schuppen interessieren sie nicht. Wir sind denen egal, verstehst du? Die ganze Zeit bist du im Labor, redest nur noch von Zahlen und Gleichungen, alle behandeln dich wie ein kleines Genie, und trotzdem fällst du auf den Mist rein? Kannst du mir das mal erklären?« Nisha hat sich vor ihr aufgebaut, Omek und Mahira halten den Atem an.

Bina bewegt sich nicht. Sie schaut Nisha fest in die Augen. »Es gibt viel Raum zwischen den Zahlen, Nisha. Sehr viel Raum. Um Muster zu erkennen, die Bedeutung haben. Du hast es doch gerade selbst gesagt. Du spürst etwas in dir. Ich spüre es auch.«

Nisha presst die Lippen zusammen, dreht sich zur Seite und lässt sich wieder in den Sand hinuntersinken. »*Ich höre ihre Stimmen in der Dunkelheit.*« Das hat Bina gesagt. Ob sie wirklich etwas hört? Die Wellen kommen und gehen. Sanft schaukelt die Strömung, sanft schaukeln einsame Seegrashalme hin und her. Dünne, grüne Linien in einer hellblauen Welt. »Hier ist kein Platz für uns«, sagt Nisha mit rauer Stimme.

»Wo willst du denn hin, Nish?«, fragt Omek spöttisch. »Wo soll es denn sicher sein?«

»Der Ozean ist groß, Omekie«, sagt Mahira langsam.

»In die Tiefe«, sagt Nisha. »Wir müssen in die Tiefe.« Bina runzelt die Stirn. Sie sieht müde aus.

Omek schaut sie bedeutungsschwer an. »Wie tief w-willst du denn gehen?« Er lacht nervös. »Da unten gibt es doch nichts!«

»Nichts?« Bina lacht. »Eine ganze, unentdeckte Welt ist die Tiefsee.«

Mahiras Tentakel leuchten blau, ihre Augen glänzen. »Bestimmt gibt es dort Pflanzen … Korallen … Muscheln … von denen wir hier nur träumen können.«

»Ja, vielleicht«, sagt Omek. »Aber es gibt kein Licht. Nur Dunkelheit. Eine dunkle, kalte Welt ist das. Wie soll man dort überleben?«

»Und wer sagt, dass es nicht möglich ist? *Deine Eltern*?« Mahira lacht ein schnatterndes Lachen und schaut Omek spöttisch an. Omeks Vater ist der Bürgermeister von Nof Shunit, seine Mutter leitet das Krankenhaus. »Wenn es nach deinen Eltern ginge, würdest du wahrscheinlich gar nicht mehr rausgehen.«

»Quatsch«, murmelt Omek beleidigt. Seine Augen sind klein geworden.

»Es hat einfach noch niemand ausprobiert«, sagt Nisha leise. »Wir brauchen Vorräte. Wir brauchen Licht. Wir müssten einen Unterschlupf bauen. Wir könnten von allem leben, was uns der Ozean gibt. Denn er gibt unendlich viel, wenn man sich nur darauf einlässt. *Wirklich* im Meer leben. Wie wirkliche Meermenschen. Im Einklang mit dem Meer. Nicht gegen es. Das Trockene vergessen. Die Kontinente … vergessen. Das Landerbe endgültig hinter uns lassen.«

»Keine Infrastruktur, kein Transport, keine Medizin – Nisha, wie soll das gehen?« Omek schaut sie entgeistert an.

»Wenn die Weiße Grippe vorbei ist, wird es hier auch nicht mehr so gemütlich sein.« Binas Stimme ist dunkel. »Nisha hat recht.«

»Vollkommene Sicherheit ist eine Illusion, Omek. Das musst du akzeptieren.« Nisha macht eine Geste mit den Händen, um das Gesagte zu unterstreichen. »Hast du etwa nie das Gefühl, dass ein anderes Leben möglich sein müsste? Dass dich etwas zieht?«

»Doch«, antwortet Omek heftig. »Ich glaube nur, dass es keine besonders gute Idee ist, darauf zu hören und sich ernsthaften *Gefahren* auszusetzen!« Er funkelt Nisha an. Bestimmt meint er das Tieftauchen. Er glaubt an den Sinn von Regeln, so ist Omek nun mal, das ist nichts Neues. Jeder kleinste Streich versetzt ihn in Panik. Auch aus Angst, aber auch, weil er einfach davon überzeugt ist, dass jede Regel ihren Sinn hat und dass es einfach falsch ist, sie zu brechen. Er sieht darin weder Spaß noch Ausgelassenheit. Nisha seufzt und lässt den weißen Sand durch ihre Hände rieseln. Wenn er trotzdem das gleiche Gefühl hat wie sie, dann muss er in einem Zwiespalt stecken, der für ihn besonders schwer ist. Schwerer als für sie.

»Wir wissen doch gar nicht, was wirklich eine Gefahr für uns ist.« Nisha flüstert jetzt fast. »Gut, wir haben alle anderes Erbe. Und ich sage ja auch nicht, dass wir Dummheiten machen sollen. Aber *Gefahr,* das ist ein dehnbares Wort. Und ich denke, es muss überholt werden.

Unserer Generation angepasst werden. Wer weiß, zu was die Hybrid-DNS in uns fähig ist?« Eine Idee wächst in ihr, ein Gefühl. Vielleicht … vielleicht gibt es doch noch Hoffnung. »Es wäre ein anderes Leben, sicher. Aber was haben wir hier denn schon? Die Illusion, dass alles wieder gut wird? Ja, in der Tiefsee müssten wir improvisieren. Aber niemand würde uns mehr davon abhalten. Verstehst du nicht?«

Bina schaut sie konzentriert an. Mahiras Augen glänzen, sie kann fast nicht stillsitzen. »Ich habe so viele Ideen, Nish«, flüstert Mahira und zeichnet unsichtbare Dinge mit ihren Flossen ins Wasser. In Omeks Augen sieht Nisha Angst. Angst vor dem Gehen und Angst vor dem Bleiben.

»Wo … wo würden wir hingehen, Nish?«, fragt Bina, die Augen zusammengekniffen.

Nisha atmet tief ein und aus. Alles in ihr vibriert. Aber dieses Mal sind es nicht die Alveoli, die verrücktspielen. »Ich habe von einem besonderen Ort gehört. *Dem Dunkelriff*. Tief unten in der Bucht von Aqaba. Ich kann mehr darüber herausfinden, wenn ihr mir ein bisschen Zeit gebt.« *Ich denke, es war das Dunkelriff … Wenn es sie noch gibt, dann in der Tiefe des Ozeans … Die letzten wilden Meeresschildkröten …*

DUNKELRIFF

Die Sonne ist noch nicht aufgegangen. Das Wasser ist dunkelblau, man erkennt die Umrisse des weißen Tales nur schemenhaft. Das Seegras verschwimmt mit dem Hintergrund. Silbernes Licht reflektiert sich in den Wellen, erschafft harte Schatten, die die Sinne verwirren.

Der Mond wird es sein. Aber der Mond steht in der falschen Richtung. Oben. An die Welt da oben werden sie keinen Gedanken mehr verschwenden, für sie gibt es jetzt eine andere Richtung. Unten. Eine Richtung, die alles bedeutet, vor allem aber: Hoffnung. Man muss nach vorne schauen, wenn man neue Ufer erreichen will. Und vorne liegt in diesem Fall unten. In der Tiefe.

Wir sind nicht für die Tiefsee gemacht …

Aber *wir* sind es. Entschlossen nickt Nisha den Anderen zu. Bina sitzt im Sand, wartet und grübelt, ihre Tasche ist gepackt. Mahira und Azrak sind noch nicht da. Omek schwimmt nervös hin und her, er wollte allen Ernstes seinen Eltern von der Expedition erzählen. Seinem unleidlichen Gesichtsausdruck nach nimmt er es Nisha und den anderen immer noch übel, dass sie ihn nicht gelassen haben.

»Deinen Eltern, Omek-mek? Bist du total eingetrocknet? Dann können wir es doch gleich abblasen, die ganze Aktion!« Mahira ist fast explodiert vor Wut, ihre Tentakel haben weiß geleuchtet, geblendet, so hat Nisha sie noch nie gesehen. Normalerweise nimmt sie alles auf die leichte Schulter, aber auch sie hat ihre Grenzen. Vielleicht ist doch was dran, an ihren Farben und ihrer Stimmung.

Am Ende hat Omek klein beigegeben, aber wohl ist ihm dabei nicht gewesen. Nisha hat es in seinem Gesicht gesehen. »Und wenn sie denken, uns ist etwas passiert?«, hat er gefragt, seine Augen klein, sein Gesicht dunkelgrau, die Schuppenkämme eingezogen.

»Dann erinnern sie sich vielleicht wieder daran, dass wir noch existieren!« Binas Stimme hat laut geklungen und Nisha hat sie aus großen Augen angeschaut. Ihr ist nicht klar gewesen, dass es Bina genau so ging wie ihr.

Nisha hat wild gestikuliert. »Sollen sie sich ruhig ein bisschen Sorgen machen! Wir kommen zurück, beweisen ihnen, dass man auch anders leben kann. Sie werden schon sehen, was man schaffen kann, wenn man seine Grenzen testet. Sich auf die Zukunft konzentriert, anstatt nostalgisch von einer Vergangenheit zu träumen, in der alles besser war. Wir werden ihnen zeigen, was es heißt, wirklich im Meer zu leben.« Mit festem Blick hat sie ihm tief in die Augen geschaut. Dorthin, wo seine Angst sich versteckt. Schließlich hat er zur Seite geblickt und mit den Schultern gezuckt.

Mit einer prall gefüllten Tasche, die in der Strömung hin und herschwankt, kommt Mahira eilig auf sie zugeschwommen.

»Was hast du denn alles dabei, Mahi?« Nisha zieht die Stirn kraus. »Ich dachte, wir hätten abgemacht, dass wir keine Vorräte mitnehmen. Das ist doch der Sinn der Sache! Vom Meer leben, von dem, was wir finden.«

»Nur für den Notfall, Nish, entspann dich.« Mahira zwinkert und grinst, ihre Zähne glitzern spitz. »Wo ist Azrak?«, fragt sie und Nisha zuckt unbehaglich mit den Schultern.

Azrak hat irgendwie von ihrem Plan erfahren. Er ist schon siebzehn und hat darauf bestanden, mitzukommen. Nisha hat Omek im Verdacht, schließlich wäre das nicht das erste Geheimnis, das er ausplaudert. Aber Omek hat den Vertrauensbruch vehement abgestritten. Wie dem auch sei, Azrak hat es irgendwie geschafft, sie zu überreden, dass er mitkommen darf. Seine Argumente waren unklar, aber Nisha erinnert sich, genickt zu haben. Bina neben ihr hat auch genickt, Mahira und Omek waren schon vorher überzeugt, wie es dazu gekommen war, kann sie nicht mehr rekonstruieren.

Und nun schwimmt Azrak auf die kleine Gruppe zu. Langsam, als gäbe es keinen Grund zur Eile, schiebt er seinen voluminösen Körper durch die Wellen. Weiß ist er, so weiß, dass er fast durchsichtig aussieht. Man hat den Eindruck, man könnte seine inneren Organe durch seine Haut durchschimmern sehen. Alles an ihm wirkt weich. Manchmal scheint er Tentakel zu haben, aber es ist schwer, seine Form klar zu erkennen. Er ist größer als Nisha und Omek und deutlich breiter. Azrak nickt in die Runde, sagt aber nichts.

Damit sind sie vollzählig. Nisha atmet tief ein und aus und nickt allen zu. Es gibt nichts mehr zu sagen. »Hast du die Karte?«, fragt sie dann doch noch an Bina gewandt, obwohl es offensichtlich ist, dass Bina die Karte hat. Sie ist die Gründlichkeit in Person und ohne die Karte, die sie im Laborarchiv auf einem Lichtie gefunden hat, würden sie sowieso nicht weit kommen. Nisha fragt trotzdem und Bina nickt, als wäre die Frage wichtig gewesen.

Zwei Tage soll die Expedition dauern. Einen Tag für den Hinweg, eine Übernachtung auf dem Weg, einen halben Tag am Dunkelriff. Einen halben Tag für die Rückreise, die eine günstige Strömung verkürzen sollte. Bina hat die Karte gefunden, sie hat den beigefügten historischen Reisebericht gelesen, alles auf einen neuen Lichtie kopiert, den Weg berechnet, die Entfernung geschätzt.

Schildkröten hat der Reisebericht nicht erwähnt … Nisha hat nicht gefragt, nicht explizit, aber sie weiß, dass Bina es ihr erzählt hätte. »Hast du die Leuchtalgen?«, fragt sie Mahira und diese nickt feierlich. Nisha wendet sich an Omek und geht in Gedanken ihre Liste weiter durch. »Wärmepacks?« Omek zeigt ein O mit Daumen und Zeigefinger, zwischen denen sich Schwimmhäute spannen. Azrak nickt gelangweilt, als sie ihn nach dem Kompass fragt. Vielleicht geht er ja öfter auf geheime Expeditionen. »Das Notizpad habe ich«, sagt Nisha, nachdem Omek sie fragend anschaut. Das Gerät haben sie von Nishas Eltern geliehen. Ohne es ihnen zu sagen, versteht sich. Ein altes Unterwassermodell, das heute niemand mehr benutzt. Es ist nicht holographisch, sondern faltbar und muss aufgeladen werden.

»Worauf warten wir noch?«, fragt Azrak und sieht Nisha an.

Sie zuckt die Schultern. »Auf nichts. Los geht's.«

Sie folgen dem weißen Tal nach Süden. Es wird schmaler und enger. Schließlich verlaufen sich die Felswände, die es einrahmen. Sie folgen dem sandigen Boden, lassen sich mit der Strömung nach unten tragen, dorthin, wo das Blau blauer wird. Die Sonne ist aufgegangen. Goldenes Licht macht aus Blau Türkis und lässt die Fische und Korallen in allen Farben des Regenbogens erstrahlen.

»Schaut mal, diese Seepferdchen!«, ruft Mahira und hält an, um die violett gepunkteten Tiere zu bestaunen. »Solche habe ich noch nie gesehen!«

»Die gibt es auch bei uns«, sagt Azrak gelangweilt. »Denkst du, fünf Minuten von Nof Shunit sieht schon alles anders aus?«

»Vergesst nicht, roten Seetang einzusammeln, sonst haben wir nichts zum Essen«, sagt Nisha. Aber Mahira nickt nur abwesend und lächelt entzückt.

Nisha hatte fest vor, an Informationen über das Dunkelriff zu kommen. Aber es war nicht so einfach gewesen wie gedacht. »Auf Binas Party hat jemand von einem besonderen Ort in der Tiefsee erzählt, Mama. Schattenriff … oder Dunkelriff oder so … gibt es das wirklich?« Ihr Herz pochte, ihr Kopf war heiß, sie versuchte, belanglos zu klingen. Wie fängt man unauffällig ein Gespräch an?

Anna schaute auf von ihren Berechnungen, drehte sich zu Nisha, ihre Stirn gerunzelt. In den Tälern zwischen den Falten begann sich ihre Haut zu lösen. *Trockenhaut.* »Wie kommt ihr denn auf solche Themen, Nishi?«

Nisha zuckte mit den Schultern, Anna schaute sie prüfend an. »Also, gibt's das jetzt wirklich oder nicht?«

»Ja. Dunkelriff heißt es. Ein Tiefsee-Riff. Ein paar Kilometer von Nof Shunit entfernt. Und … zweihundert Meter tiefer. Es gab einmal eine Expedition dorthin, früher. Jemand dachte, man könnte dort Methangas finden und billig Energie produzieren. Warum interessiert dich das denn auf einmal so?«

»Das interessiert mich überhaupt nicht auf einmal so. Ich wollte einfach wissen, ob Omek Mist erzählt hat.«

»Und wie kommt Omek darauf?«

»Keine Ahnung, Mama! Ach, vergiss es einfach!« Nisha schwamm mit pochendem Herzen weg. Warum konnte man vor ihrer Mutter nichts verstecken? Immerhin hatte das Gespräch *einen* Hinweis ergeben. Sie musste mit Bina sprechen. Bina war die Beste darin, Dinge zu finden und Schlussfolgerungen zu ziehen.

Die Expedition, von der Anna erzählt hatte, schien keine Spuren hinterlassen zu haben. Aber im Lichtie-Archiv der Rifflabore fand Bina auf einem der organischen Speicherelemente einen Reisebericht, verfasst von einem gewissen Cassian Ngouzi. Und eine Karte. »Hört euch das an!« Bina las aus dem Lichtbild vor, das die kleine Kugel vor ihr ins Wasser projizierte. »*Je tiefer wir schwammen, desto dunkler wurde es um uns herum, still wurde es, bis wir unsere eigenen Herzen pochen hörten. Schwarze, mondförmige Muscheln leben dort, weiße, knochige Pilze, grüne Algen und brauner Tang, wunderliche Lebensformen, denen starke Kräfte innewohnen. Aber das Licht versteckt sich, es verbirgt sich dort, wo man es am wenigsten erwartet, es verbirgt sich auch in der Tiefe im dunklen Mond, nur wenige finden es. Wenn es auftaucht, ist sein Anblick höchst wundersam, gleich einem Zauber. Die Wahrheit lässt sich in der Tiefe nicht verstecken, die Tiefe ist gnadenlos, alles fördert sie zutage, aber wer keine*

Angst kennt, den empfängt sie mit offenen Armen, für den ist sie ein Ort verloren geglaubter Hoffnung.« Bina schaute auf. Nisha, Omek, Mahira und Azrak hingen an ihren Lippen, warteten darauf, wie es weiterging. Vor Nishas innerem Auge entstanden Bilder einer geheimnisvollen Dunkelheit mit verborgenen Schätzen. Ein Gefühl regte sich in ihr, ein Ziehen, ein Rufen. Ihr ganzer Körper vibrierte vor Aufregung. *Das Dunkelriff. Ein Ort verloren geglaubter Hoffnung.*

Sie schwimmen weiter. »Schaut mal«, sagt Bina und zeigt auf ein gelbliches Moos, das unter ihnen auf dem Meeresgrund wächst. Es hat kleine, weiße Blüten, die an dünnen Fäden in der Strömung hin und herschweben.

Nisha schüttelt den Kopf. »In Nof Shunit gibt es die jedenfalls nicht.« Der Weg sollte klar sein. Laut Cassian Ngouzis Bericht sollten sie nach hundert Metern Abstieg ein Plateau erreichen, an dem sich eine Schlucht eröffnet. Die Schlucht müssen sie hinabschwimmen, bis ans Ende. Dort befindet sich die *Kathedrale*, eine höhlenartige Kuppel, deren Ausgang zum Dunkelriff führt. Binas Lichtie ist nicht mehr das neueste, aber seine Energie sollte auch außerhalb der Nährflüssigkeit zwei Tage halten.

Was es mit den mondförmigen Muscheln und den knochigen Pilzen auf sich hat, vermochten weder Bina noch Mahira zu sagen, was Azrak wiederum auf die Idee brachtete, dass der Reisebericht fiktiv sein könnte. Daraufhin brach eine hitzige Diskussion aus, die damit geendet hatte, dass Nisha alle, die nicht an das Dunkelriff glaubten, zum Gehen aufforderte, worauf ihr beleidigte Stille entgegenschlug. Trotzdem war die Diskussion darüber vorerst beendet.

Bina, Omek und Mahira schwimmen vorne. Mahira ist wie ein spielender Delfin, ständig schwimmt sie vor und zurück, treibt die Gruppe an, fällt dann zurück, weil sie etwas gesehen hat, das sie untersuchen muss. Azrak schwimmt am Ende. Es scheint ihm nichts auszumachen, allein zu sein.

Nisha lässt sich zu ihm zurückfallen. Sie fühlt sich unbehaglich in seiner Gegenwart. Er redet nicht viel, und wenn, dann sind seine Antworten spöttisch. »Alles in Ordnung bei dir?«, fragt sie ihn und fällt neben ihm in seinen Schwimmrhythmus.

»Alles in bester Ordnung. Bisher halten sich ja auch alle an die Regeln.«

Nisha zieht die Stirn kraus. »Und warum sollten sie das nicht?«

Er seufzt. »Weil das *immer* passiert.«

»So ein Schwachsinn. Wie kommst du denn darauf?«

»Lebenserfahrung.« Er zuckt mit dem Schultern, oder dort, wo seine Schultern sein müssten, und die Bewegung schickt kleine Wellen durch seinen weißen, weichen Körper.

»Alles klar. Weil du ja auch schon *so* alt und erfahren bist.« Azrak murmelt etwas. »*Was?*«

»Egal«, stöhnt Azrak. »Du kannst ruhig zu den anderen zurückgehen. Jetzt hast du ja deine Pflicht erfüllt, nett zu mir zu sein. Vorbildlich.« Er gibt ihr ein Daumen-hoch-Zeichen. Nisha starrt ihn irritiert an. Nur weil er schon siebzehn ist, muss er sich doch nicht so aufspielen. Vielleicht war es ein Fehler, ihn mitzunehmen. »Los, husch, husch!« Er winkt sie weg. Nicht unfreundlich, eher gleichgültig.

Sprachlos starrt sie ihn weiter an. Sie ist nicht einmal wütend. Und dann schwimmt sie vor zu den anderen und lässt ihn allein.

Langsam finden alle einen Rhythmus, schwimmen und atmen im Gleichklang. Gespräche verklingen. Die Zeit vergeht und sie kommen gut voran. Mahira ist die Erste, die die Stille unterbricht. »Ich hab Hunger«, sagt sie und ohne einen Flossenschlag langsamer zu werden, fängt sie an, an ihrer Tasche zu ziehen.

»Warte doch kurz, Mahi!« Mit einem Handzeichen hält Nisha die Gruppe an. »Lasst uns kurz ausruhen und etwas essen.« Alle holen roten Seetang aus ihren Taschen. Ein Festmahl ist es nicht, aber darum geht es ja auch nicht. Nur Mahira zieht Krebsies und süße Algenwürfel aus ihrer Tasche.

»Will noch jemand?«, fragt sie in die Runde, als sie die Blicke bemerkt.

»Mahi …«, fängt Nisha an und seufzt. Mahira lässt ihre Vorräte im Wasser zwischen ihnen schwimmen und schließlich greift auch Nisha zu. »Bis zum Mittagessen machen wir dann aber keine Pause mehr«, sagt sie.

»Ich kann auch beim Schwimmen essen«, grinst Mahira.

Azrak ist etwas abseits, aber schon spürt Nisha, wie er ihr einen vielsagenden Blick zuwirft. »*Hab ich dir's doch gesagt*«, meint sie seine spöttische Stimme zu hören, »*irgendjemand wird sich sicherlich nicht an die Abmachungen halten.*«

»Sammelt einfach weiter roten Seetang ein, wenn ihr welchen seht«, murmelt Nisha.

Sie schwimmen weiter und bald wird die sanfte Neigung des Meeresgrundes steiler, das Blau um sie herum dunkler. Der Boden verschwindet in einem schwarzblauen Horizont der Tiefe.

Mahira singt etwas über Wanderlust und den frischen Geschmack der Wellen, selbst Bina hat so etwas wie ein Lächeln auf den Lippen. »Wir machen das wirklich, oder?«, flüstert sie Nisha zu und Nisha sieht ein Funkeln in ihren Augen, das seit Beginn der Weißen Grippe verschwunden war.

»Wir machen das wirklich«, flüstert sie zurück, nimmt Binas Hand, drückt sie und für eine Weile schwimmen sie so zusammen.

»Jetzt wird es richtig tief!«, ruft Mahira aufgeregt. »Schaut mal! Wie tief sind wir, Bina? Ich sehe die Oberfläche nicht mehr!« Sie kichert.

Bina zuckt mit den Schultern, schaut sich um, schaut nach oben, kneift die Augen zusammen. »Ich schätze, auf minus achtzig. Plus-minus.«

Mahira kichert schnatternd weiter. »Abgefahren oder, Omek?« Sie dreht sich um nach ihm um, eben waren sie noch nebeneinander. »Omek?« Omek schwimmt nicht mehr. Er gleitet nur noch. Und dann bleibt er steif im Wasser stehen. »Alles in Ordnung, Omek?« Mahira legt eine Hand auf seinen silbernen Rücken und streicht über seinen Flossenkamm.

Omek silberne Schuppen sind dunkelgrau geworden. »Es ist nichts.« Er schüttelt den Kopf, wischt sich mit den Händen übers Gesicht. »Ich muss nur kurz durchatmen.« Seine Brust hebt und senkt sich schwer. Die anderen haben angehalten und schweben im Kreis um ihn herum. »Ich sehe nicht richtig. Es ist … es ist so dunkel hier. Noch weiter … unten … sieht man … bestimmt gar nichts mehr. Meine Augen …«

»Das wird schon, Omek!« Mahira klopft ihm ermunternd auf die Schultern, aber Omek reagiert nicht. Es ist fast so, als würde er sie nicht mehr sehen. Unbeweglich starrt er in die Dunkelheit vor ihnen. Sein Oberkörper hebt und senkt sich in einem schnellen, flachen Rhythmus.

»Deine Augen gewöhnen sich daran, Omek, bestimmt«, sagt Bina unsicher.

»Ich kann … nicht mehr … richtig atmen«, presst er hervor. »Meine Augen … dieses Stechen! Der Druck … hier … ist zu … hoch!«

Nisha legt ihm eine Hand sacht auf die Schulter. »Omek?«

»Ich schwimme … einfach … ein bisschen hoch. Nur ein … bisschen. Ich hole euch ein … nur ein bisschen … hoch.« Aber er bewegt sich nicht, fixiert nur mit aufgerissenen Augen den dunklen Horizont unter ihnen.

»Omek, du musst dich entspannen.« Er war damals auch nervös, als sie mit dem Tieftauchen experimentiert hatten. Nisha hatte die Unruhe in seinen Augen gesehen, wie ein blasses Licht, das alle Hoffnung einsaugte, immer mehr, je tiefer sie schwammen. Aber eine Panikattacke hier, das kann das Ende der Expedition bedeuten.

»Nein«, keucht er. »Das ist … einfach … meine Konstitution … Der Druck, Nisha, auf meiner Brust … es ist zu … dunkel …« Nisha blickt schnell von einem zum anderen, auf der Suche nach einer Lösung. Bina schaut sie nur mit großen Augen an, Mahira macht eine hilflose Geste mit den Flossen und Azrak sieht sie nicht einmal an. Bestimmt fühlt er sich nur in seinem Menschenbild bestätigt. Nisha presst ihre Lippen zusammen. Er soll nicht recht behalten, dafür wird sie sorgen. »Nur ganz kurz … hoch … nur ein bisschen …«

Nisha streicht über Omeks Rücken, klopft ihn leicht, rhythmisch. »Du kannst hochgehen, Omek, aber dann ist die Expedition für dich vorbei. Wie willst du uns denn wiederfinden?« Omek atmet heftig weiter, langsam dreht er seinen Kopf und schaut Nisha an. »Du wirst das Dunkelriff nicht sehen, Omek. Und …« Sie schämt sich jetzt schon für das, was sie als nächstes sagt. »Nächstes Mal kannst du nicht mehr mitkommen.« Als hätte ihr irgendjemand die Autorität verliehen, das zu entscheiden. Strenge Worte, rational und beherrscht. *Wie ihre Mutter*. Sie schüttelt sich innerlich, aber hält still, lässt die Worte wirken. »Du willst das Dunkelriff sehen, Omek, oder?« Er nickt langsam, schaut an Nisha vorbei. Seine Augen fokussieren nicht. »Du willst doch auch beweisen, dass man anders leben kann? Du willst doch Teil davon sein, wenn wir das schaffen?« Er nickt wieder, seine Finger greifen nach Nishas Unterarm und halten ihn so fest wie die Scheren eines Krebses. »Du spürst es doch auch, Omek. Etwas, das dich weiterzieht.« Sie flüstert. »Du willst doch Teil von allen Entdeckungen sein, die wir machen? Vielleicht, vielleicht finden wir neue Arten, *Heilmittel*, wer weiß …« Das war nicht fair. Nisha sieht Hoffnung in seinen Augen aufglimmen. Bestimmt denkt er an Luz, seine Schildkrötenschwester, der es noch gut geht. Aber was weiß sie schon, was es am Dunkelriff gibt, vielleicht gibt es all das und noch mehr? Ist es denn falsch, Hoffnung zu haben? Hat sie nicht auch Hoffnung, Hoffnung auf etwas ganz und gar Unwahrscheinliches? Omek nickt, die Spitzen seines Schuppenkammes bewegen sich auf und ab. »Du bist stärker als die Angst, Omek. Ich weiß es. Ich spüre es. Ich … ich habe es in deinen Augen gesehen.« Jetzt improvisiert sie wirklich.

»Hast du?« Omek schaut sie direkt an. Etwas Weiches hat sich in seinen Blick geschlichen.

Sie nickt und blickt ihn ernst an, als hätte sie eine tiefere Wahrheit gesehen. Als wüsste sie genau, was sie hier tut. *Sternschildkröten steht mir bei …* »Nimm meine Hände, Omek. Atme mit mir. Ein … und aus …« Sie lässt einen tiefen Atemzug aus ihrem Mund entweichen. »Ein … und aus.« Sie hält Omeks kalte Hände, hält seinen Blick, bis seine Atmung regelmäßiger wird, seine Augen wieder fokussieren und seine Hände wärmer werden.

»Okay«, murmelt er. Er dreht sich unsicher um, als er bemerkt, dass alle ihn anschauen, versucht ein kurzes Lachen, aber gibt mittendrin auf. »Geht schon wieder«, sagt er leise. Er hält immer noch Nishas Hand fest, als würde er sie noch brauchen.

»Kann jedem mal passieren«, sagt Nisha. *Schon wieder eine Lüge.* »Bestimmt wird es weiter unten besser, dort ist der Druckunterschied nicht mehr so groß.« *Und noch eine.* Ist das ein Zeichen, dass sie erwachsen wird? Wenn ihre Mutter sie so sehen würde … Sie würde amüsiert den Kopf schütteln, und sie mit *diesem Blick* anschauen. *Mein Kind,* würde sie denken. Und das ist vielleicht das Schlimmste, denn wie soll man jemanden so davon überzeugen, dass man *kein* Kind mehr ist?

Alle schwimmen unbehaglich auf der Stelle und schauen Nisha an. *Erwarten sie etwa, dass ich etwas entscheide?* Sie räuspert sich, schiebt das Wasser in ihrem Mund mit der Zunge hin und her. Fühlt den erwartungsvollen Blick ihrer Mutter auf sich, wie sie ihre Augenbrauen hochzieht, provokant, abwartend. *Jetzt zeig uns, was du kannst, Nish. Gut. Sei stark wie …* Sie atmet durch. *Den Mist brauche ich nicht.* »Omek. Ich will, dass Bina und du schwarmschwimmen. In Ordnung, Bina? Omek, das wird dich … beruhigen. Und ihr seid schneller so.«

Schwarmschwimmen verlangt Konzentration und Energie, vor allem die Synchronisierung in der Einstiegsphase. Deswegen ist es normalerweise nur unter eingespielten Partnern üblich. Aber normal ist gerade gar nichts. Bina nickt, Omek senkt den Blick. Es ist ihm offensichtlich unangenehm, ein Problem zu sein, das gelöst werden muss. Dennoch streckt er die Arme nach Bina aus, sie fassen sich an den Händen, legen ihre Körper nebeneinander, verschlingen ihre Arme und beginnen, im Gleichklang zu schwimmen. Noch etwas, das die Erwachsenen nicht verstehen. Würde ihre Mutter jemals mit jemandem schwarmschwimmen? Nisha prustet beinahe ins Wasser bei der Vorstellung. Dabei ist es so einfach. So logisch. Man muss sich dem Element anpassen, in dem man lebt. Binas und Omeks Bewegungen sind zuerst abgehackt, synchronisieren sich dann aber langsam. Sie schwimmen wie ein einziger Körper mit zweifacher Kraft und die anderen schwimmen mit.

Und, Mama, wie habe ich mich geschlagen?

MONDMUSCHELN

Ob sie in Nof Shunit wohl schon etwas bemerkt haben? Macht Mama sich schon Sorgen? Oder Paps? *Paps.* Das schlechte Gewissen trifft sie wie ein Stich im Brustkorb, als sie seine bekümmerte Miene vor ihrem inneren Auge sieht, sich vorstellt, wie er still wird, noch stiller als sonst. Bestimmt macht er sich die meisten Gedanken um sie. Mama wird erstmal nichts merken. Wenn überhaupt, wird sie überrascht sein, dass niemand sie bei ihren Berechnungen stört. Und dann wird es schon mitten in der Nacht sein und sie wird annehmen, dass Paps und Nisha schon zu Abend gegessen haben. Sie wird seufzen, als würde das Gewicht der ganzen Welt auf ihren Schultern lasten. Aber irgendwann wird sie es schon merken. Und sie werden vielleicht schon am Dunkelriff sein. Die Eltern werden warten müssen. Sie und ihre Sorgen. *Geschieht ihnen recht.* Ob das wohl reicht, Mama vom Arbeiten abzuhalten? *Wer ist wichtiger, Mama, ich oder die Schildkröten?*

Eine Stunde später wird der Grund eben, der Abstieg ist zu Ende. Es ist Dunkelblau, Dunkelgrau und Schwarzblau. Die Farben sind verschwunden. Ohne ihre marinen Gene würden sie hier unten wahrscheinlich gar nichts mehr sehen. Aber auch mit hybrider DNS und Augen, die durch ein Leben im Wasser trainiert sind, bleibt nicht viel Restlicht, das ihnen weiterhilft. Noch etwas tiefer und die Dunkelheit wird vollkommen sein. Viel zu sehen gibt es nicht. Der Meeresgrund ist flach und felsig. Es wachsen nur kümmerliche Algen. Eine blaue Wüste in der Tiefe.

Omek hält an, er gestikuliert. *Nicht schon wieder eine Panikattacke.* Nisha dreht sich müde zu ihm um, aber Bina ist schneller. Jetzt ist sie am Meeresgrund. Gräbt sie? Widerwillig schwimmt Nisha zu ihnen. Sie war in einem guten Rhythmus, es widerstrebt ihr, ihn zu unterbrechen. Bina und Omek sind auf dem Meeresgrund und halten etwas in der Hand. Sie sehen erschöpft aus. Schwarmschwimmen hat seinen Preis.

Jetzt sieht Nisha es auch: eine schwarze halbmondförmige Muschel. »Schwarze Mondmuscheln!«, ruft sie. Ihre Stimme klingt sonderbar gedämpft.

»Ich wusste doch, dass sie real sind!«, ruft Mahira und sieht Azrak herausfordernd an. Azrak hält eine Muschel in einer Tentakel-Hand, riecht an ihr und versucht, sie zu öffnen. Er erwidert Mahiras Blick mit Spott in den Augen und verkneift sich eine Antwort. Wenn er hier unten nur keinen Streit anfängt … Nisha wirft ihm einen warnenden Blick zu. Seine schwarzen Augen sind überraschend dunkel und tief in seinem hellen Gesicht. Er *hat* doch klare Umrisse, wenn man genau hinsieht. Beinahe leuchtet er. Ein Lächeln umspielt seinen Mund, als er ihren Blick bemerkt. Kaum wahrnehmbar, aber Nisha sieht es. Er hat ihren Blick verstanden. *Und es amüsiert ihn.*

Was fällt ihm eigentlich ein? Nisha schüttelt den Kopf und konzentriert sich auf die Muscheln. Soll Azrak sein eigenes Spiel spielen. Was interessiert es sie? Gar nicht interessiert es sie. Sie wiegt eine Muschel in ihrer Hand. Sie reicht ihr vom Handgelenk bis zu den Fingerspitzen. Nachtschwarz und schwer ist sie, glatt mit feinen Rillen und halbmondförmig.

Mahira schnappt sich eine Muschel, schleckt daran und versucht, sie mit beiden Flossen zu öffnen. Mit einem lauten Knacken bricht die Muschel auf. Ein herber, salziger Geruch ergießt sich ins Wasser. Mahira presst ihre Nase auf das Innere der Muschel und schleckt gierig das Fleisch ab.

»Nicht!«, ruft Nisha und streckt einen Arm aus, um Mahira davon abzuhalten. Eine Warnung liegt ihr auf der Zunge, aber mit einem Blick bringt Mahira sie zum Schweigen. »*Für uns gelten andere Regeln und noch hat sie niemand herausgefunden.*« Das hat sie gesagt und sie hat recht. *Gefahr ist ein dehnbares Wort.* Mahiras Blick nach wird sie sich sowieso nicht davon abhalten lassen. Omek schaut unsicher zwischen den beiden hin und her.

Azrak beobachtet Mahiras kulinarischen Versuch neugierig. Dann räuspert er sich und er schaut Nisha an. »Warum genau haben wir ein Notizpad dabei?«, fragt er.

Nisha zieht die Stirn kraus. »Das weißt du doch genau. Um unsere wichtigsten Beobachtungen zu notieren.«

Azrak bricht in ein freudiges Lächeln aus. »Und warum machen wir dann gerade keine Notizen?«

Nisha schaut ihn sprachlos an. Sie zieht das Pad aus ihrer Tasche und drückt es ihm entgegen. »Bitteschön«, ist alles, was sie hervorbringt.

»Lecker«, verkündet Mahira. Sie hat angefangen, das Muschelfleisch von der Schale zu lösen, und kaut darauf herum. Sie macht zufriedene Geräusche und auch Bina hat ihre Muschel aufgebrochen. Der Geruch im Wasser macht Appetit. Nishas Magen knurrt. *Was soll's.* Omek schaut skeptisch zu. Er isst weiterhin roten Seetang. Azrak macht sich eifrig Notizen.

Nisha bricht eine Muschel auf. Der Geruch lässt ihren Magen noch lauter knurren. Sie zieht das Muschelfleisch von der Schale ab, steckt sich eine ganze Portion in den Mund. Es schmeckt köstlich. Kein giftiges Tier kann es sich erlauben, so gut zu schmecken. *Was Mama wohl dazu sagen würde?*

Bina schleckt sich die Finger ab. »Omek, das musst du probieren. Wirklich!«, schmatzt sie.

Omek sitzt dicht neben Bina in der Strömung, sein Gesicht sieht wieder silbern aus. Er zwinkert noch ein bisschen sonderbar mit seinen Augen und presst seine Finger gegen die Lider, aber das Schwarmschwimmen scheint ihm gutgetan zu haben. Er kaut auf seinem Seetang und schüttelt den Kopf. »Wenn ihr alle in ein paar Stunden noch lebt, dann gerne, danke. Bis dahin esse ich Seetang.«

»Der Seetang kommt mir zu den Ohren raus!«, verkündet Mahira und isst ihre dritte Muschel.

Mit geschickten Tentakel-Händen packt Azrak das Pad in seine Tasche. »Darf ich?«, fragt er Nisha mit tiefer Stimme. Sie nickt, ohne ihn anzuschauen, und er schließt zufrieden die Lasche. Soll *er* eben die Notizen machen. Dann pflückt Azrak sich auch eine Mondmuschel von den Felsen unter ihnen und bricht sie auf. »Prost«, sagt er, hebt die Muschel in Nishas Richtung, schaut ihr in die Augen und schlürft die Muschel aus.

»In drei Stunden ist es hier unten komplett dunkel«, sagt Nisha und schleckt sich die Finger ab.

»Eher zweieinhalb«, sagt Bina.

»Wir sollten bis dahin besser noch gut vorankommen und früh nach einem guten Unterschlupf für die Nacht suchen.« Nisha schaut alle der Reihe nach an.

»Warum lassen wir uns nicht einfach treiben? Schlafen mitten im Wasser, wie *echte* Meermenschen?«, fragt Mahira.

Omek schaut sie erschrocken an. »Dann kommen wir vom Weg ab, Mahi!«

Mahira zuckt mit den Schultern, als würde sie das nicht stören. »Der Weg, der Weg! Ich verstehe immer noch nicht, warum wir nicht einfach direkt *über* das Dunkelriff schwimmen und dann senkrecht nach unten. Dann müssen wir uns an gar keinen Weg halten.«

Bina seufzt. »Wir müssen unter dem Nordoststrom durch, Mahi. Hast du nicht zugehört?«

Mahira rollt die Augen. »Wir können doch auch *von oben* durchschwimmen.«

»Wir haben das wirklich ausführlich diskutiert, Mahira«, unterbricht Nisha sie. »Du warst dabei, auch wenn du nicht zugehört hast. Wir nehmen den Nordoststrom für den Rückweg, und dann wirst auch du merken, warum wir da nicht einfach von oben *durchschwimmen*. Was ich eigentlich sagen will – wir sollten einen guten Platz finden, bevor es ganz dunkel wird.« Alle nicken, ganz so, als hätte Nisha das letzte Wort, und schwimmen weiter.

Unwirtlich und öde ist es auf dem Meeresgrund. Ein bisschen Seegras wächst auf dunklem, felsigem Grund. Ab und an sehen sie braune Pflanzen, die ausgedehnte Teppiche bilden. Wenn man genau hinsieht, sieht man genauso dunkel gefärbte Muscheln und Seepocken, die sich zwischen die Felsen drücken, geradeso, als hätten sie Angst, es gäbe nicht genug Platz für alle. Je weiter sie schwimmen, desto größer werden die Muscheln. Manche sind fast einen Meter lang. Sie öffnen und schließen sich langsam und rhythmisch. Fische gibt es fast keine mehr. Einmal sehen sie ein dünnes, schlangenartiges Etwas, das sich wie ein durchsichtiges Band durch die Strömung windet.

Sie schwimmen weiter und die Stunden vergehen. Felsige Strukturen wachsen aus dem Boden. Die ersten sind klein, nicht mehr als einen Meter hoch. Doch je weiter Nisha und die Anderen schwimmen, desto höher werden die spitzen Felssäulen. Die Freunde halten sich am Meeresboden, um sich zu orientieren. Bald sind sie umgeben von fünf Meter hohen Felsen, wie Türme oder karge Bäume. Ein dunkelblauer Felsenwald.

»Stand das in Ngouzis Bericht, Bina?«, fragt Nisha leise. Bina schüttelt den Kopf.

»Die Richtung stimmt aber«, sagt Azrak mit Blick auf seinen Kompass. Auch er flüstert grundlos.

Ein zischendes Geräusch überrascht sie. Alle erstarren und schauen sich um. Es klingt, als würde sich etwas schnell nähern. Etwas Großes. Das Wasser um sie herum vibriert. Aber es ist dunkel, zu dunkel. Man sieht nichts. Das Zischen wird lauter, Nisha schaut hin und her, dann schreit sie: »Runter!«

Ein schneller Schatten erscheint zwischen den Säulen. Mit einem leisen Zischen pressen alle erschrocken das letzte Gas aus ihren Alveoli, pressen Arme und Beine an ihre Seiten und sinken zu Boden wie Steine. Nisha hält ihre Arme schützend über ihren Kopf. Sie ist dicht neben Azrak gelandet und sieht, wie sein Körper zittert und er stoßweise atmet. Vorsichtig dreht sie sich zur Seite, gerade genug um zwischen ihren Händen durchzuschauen und einen Blick auf den zischenden Schatten zu erhaschen. *Sollte es etwa … Kann es sein, dass …?* Nein. Ein riesiger Schwertfisch schwimmt über sie hinweg, größer und schneller als jede Schildkröte. Er glänzt dunkelsilbern, sein Bauch ist weiß, sein Schwert sticht durchs Wasser. Die Vibration der Wellen um ihn herum erzeugt ein surrendes Geräusch. Er ist nicht allein. Drei weitere Schwertfische folgen ihm. Wie Torpedos manövrieren sie mit Leichtigkeit zwischen den Felssäulen hindurch, ganz so, als würden sie fliegen. Langsam paddeln die Freunde wieder nach oben. Sie schauen den Schwertfischen hinterher, bis sie in der blauen Dunkelheit verschwinden.

»Die waren ganz schön groß.« Omek lacht erleichtert.

»Und schnell«, sagt Bina mit Beunruhigung in der Stimme. »Gut, dass wir nicht im Weg waren.«

»Wir sind kein Futter für sie«, sagt Mahira. »Sie hätten uns nichts getan.«

»Sie waren wunderschön.« Azraks dunkle Stimme dringt gedämpft durch das dichte Wasser, ungewöhnlich ernst.

»Lasst uns weiterschwimmen«, sagt Nisha.

Die nächste Stunde führt sie tiefer in den Steinwald hinein. Die Felssäulen türmen sich über ihnen und nehmen ihnen das letzte Licht. Nur langsam werden sie wieder niedriger. Dann endet der Felswald abrupt. Sie erreichen eine flache Ebene und entdecken einen schmalen Spalt im Boden, der den Meeresgrund teilt und schon nach wenigen Metern größer wird. Schroffe Felswände rahmen eine dunkle Schlucht ein, die sich hier in den Boden gräbt und in noch tiefere Tiefen führt.

Bina hält die Gruppe an. »Die Schlucht! Wir sind auf dem richtigen Weg!« Mahiras Tentakel wackeln freudig. Bina holt den Lichtie aus der Tasche, lässt das holographische Bild der Karte vor sich aufflackern. Azrak überprüft den Kompass, Bina auch, und sie nickt. *Sie sind richtig*. Erleichterung breitet sich wie eine warme Welle in Nisha aus. Sie sind richtig! »Wir müssen hier runter«, sagt Bina und zeigt in den Spalt, in dem ihnen nichts als Schwärze entgegenblickt. »Wir folgen der Schlucht. Sie endet in der Kathedrale und danach geht es direkt zum Dunkelriff.«

Nisha nickt. »Aber heute nicht mehr«, sagt sie mit fester Stimme. »Ich sage, wir suchen ein Nachtlager. Wir haben nur noch wenig Licht. Vielleicht finden wir hier oben etwas.«

»Gute Idee«, sagt Bina und nickt, Omek nickt mit ihr, bemüht, die Schlucht nicht zu genau anzuschauen. Hoffentlich wird Omek morgen nicht zum Problem. Hoffentlich gewöhnt er sich an die Dunkelheit, hoffentlich bekommt er keine Panik, wenn er morgen bemerkt, dass es nicht wirklich hell wird, dass die Sonne hier unten kaum aufgeht. *Wenn er bemerkt, dass ich gelogen habe.*

»Und wie stellen wir das an?«, fragt Mahira.

»Wir teilen uns auf«, sagt Azrak. »Ein Teil der Gruppe sucht einen Lagerplatz, ein Teil sucht Essen.« Alle schauen zu Nisha.

Wann bin ich zur Anführerin geworden? Mama sollte mich so sehen. Erwachsen. Ein kurzes Bild von Anna und Shiryam blitzt durch ihren Kopf. Wie sie in ihrem leeren Zimmer stehen und sie hektisch suchen. Nisha schluckt. Sie verbannt das Bild aus ihrem Kopf und nickt. »Gut. Bina und Omek, ihr sucht einen Lagerplatz. Azrak, Mahira und ich sammeln Essbares. Wir treffen uns wieder hier in einer halben Stunde. Bleibt dicht zusammen. Wenn wir uns hier verlieren …« *… finden wir uns nicht mehr wieder*. Sie schluckt noch einmal, vermeidet es, den anderen in die Augen zu schauen, verscheucht die Bilder von Mama und Paps aus ihrem Kopf.

Omek schwimmt erleichtert mit Bina davon. Mahira, Azrak und Nisha einigen sich auf eine Richtung und schwärmen aus. »Mondmuscheln, ich komme!«, ruft Mahira und schwimmt quirlig voraus.

Azrak schwimmt neben Nisha hinterher. »Ich habe mir den Reisebericht genau durchgelesen«, sagt er. »Die Knochenpilze. Sie sollen in Spalten wachsen. In Höhlen, Löchern. Sie sind hellrosa, mit …«

»Ein bisschen grün. Ich weiß«, sagt Nisha. Azrak brummt. »Du denkst also, dass die Pilze echt sind?«, fragt sie.

Er brummt wieder, murmelt etwas. »Kann ja nicht schaden, sie zu suchen.«

»Ich frage ja nur.«

»Es ist sowieso zu dunkel, um die Farben zu sehen.« Nisha macht ein zustimmendes Geräusch. »Sie sollen einen bestimmten Geruch haben«, sagt Azrak. »Einen *typischen.*«

»Hilfreich.«

»Ja.«

»Das merken wir dann, wenn wir sie finden.«

»*Falls.*«

Sie stöbern durch den Meeresgrund, heben Steine hoch und suchen in Felsspalten, während Mahira weiter schwarze Mondmuscheln sammelt. Ein dumpfes Pochen macht sich langsam hinter Nishas Augen breit. Vielleicht hat die Dunkelheit sie überanstrengt. Sie schließt kurz die Augen, atmet aus, aber sie kann sich hier nicht entspannen. Das Pochen lässt nicht nach. Sie versucht, sich weniger anzustrengen, die Augen nicht zusammenzukneifen, es nicht zu erzwingen, etwas zu sehen. Aber das ist schwierig.

»Da!«, ruft Azrak plötzlich und Nisha erschrickt. Sie ist müde und unkonzentriert, und Azrak war schneller. Er ist schon auf dem Weg zu dem löchrigen Felsblock, in dem ein weißer Klumpen sitzt. Er drückt sein Gesicht gegen den Fels.

»Und?«, fragt Nisha. »Ist es ein Knochenpilz?«

»Es ist eine weiße Knolle. Wenn ich es mir nicht einbilde, sind da auch rosa und grüne Flecken.« Er macht Nisha Platz.

»Da sind noch mehr Pilze drin, weiter hinten«, sagt sie. Ihr halber Kopf steckt in dem Loch im Felsen. »Es riecht irgendwie … komisch.«

Nisha fasst die weiße Knolle an, sie ist hart und spröde und bricht, als sie nur ein bisschen Druck ausübt. Azrak zieht das Notizpad aus seiner Tasche. »Was machst du?«, fragt Nisha.

»Ich mache das hier richtig«, sagt er. Nisha presst die Lippen zusammen. Nur weil er ein Jahr älter ist als sie, muss er sich nicht so aufspielen.

»Wo ist Mahira?«, fragt Nisha.

»Da vorne«, sagt Azrak, ohne aufzuschauen.

»Nein.« Nisha schüttelt den Kopf.

»Ruf sie. Sie ist da vorne.«

»Mahira!« Keine Antwort. Nisha schwimmt vor, dorthin, wo sie Mahira das letzte Mal gesehen hat. Aber mit einem Mal ist sie sich nicht mehr sicher, wo genau das war.

»Azrak! Sie ist nicht da!«

»Ich hab sie doch gerade erst gesehen! Vor einer Minute. Einer halben Minute!« Er macht sich immer noch Notizen.

»Mahira!« Nisha schwimmt hin und her, ihr Kopf ist heiß, ihre Hände kalt, ihr Herz pocht und ihre Augen stechen. Die Sicht ist schlecht. Alles, was sie sieht, ist dunkelblaue Ödnis. Kein Zeichen von Mahira. »Azrak, hilf mir suchen, bitte, das ist nicht mehr lustig.« Er stöhnt, packt das Notizpad ein, stopft Knochenpilze in seine Tasche und stößt zu Nisha. Sie schwimmen weiter und rufen. Aber es gibt keine Spur von Mahira. »Sie kann doch nicht verschwunden sein!«, ruft Nisha. Sie spürt ihre Augen brennen. *So knapp*. Beinahe wäre nichts schiefgegangen. Beinahe hätten sich alle an die Abmachungen gehalten.

»Nisha, wir müssen zum Treffpunkt zurück.« Azraks Stimme klingt gefasst.

»Ich weiß! Aber sollen wir sie etwa hier zurücklassen? Das können wir doch nicht machen!« *Wenn wir uns hier verlieren … Das war nicht der Plan. Das war so nicht geplant.* Eine kalte Hand schließt sich langsam um Nishas

Brust, um ihre Lungen, um ihren Hals. Wenn sie Mahira nicht mehr wiederfinden … Nein, sie werden sie finden. *Sie müssen*. Sie müssen, weil es keine andere Wahl gibt. Weil sie niemandem Bescheid sagen können. Weil niemand weiß, wo sie sind. *Weil wir allein sein wollten. Weil unsere Expedition geheim sein sollte. Ein Geheimnis vor den Erwachsenen …* Sie schließt ihre Augen. *So dumm! So dumm! So dumm!*

»Natürlich lassen wir sie nicht zurück, Nisha. Aber die anderen werden denken, dass wir uns verirrt haben. Sie wissen nicht, wo sie uns suchen sollen. Wir gehen zurück, besprechen uns, und dann suchen wir Mahira.«

»Du hast recht. Du hast recht. Verdammt, verdammt, bei den Feuern, verdammt!«

»Wir finden sie.«

»Wir waren abgelenkt. Wir haben nicht aufgepasst, wegen den verdammten Pilzen. Wir hätten besser aufpassen sollen!« Nisha presst ihre Hände gegen die Schläfen, aber es hilft nichts.

»Du kannst nicht alles die ganze Zeit unter Kontrolle behalten. Sie wusste, dass sie in unserer Nähe bleiben sollte. Leute machen Dummheiten, ich hab's dir doch gesagt.«

»Verdammt noch mal, recht hast du, dass sie in unserer Nähe bleiben sollte«, knurrt Nisha.

Azrak hat ihren Arm umfasst, er zieht an ihr, versucht, sie dazu zu bringen, mit ihm zurückzuschwimmen. Aber Nisha bewegt sich nicht. Vielleicht taucht Mahira auf. Vielleicht taucht sie genau jetzt hinter diesem Felsen auf, hinter diesem Hügel, wenn sie nur noch ein bisschen länger schaut. Nur noch eine Sekunde. Aber Mahira taucht nicht auf. Schließlich gibt Nisha nach und lässt sich von Azrak mitziehen.

»Wir sind zu spät«, sagt er.

»Wir können schwarmschwimmen«, schlägt sie vor und bereut es im gleichen Moment. Der Gedanke, Azrak so nah zu sein, stößt sie ab. Sie ist erschöpft. Die Synchronisierung wird Energie kosten, die sie nicht hat. Sie schließt die Augen kurz. Das Stechen ist unerträglich. Aber sie haben sich beim Suchen noch weiter von der Schlucht entfernt und jede Verzögerung verringert ihre Chancen, Mahira zu finden.

Azrak nickt. Nisha zögert. Zögert, ihn anzufassen, zögert, seine Hand zu nehmen, seinen sonderbar weichen Körper zu berühren. Aber Schwarmschwimmen ist die logische Wahl. Es ist rational und es wird schnell vorbei sein. Azrak streckt eine Tentakel-Hand nach ihr aus und zieht sie an sich, ohne zu zögern. Er stellt sich auf sie ein, sein weicher Körper fühlt sich ganz natürlich an, warm. Sofort synchronisieren sich ihre Schwimmbewegungen. Pfeilschnell schießen sie voran, Nisha saugt Wasser durch die Zähne vor Überraschung. In kürzester Zeit sind sie an der Schlucht.

Bina und Omek warten am Treffpunkt. Sie schwimmen unruhig hin und her. Bina schaut sie fragend an, als Azrak und Nisha ihre Körper sorgsam wieder voneinander trennen.

»Wir haben Mahira verloren«, platzt es aus ihr heraus. Bina und Omek schauen sie entsetzt an. Nisha erklärt, was passiert ist. Zu viert machen sie sich auf den Weg zurück zu der Stelle, wo sie Mahira verloren haben.

Sie suchen das Gebiet ab. Jeder trägt eine kleine Leuchtalgenkugel mit sich. Sie schwärmen von dem Punkt aus, an dem sie sie verloren haben. Zuerst in kleinen, dann in immer größeren Kreisen. Sie rufen, aber Nisha bezweifelt, dass Mahira sie hören kann. Das Wasser schluckt ihre Stimmen, sie klingen so dumpf wie fallende Steine auf dem sandig weichen Meerboden. Und dann ist es fast ganz dunkel und es gibt immer noch keine Spur von Mahira.

Sie schwimmen immer langsamer. Vier winzig kleine leuchtende Kugeln in der Dunkelheit, mehr sind sie nicht. Nisha spürt den langen Tag in ihren Beinen. Die Muskeln in ihrem Rücken zittern vor Anspannung, ihre

Augen pochen. Ihr Körper verlangt eine Pause. Sie atmet geräuschvoll aus. Auch die anderen werden langsamer. Aber die Suche zu beenden bedeutet aufzugeben, bedeutet zu akzeptieren, dass sie Mahira nicht mehr finden. Vielleicht können sie morgen früh weitersuchen, aber das bedeutet, dass sie es nicht bis zum Dunkelriff schaffen. Außer sie verlängern die Expedition. Aber drei Tage zu verschwinden? Nie und nimmer wird Omek zustimmen. *Und was, wenn sie Mahira gar nicht mehr finden?*

Wessen Idee war die Expedition? Ihre. Kalte Angst kriecht über Nishas Schultern und trifft dort auf Erschöpfung und Dunkelheit. Die Kälte frisst sich langsam in ihre Knochen. Nisha denkt an die warmen Wellen in Nof Shunit, an das Abendessen, das ihr Eltern gerade zubereiten, an die letzten, rotgoldenen Sonnenstrahlen, die sich dort funkelnd in den Wellen brechen.

»Hey«, reißt Bina sie aus ihren Gedanken. »Schaut mal!« Auf dem dunklen Meeresgrund liegt etwas. Wie ein aufgeregter Schwarm Glasfische schwimmen sie alle gleichzeitig darauf zu. Und dann zieht Bina mit sichtlicher Mühe Mahiras Tasche zwischen dunklen Felsen hervor. »Warum ist die so schwer?«, presst Bina zwischen den Zähnen hervor. Da reißt der Henkel und ein Berg von schwarzen Mondmuscheln ergießt sich über die Steine.

»Wo hat sie nur so viele gefunden?«, fragt Nisha.

Omek zeigt auf den Boden. »Schaut mal, hier sind noch viel mehr.« Und tatsächlich, um die Tasche herum türmen sich die Muscheln geradezu auf.

»Kommt her!«, tönt Azraks dunkle Stimme durch das Wasser.

»Wo bist du?«, ruft Nisha und dann sieht sie, wie er mit seiner Leuchtalgenkugel hinter einem Felsen hervorwinkt. Mit klopfendem Herzen schwimmt sie auf Azrak zu. Der Fels ist überraschend hoch und breit, dahinter versteckt sich ein geschützter Raum. An den Wänden kleben hunderte, nein, *tausende* von schwarzen Mondmuscheln. Die Freunde stehen regungslos im Wasser, starren die Wände an, starren die Muscheln an. Starren eine Vorratskammer an, die unendlich scheint.

»Wenn wir am Dunkelriff leben wollen …«, sagt Nisha und schluckt, denn jetzt von der Zukunft zu sprechen fühlt sich falsch an, und doch spricht sie nur aus, was alle denken. *Wenn wir eine Tiefseesiedlung gründen wollen, dann brauchen wir Vorräte. Und wenn es solche Vorräte gibt, dann ist vielleicht mehr möglich, als wir zu hoffen gewagt hatten …* Als ihr Blick nach unten schweift, wird ihr heiß und kalt, denn auf dem Boden liegt Mahira, bewegungslos. Azrak kniet neben ihr und misst ihren Puls. Er schaut Nisha an. »Ihr Puls ist normal. Etwas niedrig.«

Omek hält seine Leuchtalge direkt vor Mahiras Gesicht. Er drückt auf die kleine Kugel, bis er die chemische Reaktion auslöst und sie noch heller erstrahlt als vorher. Dann öffnet er Mahiras Augenlider und leuchtet ihr direkt in die Augen. Sie zuckt erschrocken zurück. Sie streckt ihre Arme in die Luft und gähnt. Langsam öffnet sie die Augen, blinzelt geblendet und grinst müde. »Hey, da seid ihr ja«, sagt sie.

Omek atmet scharf aus. »Hast du etwa *geschlafen?*« Nisha schaut ihn sprachlos an, schaut zurück zu Mahira, die sich langsam aufrichtet und sich die Augen reibt, als hätte sie ihn gar nicht gehört.

»Sieht fast so aus.« Nisha könnte lachen vor Erleichterung. Trotz des kühlen Wassers wird ihr warm, die dunkelblaue Wüste sieht mit einem Mal nicht mehr trostlos aus. Sie könnte alle umarmen. *Sie haben Mahira gefunden!* Die Expedition ist gerettet, ihre Sorgen waren umsonst, alles ist gut, alles wird gut.

Bina schüttelt ihren Kopf. Sie presst die Lippen zusammen und stemmt die Hände in die Hüften. »Mahi!«, sagt sie laut. »Ist dir klar, dass wir dich *gesucht* haben? Dass wir hier mitten in der *Tiefsee* sind? Dass wir verdammt nochmal dachten, *wir finden dich nie mehr?* Hörst du überhaupt, was ich sage? Wir dachten, du bist *tot*!« Sie schreit fast und Nisha schwimmt unwillkürlich ein Stück zurück. Bina ist furchteinflößend, wenn sie wütend ist.

Mahira schaut Bina an, als würde sie ihr Gesicht nicht finden. »Was? Ist es schon Morgen? Ihr seid alle so hell.« Sie reibt sich die Augen.

»Morgen? Es ist noch nicht mal ganz Abend, Mahira«, sagt Nisha.

»Lasst uns hierbleiben.« Omek sieht sich in der Höhle um und kneift die Augen zusammen. »Der Unterschlupf, den wir gefunden haben, ist auch kein besseres Nachtlager.«

Azraks Leuchtalge bewegt sich von der Höhlenwand auf sie zu. »Die Wände haben Risse«, sagt er. »Ich weiß nicht, wie stabil die Höhle ist. Ich möchte hier nicht übernachten.«

Omeks Augen werden groß und Nisha kann förmlich fühlen, wie sich die Panik in ihm ausbreitet. »Kannst du schwimmen?«, fragt sie Mahira.

Mahira nickt. Nisha streckt ihr ihre Hand entgehen und zieht sie hoch. »Hell, zu hell«, quietscht Mahira und hält sich die andere Hand vor die Augen.

»Vielleicht Vergiftungserscheinungen?«, flüstert Omek Nisha zu. Sie zuckt mit den Schultern.

»Mahi, was ist passiert? Warum hast du nicht auf uns gewartet?«

»Ich habe … « Sie kichert. »Mondmuscheln gefunden. So viele! Schaut euch um. Ich liebe diese Muscheln! Abendessen brauche ich jedenfalls keins.« Sie kichert wieder.

»Bei den Feuern, Mahira! Wie viele hast du gegessen?«

»Nish, Nish, Nish, keine Ahnung. Ist das so wichtig? Ich weiß nicht mehr … Viele?« Sie grinst und fängt wieder an zu kichern. »Ja, definitiv. Viele.«

»Vielleicht sind sie in großen Mengen giftig«, sagt Nisha an die anderen gewandt. »Wir müssen vorsichtig sein. Nicht mehr als drei pro Person ab jetzt.«

Langsam schwimmen sie zur Schlucht zurück. Omek erhellt den Weg mit Leuchtalgen, Azrak und Bina helfen mit dem Kompass. Nisha hält Mahira an der Hand, die sich über Kopfweh beschwert.

Azrak dreht sich zu ihnen um, hält inne, schaut Nisha prüfend in die Augen und mustert Mahira. »Deine Augen sehen komisch aus, Mahira.«

»Ja?«

»Sie *leuchten.*« Alle drängen sich um Mahira und starren ihr in die Augen, während sie ununterbrochen kichert.

»Stimmt«, muss Nisha zugeben. »Dass wir das nicht vorher bemerkt haben.«

»Fühlst du dich irgendwie … anders?«, fragt Azrak.

»Nein. Ganz normal.« Sie kichert.

»Kannst du gut sehen?«

»Ja, sicher, die Sonne scheint ja auch.« Azrak und Nisha schauen sich verwundert an.

»Nein, tut sie nicht, Mahi«, sagt Nisha langsam.

Mahira lacht. »Jetzt kommt schon! Macht euch nicht über mich lustig.«

»Machen wir nicht. Es ist vier Uhr nachmittags. Es ist dunkel. Ich sehe fast nichts mehr.«

Mahira schaut Nisha ungläubig an. »Aber es ist hell! Ich sehe alles!«

»Siehst du, was ich in meiner Hand habe?«, fragt Omek. Er ist ein paar Meter weiter, Nisha sieht vor allem seine Leuchtalge, seine Umrisse erkennt sie nur vage.

»Zwei Mondmuscheln«, sagte Mahira sofort.

»Stimmt das?«, fragt Nisha.

»Ja«, murmelt Omek.

»Hast du etwa die ganze Zeit den Weg gut gesehen?«

»Sicher.«

»Warum hast du nichts gesagt?«

»Ich dachte, ihr seht alle gut!«

»Weil wir die ganze Zeit Omek mit Leuchtalgen vorschicken? Extra langsam schwimmen? Weil Bina und Azrak die ganze Zeit den Kompass und die Karte zu Hilfe nehmen?« Nisha stemmt die Hände in die Seite.

»Entschuldigung, ist mir eben nicht aufgefallen!« Mahira klingt beleidigt.

Azrak dreht sich zu Nisha. »Verstehst du, was das bedeutet?« Ob sie versteht, was das bedeutet? Wenn man in der Tiefsee plötzlich sehen kann? Wenn man Licht in die Finsternis bringt? Wenn die Nacht zum Tag wird? Ein Wunder, das ist es. Das Meer sorgt für sie. Sie wusste, dass ihr Gefühl sie nicht täuschen wird.

Nisha dreht sich zu Bina. Bina lacht, ihre Wut ist verflogen. »*Das* hat er also gemeint«, ruft sie aus, und lacht wieder.

»Wer?«, fragt Nisha.

»*Das Licht versteckt sich, es verbirgt sich dort, wo man es am wenigsten erwartet, es verbirgt sich auch in der Tiefe im dunklen Mond, nur wenige finden es.*«

Und Azrak spricht weiter, seine dunkle Stimme scheint direkt in ihr Ohr zu sprechen: »*Wenn es auftaucht, ist sein Anblick höchst wundersam, gleich einem Zauber.*«

»Der dunkle Mond! Er meint damit die schwarzen Mondmuscheln! Er hat uns einen Hinweis gegeben! Die Muscheln verstärken die Sehkraft, sie bringen Licht ins Dunkle.« Bina spricht schnell vor Aufregung.

»Es ist wirklich wie ein Zauber«, flüstert Nisha.

Für einen Moment sind alle still, schauen sich feierlich an. Etwas ist passiert, etwas hat sich geändert. Hoffnung. Es gibt Hoffnung.

»Kommt«, sagt Bina schließlich. »Wir zeigen euch das Nachtlager. Es ist nicht weit.«

LEITFIGUR

Das Nachtlager ist eine kleine Höhle unter einem überstehenden Felsen, eine kleine Nische, in der das Wasser ein paar Grad wärmer als außerhalb ist. Die Dunkelheit ist vollkommen, als sie den Unterschlupf erreichen.

Omek holt eine große Leuchtalgenkugel aus der Tasche und presst sie zwischen seinen Händen zusammen, bis sie in orangegoldenem Licht erstrahlt. Er verzieht das Gesicht zu einer Grimasse, als das Licht auf seine Augen trifft, und legt die Kugel schnell auf den Boden. Sanfte Wellen bewegen sie leicht hin und her. Der Lichtschein flackert auf den Felswänden. Große Korallen in dunklen Farben wachsen an ihnen. Arten, die Nisha noch nie gesehen hat.

Sie ziehen ihre Schlafmembranen aus der Tasche und machen es sich darin bequem. Lassen sich im Kreis um das Licht auf den Boden sinken, lehnen sich an den Fels, um nicht weggetragen zu werden. Kleine Fische und Krabben schwirren um die Leuchtalgenkugel herum. Nisha atmet tief ein und wieder aus. Langsam kann sie sich entspannen. Sie dehnt ihren Rücken und streckt ihre Arme und Beine. Sich von den kleinen Wellen schaukeln zu lassen bringt Erleichterung. Nur das Stechen in ihren Augen will einfach nicht nachlassen.

»Jeder höchstens eine Mondmuschel, in Ordnung?«, sagt Nisha als alle es sich gemütlich gemacht haben. Muscheln, Seetang und sogar Knochenpilze liegen und schwimmen im Wasser zwischen ihnen.

Omek räuspert sich. »Wenn die Muscheln die Sehfähigkeit im Dunkeln verbessern, macht es dann Sinn, das so eng zu begrenzen?«

Nisha wirft ihre Arme nach oben. »Dann iss eben eine mehr, wenn du unbedingt willst. Vorher wolltest du gar nicht! Hauptsache, du schläfst uns nicht unterwegs ein.« Omek nickt beschämt und greift zu. Offensichtlich wiegt die Angst vor der Dunkelheit für ihn stärker als alles andere.

»Wir haben Knochenpilze gefunden«, verkündet Azrak und zeigt auf die Ausbeute, die schon zwischen ihnen im Wasser schwimmt.

Mahira greift sofort zu. Ohne zu zögern, beißt sie ein großes Stück Knochenpilz ab, verzieht das Gesicht und beißt noch einmal zu.

Omek schüttelt den Kopf. »Nur weil manche Sachen nicht giftig sind, heißt das nicht, dass nichts in den großen Weltmeeren jemals für dich gefährlich ist.«

»Irgendwie muss ich es ja herausfinden«, sagt Mahira mit vollem Mund.

Azrak schaut sie neugierig an. »Und?«, fragt er.

»Interessant«, sagt sie und kaut nachdenklich.

»Ich dachte, du brauchst kein Abendessen mehr«, sagt Bina.

Mahira zuckt mit den Schultern und nimmt noch einen Bissen. Nach und nach greifen alle zu, kauen und schlürfen. Omek hält von den Knochenpilzen Abstand. Nisha probiert ein kleines Stück. Der Geschmack ist überraschend. Anders. Die äußere Hülle der Pilze ist hart und krustig, das Innere ist weich und zerfließt auf der Zunge.

»Siehst du immer noch alles hell?«, fragt Azrak Mahira.

Sie nickt. »Ja. Aber es wird dunkler. Wie Nachmittag oder früher Abend.«

»Ich bin nur froh, dass alles nochmal gut gegangen ist«, sagt Omek leise. Seine Hornspitzen bewegen sich auf Kopf und Rücken im Gleichklang auf und ab. Alle nicken, Azrak grunzt etwas, das eine Zustimmung sein könnte. Dann wandern alle Blicke zu Nisha. Unbehaglich ruckt sie ihrer Membran hin und her.

»Was?«, fragt sie schließlich in die Runde.

Bina zuckt die Schultern. »War doch deine Idee, oder Nish, das hier alles? Wie ist es gelaufen, bisher? Was denkst du?«

Nisha wird heiß. Ihre Idee, ja, ihre Idee, die fast komplett schiefgegangen wäre. Die haarscharf an einer Vollkatastrophe vorbeigeschwommen ist. Sie streicht sich die roten Haare aus der Stirn, dreht sich in der Schlafmembran hin und her und drückt ihre Finger durch die ausgefransten Algenfilamente am Rand. Sie richtet sich ein bisschen auf. Zwingt sich, nicht an Nof Shunit zu denken. Nicht an ihre Eltern. Sie haben etwas Unglaubliches geschafft, sie entdecken die Tiefsee, sie sind Pioniere. Daran sollte sie denken. »Wir sind Pioniere! Wir haben heute etwas Unglaubliches geschafft! Daran sollten wir denken.« *Nicht daran, dass sie uns suchen, dass niemand weiß, wo wir sind.* Nisha schluckt. »Wer weiß, vielleicht schreiben wir gerade Geschichte. In zehn oder zwanzig Jahren kennt jeder die Siedlung am Dunkelriff. Die erste Tiefseesiedlung! Und alle werden auf diesen Tag zurückschauen.«

Mahira kichert, Omek macht zustimmende Geräusche, selbst Bina nickt. Azrak brummt. Sie improvisiert. *Schon wieder.* Der sorgenvolle Blick ihrer Mutter geht ihr nicht aus dem Kopf, während ihre Finger ein Loch in die Membran bohren. Aber ihre Worte beflügeln sie. Vielleicht stimmt es ja, was sie sagt. Vielleicht sind sie ja *wirklich* Pioniere und keine dummen Kinder. Vielleicht schreiben sie ja wirklich gerade Geschichte.

»Morgen geht es weiter. Direkt zum Dunkelriff«, sagt Nisha feierlich.

»Auf das Dunkelriff«, sagt Omek mit fester Stimme und hebt seine dritte Mondmuschel in die Höhe.

»Auf das Dunkelriff«, wiederholen alle und schlürfen den letzten Saft aus ihren Muscheln, schauen sich an und lassen die Stille für einen Moment wirken.

»Morgen müssen wir früh raus«, sagt Nisha. Auf einmal legt sich eine bleierne Müdigkeit über sie und sie kann kaum ihre Augen offenhalten.

»Alles klar, Chefin.« Azrak grinst sie offen an.

In der Schlafmembran ist es angenehm warm. Leichte Wellen schaukeln sie rhythmisch hin und her. Nisha sieht, wie die Augen der anderen langsam zufallen, wie ihre Atmung regelmäßig wird.

Sie spürt Azraks Blick auf sich. Langsam dreht sie ihren Kopf zu ihm. Ihre Lider fallen beinahe zu vor Müdigkeit. Azrak liegt neben ihr im Kreis, eingerollt in seine Schlafmembran. Er schaut sie aus seinen unwirklich großen, dunklen Augen an. Orangegoldenes Licht von der Leuchtalge spiegelt sich in seinem weißen Gesicht. Fast könnte man sagen, dass er schön aussieht. Aber es ist ein anderes Schön, ein sonderbares. Er streckt langsam einen Arm nach ihr aus, faltet eine sonderbare Hand auf und schaut sie ohne Umschweife an. »Komm«, sagt er leise.

Und was tut sie, Nisha? Als wäre ihr die Tiefsee zu Kopf gestiegen, erhebt sie sich, schlüpft aus ihrer Schlafmembran, drückt die Leuchtalge aus und schwimmt in vollkommener Dunkelheit mit einem sachten Flossenschlag leise zu ihm. Sein Körper fühlt sich weich an, voll und warm, und er empfängt sie mit überraschender Selbstverständlichkeit. *Das war nicht Teil des Plans.* Wie kann sie ihm nahe sein, Azrak, jemandem wie ihm? Aber dann hört sie auf zu denken und alles, was noch existiert, ist die Tiefe, die Wärme, die Dunkelheit.

Es ist schwarze Nacht, als sie aufwachen. Nisha liegt in ihrer eigenen Schlafmembran. Die Fragen der anderen kann sie bestimmt nicht gebrauchen. Sie weiß ja selbst nicht, was das mit Azrak bedeutet. Als sie die Augen in die Dunkelheit öffnet und sich streckt, fühlt sie sich überraschend wach. Erholt. Als hätten die Tiefe und die Dunkelheit alle unnötigen Gedanken weggewischt, ihr Energie verliehen. *Die Tiefsee oder Azrak?*

»Sieht jemand etwas?«, fragt Bina in die Dunkelheit.

»Ich nicht«, sagte Nisha. »Mahira?«

»Hmpf.«

»Was?«

»Nein. Nichts.«

»Hast du deine Augen schon aufgemacht?«

»Nein«, sagt Mahira, während Omek eine Leuchtalgenkugel aktiviert.

»Vielleicht müssen wir mehr Mondmuscheln essen«, sagt Nisha.

»Schlaue Idee«, sagt Azrak ironisch und schaut Nisha spöttisch an.

Sie spürt ihren Kopf heiß werden. Seine Arroganz ist nicht auszuhalten. *Einfach ignorieren*. Letzte Nacht war schön, ja, und es hat sie überrascht. *Er* hat sie überrascht. Aber es gibt Prioritäten. Und oberste Priorität hat das Dunkelriff.

Nisha dreht sich zur Seite, packt ihre Schlafmembran ein, schüttelt Mahira, bis sie aufwacht und anfängt zu packen. Omek ist schon fertig. Er hat schon wieder eine Mondmuschel in der Hand.

Mit krauser Stirn sieht Nisha ihn an. »Wie viele davon hast du vor zu essen?«

»Mit vollem Magen kann man nicht gut schwimmen«, bemerkt Bina.

»Ich will was sehen. Ich hab genug von der Dunkelheit«, sagt er hektisch. Nisha spürt die Anspannung in seiner Stimme. »Meine Augen stechen von der ganzen Anstrengung«, fügt er hinzu. Er also auch.

Nisha schließt ihre Augen kurz und versucht die Augenmuskulatur zu entspannen, aber es hilft nicht. »Meine auch«, gibt sie schließlich zu. »Geht es noch jemandem so?« Die anderen schütteln den Kopf. Die Aufregung des letzten Tages muss ihr und Omek mehr zugesetzt haben als den anderen.

Auch Mahira schlürft an einer Mondmuschel. »Oh, oh!«, ruft sie plötzlich aufgeregt und alle schauen sie alarmiert an. Sie kichert. »Ich werde ein Extrakt daraus herstellen, sobald wir wieder in Nof Shunit sind«, sagt sie.

»Mahiras Lichtmuscheln! Oder nein, besser, Schwarzer Mondsirup. Mahiras schwarzer Mondsirup. Was meint ihr? Das wird großartig.«

Bina schüttelt den Kopf, Omek lacht, aber Mahira hat recht, das *ist* eine großartige Idee. *Wenn sie zurück in Nof Shunit sind …* dieser Moment scheint in einer anderen Welt zu liegen. Weit in der Zukunft. Vielleicht ist es besser, nicht daran zu denken, *wie* sie empfangen werden. Was man ihnen vorwerfen wird, wie man sie anschauen wird. Nein, besser, sich auf die Gegenwart zu konzentrieren, auf den dunklen Morgen und den Abstieg in die Tiefe, der vor ihnen liegt. Aber ja: Wenn sie die Fähigkeit der Muscheln, im Dunkeln zu sehen, für sich nutzen könnten … wer weiß, was dann alles möglich wäre. Dann wäre ein Leben in der Tiefe vielleicht möglich. *Möglicher*.

Bina sieht Nisha und Omek nachdenklich an. »Vielleicht macht euch der Druck zu schaffen.«

»Nur auf den Augen?«, fragt Nisha. »Da macht doch keinen Sinn.«

Bina zuckt mit den Schultern. »Ich weiß nicht. Aber wir sollten es im Blick behalten.«

Sie packen fertig und schwimmen los. Omeks Leuchtalgenkugel erhellt den Weg. Hinter ihrem Lichtkegel ist nichts als Schwärze. Vielleicht sind dort auch Meermonster, riesige Tintenfische, geheime Mysterien, Urwale oder ausgestorbene Meeresschildkröten. Tiere, die noch niemand entdeckt hat, unsichtbar für immer. Nur ein paar Meter von ihnen entfernt, hinter dem ewigen Vorhang der Dunkelheit.

Schwachsinn. Sie schüttelt den Kopf, verbannt die Tagträume aus ihren Gedanken. Meeresschildkröten gibt es nicht mehr, nicht mehr hier und nicht mehr anderswo. Nirgends mehr. *Flippy*. Sie sieht Flippy vor sich. Wie sie freudig auf sie zuschwimmt und Purzelbäume im Wasser schlägt. *Nie mehr*. Oben wütet die Weiße Grippe weiter, vielleicht gibt es bald gar keine Schildkröten mehr, wenn sie keinen Impfstoff finden. Keine Schildkröten. Wie soll man leben, in einer Welt ohne Schildkröten? *Das* ist es, was sie in Nof Shunit erwartet. Ein Leben ohne Schildkröten. Und ihre Mutter, die mit jeder sterbenden Schildkröte ein Stück weiter vom Leben wegrückt. *Von ihr*.

Sie schwimmt und atmet das schwarze, kühle Wasser tief ein und aus. Die Dunkelheit beruhigt sie. Sie schwimmt weiter, den anderen hinterher. Eine Strömung verrät ihnen, dass sie an der Schlucht angekommen sind. Vor ihnen tanzen die Schatten im Kegel der Leuchtkugel.

»Ich sehe schon meine Hände vor mir im Wasser«, sagt Mahira.

»Das ist nur, weil du weißt, dass sie da sind«, sagt Bina.

»Nein, wirklich!«

»Ich sehe dich vor mir, Bina«, sagt Nisha.

»Ich auch«, sagt Omek.

»Ich sehe eine Gruppe von Idioten, die alle sagen, was sie sehen«, sagt Azrak.

»Haha, sehr witzig«, murmelt Omek.

»Omek, mach mal die Kugel aus«, sagt Nisha.

Omek drückt die Kugel zusammen und das Licht verblasst langsam. Für einen Moment ist die Dunkelheit perfekt. Doch dann zeichnen sich langsam Umrisse im Wasser ab. Dunkelblau gegen schwarzblau.

»Ich denke, wir haben schon ein bisschen Licht«, sagt Bina. »Sollen wir?«

Nisha schaut in die Runde. Langsam werden die Gesichter sichtbar. Azraks weißes Gesicht sieht man am deutlichsten. Mahiras dunkle Gesichtszüge verschwinden in der Dunkelheit, nur ihre weißen Streifen sieht man. Sie erkennt Omek, versucht in seinen Augen zu lesen, wie es um ihn steht, aber noch ist es zu dunkel. »Gut«, sagt Nisha. »Was wissen wir über die Schlucht, Bina?«

»Nicht allzu viel, um ehrlich zu sein. Es geht noch einmal deutlich abwärts. Ungefähr nochmal hundert Meter tiefer. Cassian Ngouzi verliert nicht sehr viele Worte über die Schlucht. Etwas über enge, schroffe Kanten, Felswänden wie Zähne, hinein in den Rachen der Tiefe …

klingt ziemlich übertrieben. Aber keine Richtungen, keine Zahlen, keine konkreten Anhaltspunkte.«

»Außer der Kathedrale.« Azrak ist nähergekommen.

»Ja.« Bina nickt. »*Den Boden des Abgrunds entlang führt ein Weg, schmal und eng, oben ist die Strömung stark wie ein Sturm. In tiefster Tiefe* –«

»*… erreicht man eine Höhle unermesslichen Ausmaßes, aus löchrigem Gestein. Die Kathedrale. Der größte Ausgang führt zum Dunkelriff.*« Azraks Stimme schneidet dumpf durch das Wasser.

»Sagt mal, habt ihr etwa den ganzen Reisebericht auswendig gelernt?« Mahira grinst.

Bina zuckt die Schultern. »Besser, man kennt seine Quellen.« Azrak knurrt zustimmend.

»Sollen wir?«, fragt Omek, die Anspannung in seiner Stimme ist nicht zu überhören. Aber auch noch etwas hört Nisha darin. *Neugier*. Nicht umsonst ist Omek mitgekommen, nicht umsonst hat *er* damals das Tieftauch-Experiment vorgeschlagen. Vielleicht haben ihn die Mondmuscheln ja beruhigt. Vielleicht kommt jetzt seine neugierige, wissensdurstige Seite zum Vorschein.

Einer nach dem anderen schwimmen sie über die Kante, hinein in die Schlucht, tauchen Kopf voran in die Tiefe. Nisha lässt sich zurückfallen, schwimmt neben Azrak. »Wir müssen Omek im Auge behalten«, sagt sie leise. »Ich hoffe, er packt es.«

Azrak nickt. »Er unterdrückt eine Panikattacke, seit wir Mahira verloren haben. Deswegen hat er heute Morgen bestimmt noch eine Mondmuschel gegessen.«

»Vielleicht hilft es ja.«

Die Schlucht beginnt als schmaler Spalt, ein Einschnitt in der öden Landschaft. Die Felswände stehen eng zusammen. Der Fels ist rau und uneben, als hätte jemand den Stein mit Gewalt aufgerissen. Bina und Omek navigieren um Engstellen herum. Man muss hintereinander schwimmen, so schmal ist der Spalt.

»Und bist du bereit zu tun, was notwendig ist, wenn nicht?« Azraks Stimme kommt von hinten und holt Nisha in die Gegenwart zurück.

»Was meinst du?«

»Wenn die Mondmuscheln ihm nicht helfen. Ob du bereit bis, ihn zurückschicken, wenn er es nicht schafft.«

»Ja, *sicher*«, sagt sie sarkastisch. »Er hat eine Panikattacke am Dunkelriff und ich schicke ihn allein zurück.«

»Und was willst du dann tun?«

»Er wird sich zusammenreißen müssen. Ich schicke ihn bestimmt nicht zurück, kurz bevor wir sowieso alle zurückgehen. Wir bleiben zusammen.«

»Ich sag's ja nur. Ist nichts Persönliches. Nicht jeder kommt damit klar, mit der Tiefe. Nicht jeder ist dafür gemacht.«

»Ach. Aber *du* bist dafür gemacht?«

Azrak zuckt mit den Schultern, er schwimmt fast neben Nisha, obwohl dafür eigentlich kein Platz ist. »Keine Ahnung. Werden wir sehen. Ich hoffe schon. Aber ich hätte kein Problem damit zuzugeben, dass ich es nicht bin, und zurückzugehen. Ich weiß nicht, ob Omek dasselbe tun würde.«

»Also, ich gebe hier niemandem Anweisungen, irgendwohin zu gehen. Und erst recht nicht, nach Hause zu gehen.« Ja, vielleicht hat Azrak recht. Vielleicht würde Omek wieder eine Panikattacke bekommen. Aber sie wird ihn deswegen bestimmt nicht von der Gruppe ausschließen. Sie kann nichts erlauben oder verbieten. Das tun *Eltern*.

»Entspann dich, Nisha. Ich wollte dich nicht kritisieren. Ich finde, du hast dich hier bisher gut geschlagen –«

»*Ich* habe mich gut geschlagen? Was soll das, Azrak? Führst du Buch über mich? Ich bin nicht die Anführerin, ich schlage mich genauso gut oder schlecht wie alle anderen!« Sie schwimmt schneller, versucht, Azraks forschendem Blick zu entkommen.

Aber Azrak lacht nur leise. »Doch, Nisha. Du *bist* die Anführerin. Siehst du nicht, wie die anderen dich ansehen? Wie sie darauf warten, was du sagst?«

»Quatsch«, murmelt Nisha, aber etwas in ihr weiß, dass er recht hat. Sie hat es selbst bemerkt. Die Blicke. Dass sie das letzte Wort haben darf. *Und hat es ihr etwa nicht gefallen?*

»Komm schon, Nisha. Ist doch nicht so schlecht oder? So sind eben Menschen, sie brauchen eine Leitfigur. Jemanden, zu dem sie aufschauen können.«

Eine Leitfigur. Das war sie jetzt also. Leitfiguren hatten sie auch schon zu Hause. Mama und Paps sind auch ganz tolle Leitfiguren. Solche, die ihnen sagen, was verboten und erlaubt ist, wo die Grenzen sind. Damit man nur nicht auf den Gedanken kommt, seine eigenen Grenzen auszutesten. »So sind Menschen also, ja? Dumm und brauchen Führung? Jemanden, der ihnen die Grenzen aufzeigt? *Das* denkst du also wirklich von uns allen?«

Azrak schnalzt mit der Zunge. »Nisha, sei nicht so negativ. Du weißt genau, dass ich das nicht von *allen* denke.«

»Aber deswegen muss ich trotzdem niemandem Vorschriften machen. Das kannst du dir abschminken! Wir sind hier unten, weil wir etwas verändern wollen. *Gemeinsam*. Niemand entscheidet allein.«

Azrak lacht leise in sich hinein. »Menschen ändern sich nicht, Nisha. Auch wenn man mit ihnen *redet*. Es gibt Sachen, die sind in unsere DNS eingeschrieben. Ein gutes Gespräch ändert nichts daran, dass manche Leute für manche Dinge nicht gemacht sind.«

»Und du weißt genau, was in wessen DNS eingeschrieben ist?«

»Nein, aber es gibt Dinge –«

»Genau. *Du weißt es nicht*. Und ich auch nicht. *Niemand* von uns. Deswegen sind wir hier, weil wir es *herausfinden* wollen. Weil sich Rätsel in unserer DNS verstecken, die wir noch lange nicht gelöst haben. Deswegen werde ich einen modrigen Algenschlamm tun und anfangen, Vorschriften zu machen. Dann sind wir nämlich kein Stück besser als unsere Eltern!« Mit ein paar festen Flossenschlägen lässt sie Azrak hinter sich zurück.

Die Schlucht verbreitert sich langsam. Diffuses Licht von oben lässt die schwarze Dunkelheit erst dunkelblau werden und schnell wird Dunkelblau zu Tiefblau. Aber auch das wenige Licht offenbart überraschend viel Leben. Die schroffen Wände der Schlucht sind bewachsen. Mit einem Mal sehen sie Korallen, Anemonen und runde Krusten wie Moos oder Flechten. Alles schimmert in dunklen Farben, in Tönen von Blau, Grün und Grau. Staunend schwimmen sie an den sonderbarsten Formen vorbei. Lange Filamente verflechten unterschiedliche Lebensformen miteinander. Tellergroße Blätter oder Blüten schaukeln in der Strömung. Gepunktete Auswüchse wackeln, als würden sie etwas suchen.

Wenn Mama das nur sehen könnte … Aber wer weiß, ob ihr fragiler Körper dem Druck der Tiefsee überhaupt standhalten würde …

»Verdammte Feuer!«, hört Nisha Bina leise fluchen.

»Was ist los?« Sie schwimmt schnell vor zu Bina, die sich hektisch umschaut.

»Der Lichtie«, sagt sie fahrig. »Er muss hier irgendwo sein!«

»Sag nicht, dass dir gerade unsere wichtigste Informationsquelle heruntergefallen ist?« Azrak stöhnt.

»Hilf lieber suchen!«, zischt Bina. »Ich wollte ihn mir gerade wieder in die Tasche stecken, und da ist er mir aus den Fingern gerutscht. Genau hier.« Sie zeigt auf den Boden direkt unter sich.

»Wir finden ihn schon«, sagt Nisha und nimmt den abfallenden, felsigen Grund unter die Lupe. Alle suchen, drehen Steine um und kämmen sich durch Seetang.

»Ich steck ein bisschen von dem Seetang ein«, sagt Mahira. »Wenn wir schon dabei sind.«

Die Einzelheiten des Felsbodens sind schwer zu erkennen. Das Wasser ist trüb und die Konturen des Felsen so unregelmäßig, dass das Auge sich an nichts festhalten kann. Plötzlich sieht Nisha ein Glitzern. Sie schiebt einen Algenteppich zur Seite. »Da!«, ruft sie und greift danach. Aber es ist nur ein Stein, der einen einzelnen Lichtstrahl reflektiert hat. Enttäuscht schüttelt sie den Kopf. »Verdammter Algenschleim«, flucht sie leise.

»Ich hab ihn!« ruft Omek auf einmal und zieht eine kleine Kugel unter den Pflanzen hervor. Er hält den Lichtie hoch, der dünne Filamente an der Außenhaut gebildet hat, wie in der Nährlösung. »Wollte er sich etwa aufladen?« Omek lacht. »Woran denn?«

Bina mustert den Lichtie kritisch und steckt ihn wieder ein. »Stimmt. Hier wachsen Anemonen. Schaut mal.« Etwas leuchtet kurz zwischen den Pflanzen auf. »Ich kenne die Art nicht«, sagt Bina. »Aber vielleicht haben sie bioelektrische Eigenschaften.« Sie zuckt mit den Schultern. »Gut, dass du ihn gefunden hast, Omek.«

Der Abstieg ist anstrengend. Ein Hindernis nach dem anderen blockiert ihren Weg. Azrak flucht. Mit seiner weichen Haut schneidet er sich immer wieder am scharfen Fels. Er ist größer und breiter als die anderen, der Abstieg ist noch schwieriger für ihn. Trotzdem finden sie einen Rhythmus. Langsam, aber sicher arbeiten sie sich vor, weiter nach unten.

»Lasst uns eine kurze Pause machen«, schlägt Bina nach einiger Zeit vor und alle sind froh darüber, sich kurz auszuruhen. Sie kramen Muscheln und Seetang aus ihren Taschen, reichen alles herum. Auch ein paar Knochenpilze haben sie gepflückt.

»Hat jemand herausgefunden, was die *besonderen Kräfte* der Pilze sind?«, fragt Omek und presst seine Finger auf die Augen. Niemand antwortet.

»Vielleicht stimmt ja nicht alles, was in dem Reisebericht steht«, sagt Bina und zuckt die Schultern.

»Oh, dann denkt ja doch noch jemand so.« Azraks Stimme ist spöttisch, wie immer.

Bina zuckt mit den Schultern. »Hab nie was anderes behauptet. Wie geht es euren Augen?« Sie mustert Nisha und Omek mit zusammengekniffenen Augen.

Nisha brummt. Während sie sich auf den Abstieg konzentriert hat, war der Schmerz in den Hintergrund gerückt. Aber jetzt ist das Stechen nicht mehr zu ignorieren. Sie blinzelt. »Geht so«, sagt sie. »Definitiv nicht besser.«

Omek nickt. »Bei mir auch nicht.« Seine Stimme klingt gepresst.

»Weiter oder noch ausruhen?«, fragt Bina und schaut in die Runde. »Wenn das mit euren Augen zu schlimm wird …« Ihr Blick bleibt an Nisha hängen. »… dann sollten wir vielleicht wieder zurück«, vervollständigt sie den Satz.

Nisha seufzt. »Weiter«, sagt sie.

»Also, ich hätte nichts gegen eine Pause«, sagt Omek.

Nisha schaut Azrak an. Er sagt nichts. Er sieht müde aus, seine Haut ist verkratzt. Würde er zugeben, dass er eine Pause braucht? Nein, er sagt nichts, natürlich ist er nicht so reif, wie er behauptet.

»Wir haben so wenig Licht«, sagt Nisha. »Lasst uns keine Zeit mehr verschwenden. Wir können auch am Dunkelriff Pause machen. Weit kann es nicht mehr sein.« Bina nickt und auch Mahira scheint immer noch Energie zu haben.

»Gut«, sagt Omek zögerlich. »Ich schaff das schon.«

Azrak sagt nichts. Er schaut zur Seite. Dann schwimmen sie auch schon weiter. Langsam tauchen sie tiefer, die Strömung ist minimal. Sie halten sich nahe am Boden und an den Wänden. Cassian Ngouzi hatte vor Strömungen gewarnt, aber noch ist nichts davon zu spüren.

Und dann ist mit einem Mal der Abstieg zu Ende. Direkt vor ihnen mündet die Schlucht in einer Art felsiges Tor, hinter dem sich eine löchrige Kuppel eröffnet. »Die Kathedrale!«, ruft Mahira und schwimmt voran, in das

Zentrum des Hohlraums. Eine fragile, furchige Felsblase mit runden Fenstern von unterschiedlicher Größe.

»Spürt jemand den Druck? Fühlen sich alle gut?« ruft Nisha, ihre Stimme klingt leise, obwohl sie laut gesprochen hat. Sie hört ein leises »Ja« und noch eins, aber die anderen sind schon in der Kathedrale. Staunend schweben sie in der Mitte der Höhle.

»Wie kann so etwas entstehen?«, fragt Omek ehrfürchtig.

»Vielleicht … irgendwas mit Gas … vulkanische Aktivität«, vermutet Bina.

»Der Fels sieht aus wie erstarrte Lava«, sagt Azrak.

Nisha schwimmt hinterher. *So viel Raum.* Ein Gefühl von Größe, obwohl die Kathedrale den Raum ja eingrenzt, ihn kleiner machen müsste. Wie kann eine Höhle so rund wachsen? *Fast wie die schwarze Kuppel des Sternschildkröten-Tempels …* Eine Ewigkeit scheint das her zu sein, dass sie mit Bina dort war. Dass sie gebetet hat. Dass sie in der Schwärze geschwebt ist. Dass sie für Flippy gebetet hat. In der Dunkelheit. *Wie hier.* Aber Flippy ist gestorben. *Beten reicht nicht.* Man muss etwas tun.

Die Dunkelheit hier unten ist echt. Die Tiefe ist echt. Sie ist keine Illusion wie im Tempel, der auf Knopfdruck beleuchtet werden kann. Auch die Kuppel ist anders, diese Kathedrale. Sie ist aus Stein gewachsen, sie ist *echt.* Hier unten ist das wirkliche Leben, wo wirkliche Dinge auf dem Spiel stehen. Nicht wie oben im seichten Wasser, wo alle vorgeben, ein Meerleben zu leben und dabei doch Angst vor der Tiefe haben. Wo die Anhänger der Sternschildkröten sich in die Finger pieksen lassen und das »Opfer« nennen. Auf Licht und Komfort zu verzichten, um sich der Tiefe zu öffnen, *das* ist ein wirkliches Opfer.

»Und jetzt?«, fragt Mahira, nachdem sie eine Runde geschwommen ist und auf etwas Undefinierbarem herumkaut.

»Hörst du eigentlich auch manchmal zu?«, fragt Omek. »Es gibt einen Ausgang, der zum Dunkelriff fühlt. Der breiteste.«

»Nein«, sagt Azrak. »Der größte.«

»Ist doch das gleiche«, sagt Omek schulterzuckend.

»*Der größte Ausgang führt zum Dunkelriff*«, sagt Bina. »So steht es im Reisebericht.«

»Ich dachte, ich hätte der ›weiteste‹ gelesen«, sagt Nisha.

»Der weiteste? Was soll das denn heißen?« fragt Bina.

»Naja, weit, also wie breit eben«, stottert Nisha.

»Hast du den *ganzen* Bericht gelesen?« Bina schaut sie zweifelnd an.

»Ausschnittsweise«, sagt Nisha.

»Ist doch egal, welchen wir nehmen! Wir probieren einfach alle aus.« Mahiras Schwanzflosse zuckt ungeduldig.

Nisha schüttelt den Kopf. »Mahi, wir wissen nicht, wie die Strömungen dahinter verlaufen. Wir können uns hier keine Fehler erlauben. Ein paar Meter rechts oder links können einen großen Unterschied machen.«

»Lasst uns im Reisebericht nachschauen«, sagt Azrak.

Bina seufzt und holt den Lichtie heraus. »Ich bin mir absolut sicher.«

»Los, mach schon«, sagt Mahira.

»Ich mache ja schon! Es geht nicht.« Sie hält die Finger von beiden Seiten auf die Kontaktstellen, aber kein Lichtbild erscheint.

»Lass mich mal«, sagt Azrak und nimmt ihr die Kugel aus der Hand.

»Ich weiß schon ganz gut, wie das geht!«, faucht Bina. Azrak fummelt ungeduldig an der Kugel herum. Aber der Lichtie bleibt dunkel. »Ich hab ihn kaputt gemacht«, murmelt Bina. »Vorhin. Als er heruntergefallen ist.«

»Du kannst nichts dafür«, sagt Nisha und legt ihr eine Hand auf die Schulter. »Komm. Nicht so schlimm. Wir schaffen es auch so.«

»Also gut, schaut euch um. Welcher Ausgang ist der größte, der breiteste, der weiteste?« Bina klatscht in die

Hände und alle drehen sich, um die löchrigen Wände der Kathedrale zu mustern.

»Ich denke, der hier«, sagt Mahira und zeigt nach unten auf ein großes, hohes Loch im Fels, direkt am Meeresgrund, links von den Ausläufern der Schlucht.

»Ja«, sagt Azrak langsam. »Ich denke auch. Das ist das größte.«

»Mh«, macht Omek. »Das hier oben ist auch ziemlich groß. Und … breit.« Er zeigt schräg nach oben auf die gegenüberliegende Seite der Kathedrale, wo der Fels durchbrochen ist, ein fast runder Ausgang, etwas breiter als hoch.

»Ja, ich dachte auch, dass das etwas größer ist«, sagt Bina nachdenklich. »Aber um ehrlich zu sein, sie sehen fast gleich groß aus.«

»Sollen wir messen?« fragt Omek.

»Ich weiß nicht. Wie soll man so eine unregelmäßige Form messen? Das kann man doch nicht vergleichen.« Bina sieht sich ratlos um.

Alle drehen sich zu Nisha. Ihr Herz klopft. Sie schaut kurz zu Azrak, beinahe versehentlich, fängt einen kurzen Blick seiner schwarzen Augen. *Menschen brauchen eine Leitfigur …* Und wenn er recht hat? Wenn sie jemanden brauchen, der entscheidet? Wenn jemand diese Aufgabe übernehmen muss, damit es funktioniert? Bina analysiert, Mahira experimentiert, Omek ist vorsichtig. Azrak kritisiert … Und sie … *entscheidet.* Sie schaut sich die Löcher an. Der untere Ausgang ist höher als breit, der obere ist breiter als hoch. Sonst sehen sie fast gleich groß aus. Unregelmäßig geformte Fenster umgeben von brüchigem Fels.

Was würde Anna tun? Nisha schließt ihre Augen, atmet langsam aus und wieder ein. Sie hört die Stimme ihrer Mutter, spürt, wie sie ihr durch die Haare streicht. »*Eine Idee hatte begonnen, sich in mir zu entwickeln, ein Gefühl mehr, wie eine Erinnerung, ein Wissen ohne Worte …*« Ihre Mutter hat die Schildkrötentänze entdeckt, eine der wichtigsten Entdeckungen des Jahrhunderts. In Daressalam hat sie schon Vorträge gehalten, in Alexandria. Wochenlang war sie weg, um vor Wissenschaftlerinnen und Wissenschaftlern zu sprechen, ihre Theorie vorzustellen. Und was war die Basis ihrer Entdeckung? *Eine Idee, ein Gefühl, ein Wissen ohne Worte …*

Vielleicht muss man nicht immer alles analysieren. Vielleicht kann man sich manchmal auch einfach auf seine Intuition verlassen. Nisha fühlt nach innen, hört in sich, in welche Richtung es sie zieht. Sie atmet dunkles Wasser ein und aus. »Der obere«, sagt sie schließlich mit fester Stimme. Omek schwimmt los, Azrak auch.

»Sicher?«, sagt Mahira.

»Jemand muss entscheiden, oder?«, sagt Nisha kurz angebunden und schwimmt hinterher. Alle halten jetzt auf das große Fenster zu.

Omek erreicht es als erster. Er schwankt kurz davor, hält sich am Rand fest, stabilisiert sich, dann ist er durch. Aber auf einmal dreht er sich, seine Beine werden nach außen gezogen. *Das macht er nicht absichtlich*. Etwas zieht sich fest um Nishas Brust, als sie Omek so sieht. Er strampelt, hängt in einem sonderbaren Winkel an der Felskuppel. Und dann schreit er. Leise ist sein Schrei, gedämpft, fast wie ein Lachen. Aber es ist kein Lachen. Sein Gesicht ist verzerrt, krampfhaft hält er sich fest, sein Körper wird nach außen gesogen.

»*Omek!*«, schreit Nisha und schwimmt schneller, aber sie ist ganz hinten. Die anderen sind näher, alle schwimmen zu ihm, aber sie bewegen sich wie in Zeitlupe. *Nicht loslassen, wenn er nur nicht loslässt*. Azrak ist am nächsten, aber Azrak ist langsam. Azrak ist erschöpft, müde, sie hat es gesehen, vorher, hat es in seinem Gesicht gesehen, an seinem verkratzten Körper, aber sie hat ihm keine Pause gegönnt. *Weil er nicht danach gefragt hat*. Viel zu langsam streckt Azrak einen Arm nach Omek aus, hält sich von innen fest, damit nicht auch er von der Strömung erfasst wird. Omek schreit, ein dünner, spitzer Schrei, dann lösen sich seine Hände und die Strömung packt ihn. »*Nein!*«, schreit Nisha wieder. »*Omek!*«

Mit einem Zischen rast etwas an ihr vorbei. Ein Stein segelt durch die Kathedrale und folgt Omek durch das Fenster in die Dunkelheit. Der Brocken zieht ein langes Band aus Seetang hinter sich her, an dessen Ende Mahira mit grimmigem Gesichtsausdruck schwimmt, ihre kräftige Schwanzflosse zittert noch von dem Schlag, den sie dem Stein verpasst haben muss. »Halt dich fest, Omek!«, schreit sie.

Bestimmt hört er sie nicht, aber trotzdem halten alle still und starren wie gebannt Mahiras improvisiertem Rettungsseil hinterher, das sich langsam spannt. Die Chance, dass Omek das Seil zu fassen bekommt, ist minimal. Aber noch undenkbarer ist die Möglichkeit, dass sie es nicht geschafft hat. Dass der Stein unbemerkt von Omek zu Boden sinkt. Dass der Knoten sich löst. Dass Omek verschwunden ist. Sie starren an die Stelle, an der Omek eben noch war, wo er sich festgehalten hatte. Dann spannt sich das Seil und Mahira wird nach vorne geschleudert. Etwas kracht dumpf. Nisha zuckt zusammen, Bina stößt einen spitzen Schrei aus und zusammen werfen sie sich auf Mahira, halten sie fest und drehen sich dann zu der Seite, von der das Geräusch kam.

Ein Schrei, der wie Omek klingt. Hektisch folgen sie dem Geräusch. Und da ist er. Omek hält sich mit einem Arm außen an der Felsstruktur neben einem hausschildkrötengroßen Fenster fest und zappelt panisch. Das Seetangseil ist um seinen Arm gewickelt. Er versucht, sich durch das Loch zu ziehen, aber er rutscht immer wieder ab.

»Ich hole ihn«, sagt Mahira zu Azrak und drückt ihm das Ende des Seils in die Hand.

»Moment mal, das ist keine gute Idee«, sagt Azrak. »Willst du dich nicht auch sichern?« Aber Mahira schwimmt los. Mit einigen entschlossenen Flossenschlägen erreicht sie die Felswand und presst ihre Fußflosse und einen Arm von innen gegen die Kuppel. Mit dem freien Arm greift sie durch das Fenster nach Omek. Er bekommt Mahiras Hand zu fassen und zieht. Für einen Moment sieht es so aus, als würde Mahira auch abrutschen, aber dann stabilisiert sie sich wieder.

»Mahira, das Seil ist zu eng«, ruft Omek gepresst. »Es zieht mich zurück!« Mahira hält plötzlich inne, als ihr klar wird, dass das gespannte Seil Omek nach *außen* zieht. Sie löst den verwickelten Seetang von Omeks Arm. Stück für Stück bewegt sich Omeks Oberkörper durch das Loch, das gerade groß genug für ihn ist. Und dann rutscht er mit einem Ruck auf Mahira zu, stößt mit ihr zusammen und sie torkeln nach unten.

Omeks linker Arm ist blutig und zertrümmert. Seine Augen sind weit aufgerissen, er wimmert und sein Brustkorb hebt und senkt sich viel zu schnell. »Omek!«, schreit Nisha. Bina tastet ihn ab. Sie ist die Einzige, die Ruhe bewahrt. Sie und Azrak. Aber Azrak hat das Seil losgelassen und ist auf den Boden gesunken. Vielleicht ist es ihm zu viel. Zu viel menschliche Dummheit.

»Omek, alles ok? Bist du verletzt? Außer deinem Arm?« Bina schreit, versucht sich durch die Schreie der anderen zu kämpfen. Omek wird still, er winselt nur noch. »Omek?«, sagt Bina, in gezwungen normaler Tonlage.

»Mein Arm«, winselt er. »Meine Augen …«

»Der Arm sieht nicht so gut aus«, flüstert Bina zu Nisha. Nisha nickt. Sie kann nichts sagen. Sie starrt nur geradeaus.

»Ich hab doch gesagt, dass es das untere Fenster ist!«, schreit Mahira sie an.

»Tut mir leid«, flüstert Nisha. »Tut mir leid, Omek. Es tut mir so leid.«

»Was ist mit deinen Augen, Omek?«, fragt Bina.

»Helle Flecken … der Rest ist verschwommen.« Er presst sich die Finger der gesunden Hand gegen die Augenlider und stöhnt.

»Jemand muss entscheiden, ja?«, Mahira schreit immer noch.

Langsam wird Nisha wütend, trotz ihres schlechten Gewissens. »Ja, verdammt!«, schreit sie zurück. »Ihr wartet doch immer darauf, was *ich* sage! Warum habt *ihr* mich nicht überstimmt? Warum bist *du* denn vorgeschwommen, wenn du dir deiner Sache so sicher warst?«

»Es war das untere Loch. *Der größte Ausgang*«, sagt Azrak, langsam und leise. »Nicht der weiteste. Oder der breiteste.«

Nisha ist schwindlig, sie kann nicht mehr klar denken. »Ich wollte das nicht«, sagt sie mit kraftloser Stimme. »Omek, es tut mir so unendlich leid.« Aus Mahiras Gesicht ist die Wut gewichen.

Bina schaut zwischen beiden hin und her. Nicht wütend. Kontrolliert, analytisch. »Das war einfach zu impulsiv, Nish«, sagt sie.

Impulsiv. Ungeduldig. Kindisch. Die Worte kennt sie und sie wollte sie eigentlich nie wieder hören. Denn hier ist sie erwachsen. Eine Leitfigur, kein Schildkrötenmädchen, das sich mal irren kann, dem man nichts übelnehmen kann. »Es tut mir leid«, sagt sie wieder.

»Aber nicht nur von dir«, fährt Bina fort. »Von *uns allen.* Wir haben es darauf ankommen lassen, das war dumm. Wir haben dich das letzte Wort haben lassen, ja. Aber wir können von niemandem verlangen, die Verantwortung für uns alle zu tragen.« Nisha brummt zustimmend.

»Das war die Strömung«, sagt Azrak langsam. »Vor der Ngouzi gewarnt hat.«

»*Jetzt* sagst du das?«, sagt Nisha. »Das hättest du doch auch vorher sagen können.« Sie atmet tief durch und schaut in die Runde. Schaut auf Omeks Arm, der so falsch verdreht ist, dass ihr schlecht wird. Hört sein Wimmern. Sieht nach unten zu Azrak, der viel zu müde aussieht. Eine schöne Expedition sind sie.

»Lasst uns zurückschwimmen. Wir müssen Omek in Sicherheit bringen. Wir … müssen nach Nof Shunit. So können wir nicht weiter. Wir brauchen einen Verband, jemand muss sich um seinen Arm kümmern. Wir brauchen Schmerzmittel …«

»Gebt ihm einen Knochenpilz«, sagt Azrak müde.

»Hm?«

»Knochenpilze. Ich habe … drei gegessen. Seht ihr mich?« Er sitzt auf dem Meeresgrund, hebt seine malträtierten Arme. »Die Schnitte … ich spüre sie nicht. Nichts. Aber … ich bin … langsam. Erschöpft. Vielleicht … eine Nebenwirkung? Die Pilze … sind ein Schmerzmittel.«

Omek wimmert und blinzelt hektisch. Azrak sitzt auf dem Boden, seine Arme hängen schlaff an ihm herunter. Mahira ist wütend. Und sie dachte, da wäre etwas. Eine Intuition. Etwas, das sie zum Dunkelriff ruft. Aber vielleicht war es einfach nur eine dumme Idee. Denn Menschen machen immer Dummheiten, wenn man Azrak glaubt. Vielleicht ist die Dummheit das menschlichste an ihnen, den jungen marinen Hybriden. Vielleicht war diese ganze Expedition eine große Dummheit. Fünf Jugendliche allein in der Tiefsee, ohne jegliche Ahnung, mit einem alten Lichtie, einem auswendig gelernten Reisebericht und einem Kompass.

Mahira gibt Omek den letzten Knochenpilz. Sie löst ein paar weiche Seetangstränge aus dem Seil und bindet damit seinen Arm vorsichtig an seinen Körper. Omek wimmert weiter. »Nicht … abbrechen«, sagt er leise und drückt ein Auge auf.

»Was sagst du?«, fragt Mahira.

»Nicht … zurück nach Nof Shunit.«

»Aber dein Arm«, sagt Bina. »Vielleicht hast du auch noch innere Verletzungen. Das mit deinen Augen gefällt mir gar nicht. Es wäre wirklich besser –«

Er schüttelt den Kopf, stützt sich auf Mahira. »Nicht alles umsonst … den ganzen Weg. Ich will … das Dunkelriff … sehen.« Er spricht langsam, angestrengt.

»Ich will nichts mehr entscheiden«, sagt Nisha müde. Sie lässt sich auf den Boden sinken, zu Azrak. Seine Augen sind nur halb geöffnet. »Bist du in Ordnung?«, fragt sie ihn leise.

Er brummt etwas zur Antwort, aber es ist nicht unfreundlich. »War schon besser«, murmelt er.

»Dann entscheide *ich*«, sagt Omek. Seine Stimme ist leise, aber fest. »Wir sind nicht so weit gekommen, um aufzugeben. Wir haben das nicht alles überstanden, um im letzten Moment umzukehren. Wir schwimmen weiter. *Ich* schwimme weiter.«

Mahira schaut ihn an, schaut in die Runde. An Nisha schaut sie schnell vorbei. »Ich auch«, sagt sie leise.

Bina schüttelt den Kopf. »Die ganze Expedition ist eine Schwachsinnsidee. Wir hätten nie …« Sie holt tief Wasser, atmet durch. »Ich will das Dunkelriff sehen. Mehr als alles andere.«

Sie dreht sich um, schaut Azrak an. »Ich …«, er atmet aus und ein, »auch.« Er lacht leise. »Vielleicht müsst ihr mich ziehen.«

»Ich auch«, sagt Nisha. Sie schaut auf den Boden. Natürlich sie auch. Natürlich will sie das Dunkelriff sehen. Mehr als alles andere.

Mit Mahiras Hilfe schwimmt Omek langsam voran. Bina folgt ihnen. Azrak und Nisha schwimmen hinterher. Azrak ist langsam, aber Nisha bleibt hinter ihm.

Durch das untere, größte Fenster verlassen sie die Kathedrale. Direkt am Meeresgrund ist die Strömung sacht, der Boden flach und der Weg einfach. Und dann sehen sie es: Hoch türmt es sich vor ihnen auf. Ein schwarzer Berg, der aus dem flachen Ödland erwächst.

Das Dunkelriff.

LICHT IN DER DUNKELHEIT

Nah am Meeresgrund schwimmen sie langsam voran, bis sich ein dunkler Hügel vor ihnen aufbaut. Sein Abhang ist von dunklen Korallen bewachsen, die in der Strömung hin- und herschaukeln. Darunter liegt ein brauner Teppich von Seetang und Algen. Krebse und Schnecken sitzen darin. Und Muscheln, so viele Muscheln. Schwarze Mondmuscheln in Hülle und Fülle, aber auch andere Arten, die Nisha noch nie gesehen hat.

Sie kann sich nicht mehr zurückhalten. Nisha schwimmt, so schnell sie kann, bis sie den Fuß des lebendigen Berges erreicht. Atemlos starrt sie das Dunkelriff an. Langsam schwimmt sie weiter, folgt der Rundung des Berges, der an seiner höchsten Stelle vielleicht vierzig Meter hoch ist. Langsam wird er niedriger. Und als sie das andere Ende erreicht, sieht sie, dass es kein Berg ist, sondern ein Ring. Dass er zwei Flanken hat, die hier geöffnet sind. Wie ein Halbmond. Nisha schwebt am Eingang des Ringes. Im Inneren befindet sich ein geschützter Raum mit höchstens hundert Metern Durchmesser. So lange hat sie auf diesen Augenblick gewartet.

Die anderen schließen zu ihr auf und gemeinsam schwimmen die Freunde in das Zentrum des Rings. In ehrfürchtiger Stille betrachten sie das Dunkelriff. Dunkelviolette Krebse krabbeln über den schwarzen Fels. Ein Schwarm schwarzer Fische mit flügelartigen Flossen und kleinen, weißen Punkten eilt vorbei. Tang und Algen wachsen überall. Ihre breiten, gewundenen Blätter wiegen sich hin und her.

»Es ist zauberhaft«, flüstert Nisha.

»Es ist so … lebendig«, sagt Bina sacht.

»Es gibt … so viel … zu essen«, sagt Mahira.

»Unglaublich«, haucht Omek.

Sie schweben im Wasser, reden wenig und lassen das Dunkelriff auf sich wirken. Nisha schließt die Augen, legt sich auf den Rücken und lässt sich von der Strömung wiegen. Sie breitet ihre Arme aus, lässt sich tragen. Das Dunkelriff schließt sie ein, schützt sie.

»Dass es hier … so … viel gibt«, sagt Omek, immer noch fassungslos.

»Wirkt es schon?«, fragt Nisha ihn leise. »Der Knochenpilz?«

Omeks Schuppen sind dunkel, aber wer weiß, ob es die Dunkelheit ist oder sein Zustand. Er nickt zögerlich. »Nur meine Augen …«, sagt er unbestimmt und Nisha sieht, dass seine Lider immer noch zucken.

Azrak hat sich auf den Boden sinken lassen. Er liegt auf dem Rücken. Die Wellen wiegen seinen großen Körper von rechts nach links. Er sieht leicht aus. Weich. So hell wie ein Fremdkörper, hier unten in der Dunkelheit. Aber wo sind sie fremder? Hier, in der Tiefe, weit weg von allem Menschengemachten? Oder in Nof Shunit, einer Stadt gebaut für menschliche Bedürfnisse voller Trockenerbe?

Wie entscheidet man, wo man zu Hause ist?

Mahira ist losgeschwommen. Sie schnüffelt an den Algen und Korallen.

Langsam siegt bei allen die Neugier über die Erschöpfung. Omek schwimmt zu der gegenüberliegenden, bewachsenen Felswand, Azrak beginnt, langsame Kreise zu drehen. Er hat das Notizpad ausgepackt und schreibt. Bina packt tatsächlich kleine Membranblasen für organische Proben aus und beginnt sie zu füllen: mit Sand und Erde, mit Schlamm, mit Stücken von Algen, Tang und Korallen. Alles, was man in Stückchen schneiden kann, wandert in die Probenbläschen.

Mahira hat eine Strömung gefunden, die vom Meeresgrund des Rings bis oben auf den Gipfel des Dunkelriffs geht. Kichernd reitet sie sie wieder und wieder. »Ihr müsst das mal sehen!«, ruft sie von oben.

»Was denn?«, fragt Bina. »Pass bloß auf da oben, Mahira! Ist die Strömung auch nicht zu stark?« Aber sie bekommt keine Antwort.

Nisha und Bina schwimmen vorsichtig nach oben und sehen sofort, was Mahira gemeint hat: zahllose Höhlen. Große, runde Löcher säumen das obere Drittel des inneren Riffes.

Omek taucht auch auf. Er bekommt große Augen, als er die Höhlen sieht. »Das … das könnten *unsere* Höhlen werden. Hier könnten wir *wohnen*! Man müsste ein bisschen aufräumen …« Er streicht mit den Händen über einen schleimigen Algenteppich, der die Höhlenwand bedeckt.

»Solltest du dich nicht schonen, Omek?«, fragt Nisha. »Nicht, dass dein Arm schlimmer wird, wenn du dich zu viel bewegst.«

Omek presst die Lippen fest zusammen. »Ich habe *eine* Chance mir das anzuschauen, Nisha. Die werde ich mir bestimmt nicht entgehen lassen.«

Nishas Kopf wird heiß. »Gut«, murmelt sie. »Pass einfach auf.«

Langsam schwimmt sie wieder nach unten und lässt ihren Blick über das Riff schweifen. Es ist dunkel, ja. Und es ist nicht groß. Aber ihr erscheint es wie ein Paradies in der Tiefe. Mit unendlich vielen Möglichkeiten. Nisha sinkt neben Azrak in den dunklen Sand. Das Licht nimmt ab. Wirklich hell war es nicht und schon wird es wieder dunkel. Ohne die Mondmuscheln hätten sie vielleicht gar nichts gesehen.

»Ich liebe es jetzt schon hier«, sagt sie leise zu Azrak und blickt vorsichtig zu ihm hinüber.

Er brummt. »Ich weiß«, sagt er. Er schaut sie kurz an, seine Augen sind so dunkel wie die Tiefsee. »Du willst wiederkommen«, stellt er fest. Nisha nickt. »Du meinst das ernst. Dass wir hier leben können.« Er fragt nicht. Sie presst die Lippen zusammen und nickt wieder. Soll er sich ruhig über sie lustig machen. »Du bist verrückt.« Er schüttelt den Kopf, aber etwas Neues schwingt in seiner Stimme mit. *Anerkennung*.

»Ich weiß«, sagt sie leise. »Aber … manchmal muss man etwas wagen. Wer zu den Sternen schwimmt, darf nicht nach hinten schauen.«

Azrak lacht in sich hinein. »Woher hast du denn diese tiefgreifende Weisheit?«

Sie zuckt mit den Schultern. »Stimmt doch.« *Woher hat sie diesen Satz?* Irgendwo hat sie das einmal gehört. Vor langer Zeit.

»Ich habe den Punkt gefunden!«, ruft Mahira von Weitem.

»Was denn?«, fragt Nisha.

»Den Eingang zum Nordoststrom.« Der Nordoststrom wird sie nach Nof Shunit zurücktragen.

Nisha seufzt. »Wir müssen zurück.« Sie dreht sich langsam um und zuckt zusammen, als Omek ein sonderbares Geräusch macht. Er ist auf dem Boden hinter ihr zusammengesunken und schlägt sich mit beiden Händen gegen die Augen. »Omek! Was ist los mit dir?« Mit einem Flossenschlag ist sie bei ihm und versucht ihn davon abzuhalten, seine verletzte Hand zu benutzen. Omek bemerkt sie nicht. Er stöhnt und wimmert und presst seine Finger in seine Augen hinein, schlägt sich wieder und wieder gegen sein Gesicht und Nisha muss aufpassen, nicht selbst getroffen zu werden.

Bina eilt herbei und hilft ihr, seine Arme festzuhalten. Omek windet sich und beginnt zu schreien. »Helft uns«, presst Bina zwischen den Lippen hervor. Azraks Griff hat Omek nichts entgegenzusetzen, aber Mahira ist rückwärts an die Riffwand geschwommen und erstarrt. Mit aufgerissenen Augen starrt sie auf den zappelnden Omek und schüttelt den Kopf.

Omek schreit und schreit und Nishas Gedanken haben aufgehört. Ein Teil von ihr hat sich zurückgezogen, schwimmt über dem Dunkelriff und lässt sich sanft in den Wellen wiegen. *Nicht denken. Nicht denken.* Was auch immer es ist, sie können nichts tun. Rein gar nichts. Sie halten Omek fest, damit er sich nicht noch mehr verletzt, damit er sich nicht die Augen auskratzt. Niemand sagt ein Wort, nur Omeks Schreie sind zu hören.

Bis es aufhört. Nisha könnte nicht sagen, wie viel Zeit vergangen ist. Omek hört auf zu kämpfen, hört auf zu schreien, er sinkt einfach in sich zusammen. Nishas Hände zittern. Azrak hält eine Leuchtalge direkt vor Omeks Gesicht. Omek schreit spitz auf und Azrak verdeckt die leuchtende Kugel schnell wieder. *Er ist also nicht gestorben*, ist alles, was Nisha denken kann. Ansonsten herrscht Leere in ihrem Kopf.

»Kopfweh«, flüstert Bina. »Die ganze Zeit hat er davon geredet.« Sie schaut Nisha mit einem hilflosen Blick an.

Und dann macht Omek die Augen auf. Und Nisha hält den Atem an. Seine Augen leuchten.

»Ich will noch nicht zurück«, sagt Omek. Sein Gesicht ist entspannt, seine Stimme ruhig, als wäre gerade gar nichts Außergewöhnliches passiert. Als wäre er nicht eben schreiend zusammengebrochen, gerade so, als würde er sterben. »Können wir nicht noch ein bisschen bleiben?«, fragt er Nisha, die ihn unverwandt anstarrt.

»Deine Augen, Omek«, flüstert sie. »Was ist mit dir passiert?«

Omek zuckt mit den Schultern. »Mir geht es gut. Das Kopfweh ist vorbei. Und du kannst meinen Arm loslassen.«

Nisha bemerkt, dass sie Omeks Arm immer noch mit eisernem Griff festhält, und lässt ihn los. Sie blickt zu Bina. Sie hat konzentriert die Stirn gerunzelt und Nisha hofft nichts mehr, als dass ihre Freundin gerade dabei ist, herauszufinden, was mit Omek passiert ist. »Hast du Schmerzen?«, fragt Bina ihn.

Omek schüttelt den Kopf. »Mein Arm fühlt sich nicht gut an. Er pulsiert. Ich weiß ja auch, dass er gebrochen ist. Aber Schmerzen habe ich keine.«

»Was war das gerade? Du hast geschrien wie verrückt.« Bina schaut ihn aufmerksam an.

»Das Stechen in meinen Augen war unerträglich. Ich weiß nicht! Und dann auf einmal … war es weg. Da war ein Geräusch, wie ein Ploppen. Oder ein Platzen?

Aber es war erleichternd. Der Schmerz war weg, und ich fühle mich gut. Alles in bester Ordnung. Also, wie geht es weiter?«

»Moment, Moment, Omek, nicht so schnell!« Bina lässt ihn nicht aus den Augen. »Ein Ploppen? Ein Platzen? Und jetzt leuchten deine Augen? Du musst mir erstmal ein paar Fragen beantworten, bevor hier irgendetwas weitergeht. Du hast über Sehstörungen geklagt. Helle Flecken? Wie ist das jetzt?«

Omek blickt auf und sieht sich prüfend um. Langsam dreht er seinen Kopf hin und her, als würde er alles zum ersten Mal sehen, und etwas in seinem Gesicht ändert sich. Wird noch verwunderter oder weicher. Er wendet sich wieder Bina zu und kaut verlegen auf seiner Lippe herum. »Es ist …« Er stockt und schüttelt den Kopf.

»Was?«, fragt Nisha ungeduldig.

»Ich sehe.« Wieder wandert sein Blick hin und her, als würde er erst jetzt wirklich verstehen, wo sie sich befinden.

»Was siehst du denn?«, fragt Bina.

»Alles«, flüstert er.

»Wie viele Mondmuscheln hast du gegessen?«, fragt Nisha alarmiert.

Omek schüttelt den Kopf. »Drei. Aber das ist es nicht. Das ist anders.« Mahira schwimmt auf Omek zu und tastet sein Gesicht ab, als wäre ein Rätsel, dessen Lösung sie sucht. »Lass das!« Omek drückt sie von sich weg.

»Wie hast du das gemacht?«, flüstert sie begeistert. »Ich dachte, das war's. Ich dachte, jetzt ist alles vorbei. Und jetzt das!« Ihre Schwanzflosse schlägt aufgeregt hin und her. »Bei allen Wellen des Meeres, Omek! *Ich will das auch!* Ich will auch leuchtende Augen, die alles sehen.« Sie streicht bewundernd über sein Gesicht, ignoriert seine Versuche, ihr auszuweichen. »Erzähl schon! Wie hast du das gemacht?«

»Ich habe *gar nichts* gemacht!« Er drückt Mahira heftig zu Seite und Nisha bedeutet ihr mit einem scharfen

Blick, ihn in Ruhe zu lassen. »Das ist einfach *passiert*!« Plötzlich sieht er erschrocken zu Bina. »Was bedeutet das? Muss ich jetzt hier unten bleiben?«

Bina sieht ihn ratlos an. »Ich weiß nicht, was mit dir passiert ist, Omek. Siehst du wirklich alles? Vielleicht ist das ja vorübergehend. Vielleicht normalisiert sich das wieder. Vielleicht waren es ja auch doch die Mondmuscheln.«

»Es sieht alles so *normal* aus. Nicht wie in Nof Shunit. Nicht so bunt. Oder hell.« Sein Blick schweift umher. »Es ist immer noch dunkel. Sonderbar. Es ist so dunkel wie vorher, aber trotzdem sehe ich alles.« Er zuckt mit den Schultern. »Es gibt so viele Farben hier unten. Wie geht das nur? So viele Töne von schwarz, dunkelblau … Und noch andere Farben. Ich weiß nicht, wie die heißen.«

Nisha sieht ihn staunend an. In ihrer Fantasie sieht sie die Tiefsee-Landschaft, die Omek beschreibt. Was würde sie dafür geben, auch diese unbekannten Farben zu sehen!

»Nish«, sagt Bina. »Was ist mit deinem Kopfweh?«

Aber Nisha schüttelt nur den Kopf. »Unverändert.« Sie lacht kurz auf. »Aber leider keine Metamorphose bisher.« Sie kann den Neid in ihrer Stimme nicht unterdrücken. Sicher, vielleicht ist es ein temporäres Phänomen. Vielleicht ist es auch eine Krankheit oder eine Vergiftung. Vielleicht wird sie froh sein, dass es bei einem bisschen Kopfweh geblieben ist. Aber was, wenn es mehr ist? Warum passiert es dann gerade Omek?

»Metamorphose«, wiederholt Omek langsam. »Denkst du, *das* ist es, was passiert ist?«

»Quatsch«, entgegnet Mahira. »So etwas gibt es doch nicht.« Bina sieht Omek nachdenklich an. »Gibt es so etwas, Bina?«, fragt Mahira verunsichert.

»Theoretisch … könnte es möglich sein«, antwortet Bina langsam. »Aber ich habe noch nie davon gehört. Die Effekte der Hybrid-DNS sind nicht gut erforscht. Es gibt vieles, was nicht bekannt ist. Aber so etwas, dass sich der Körper verändert, und das in so kurzer Zeit … Das ist sehr unwahrscheinlich.«

Azrak lacht ein vibrierendes Lachen. »Aber es *ist* passiert! Sind wir nicht dafür hierhergekommen? Um über unsere Grenzen hinauszugehen? Und jetzt wollt ihr es nicht wahrhaben, dass es etwas jenseits dessen gibt, was wir kennen.«

»Niemand will hier etwas nicht wahrhaben«, sagt Nisha unwirsch.

»Vielleicht war es der Druck. Der Lichtmangel«, fährt Azrak unbeirrt fort.

»Ich sage ja nicht, dass es nicht sein kann«, entgegnet Bina. »Ich sage nur, dass ich noch nie davon gehört habe. Vielleicht war das ein Trigger. Vielleicht haben die externen Umweltfaktoren etwas in Omeks Genen ausgelöst. Aber vielleicht gibt es auch eine einfachere Erklärung.«

»Es wird spät.« Nisha unterbricht die Diskussion. »Ich jedenfalls sehe fast nichts mehr. Wir sollten den Rückweg antreten, sonst finden wir den Eingang in die Strömung vielleicht nicht mehr. Die Frage ist, was machen wir mit Omek? Falls seine Augen auf die Tiefe reagiert haben – haben sie sich dem Druck angepasst? Schadet es ihm dann, wieder nach oben zu schwimmen?« Bina zuckt hilflos mit den Schultern.

»Ich bleibe bestimmt nicht allein hier«, sagt Omek, aber seine Stimme klingt unsicher. »Wenn es meine Gene waren, dann hoffe ich, dass sie schlau genug sind, um damit fertigzuwerden. Was für einen Sinn macht es denn, Augen zu haben, die nur mit einer Tiefe klarkommen? Das macht keinen Sinn.«

Nisha sieht die Angst hinter seinem optimistischen Lächeln, aber sie stimmt ihm zu. Was soll er auch tun? Sie nickt. »Ich hoffe, du hast recht.«

Und dann ist es dunkel. Es passiert plötzlich. Vielleicht ist es der Effekt der Mondmuscheln, der auf einmal verschwindet. Nisha keucht überrascht und alle halten still.

»Seid ihr noch da?« hört Nisha Binas Stimme. Sie spürt die Panik darin. Die Dunkelheit hat selbst Bina überrascht. Es ist so dunkel, dass man rein gar nichts sieht. Es ist nicht einmal Schwärze, es ist mehr wie die vollständige Abwesenheit aller Dinge.

Nisha hört das Blut in ihren Ohren rauschen und dann sagt Azrak: »Schaut!« Sie will lachen und fragen wohin, denn es ist so sinnlos, in dieser Situation in eine bestimmte Richtung zu schauen, oder von Richtungen zu sprechen. Aber sie kommt nicht dazu. *Denn das Dunkelriff leuchtet.*

Winzig kleine Lichter erscheinen auf jedem Fels. Nacheinander werden die Umrisse von Korallen und die adrigen Strukturen von Pflanzen sichtbar. Streifen, Punkte, gewundene Linien, Organe von Fischen und Krabben – sie alle leuchten in der Dunkelheit. Nisha keucht, ihr Mund steht offen. Wie ist ein solcher Zauber möglich? War es *das*, was Cassian Ngouzi gemeint hatte? *Wenn es auftaucht, ist sein Anblick höchst wundersam, gleich einem Zauber.* Das Licht. Millionen und Abermillionen von Sternen durchbrechen die Dunkelheit. *Eines Tages. Eines Tages sollen Mama und Paps das auch sehen.*

»Biolumineszenz«, flüstert Bina.

»Unglaublich«, flüstert Nisha.

»So viel Leben in der Dunkelheut«, sagt Omek.

»So viel *Licht* in der Dunkelheit«, sagt Azrak.

»Siehst du das auch, Omek?«, fragt Mahira.

»Ja«, flüstert er.

»Wir sollten gehen«, sagt Nisha.

Einer nach der anderen nehmen sie sich an der Hand. Mahira schwimmt ganz vorne, zieht die anderen durch die Dunkelheit zum Nordoststrom. Sie spüren ihn kommen und dann erfasst er sie, zieht sie mit sich, trägt sie zurück nach Nof Shunit.

DIE UNWAHRSCHEINLICHSTEN DINGE

»Dass ihr uns so hintergangen habt, Nisha.« Anna schüttelt den Kopf, ihre Miene schwankt zwischen Wut und Enttäuschung. »Ihr könnt euch gar nicht vorstellen, was wir uns für Sorgen gemacht haben! Ihr wart wie vom Meeresboden verschluckt. Keine Nachricht, kein Zeichen, nichts! Und warum? Kannst du mir das mal erklären? So etwas von unverantwortlich! Das hätte ich nie von dir gedacht! Niemals! Was euch alles hätte passieren können!« Anna schwimmt fahrig auf und ab, sie hat Ringe unter den Augen. Ihre Haare sind durcheinander. So hat Nisha sie noch nie gesehen.

Ja, warum haben sie keine Nachricht hinterlassen? Gab es einen Grund dafür? Sie kann sich auf einmal nicht mehr daran erinnern. »Wir wollten …«, beginnt sie. Aber die Worte formen sich nicht in ihrem Mund, sie kommen einfach nicht. Sie muss ihr von der Bioluminiszenz erzählen, von den Schwertfischen, von den Knochenpilzen und den Mondmuscheln. Wenn sie doch nur einmal zuhören würde!

»Die Tiefsee ist ein gefährlicher Ort, Nisha! Ihr habt großes Glück gehabt, dass nicht mehr passiert ist! Verdammt großes Glück!«

»Das weiß ich«, sagt sie scharf.

»Ich hoffe, ihr habt eure Lektion gelernt. Das hätte auch ganz anders ausgehen können!« Anna schüttelt den Kopf.

»*Eure* Regeln gelten für uns nicht, Mama! Die Tiefsee macht uns keine Angst.« Nishas Stimme ist laut.

»Das sollte sie aber! Bei den Feuern, Nisha! Ihr seid *Kinder*, ihr wisst doch gar nicht, was Gefahr bedeutet!«

»Aber *du* weißt es? Was weißt du denn schon von Gefahr?« Nishas Kopf wird heiß. »*Ihr* wisst nicht mehr, was Gefahr bedeutet. Alles geht zugrunde! *Das* ist die wirkliche Gefahr. Wir müssen *neue Wege* gehen. Vielleicht habt ihr uns dafür gemacht, weil ihr es euch selbst nicht traut.«

Anna lacht ein hohes, schrilles Lachen. »Nisha! Wir haben euch hybridisiert, damit ihr lebt! Nicht, damit ihr wegschwimmt und alles aufs Spiel setzt. Damit ihr denkt, ihr seid allmächtig!«

»Ihr könnt nicht über uns bestimmen!«

»Dort unten ist doch *nichts als Dunkelheit!* Was wollt ihr dort? Eine schwarzblaue Wüste, Nisha! Dort gibt es nichts für euch!«

»Hier gibt es nichts für uns, Mama! Nichts außer Trockenerbe. Und dort unten … dort wartet eine *ganze Welt* auf uns! Eine neue Welt! Mit unglaublichen Phänomenen! Leuchtenden Pflanzen! Biolumíniszenz! Und was Omek passiert ist – wer weiß, welche Möglichkeiten wir noch haben!«

Anna zuckt bei dem Begriff *Trockenerbe* zusammen. »Ihr denkt, weil ihr jung seid, könnt ihr alles besser machen. Ihr irrt euch. Was Omek passiert ist – du kannst von Glück reden, dass es dabei geblieben ist. Wenn die Veränderung tiefgreifender gewesen wäre als ein druckabhängiges lichtamplifizierendes Sekret im Auge, was wäre denn dann? Wenn er hier nicht mehr leben könnte? Was, wenn dir etwas passiert wäre und du nicht mehr hier leben könntest?«

»Woher weißt du denn, dass ich hier leben will?«

»Nishi, mein Kind, das ist doch deine *Heimat*! Du hast doch ein Zuhause hier, wo alles möglich ist. Du hast *uns*, mich und Shiryam. Was suchst du denn noch?« Ein Flehen liegt auf einmal in ihrem Blick.

»Es ist immer das gleiche, hier. Nichts ändert sich. Es gibt keine Hoffnung mehr. Erst recht nicht seit …« *Seit die Schildkröten gestorben sind.* Sie kann es nicht aussprechen, aber Anna weiß, was sie meint. Noch sagt niemand das Wort *ausgestorben*. Aber es versteckt sich schon zwischen den Zeilen. Anna wendet den Blick ab. Nisha sieht den Schmerz in ihren Augen, aber sie kann jetzt nicht aufhören. »Ihr hofft doch immer noch, dass alles gut wird! Dass wir ins Trockene zurückkönnen!« Sie lacht. »Ihr macht euch doch alle etwas vor! Die Kontinente sind verloren! Ihr werdet nie mehr zurück an Land können, nie mehr, verstehst du das nicht?«

»Was du hier hast, Nisha … was ich dafür gegeben hätte …« Anna schüttelt den Kopf. »Du weißt gar nicht, was es bedeutet, etwas zu verlieren. Du weißt gar nicht, was du hier hast, in Nof Shunit. Wenn ich …« Ihre Stimme stockt.

»Flippy ist tot! Flippy ist gestorben!« Nishas Stimme ist schrill. Ihr ist heiß, ihre Augen brennen. Wie kann Mutter so etwas sagen? Zählt Flippy jetzt etwa auch nicht mehr? Die Hitze breitet sich in ihrem Körper aus, drückt sie nach oben. »Es geht immer nur um dich! Wie schwer du es hattest, wie schlimm alles war. Blablabla, Réunion! Vulkan! Gabri! Denkst du, dass nur du Schmerz kennst? Du denkst immer nur an dich!«

»Wenn du gehst«, sagt Anna leise, »machst du einen großen Fehler. Ihr könnt dort unten nicht leben. Hörst du? Ich erlaube es nicht. *Ich verbiete es dir*!«

»Du kannst mir *nichts* verbieten! *Gar nichts*!« Nisha schreit. Ihr Herz klopft, etwas drückt ihre Brust zusammen. Ihre Mutter kann ihr gar nichts verbieten. Sie hat das Recht dazu verloren, denn sie versteht nichts, *gar nichts, überhaupt nichts.* Sie dreht sich um, schwimmt in ihr Zimmer, schlägt Wellen, so stark wie sie kann. Sie hört, wie hinter ihr Sachen zu Boden fallen, hört, wie Anna entrüstete Geräusche macht. Aber es ist ihr egal, soll doch alles zu Boden fallen. Hoffentlich zerbricht alles in viele kleine Scherben.

»Verrückte Pläne haben selten Erfolg«, sagt Shiryam langsam. Nisha kehrt ihm den Rücken zu. Sie liegt auf einem Floßie in ihrem Zimmer und versucht ihren Vater zu ignorieren. »Aber manchmal … gibt es Ausnahmen.« Er spricht bedacht, wie immer. Bestimmt will er sie überzeugen, zu bleiben. Natürlich will er, dass sie und Anna sich versöhnen. Er kann keinen Streit aushalten, keine Spannung. Nur niemanden enttäuschen, nur niemandem auf die Nerven gehen. So kann man doch nicht leben, ohne zu kämpfen. »Ich war einmal auf einer langen Reise«, spricht er weiter.

Nisha verdreht die Augen. »*Ich weiß.*«

»Ich habe etwas gesucht, das man eigentlich nicht finden konnte …«

»Ich weiß, Paps.«

»Aber ich habe es gefunden.«

»… und dann bist du nach Nof Shunit gekommen, hast Mama wieder getroffen und mich, und wir lebten glücklich bis an Ende unserer Tage. Ich weiß!«

»Ich habe einen Wal gesucht.«

»Einen *was?*« Nisha saugt Wasser durch die Zähne ein. Sie war zwei, als Paps zurückkam. An die Zeit ohne ihn hat sie keine Erinnerung. Aber sie hat es mitbekommen, natürlich, an den Blicken und halben Sätzen, dass da *etwas* war. Dass Paps ihre Geburt verpasst hat. Bei ihren ersten Wasserpurzelbäumen nicht dabei war. Aber jedes Mal, wenn sie nachhakt, wechseln Mama und Paps das Thema. Sie sind überraschend gut darin, ihren Fragen auszuweichen. *Er hatte einen Wal gesucht? Wale sind ausgestorben!*

»Es war eine lange Reise, Nisha«, beginnt er und Nisha lauscht dem Klang seiner Stimme. Immer schafft er es, sie so in seinen Bann zu ziehen. »Ich hatte diese *eine* Erinnerung aus meiner Kindheit, sonst war alles dunkel. Ein Lied in den Tiefen des Meeres. Das Lied eines Wals. Deine Mutter hielt mich für verrückt. Aber ich *musste* diesem Ruf folgen, den ich spürte. Ich *wusste,* dass es den Wal noch gab, auch wenn alles dagegensprach.« Er atmet tief ein und aus. »Und dann wurde ein Wal gesichtet. In Japan. Und ich ging. Ich folgte Gerüchten. Nahm Alg-Rikshas und alte Busse, langsame Boote, von Schildkröten gezogen. Ich schwamm und ging zu Fuß. Ich lief durch Wüsten und Extinktionszonen, bis sich die Schuhe von meinen Füßen schälten. Ich war hungrig und durstig. Manchmal hatte ich Glück und es gab ein Solarboot. Benzin gab es nirgendwo mehr. Ich wusste nicht, dass deine Mutter mit dir schwanger war, Nish. Sie hat es mir nicht gesagt. Sie wollte nicht, dass ich ihretwegen zurückkomme. So ist sie.« Nisha presst ihre Lippen zusammen. Wenn es um sie geht, ist Mama nicht so großzügig. »Wohin ich auch ging, die Menschen erzählten mir alles das Gleiche. Die Fische sterben, die Korallen sind schon lange tot, die Delfine singen Lieder der Verzweiflung. Im südindischen Verbund haben sie Schildkröten benutzt, um das Wasser zu filtern. Riesige Flotten. Sie atmeten das Wasser ein, filterten die Giftstoffe mit ihrem Körper heraus. Kannst du dir das vorstellen? Sie wurden nicht alt. Je weiter ich kam, desto mehr Gerüchte hörte ich. Man hatte etwas gesichtet. Etwas Großes. Ein mythisches Tier. Einen Wal. Und scheinbar hinterließ er Leben. Das Wasser war klarer, nachdem er vorbeigeschwommen war, die Fische zahlreicher. Er brachte Hoffnung. Vielleicht würde sich doch noch alles zum Guten wenden. Es dauerte lange, Japan zu erreichen. Ich fand ein Schnellboot, aber mitten im Ozean gab der Motor auf. Wir warteten zwei Tage auf Rettung, aber niemand kam. Dann sprang ich ins Wasser. Es sah anders aus, dort, in der Tiefe. Riesige Korallen, groß wie gigantische Teller, flach und rund. Schwarzer Sand auf dem Boden. Ich fand eine Strömung, ließ mich mitnehmen, hoffte, dass sie mich in die richtige Richtung tragen würde. Es gab wenig zu essen. Irgendwann schwamm ich nicht mehr. Ich hatte aufgegeben, ließ mich einfach treiben.

Und dann wurde ich an eine Küste geschwemmt. Ein alter Mann fand mich, nahm mich mit an Land. Er gab mir zu essen, gab mir ein Bett. Meine Füße waren schwer, ich hatte fast vergessen, wie man läuft. Als er hörte, dass ich einen Wal suchte, brachte er mich zu einer Algenfischerin. Sie behauptete, sie hätte einen Wal gesehen, im offenen Meer. Sie zeigte mir eine Richtung. Dorthin schwamm ich. Stundenlang war ich im Ozean. Jeden Tag. Anfangs ging ich abends wieder zu dem alten Mann, irgendwann nicht mehr. Ich suchte und rief, aber nichts geschah. Ich wusste nicht weiter. Und dann sang ich. Ich sang jeden Tag und jede Nacht. Ich fand eine Höhle und blieb im Meer, aß Tang und Algen. Wenn ich wach war, sang ich. Ich sang alle Töne und Melodien, die ich kannte. Ich sang von allem, was ich wusste, und eines Tages kam sie.« Shiryam holt tief Luft. Er schließt kurz die Augen und für einen Moment fragt Nisha sich, ob er noch weitersprechen wird, oder ob er vergessen hat, dass sie ihm zuhört. »Sie tauchte aus den tiefsten Tiefen auf. Ein gigantisches, dunkelblaues Wesen. Sie nahm so viel Raum ein, als sie im Ozean vor mir schwebte. Lange sah sie mich an und sagte dann zu mir: ›*Mein Kind. Hier sind wir also wieder.*‹« Nisha hat vergessen zu atmen, vergessen zu blinzeln. *Ein echter Wal!* »Wunderschöne Lieder sang sie für mich. Ich weiß nicht, wie lange wir dort unten waren, gemeinsam im Ozean. Wir sangen, wir waren zusammen still. Wir redeten, langsam. Mit ihren Worten ließ sie sich Zeit. Sie hatte mich *geboren*, Nisha. Es gab Experimente, über die man heute nicht mehr gerne spricht. Man kann es sich fast nicht mehr vorstellen. Sie lebt in der Tiefe, dort, wo kein Mensch sie finden kann. Nie wieder will sie in einem Labor sein. ›Es gibt viel‹, sagte sie, ›was die Menschen nicht wissen.‹ Viele Orte, die wir nicht erreicht haben. Ist das nicht beruhigend?« Er lächelt leicht. »Das Meer sei zu tief für mich gewesen, erzählte sie mir. Ich wäre ein sonderbares Kalb gewesen, zu klein für die Tiefe. Deswegen hatte sie mich an die Küste gebracht, damit die Menschen mich finden würden. *Vor einer kleinen Weile*. Vor einer kleinen Weile, Nisha! Ich war 25, als sie mir das erzählte. Vielleicht sind 25 Jahre nichts für sie. Sie sang davon, dass man Kälber nicht allein lassen darf. Vielleicht war das ihre Art, sich zu entschuldigen.« Wieder dieses sachte Lächeln auf seinen Lippen. »An die Rückreise erinnere ich mich fast nicht. Ich wollte nur ankommen. Es dauerte so lange, *zu lange*. Und als ich ankam, dachte ich,

ich sei zu spät. Du warst schon geboren, aber du kanntest mich nicht.« Sein Lächeln ist einem ernsten Ausdruck gewichen. Nisha starrt ihn an, die Geräusche der Welt haben aufgehört. Sie hört nur noch die kleinen Wellen in ihren Ohren. *Das* war seine Reise? *Die Reise*, von der ihre Eltern beim Abendessen erzählten, die sie kurz erwähnten, um dann schnell das Thema zu wechseln? *Darum* ging es? Er hatte einen *Wal* gesucht? *Und seine Mutter gefunden?* Warum hatte ihr das niemand erzählt? Ihre Großmutter war ein *Wal*? Shiryams Blick ist auf etwas Unsichtbares gerichtet, etwas weit, weit weg. Er dreht sich zurück zu ihr. »Alles, was ich dir sagen will, mein Mädchen, ist: eine Mutter ist etwas Wunderbares –« Nisha schnaubt. »Lass mich ausreden. Und … es gibt viel, was du nicht über deine Mutter weißt –«

»Oh, doch, ich weiß schon. Sie hat ihre Familie auf Réunion verloren, es war alles ganz schrecklich und deswegen darf niemand um sie herum auch nur die allerkleinste Welle machen, damit sie nur nicht wieder traurig wird!«

Shiryam seufzt. »So einfach ist es nicht, Nish.«

»Doch, genauso ist es!«

Shiryam schüttelt den Kopf. »Die Tiefe ist ein besonderer Ort. Es gibt dort mehr, als wir denken. Ich verstehe, dass es dir gefällt.« Sie nickt. »Und … *manchmal passieren die unwahrscheinlichsten Dinge.* Wenn man sich etwas traut. Wenn man einen *Ruf* spürt. Ich habe auf dieser Reise viel über mich gelernt. Dass mehr in mir steckt, als ich wusste. Und auch in dir, mein Mädchen, steckt viel mehr, als du denkst.« Er räuspert sich.

»Das wolltest du mir sagen, Paps?«

»Vor allem wollte ich, dass du dich nicht mit deiner Mutter streitest. Reicht es nicht, wenn du ab und zu einen Ausflug dorthin machst, etwas Tiefenwasser schnupperst?«

»Das heißt, insgesamt sind wir?« Nisha schaut Bina an. Sie sind im Weißen Tal, um sich zu besprechen.

»Siebzehn.« Siebzehn Jugendliche. Siebzehn marine Hybride. Siebzehn, die am Dunkelriff leben wollen. Trotz allem. Auch ohne die Erlaubnis ihrer Eltern. Deren funkelnde Augen bezeugen, dass sie eine neue Welt entdecken wollen. Die Grenzen überschreiten wollen, wissen wollen, wozu sie fähig sind.

»Ich denke, wir sollten eine Prüfung machen. Ich glaube nicht, dass alle verstehen, auf was sie sich einlassen«, sagt Omek, nicht zum ersten Mal. Sein Arm ist verheilt. Er musste operiert werden, der Knochen war zertrümmert. Über seine Verwandlung weiß man immer noch nicht viel mehr. Seine Mutter hatte veranlasst, dass er mehr als ausgiebig untersucht wurde. Man hat ein Sekret gefunden, das lichtamplifizierende Mikroben enthält. Allerdings hat niemand eine Erklärung dafür, woher die Drüsen stammen, die dieses Sekret absondern. Offiziell möchte sich niemand festlegen, aber man geht davon aus, dass Omeks Reparationscode dafür verantwortlich ist. Seine hybride DNS, kurz gesagt.

»Ich sage, wir schließen niemanden aus.« Nisha zieht ihre Stirn kraus. Dass gerade *Omek* eine Prüfung will. Er wäre doch der erste gewesen, der sie nicht bestanden hätte. Aber seit dem *Vorfall* ist er selbstsicherer, manchmal fast schon arrogant. »Man kann immer zurückkehren, wenn es einem nicht gefällt.« Omek brummt.

»Packt ein, was ihr finden könnt«, sagt Mahira. »So viel wie möglich, von allem. Vorräte, Medikamente, Geräte … alles!«

»Das brauchen wir doch alles nicht, Mahi!« Nisha schüttelt den Kopf. »Wir wollen *vom* und *mit* dem Meer leben. Nicht ein zweites Nof Shunit aufbauen.«

Mahira zuckt mit den Schultern. »Kann doch nicht schaden.«

»Ich nehme auf jeden Fall Laborzubehör mit«, sagt Bina. »Ich will, dass wir da unten zumindest einige grundlegende Analysen durchführen können.« Nisha rollt mit den Augen. Das Ziehen in ihrer Brust wird jeden Tag stärker. Das Dunkelriff ruft sie. Bina würde am liebsten noch ewig weiterplanen, genau wie Omek. Mahira ist ungeduldig. Und Azrak, Azrak will sich nicht festlegen.

»Und ich will, dass wir alle Entscheidungen *gemeinsam* treffen. Keine Anführer. Sonst werden wir am Ende genau wie die Erwachsenen. Wie Nof Shunit«, sagt Nisha.

Azrak brummt. »Das funktioniert nie. Es ist gegen die Natur der Menschen. Menschen brauchen eine Leitfigur.«

»Genau. Gegen die Natur von Menschen«, braust Nisha auf. »Aber wir sind keine normalen Menschen. Das ist doch wohl inzwischen klargeworden.« Sie schielt zu Omek.

»Dann diskutieren wir ewig, bis irgendetwas entschieden ist«, sagt Bina. »Über jede Miesmuschel wird dann diskutiert.«

»Dann ist das eben so.« Nishas Stimme ist fest.

»Also, ich will gerne mitbestimmen.« Mahira kichert.

»Wir müssen uns das gut überlegen. Wo wir alles herbekommen, was wir brauchen. Medikamente. Heilmembrane. Wenn wir was bauen wollen, brauchen wir Materialien. Wenn es kalt wird, brauchen wir Wärme.« Omek kneift die Augen zusammen.

»Ja, ja, alles schön und gut«, sagt Nisha ungeduldig. »Aber wir wollen unsere Grenzen austesten, schon vergessen? Da macht es keinen Sinn, alles perfekt zu planen. Wenn uns kalt wird, müssen wir damit klarkommen. Wisst ihr, was sich in eurer DNS verbirgt?« Wieder schielt sie zu Omek. »Vielleicht wächst uns allen auf einmal eine Isolationsschicht. Hat uns der Druck in der Tiefe gestört? Nein! War uns bisher kalt? Nicht mehr als ein bisschen! Ich sage, wir lassen es darauf ankommen. Ich will, dass das Dunkelriff eine richtig hybride, richtig marine Tiefseesiedlung wird. Dafür müssen wir uns auch etwas trauen.«

»Ich traue mich was!«, ruft Mahira und schwimmt einen Purzelbaum.

»Was soll denn das heißen, ›richtig hybrid, richtig marin‹? Das heißt überhaupt nichts.« Bina schaut Nisha skeptisch an.

»Wir müssen auch an die Wirtschaft denken, an den Handel.« Azraks tiefe Stimme vibriert im Wasser.

»Handel, Handel … Kawandel, Papandel«, summt Mahira. Nisha schüttelt den Kopf. Wenn sie sich schon hier nicht einigen können, wie soll das dann mit einer größeren Gruppe werden?

»Ich will, dass meine Eltern uns besuchen kommen«, sagt Omek leise.

»Keine Eltern haben wir gesagt!« Nishas Stimme ist scharf und sie spürt wieder diesen Druck auf der Brust, diese Enge. Das Wasser strömt hektisch in und aus ihren Lungen. Paps und Mutter am Dunkelriff … Bestimmt würden sie niemals freiwillig kommen.

Bina räuspert sich. Sie schaut zwischen Omek und Nisha hin und her. »Vielleicht müssen wir das nicht jetzt entscheiden.«

»Auf das Dunkelriff-Kollektiv!« Mahira trommelt begeistert auf ihren Bauch.

»Ich denke, wir haben eine kleine Chance, dass es klappt«, brummt Azrak. »Zehn Prozent. Mehr nicht. Es sind zu viele Unsicherheiten im Spiel.«

»Warum denkst du das?« Omeks Stimme klingt hohl. Azrak zuckt mit den Schultern.

»Zwanzig Prozent«, meint Bina.

»Manchmal passieren die unwahrscheinlichsten Dinge«, sagt Nisha schließlich. Wie zum Beispiel, dass man entdeckt, dass die eigene Großmutter ein Wal war. Sie kratzt sich an der Stelle an ihrer Seite, an der die Schuppen in die blaue, gummiartige Haut ihres Rückens übergehen. Ein genetischer *Synergieffekt* soll das ein? Sie schüttelt langsam den Kopf. Wohl eher Walerbe. »In drei Tagen gehen wir los. Sagt allen Bescheid. Wir treffen uns vor Sonnenaufgang hier.«

Bina zieht scharf Wasser durch die Zähne. »Drei Tage, das schaffen wir nie. Mindestens eine Woche, Nish. Ich muss noch so viel organisieren.«

»Von mir aus kann es morgen losgehen«, schnattert Mahira.

»Organisieren, organisieren!«, braust Nisha auf. »Wenn du alles perfekt durchorganisierst, dann sind wir in einem *Monat* noch nicht fertig.«

»Eine Woche vergeht schnell«, schaltet Azrak sich ein. »Wir müssen die Neuen auch noch vorbereiten.«

»Na gut.« Nisha macht eine finale Geste mit ihren Händen. »In einer Woche. Hier. Zwei Stunden vor Sonnenaufgang.«

BRIEFE

27 Ijjar 172

Meine liebe Nisha,

es tut mir leid, was ich gesagt habe, als du gegangen bist. Ich war sehr aufgebracht und habe mir Sorgen gemacht. Heute würde ich das vielleicht anders ausdrücken, aber dafür ist es jetzt wohl zu spät.

Ich hoffe, es geht dir gut, und dass das Dunkelriff alles ist, was du dir gewünscht hast. Ich will ja nur, dass du in Sicherheit bist. Vielleicht verstehst du mich ja auch mit der Zeit, wenn du älter wirst. Du hattest immer schon viele Ideen und einen starken Willen und warst nicht bereit, Kompromisse zu machen.

Ich verstehe, dass ihr wollt, dass sich etwas ändert. Alle wollen das, wenn sie jung sind. Aber manchmal geht das eben nur langsam und mit Geduld, Stück für Stück. Was ich nicht verstehe und nur schwer verzeihen kann, ist, dass du mir nichts erzählt hast. Dass du einfach verschwunden bist. Dass wir dir scheinbar so wenig wichtig sind.

Aber gut, das ist jetzt feiner Sand in den Wellen.

Ich hoffe, du bist wohlauf, und deine Freunde auch.
Ich habe dich lieb und vermisse dich,
deine Mama

*

10 Siwan 172

Mama,

bei den Feuern, ein ganzes Jahr lässt du dir Zeit damit, mir einen Brief zu schreiben, und dann so etwas? Wenn ich älter werde, werde ich dich schon verstehen? Und sehen, dass du recht hast, das meinst du wahrscheinlich, oder? Ist es so schwer für dich, zuzugeben, dass du falsch lagst? Dass ich zur Abwechslung mal recht hatte? Dass wir es geschafft haben, uns hier ein Leben aufzubauen, unten, in der ach-so-gefährlichen Tiefsee?

Zu deinen Fragen: Es geht mir besser als je zuvor. Das Dunkelriff ist wundervoll. Noch nie habe ich mich an einem Ort so zu Hause gefühlt.

Ich hätte dir von unseren Plänen erzählt, wenn ich gedacht hätte, dass auch nur die kleinste Chance besteht, dass du es verstehst. Aber deine Reaktion zeigt alles. Für mich und meine Interessen hast du nie Zeit gehabt – immer ging es nur um deine Arbeit. Nur zu gerne hätte ich unsere Pläne mit dir diskutiert, aber ich dachte nicht, dass es dich wirklich interessiert.

Grüß Paps von mir, ich hoffe es geht ihm gut.
Passt auf euch auf,
Nisha

*

4 Tammus 172

Liebste Nisha,

es ist schön zu hören, dass es dir gut geht. Aber deinen Brief fand ich sehr verletzend. Ich dachte nicht, dass ich/wir so schlimm war/waren als Mutter/Eltern. Dir ging es doch gut bei uns, oder? Und so schlimm war es doch wohl in Nof Shunit auch nicht, oder? Man kann hier gut leben, das kannst du doch nicht bestreiten. Wir haben dir doch viel ermöglicht. Du kannst uns wirklich nicht an allem die Schuld geben. Und ich denke, dass ich dich schon ganz gut verstehe, in vielerlei Hinsicht. Aber ich bin eben älter als du und sehe manche Dinge in der Zwischenzeit anders. Du wirst schon auch noch sehen, dass man im Laufe der Zeit seine Ansichten auch mal verändert.

Wir haben gerade einen Gastwissenschaftler aus Polynesien von der Südpazifischen Universität. Ein Kognitionswissenschaftler. Gemeinsam schauen wir die alten Aufnahmen an, du weißt schon, von den Schildkrötentänzen. Die ganzen alten Schildkröten … Jetzt sind alle tot. All das Wissen, all diese Schönheit, verloren. Er hat jedenfalls die Theorie, dass man die Tanz- und Sand-Muster nicht getrennt betrachten sollte (also Erstmuster und Reaktion), sondern als ein einziges Muster. Ich bin mir noch nicht sicher, inwieweit das Sinn macht, aber wir prüfen das gerade. Wenn es stimmt, könnte es Auswirkungen auf viele andere Felder haben – im Allgemeinen auf Analysen von komplexen Mustersystemen, wie sie auch – ja – bei genetischer Hybridisierung eine zentrale Rolle spielen. Deswegen müssen meine topologischen Analysen gerade etwas zurückstecken, aber dazu komme ich bestimmt in den nächsten Monaten wieder.

Ja, die Zeiten ändern sich. Vielleicht seid ihr dafür ja wirklich besser gewappnet, mein Kind, das kann schon sein. Wo wir schon dabei sind – gab es eigentlich noch einen weiteren Vorfall? Du weißt schon, eine Verwandlung oder wie auch immer man es nennen möchte? Bei uns gibt es Gerüchte über Metamorphosen im Mittelmeer. Man ging davon aus, dass viele Landhybride vor Jahren bei den Unruhen im Norden zu Tode gekommen waren. Gut, du bist nicht mehr so jung, warum soll ich es beschönigen … Sie wurden bewusstlos ins Meer geworfen. Schreckliche Geschichte. Nun hören wir, dass einige nicht ertrunken sind, sondern sich an das Leben im Meer angepasst haben. Ich kann mir das rein wissenschaftlich nicht vorstellen, das müsste ja eine spontane Metamorphose sein, die deutlich tiefgreifender ist, als Omeks Augensekret.

Wann besuchst du uns? Dein Vater vermisst dich sehr.
Pass gut auf dich auf, mein Schildkrötenmädchen,
Mama

*

11 Aw 172

Mama,

ja, natürlich war Nof Shunit nicht der schlimmste Ort der Welt. Bei den Feuern, das will ich doch auch gar nicht behaupten. Natürlich gibt es auch Dinge, die mir fehlen. Aber das kann ja wohl nicht heißen, dass ich in allem deiner Meinung sein muss.

Ja, uns geht es jedenfalls gut. Die erste Ernte ist geschafft. Wir haben auf der Rückseite des Riffs eine Seetang-Plantage angelegt. Das meiste wächst sowieso von allein, man muss nur ein bisschen nachhelfen. Mahira hat trotz ihrer Episoden ohne

Unterlass daran gearbeitet. Sie denkt sowieso den ganzen Tag nur ans Essen. Drei Tage haben wir nichts anderes gemacht, als Seetang gepflückt. Alle haben geholfen, selbst Omek, der sich vom Ausbau der Höhlen gerade nicht losreißen kann. Ich finde ja die Höhlen sind gut so, wie sie sind. Ich werde unsere bestimmt nicht renovieren, auch wenn Omeks Schlamm noch so gut aushärtet. Azrak will sie vergrößern, er versteht einfach nicht, dass wir damit an Atmosphäre verlieren würden.

Jedenfalls haben wir gestern Abend gefeiert, auch wegen des Erfolgs von Mahiras Augentinktur. Wir haben auch ein paar Pakete nach Nof Shunit verkauft. Ein paar der Neuen haben gesungen, jemand hat eine Aquavioline gespielt. In dieser Tiefe ist Musik etwas anderes, gedämpft, aber trotzdem intensiver. Sie trägt weit, ein sonderbarer Effekt. Man spürt sie irgendwie direkt im Körper, sie vibriert einem in den Knochen.

Alles war schön dekoriert, Turkiz, eine der Neuen, hat die leuchtenden Seepocken und die Algen, die die stärkste Biolumineszenz haben, überall verteilt. Alles hat geleuchtet! Man kann hier in der Tiefe nichts schnell machen, wir sind alle langsam geworden. Aber nicht Turkiz!

Zu deiner Frage: Bisher gab es keine weitere Verwandlung. Natürlich beschäftigt uns dieses Thema auch sehr. Omek ist deswegen etwas wichtigtuerisch geworden, da er der Einzige ist, dessen Körper sich auf diese Art der Tiefsee angepasst hat. Manchmal habe ich den Eindruck, dass er sich deswegen für etwas Besseres hält. Ehrlich gesagt hatte ich gehofft, dass sich bei mir etwas tut. Schließlich hatte ich bei der ersten Expedition ähnliches Kopfweh wie Omek. Aber – nichts. Vielleicht gibt es meine DNS einfach nicht her. Schade. Auf jeden Fall würde ich gerne wissen, ob an deinen Gerüchten mehr dran ist. Ich werde Bina fragen, was sie von der Idee einer »spontanen Metamorphose« hält.

Besuchen kann ich euch in nächster Zeit nicht, wir müssen nämlich in den kommenden Wochen die Felder für die schwarzen Mondmuscheln anlegen. Sammeln, sortieren, umsiedeln, entscheiden, welche noch wachsen müssen, welche wir für die nächste Saison zurücklegen etc. Aber vielleicht danach?

Viele Grüße,
Nisha

*

8 Elul 172

Meine liebe Tochter,

Wie geht es dir? Habt ihr weiterhin gut geerntet? Ich hoffe, dass ihr genug zu essen habt. Zumindest leidet ihr nicht unter der Hitze, nehme ich an. Bei uns ist es zu warm, auch wenn es natürlich bei Weitem erträglicher ist als im Trockenen. Wie ich das jemals aushalten konnte, ist mir ein Rätsel. Vor einer Woche wollte ich an die Institute in Eilat gehen, aber nachdem ich kurz einen Finger aus dem Wasser gestreckt hatte, habe ich abgesagt. Die Temperaturen sind nicht zu ertragen, über fünfzig Grad sind es diese Woche draußen, wer kann da leben?

Was hat Mahira denn für Episoden? Wie kommt ihr alle nach dieser ganzen Zeit mit der Dunkelheit klar? Beobachtet ihr Mangelerscheinungen? Das muss sich doch auf den Körper auswirken (und auf den Geist?).

Habe ich das richtig verstanden, dass du mit Azrak zusammenlebst? Ist er der Sohn von Plessia Mayim, die die Tempelkuppel gebaut hat? Ich erinnere mich nicht wirklich an ihn. War er von Anfang an bei euch? Aber schön, dass du nicht allein bist. Ich hoffe, ihr lasst es langsam angehen, ihr seid ja erst siebzehn.

Brauchst du eigentlich etwas? Sag Bescheid, wenn ich dir etwas schicken kann. Ich habe dir ein kleines Paket mit Laborzubehör geschnürt.

Die Situation in Nof Shunit ist nicht einfach zurzeit. Wir wissen nicht, wie es im Rest der Welt aussieht. Man kommt kaum an verlässliche Informationen. Bei uns im Labor sind viele Schreibtische leer. Die Schildkröten haben uns so viel abgenommen. Und jetzt – der Müll wird nicht mehr geleert, Vorräte werden nicht aufgefüllt, Lieferungen fallen aus. Und manche … wollen keine Lösungen finden, glaube ich. Die

Sternschildkröten-Anhänger. Ich sage es ja nur ungern, aber die Leute sind rückständig.

Genug davon. Ich hoffe, es geht dir gut.
Ich und dein Vater umarmen dich,
Mama

*

17 Cheshvan 172

Nisha,

ist alles in Ordnung? Ich habe schon so lange nichts mehr von dir gehört. Ich habe zwei deiner Freunde kennengelernt. Sie sind hier zur Erholung, wegen der Dunkelheits-induzierten Muskelparalyse (DIMP).

Uns geht es gut. Wir denken über eine Reise nach Réunion nach. Ich war nie mehr dort, weißt du. Ich würde die Insel so gern deinem Vater zeigen. Dir auch, natürlich, aber du bist bestimmt sehr eingespannt.

Bitte melde dich und sage mir, ob es dir gut geht. Ich hoffe, es ist alles in Ordnung bei euch. Hier gibt es Gerüchte über radikalisierte Banden, die durch die Meere ziehen, aber ich denke, da hat mal wieder jemand übertrieben. Bei uns ist jedenfalls nichts davon zu sehen.

Mama

*

2 Tevet 172

Liebe Mama,

tut mir leid, dass ich so lange nicht geschrieben habe. Die letzten Monate waren keine gute Zeit für uns. Mahira ist tot. Ich glaube es immer noch nicht, selbst es zu schreiben fühlt sich falsch an.

Die DIMP hat uns hart getroffen. Die beiden Neuen, die es als erste bekommen haben, haben wir ins KH Nof Shunit gebracht, die du getroffen hast. Ihr Zustand hat sich dort wohl verbessert und sie können sich wieder bewegen, aber sie brauchen hohe Licht-Dosen, damit die Lähmung nicht wieder auftritt. Der Muskelschwund kann nur begrenzt rückgängig gemacht werden, was bedeutet, dass sie nicht mehr zum Dunkelriff zurückkehren können. Das ist ein herber Verlust für uns.

Mahira, Turkiz und Azrak haben mit Hochdruck an einem Medikament gearbeitet. Die Dosis an schwarzen Mondmuscheln wurde für alle hochgesetzt. Wir essen die Muscheln jetzt drei Mal täglich. Die Nebenwirkungen, Schläfrigkeit und eine Art Betrunkenheit, konnten wir eindämmen. Azrak hatte bemerkt, dass sich etwas an der Färbung von Mahiras Haut verändert, und wir dachten, dass es eine anstehende Verwandlung sei. Als er sie darauf angesprochen hat, hat sie ganz sonderbar reagiert und dann hat die Paralyse zugeschlagen. Vielleicht hat sie es schon geahnt und hat es irgendwie geschafft, den Krankheitsverlauf mit ihren ganzen Tränken zu verlangsamen. Als sie dann zusammenbrach, war ihr Zustand schon sehr schlecht. Wir wollten sie am nächsten Morgen nach Nof Shunit bringen, aber da war es schon zu spät. Wir haben sie in die Strömung entlassen, zusammen mit hunderten von leuchtenden Seetangblüten.

Das Dunkelriff ohne Mahira ist nicht das gleiche. Ich weiß nicht, was das bedeutet. Ich denke, wir müssen stark sein. Es besser machen. Azrak sagt, ich muss jetzt ein Vorbild sein, denn alle schauen zu mir. Ich versuche mein Bestes. (Ja, er ist der Sohn von Plessia und er ist achtzehn).

Wie wollt ihr denn nach Réunion reisen? Ist das nicht etwas weit? Ich würde die Insel auch gerne einmal sehen. Aber die Vorstellung, an eine trockene Oberfläche gefesselt zu sein, wo man nur in eine Richtung gehen kann … Willst du dir das wirklich antun?

Liebe Grüße, auch an Paps,
Deine Nisha

*

6 Tammus 173

Meine liebste Nisha,

wir sind zurück und endlich habe ich wieder Zeit, dir zu schreiben.

Das sind ja schlimme Neuigkeiten von euch am Dunkelriff. Das mit Mahira tut mir sehr leid. Sie war immer so ein fröhliches Mädchen. Schrecklich, dass es so gekommen ist. Ich hoffe, ihr habt euch ein bisschen von dem Schock erholt. Ich kenne Plessia nicht sehr gut. Sie war immer ein bisschen sonderbar. Eine riesige Frau, aufbrausend und eigen. Aber bestimmt ist ihr Sohn ganz anders, wenn du dich so gut mit ihm verstehst.

Es war eine lange Reise bis nach Réunion. Sieben Wochen waren wir unterwegs, um die Insel zu erreichen. Es gibt die Küste entlang Boot-Verbindungen. Ich hatte die Hoffnung, dass es weiter im Süden vielleicht auch noch Schildkröten gibt. Aber nein, sie sind überall gestorben und überall haben sie Lücken hinterlassen. Wir haben versucht, den Großteil der Strecke im Wasser zurückzulegen. Nur wenn es keine andere Möglichkeit gab, sind wir an Land gegangen. Du wirst es nicht glauben, aber einige Busse haben uns nicht einsteigen lassen. Marine Menschen sind in manchen Gegenden gar nicht gern gesehen. Man vergisst das leicht, wenn man die ganze Zeit unten ist. Aber am Ende sind wir angekommen. Was für ein Moment das war, dort an Land zu gehen! Nostalgisch, aber auch sehr fremd. Ich wollte vor allem unser altes Haus sehen, in Manapany an der Südküste, in der Bucht. Beziehungsweise, den Ort, an dem es gestanden hat. Trotz allem. Ich wusste nicht, was mich erwarten würde. Aber wir haben es gefunden. Die Lava hatte das Haupthaus komplett zerstört. Der Garten war ein Dschungel, das Studio meines Vaters war von der Lava komplett unberührt. Ein paar der Anwohner haben sich noch an uns erinnert. Bei dem Ausbruch damals wurden noch mehr Häuser getroffen. Es gab viele Tote. Danach haben sich die Überlebenden zusammengetan, um aufzuräumen und die Zerstörung so weit wie möglich zu beseitigen. Ist das nicht rührend?

Das Studio meines Vaters sah aus wie immer. Verrückt, nach all der Zeit. Alles lag kreuz und quer herum, als hätte er erst gestern noch gearbeitet. Die Lava hat es nicht berührt. Eine Palme hat sich durchs Fenster gedrückt, das Glas war zersplittert, dort in der Ecke haben Wind und Regen Unordnung gemacht.

Aber sonst … Farbtuben lagen überall herum. Eintausend Schattierungen von Blau. Eingetrocknete Pigmente, harte Pinsel. Und Skizzen und Leinwände. Manche angefangen, viele fertig. Prächtige Bilder, Nisha. Das Meer. Vor allem das Meer. Ich habe alles an das Archiv der Region Sud Sauvage gespendet. Sie werden es ausstellen. Was soll ich sonst damit tun? Es ist Trockenmaterial, kein wasserfestes Papier. Nur ein Bild habe ich behalten. Ich habe es behandeln lassen. Das hat ein Vermögen gekostet, aber so konnte ich es mit nach Nof Shunit nehmen. Ein Porträt von meinem Bruder Gabriel und mir am Strand beim Muschelsammeln. Von den Proben meiner Mutter ist nichts übrig. Ihre gesamte Sammlung war im Haupthaus. Der Vulkan hat sie sich zurückgeholt. Was für eine Ironie des Schicksals! Du hättest sie gemocht, Nisha, deine Großmutter. Ich denke, ihr seid euch ähnlich. Sie war eine sehr starke Frau.

Drei Wochen waren wir auf der Insel. Ich bin die Trockenheit nicht mehr gewohnt. Meine Haut ist ausgetrocknet und hat Risse bekommen. Und die Rückenschmerzen erst! Dein Vater hat zwischendurch ganze Tage im Wasser verbracht, sonst hätte er nicht durchgehalten. Trotzdem ist es sonderbar zu wissen, dass du meinen Geburtsort nie gesehen hast.

Ach ja, bevor ich es vergesse, das könnte dich interessieren: Auf dem Weg haben wir von anderen Reisenden von einem Experiment in Socotra gehört (eine Insel im Golf von Aden, an der wir vorbeigekommen sind). Irgendetwas mit Biolumineszenz und Glutanemonen, es klang alles etwas geheimnisvoll. Ich musste an euch denken, vielleicht kannst du ja selbst mehr darüber herausfinden.

So, mein Kind, wann kommst du uns besuchen? Dein Vater fragt jeden Tag, ob du schon wieder geschrieben hast, und er ist immer der Erste, der deine Briefe liest. Du weißt ja, er schreibt nicht gern selbst, aber er will dich unbedingt sehen.

Viele Küsse und Grüße,
deine Mama

28 Kislew 173

Liebe Mama,

schön zu hören, dass eure Reise gut verlaufen ist. Dass es dir zu trocken war, hat mich etwas zum Schmunzeln gebracht!

Ja, natürlich ist es traurig, dass ich deine Geburtsinsel nie gesehen habe. Schade vor allem, dass ich deine Eltern nicht kennengelernt habe … Bestimmt werden die meisten Tiere und Pflanzen auf Réunion in den nächsten Jahren aussterben und dann bleibt nicht mehr viel zum Anschauen. Die Zukunft liegt eben einfach in den Ozeanen, das Land ist zum Untergang verurteilt.

Mama, ich kann nicht selbst mehr über etwas herausfinden! Wir sind nicht mit den Netzen verbunden, schon vergessen? Biolumineszenz-Experimente, das klingt spannend und Glutanemonen gibt es bei uns auch. Bina hat irgendein Projekt damit, ich kann es dir nicht genau erklären, aber es geht um Biolumineszenz. Könntest du vielleicht deinen Zugang zu den Netzen in der Arbeit nutzen, um mehr darüber herauszufinden?

Ich würde euch ja auch gerne wiedersehen, aber mit einem Besuch ist es gerade wirklich schwierig. Im Parlament gibt es Spannungen, da Omek einige Veränderungen durchsetzen will und die Gegenargumente einfach nicht akzeptiert, obwohl die Mehrheit klar gegen ihn ist. Die Diskussionen sind lang und ermüdend, aber es ist wichtig, dass wir zum Konsens kommen. Aus dem Prozess kann ich mich jetzt nicht herausnehmen. Aber bestimmt sieht es in ein paar Wochen anders aus. Wollt ihr nicht bis dahin einmal unser Dunkelriff besuchen?

Ich hoffe dir und Paps geht es gut.
Deine Nisha

*

4 Nisan 174

Meine liebe Nisha,

Wie geht es dir? Ich habe dir auf einem Lichtie ein paar Artikel zu der Forschung mit den Glutanemonen mitgeschickt, vielleicht ist ja etwas für euch dabei. Zeig es doch mal Bina, bestimmt kann sie etwas damit anfangen.

Uns geht es gut, aber ich kann jetzt nicht lange schreiben, da Shiryam gleich einen Arzttermin hat und ich ihn begleite. Er hatte jetzt die ganzen letzten Wochen starke Schmerzen in den Knien und Handgelenken. Die Ärztin sagt, es könnte eine Knochenkrankheit sein. Das gibt es wohl häufiger bei Menschen, die im Trockenen aufgewachsen sind. Wie auch immer, deswegen ist im Moment auch leider ein Besuch im Dunkelriff nicht möglich. Auch wenn ich mich sehr freue, dass du uns jetzt auch einmal eingeladen hast. Sehen würden wir es natürlich sehr gerne.

Nof Shunit ist ruhig. Viele Leute sind weggezogen. Unsere Nachbarn auch. Wer weiß wohin! Wenn man sie fragt, wohin sie wollen, wissen sie es selbst nicht. Ihre Häuser stehen leer. So eine Verschwendung. Dafür ziehen diese Vagabunden-Gruppen durch unsere Stadt und besetzen die Häuser, nehmen sich, was sie finden können, und ziehen dann weiter. Man sagt, sie scheuen vor Kriminalität nicht zurück. Manche sagen auch, das seien die Landhybride, von denen ich dir erzählt habe. Die sich verwandelt haben.

Die verstärkten Strömungen fallen aus und niemand repariert sie. Wann kommst du uns besuchen, meine liebe Tochter? Bitte komm bald, wir vermissen dich so.

Pass auf dich auf,
deine Mama

*

3 Shvat 174

Liebe Mama,

wie geht es Paps? Ich hoffe besser.

Danke auch für die Artikel. Das hat tatsächlich bei uns im Parlament ziemlich hitzige Diskussionen ausgelöst. Alle waren sich einig, dass dieses Labor in Socotra, »IO Ring«, ziemlich obskur klingt und vor allem sehr vage bleibt, was die »neuen Wege« aus der Krise heraus angeht, die »Tabus brechen« sollen.

Einige der genannten Forschungsthemen klingen geradezu esoterisch. Was soll das sein, »alternative Räume«?

Dass du dich dafür interessierst, überrascht mich etwas. Ist das nicht etwas abseitig? Naja, Bina hat jedenfalls nichts anderes mehr im Kopf als diese Artikel, auch wenn sie sagt, das meiste sei für uns nicht relevant. Jedenfalls meint sie, wir sollten aufhören, mit den Glutanemonen zu experimentieren, da gäbe es wohl unerwünschte Nebeneffekte und wir sollen auf andere Spezies umsteigen. Gut, machen wir das also. Omek war nicht begeistert, aber er ist sowieso immer gegen alles, auch wenn es ihn eigentlich gar nicht direkt betrifft, und Azrak verlangt »harte Fakten«, auch wenn er sich eigentlich nicht wirklich damit auskennt.

Azrak hat Mahiras Felder übernommen. Er kümmert sich um ihre Pflanzen und experimentiert ein bisschen damit herum. Ich glaube, er findet es gut, wenn er mal helfen kann (mit einer Tinktur nach Mahiras Rezept), und sich dann zur Abwechslung mal Leute bei ihm bedanken. Bevor du fragst – ja, er ist nicht der unkomplizierteste Typ.

Ich würde euch gerne im Frühjahr besuchen kommen, jetzt steht erstmal die Endjahresfeier an.

Liebe Grüße, pass auf Paps auf,
eure Nisha

*

12 Nisan 175

Mein liebes Kind,

Es ist immer eine Freude, deine Briefe zu bekommen. Ich vermisse dich so. Kommst du uns jetzt besuchen? Du kannst in deinem alten Zimmer schlafen, wir haben alles so gelassen. Vier Jahre sind jetzt schon vergangen, Nisha, seit wir dich das letzte Mal gesehen haben. Vier Jahre. Findest du das nicht traurig? Aber vielleicht überraschst du uns ja auch und gerade während ich diesen Brief schreibe, bist du vielleicht schon auf dem Weg zu uns. Tauchst einfach unangemeldet an der Haustür auf. Das wäre schön.

Paps geht es besser. Er muss jeden Tag Medikamente nehmen und fühlt sich schrecklich alt deswegen. Glücklicherweise hat er keine Schmerzen. Ein Heilmittel gegen die Knochenkrankheit ist nicht bekannt, da sie ein relativ neues Phänomen ist. In den Rifflaboren gibt es dazu ein Projekt, allerdings läuft das wohl auch eher schleppend.

Zum Glück hat er seine Musik. Er ist Teil eines kleinen Chors. Sie sind nur zu siebt. Früher war der Chor groß und sehr bekannt! Aber nichtsdestotrotz – du solltest einmal hören, wie sie singen! Und er spielt auch wieder. Ich gehe oft mit zu den Proben und natürlich zu jedem ihrer Konzerte. Das ist ganz wundervoll.

Ich umarme dich,
deine Mama

*

2 Adar 176

Liebe Mama,

Schön zu hören, dass es Paps bessergeht. Und auch, dass er in einem Chor singt. Macht er keine Solo-Konzerte mehr? Ich würde ihn so gern einmal wieder singen hören. Schade, dass er nicht kommen kann. Ein Konzert von ihm hier unten, wenn alles dunkel ist außer den leuchtenden Pflanzen, das stelle ich mir wundervoll vor.

Ich weiß, Mama, ich wollte schon lange kommen. Aber wir planen gerade die Einweihung des Lernzentrums, und da kann ich wirklich nicht fehlen. Sonst reißt Omek wieder alles an sich mit seinen sonderbaren Ideen. Aber willst du nicht kommen? Vielleicht auch ohne Paps, wenn es auch traurig ist? Für das Lernzentrum wollen wir Vorträge organisieren und da wärst du doch genau die Richtige. Etwas zu den Schildkrötentänzen? Oder was auch immer du gerade machst? Dann könnte ich dir alles zeigen, was wir hier aufgebaut haben.

Liebe Grüße, ich umarme dich,
deine Nisha

17 Tishri 176

Liebe Nisha,

Wie geht es dir und euch?

Hier läuft es nicht so gut. Paps geht es wieder schlechter. Er hat starke Schmerzen. Aber natürlich kann er sich auch nicht einfach ausruhen, du kennst ihn ja. »Dann tut mir dafür der Rücken weh«, sagt er und dann übernimmt er sich wieder. Er ist schlecht gelaunt und macht mich ganz verrückt. Wir versuchen jetzt einen anderen Ansatz, mit anderen Medikamenten. Nächste Woche haben wir einen Arzttermin.

Was für eine Ehre, dass ihr mich für einen Vortag einladen wollt! Sehr, sehr gerne! Aber natürlich muss es deinem Vater erst wieder bessergehen, so möchte ich ihn nicht allein lassen. Ich habe schon allerlei Ideen. Im Moment beschäftige ich mich vor allem mit der mathematischen Topologie der Schildkrötentänze. Erinnerst du dich, dass ich davon erzählt habe, dass man Eingabe und Reaktion nicht trennen kann? Die Sache mit den komplexen Mustersystemen? Dabei gibt es einige faszinierende Unregelmäßigkeiten, man kann fast schon sagen Paradoxe in der Eulerschen Topologie. Ich habe den Verdacht – aber das darfst du niemandem verraten, denn bin noch nicht fertig mit der Prüfung –, dass der Eulersche Polyedersatz zumindest in bestimmten Tanzsequenzen außer Kraft gesetzt wird, was eigentlich mathematisch nicht möglich sein sollte. Das bereitet mir gerade viele schlaflose Nächte! Wenn das stimmt, wäre es eine Revolution und könnte die Welt verändern.

Aber wenn wir optimistisch sind, und es Shiryam in den nächsten Wochen/Monaten besser geht, könnten wir einen Besuch mit Vortrag nächstes Jahr im Adar oder Nisan anvisieren. Was meinst du?

Viele Küsse,
deine Mama

9 Cheshvan 176

Liebe Mama,

Ich hoffe, Papa geht es besser. Ich schreibe dir nur kurz, damit ich es nicht vergesse.

Ja, nächsten Frühjahr, das passt ganz wunderbar! Wie wäre es im späten Adar?

Ich freue mich so, dass du endlich kommst! Wir zeigen dir alles – Bina bereitet eine Führung durch unsere Labore vor, das Lernzentrum zeigen wir dir, vielleicht kannst du auch in einem Parlament dabei sein.

Spannend, was du von deiner Forschung erzählst. Gibt es schon Neuigkeiten?

Alles Liebe,
Nisha

*

3 Nisan 177

Liebe Nisha,

Ja es gibt tatsächlich Neuigkeiten und einige Ideen konkretisieren sich. Allzu viel kann ich dir (noch) nicht erzählen. Aber ich arbeite gerade mit einem Experten für Gensymmetrie zusammen. Es sieht alles sehr vielversprechend aus und könnte zu großen Veränderungen im Kontext der DNS-Integration führen. So sagt er. Ich finde die Lösung eines grundsätzlichen mathematischen Paradoxes ist zentraler, aber über Geschmack lässt sich bekanntlich streiten.

Dein Vorschlag klingt großartig und ich freue mich schon sehr. Lass es uns nur etwas verschieben. Ich könnte am 10 Tammus kommen. Passt das bei dir? Paps kann nicht mitkommen, wir haben es uns nochmal überlegt. Es geht gerade bergauf mit ihm, aber er sollte größere Anstrengungen vermeiden.

Ich umarme dich,
Mama

23 Nisan 177

Liebe Mama,

ja, das passt perfekt! Ich warte auf dich am 10 Tammus! Schicke ganz ganz liebe Grüße an Paps. Bestimmt schaffe ich es auch bald, euch in Nof Shunit zu besuchen.

Ich freue mich schon sehr!
Deine Nisha

*

10 Tammus 177

Liebe Nisha,

es tut mir wirklich leid, aber ich konnte heute doch nicht kommen, ich habe dem Boten stattdessen gerade noch diesen Brief mitgeben können und ein Lichtie mit ein paar Sachen für Bina. Ich stehe kurz vor einem Durchbruch in meinen Berechnungen. Shlomo und ich sitzen seit 48 Stunden daran, ohne Pause, wir können jetzt nicht aufhören, es geht um zu viel. Die Schildkröten durchbrechen die Eulersche Topologie, Nisha! Die ganze genetische Hybridisierung steht auf falschen Beinen, Nishi, wir sind alles falsch angegangen. Wir haben die Muster nicht gesehen, obwohl es so klar vor uns liegt. Ich hoffe, du bist nicht zu enttäuscht, mein Schildkrötenmädchen. Ich komme ein anderes Mal, versprochen.

Deine Mama

PS: Ich sage immer »Schildkrötenmädchen«, dabei könnte ich auch »Schmetterlingsmädchen« sagen! Habe ich dir eigentlich mal deinen Hybridisierungskatalog gezeigt? Ich denke, du bist alt genug.

*

13 Tammus 177

Mama,

Ich kann dir gar nicht schreiben, wie wütend ich bin. Es war doch fest ausgemacht! Wir hatten doch schon alles besprochen!

Alles war vorbereitet, alle haben mit dir gerechnet! Weißt du, wie sie mich angeschaut haben?

Eigentlich ist es typisch für dich. Ich weiß gar nicht, was ich erwartet habe. Dass du einmal zu deinen Versprechen stehst, vielleicht, ein einziges Mal. Aber natürlich sind andere Sachen wieder wichtiger, wie immer. Deine Berechnungen interessieren mich wirklich einen modrigen Algenschlamm.

Nisha

*

25 Tammus 178

Liebe Nisha,

herzlichen Glückwunsch zum Geburtstag! Ich hoffe es geht dir gut, und dass du schön mit deinen Freunden feiern kannst.

Alles Liebe,
deine Mama

*

26 Tammus 179

Liebe Nisha,

alles Gute zum Geburtstag, mein liebstes Kind! Ich hoffe, dass du wohlauf bist, und einen schönen Tag mit deinen Freunden verbracht hast.

Dein Vater und ich schicken dir unsere besten Wünsche, wir vermissen dich sehr.

Mama und Paps

*

4 Nisan 180

Hallo Mama,

Wie geht es euch?

Geht es Paps wieder besser?

Uns geht es gut.

Grüße,
Nisha

13 Nisan 180

Liebe Nisha,

schön, von dir zu hören! Und vor allem schön, dass es dir gut geht. Du könntest aber ruhig etwas mehr schreiben, wir haben ja keine Ahnung, was ihr da unten den ganzen Tag so macht, vor allem, nachdem wir so lange nichts von dir gehört haben.

Habt ihr denn inzwischen ein ordentliches Labor? Wie könnt ihr denn ohne Anschluss an die Netze richtig arbeiten?

Deinem Vater geht es gut, er hat gerade keinerlei Beschwerden mehr. Er singt jetzt auch wieder im Chor (ich weiß nicht, ob ich dir das geschrieben hatte, aber zwischendurch hat er das Haus gar nicht mehr verlassen). Tag und Nacht singt er die gleichen Melodien, sodass ich selbst bei der Arbeit seine Chor-Lieder summe. Naja, ich bin ja allein im Labor, es stört also niemanden.

Es gibt jetzt immer mehr Leute, die an dieser Knochenkrankheit leiden, ich hoffe, dass mir das erspart bleibt.

Alles Liebe,
deine Mama

*

21 Cheshvan 180

Hallo Mama,

schön, dass es Paps bessergeht. Ähm, ob wir ein richtiges Labor haben? Machst du Witze? Bina hat hier ordentlich etwas aufgebaut, unser Labor kann sich sehen lassen. In den letzten Jahren ist allerdings hauptsächlich Turkiz dafür zuständig, woran Bina arbeitet, kann ich nicht mehr nachvollziehen. Sie rechnet eigentlich nur noch, man bekommt sie nicht mehr oft zu Gesicht. Selbst die Parlamente verpasst sie und eine richtige Entschuldigung bekommt man von ihr nie.

Turkiz kümmert sich um die Forschung und die Experimente, und wenn du es genau wissen willst, hatte sie mit ihren Kollegen dieses Jahr einen großen Erfolg. Sie haben bei Seepocken ein beschädigtes Genom simuliert und dann eine Technik entwickelt, dieses zu reparieren, sodass natürliche Reproduktion wieder ermöglicht wurde. Weißt du, was das bedeuten könnte? Ihre Vision ist es, die Technik weiterzuentwickeln und am Ende auf Menschen zu übertragen. So viel zu unserem »ordentlichen Labor«.

Liebe Grüße,
Nisha

*

25 Tammus 181

Liebe Nisha,

na, ihr habt ja ehrgeizige Pläne. Die Menschen wieder reproduktionsfähig zu machen? Sehr ehrgeizig! Aber wir brauchen Vordenker. Und es scheint inzwischen einige Überschneidungen in unserer Arbeit zu geben. Es wäre gut, wenn Bina und Turkiz einmal nach Nof Shunit kommen könnten. Ich wünsche euch jedenfalls viel Erfolg dabei.

Mein Tag sieht im Moment so aus: Ich stehe morgens früh auf, schwimme eine Runde flott durch den Korallenwald, um mich fit zu halten, dann wieder nach Hause, und dann frühstücke ich mit deinem Vater. Danach geht es dann ins Labor. Die Straßen und Strömungen sind meistens leer, im Labor ist auch niemand. Aber mich stört das nicht, dann habe ich wenigstens Ruhe für meine Arbeit. Abends schwimme ich nach Hause, meistens hat dein Vater dann schon Essen gemacht und wir sitzen zusammen. Dann reden wir oder spielen ein Spiel. Seit Neuestem versucht dein Vater, mir die Aquaharfe beizubringen, aber ich stelle mich nicht sonderlich gut an, auch wenn das Instrument eigentümlich schön klingt. An den Wochenenden machen wir kleinere Ausflüge und ich nehme ab und an Bodenproben.

Heute Abend hat dein Vater ein Konzert, da freue ich mich schon darauf.

Alles Gute zum Geburtstag!
Alles Liebe,
deine Mama

7 Nisan 182

Hallo Mama,
Wie geht es dir?

Unsere letzten Bestellungen aus Nof Shunit sind nicht angekommen, weißt du, was da los ist? Leben noch Leute in eurer Stadt?

Liebe Grüße,
Nisha

*

15 Siwan 182

Meine liebste Nisha,

wegen den Bestellungen kann ich dir auch nicht weiterhelfen. Manchmal sind hier Leute, manchmal nicht.

Ich freue mich vor allem auf die Konzerte … jeden Tag gehe mit deinem Vater zu seinen Proben. Seine Musik füllt meine Gedanken aus mit Schönheit.

Pass auf dich auf, mein liebstes Kind. Ich vermisse dich so schrecklich.

Mama

*

6 Tevet 182

Liebe Mama,

wie geht es euch?

Hier ist alles gut. Bestimmt kommen wir auch bald zu einer Einigung, was wir mit dem Methaneis machen. Nicht jeder sieht ein, dass es am besten wäre, es einfach unter dem Dunkelriff zu lassen und nicht anzufangen, dort herumzubohren. Wer weiß, was wir damit auslösen würden? »Wir müssen an die Wirtschaft denken«, sagt Azrak immer und dass das Dunkelriff auch wirtschaftlich nachhaltig werden muss, und deswegen wäre das Methaneis eine Ressource, die wir ausnützen müssten. Verkaufen, meint er natürlich. Ich finde das schrecklich. Manchmal kann ich Azrak deswegen deswegen kaum mehr in die Augen sehen, auch wenn ich weiß, dass er es nur aus Sorge um unsere Zukunft im Dunkelriff macht.

Turkiz sagt, wenn das Methaneis freigesetzt wird, wird es die Azidifizierung des Ozeans vorantreiben, die sowieso nicht mehr aufzuhalten ist. Aber ich kann mir nicht vorstellen, dass das noch zu unseren Lebzeiten geschieht, denn dem Dunkelriff geht es blendend und mit Sicherheit wird so ein großes Ereignis nicht von ein bisschen Gas ausgelöst.

Gruß,
Nisha

*

21 Ijjar 183

Meine liebste Nisha,

es tut mir so leid, dass ich dir das in einem Brief schreiben muss. Wie gerne möchte ich dich jetzt in meinen Armen halten. Dein Vater ist letzte Nacht verstorben.

Wir dachten ja, es wäre alles überstanden. Es ging ihm so gut. Vor einigen Tagen ging es dann plötzlich bergab. Ich kam auch nicht dazu, dir vorher zu schreiben. Es ging alles so schnell. Wir haben sofort die Ärztin angerufen. Ein paar Stunden später lag er nur noch in den Wellen. Sie kam vorbei, es wurden Tests gemacht. Extrem schlechte Werte, sofort ins Krankenhaus. Aber dein Vater wollte nicht. Er wusste, dass es vorbei war. Er wollte zu Hause sterben. Also blieben wir zu Hause. Einen Tag und eine Nacht. Das war alles, Nisha. In den frühen Morgenstunden hat er seinen letzten Atemzug getan.

»Nisha geht es gut«, hat er zu mir gesagt, ganz am Ende. »Mach dir keine Sorgen um sie, ihr geht es gut.« Das waren seine letzten Worte. Er ist friedlich von uns gegangen. Morgen wird er in die Wellen entlassen. Ich weiß, dass du so schnell nicht kommen kannst und ich will dich nicht drängen. Du bist im Herzen bei uns, das weiß ich, immer.

Ich liebe dich, mein Kind,
deine Mutter

23 Ijjar 183

Mama,

es tut mir so leid. Es tut mir so schrecklich leid! Wie konnte das nur passieren? So schnell. Ich dachte, es geht ihm besser. Mama, ich komme, so schnell ich kann. Ich war so lange nicht in Nof Shunit. Ich weiß nicht, ob ich das Licht noch vertrage, Mama. Ich weiß nicht, ob ich noch so nahe an der Oberfläche sein kann. Ich komme, Mama, ich verspreche es. Ich muss nur meinen Mut zusammennehmen.

Deine Nisha

*

2 Siwan 183

Liebe Nisha,

es war eine schreckliche Woche. So viel zu erledigen und gleichzeitig so leer. Eine seltsame Ruhe hat sich über alles gelegt, als wäre nichts wirklich. Ich weiß, dass es wirklich ist, aber gleichzeitig ist es alles so unwirklich. Meine Gedanken sind die ganze Zeit bei dir, das gibt mir Trost. Ich weiß, dass es dir gut geht und ich versuche, an nichts anderes zu denken.

Wir waren nie für die Tiefe gemacht, Nisha, dein Vater und ich. Nof Shunit, unsere türkisfarbene Riffstadt, das ist unser Zuhause. Nur ein Schritt weit in die Tiefe, in der Nähe der Küste, die uns Sicherheit gibt. Ich denke, du weißt es. Die Tiefsee ist nicht für uns. Sie ängstigt mich. Was du vom Dunkelriff erzählst, klingt wunderbar, aber ich glaube nicht, dass ich dort existieren könnte. Es tut mir leid, dass ich – dass wir – dich nie besucht haben. Aber ich hatte Angst. Ich denke nicht, dass ich körperlich und seelisch dazu in der Lage wäre. Ich hoffe, dass du weißt, dass es nicht deinetwegen war oder wegen meiner Arbeit. Ich konnte es bis heute nicht so aussprechen. Aber ich hoffe, du spürst in deinem Herzen, dass ich trotz allem ganz nah bei dir bin.

Ich weiß, dass du aus dem gleichen Grund nicht nach Nof Shunit kommst. Es ist nicht mehr dein Zuhause. Es ängstigt dich, da es zu fremd ist. Da du nicht mehr weißt, ob du hier existieren kannst. Vielleicht wird dich der Druck (oder der Mangel daran!) nicht umbringen, aber es ist die gleiche Angst, dass die Stadt kein Ort mehr ist, an dem du als du selbst existieren kannst, als die Person, die du geworden bist. Du willst dich nicht selbst verlieren, jetzt, nachdem du dich gefunden hast. Ich verstehe dich, mein Kind, und doch wünsche ich mir nichts sehnlicher, als dich in meine Arme zu schließen.

Ich habe dir nie erzählt, was die genauen Umstände deiner Geburt waren. Nisha, es gibt so viele Dinge, die ich dir erzählen möchte. Die ich noch nie jemandem erzählt habe. Ich habe sie tief in meinem Herzen vergraben, dort, wo sie sicher sind. Sicher vor der Welt. Ich habe plötzlich das Gefühl, dass du darüber Bescheid wissen solltest. Nicht mal deinem Vater habe ich alles erzählt.

Es ist unmöglich, die richtigen Worte dafür zu finden. Nur so viel: Du bist aus keiner gewöhnlichen Schildkröten-Hybridisierung entstanden. Die DNS für deinen Reparationscode stammt von einer wilden Meeresschildkröte, die ich auf ungewöhnlichste Weise getroffen habe, und die mir sehr viel bedeutet. Ja – ich weiß, es klingt unmöglich. Vielleicht war sie die letzte ihrer Art. »Sternschildkröte«, so habe ich sie genannt. Und nein – was auch immer die Leute im Tempel erzählen, sie wollte kein Opfer von mir. Diese Sekte verdreht die Wahrheit so sehr, dass nichts mehr von ihr übrig ist. In dir steckt viel mehr, als du weißt, mein Kind. Ich habe den Artenkatalog für deine Hybridisierung, Nisha. Ich weiß, man sollte das nicht tun, aber ich wollte es wissen. Und ich denke, du willst es vielleicht auch wissen. Mikroben, Schmetterlinge, Geckos, eine Riffhai-Art. Nisha. All das steckt in deinen Genen. Und wer weiß, zu was es dich befähigt. Vielleicht kannst du dich wie ein Hai an magnetischen Feldern orientieren oder ultraviolette Farben und Gerüche in der Luft sehen wie ein Schmetterling?

Bitte, bitte, komme nach Nof Shunit. Ich habe dir doch erzählt, dass ich Bodenproben nehme? Die chemischen Signaturen, irgendetwas mit ihnen stimmt nicht. Könntest du mir Proben von euch aus der Tiefe schicken? Oder besser noch, persönlich bringen? Dass das Methaneis an eurem Dunkelriff die Azidifizierung der Ozeane auslöst, halte ich auch für unwahrscheinlich. Das Meer ist ein komplexes System, es muss viel zusammenkommen, damit das ökologische Gleichgewicht kippt. Aber manchmal ist es schwer vorauszusagen, was der genaue Auslöser für einen Kollaps ist. Selbst nach all den Jahren, nach all der Forschung, verstehen wir doch so wenig von der Natur und der Welt um uns herum und von den Mustern, nach denen die Dinge verlaufen.

In Liebe,
deine Mama

TAUSEND STERNE

Als die *Heißen Wellen,* wie sie später genannt werden, das Dunkelriff erreichen, ist es früher Nachmittag. Das Wort »heiß« ist irreführend, da sich die Temperatur des Meeres nur geringfügig geändert hat. Aber der korrekte Begriff, *globales Azidifizierungsereignis,* hat sich im öffentlichen Diskurs nicht durchgesetzt.

Nisha und Azrak schwimmen Hand in Hand an der Reihe von Schattenanemonen entlang, die sich wie ein Pfad zwischen dem Dunkelriff und den Knochenpilz-Feldern winden. Vereinzelte Glutanemonen wachsen dazwischen. Wenn es ganz dunkel ist, werden sie den Pfad beleuchten. Nisha hat die Bodenproben für Anna in der Tasche. Sie hat sich vorgenommen, nach Nof Shunit zu reisen. Wie jeden Tag, seit Monaten schon, seit dem Tod ihres Vaters. Aber immer, wenn sie sich dem Eingang in den Nordoststrom nähert, erstarrt etwas tief in ihr und sie kann sich keine Flossebreit mehr bewegen. Es fühlt sich an, als wäre sie in ihrem Körper gefangen, als würde eine unsichtbare Barriere ihr den Weg nach Nof Shunit versperren. Dabei ist es nicht so. Sie weiß es selbst. Die Barriere ist in ihrem Kopf.

»Schau mal, die ganzen kleinen Pilze!«, ruft Nisha. Tatsächlich sind auf den Plantagen in den letzten Wochen viele Knollen gewachsen. Das bedeutet, dass die neue Sporentechnik, die Azrak entwickelt hat, erfolgreich war.

Azrak nickt stolz. »Wir müssen mit ein paar Leuten zurückkommen und die Pilzdichte zählen. Dann wissen wir, wie gut wir wirklich sind.« Er lächelt und tippt sich unbewusst auf die Nase. Das macht er immer, wenn er zufrieden ist.

»Vielleicht morgen nach der Kommunikationsschulung?«

Azrak zieht die Stirn kraus. »Oh, ja, die *Schulung.*« Er lacht spöttisch.

Das Dunkelriff hat sie alle weicher gemacht. *Fast* alle. Es gibt selten Streit und selbst die unruhigsten Seelen werden irgendwann ruhiger am Dunkelriff. Als würden die Massen von Wasser, die auf ihnen lasten, ihre Gedanken verlangsamen. Als würde die Dunkelheit sie fokussieren, sich auf das Wesentliche beschränken lassen und die Unzufriedenheit verschlucken. Nicht so Azrak. Zwar passt der langsame Rhythmus des Dunkelriffs gut zu seiner Persönlichkeit, aber seine innere Unzufriedenheit ist geblieben und immer wieder schafft er es, sich zu streiten.

Nisha seufzt. Azrak kann nicht aus seiner Haut. Sie dreht sich zur Seite und schwimmt weiter. Am besten ignoriert man seine sarkastischen Bemerkungen. Azrak hustet hinter ihr. Nisha schaut stur nach vorne und wartet darauf, dass er sich beruhigt. Er hustet immer noch. *Was ist nur mit ihm?* Genervt dreht sie sich zu ihm um – und schreit.

Seine Haut ist feuerrot, seine Augen aufgerissen. Panik steht in seinem Gesicht geschrieben, aber er sagt kein Wort. Seine Arme und Beine schütteln sich, als hätte er einen Anfall. Er verliert das Gleichgewicht, liegt schief im Wasser. Sein Mund steht offen, es sieht so aus, als würde er nach Wasser ringen, als könnte er nicht atmen.

Und dann spürt Nisha es auch. Das Wasser ist heiß. *Viel zu heiß.* Es brennt auf ihrer Haut wie Feuer. Und dann hört sie die Schreie aus dem Inneren des Rings. Die anderen sind dort. Sie greift nach Azraks Schulter und schüttelt ihn. »Wir müssen ihnen helfen!«, versucht sie zu schreien, aber das brennende Wasser lässt nur ein hilfloses Krächzen hören.

Azrak starrt sie nur an. Er schließt eine Tentakel-Hand fest um ihren Arm. Die Schreie dröhnen in ihren Ohren, das heiße Wasser brennt in ihren Lungen. Sie müssen weg hier, sie müssen alle weg hier! Sie müssen die anderen aus dem Ring holen. Sie müssen evakuieren, sofort! Azraks Körper verkrampft und schüttelt sich, seine Augen springen zwischen ihr und einem Punkt hinter ihr hin und her. *Der Eingang zum Nordoststrom liegt hinter ihr.* Der nach Norden führt. Nach Nof Shunit. Und weg vom Dunkelriff.

Azrak legt einen Tentakel nach dem anderen um sie, schließt sie fest, wie zahllose Hände, die Finger in ihre Haut bohren. Das Brennen des Wassers attackiert sie. Sie kann nicht mehr atmen. *Es ist zu heiß.* Aus dem Augenwinkel sieht sie, dass die kleinen Pilze unter ihnen zusammengeschrumpelt sind. Ein Schwarm kleiner Fische wird an ihr vorbeigetragen. Sie schwimmen bäuchlings. *Sie sind alle tot.* Eine einsame Tasche schwimmt an ihr vorbei. Kleine Membranblasen fallen heraus, ziehen sich wie die Tentakel einer Qualle unpassend langsam hinter der Tasche her.

Sie kann nicht mehr denken. Sie muss Azrak helfen. *Jetzt.* Nisha hält ihn, so fest sie kann, und stößt sich mit aller Macht vom felsigen Boden unter ihr ab. Sie schwimmt Flossenschlag um Flossenschlag durch kochendes Wasser, bemüht sich, die Zerstörung um sie herum nicht zu sehen. Sie zieht Azrak mit sich, der so schwer wie eine riesige Schildkröte ist. *Nicht loslassen.* Sie sind zu langsam. Sie rudert mit Armen und Beinen. Etwas stimmt nicht mit ihren Armen. Sie haben die falsche Farbe und kleine Blasen bilden sich auf den weichen Schuppen. Ihr wird schwindlig. Eine weiche Schwärze kommt von allen Seiten auf sie zu, legt sich um alles. *Nur noch ein kleines bisschen. Durchhalten.*

Noch ein letzter Flossenschlag, dann trifft sie der kühle Nordoststrom mit voller Wucht. Er zieht sie mit, schluckt sie und sie fällt direkt hinein in die Schwärze. Nur Azraks Gewicht hält sie noch bei Bewusstsein. Er taumelt in der Strömung hin und her und zieht an ihrem Handgelenk. Sie dreht sich zu ihm um. »Wir haben es geschafft«, will sie sagen. »Du hast uns gerettet, Az.« Aber er sieht sie nicht mehr. Sein Körper hat jegliche Form verloren. Die Haut ist verschwunden, hat sich von ihm gelöst wie ein

Anzug. Seine Augenlider sind weggeschmolzen, leeres Weiß blickt ihr entgegen.

Nisha schreit. Sie kann nicht aufhören zu schreien. Die Schwärze, die sie gerade noch willkommen heißen wollte, scheint mit einem Mal unendlich weit weg. Jedes Detail von Azraks entstelltem Körper sieht sie. Jeder Zentimeter verbrannte Haut, jedes Stück seines geschmolzenen Körpers brennt sich für immer in ihre Gedanken ein. Sie kann nicht wegschauen, kann die Augen nicht schließen. Mit Azrak hat diese aufgeschwemmte Form nichts mehr zu tun.

Nichts war einfach mit ihm. Aber Azrak war ihr Zuhause. Nie hat er ihre Stärke in Frage gestellt. Er wollte Sicherheit. Und wenn er gekämpft hat, gegen alle und alles, dann vor allem für sie. Auch wenn er sie damit oft genug in den Wahnsinn getrieben hat. Im Tod sieht er aus wie eine riesige Meduse.

Zehn Jahre. Zusammen. An dem einzigen Ort, der es verdient, Zuhause genannt zu werden. Krämpfe schütteln ihren Körper. Sie schreit, jault und winselt, hustet brennendes Wasser aus ihrem Körper heraus, während die Strömung sie mitzieht. Sie löst seine Arme von ihrem Handgelenk, einen nach dem anderen. Die Strömung nimmt ihn mit und sie ist allein.

Es ist früher Morgen, als sie in Nof Shunit ankommt. Das Wasser ist warm und sanft. *Warmes Wasser*, was für ein sonderbares Gefühl. Es ist *hell*. Viel zu hell. Sonnenstrahlen spitz wie Nadeln und tausend Farben stürmen auf sie ein. Unendlich viele Töne von Blau. Türkisblau, Hellblau, Grünblau, Azurblau, Graublau, Blauviolett … Nisha schließt die Augen. Ihr Kopf dreht sich. Die Welt dreht sich. Sie atmet das Wasser von Nof Shunit tief ein und aus. Es schmeckt wie früher. Salzig und leicht. Nach Sonne.

So schnell hat die Strömung sie hierhergetragen. All die Jahre und kein einziges Mal war sie hier. Kein einziges Mal hat sie ihre Eltern besucht. Ein Krampf schüttelt sie. Unsichtbare Tränen fließen aus ihren Augen wie ein mächtiger Strom. Es war kein Platz in ihr für Nof Shunit. Das Dunkelriff hat alles eingenommen. Es war eine vollkommene Welt für sie, eine Welt, der sie alles geben wollte. Es war ein Wunder, dass ein Ort wie das Dunkelriff-Kollektiv überhaupt existieren konnte. Etwas in ihr hatte Angst, dass es zerbrechen könnte wie eine Glasmuschel, sobald sie den Blick abwandte. Oder vielleicht auch, dass *sie* zerbrechen würde. Dass sie nicht so stark und unabhängig ist, wie sie dachte. Dass sie in Nof Shunit wieder das wütende kleine Mädchen werden würde, das sie hinter sich lassen wollte.

Und jetzt ist das Dunkelriff zerstört. Und sie ist zurück in Nof Shunit. In der türkisblauen Riffstadt, die einmal ihre Heimat war. Die sie aus ihren Gedanken löschen wollte. Fast fühlt es sich so an, als hätte sie versucht, ihre Kindheit auszulöschen.

Langsam schwimmt sie in die Stadt hinein. Die Vertrautheit lässt sie schwindlig werden. Erinnerungen rasen von allen Seiten auf sie zu. Nostalgie wäscht über sie hinweg wie eine gigantische Welle. Hier ist Binas Haus, dort sind sie zur Schule geschwommen, die weißen Membrandächer der Rifflabore sieht sie schon von Weitem. Die schwarze Kuppel des Sternschildkrötentempels. Und dort, links, geht es zum Weißen Tal. *Bina.* Die Tasche, die sie gesehen hat, war von Bina … könnte es sein, dass auch sie entkommen ist?

Aber sie hat keine Zeit. Sie muss sich zusammenreißen. Sich konzentrieren. Sie weiß nicht, ob sie hier sicher ist. Vielleicht war es ein lokales Ereignis. Ein Vulkan? Vielleicht war das Methaneis am Dunkelriff Schuld. Aber was, wenn die Heißen Wellen auch Nof Shunit erreichen? Wenn es eine Kettenreaktion war? Was hatte ihre Mutter in ihrem letzten Brief geschrieben? *Etwas stimmt nicht mit den chemischen Signaturen der Bodenproben.* Was, wenn das alles viel größere Ausmaße hat, als sie sich vorstellen kann?

Nof Shunit ist eine Geisterstadt. Anna hatte geschrieben, dass viele Leute weggezogen sind. Aber sie hatte auch Vagabunden erwähnt. Einen Chor. Es müsste also noch jemand in der Unterwasserstadt leben. Aber die Straßen sind leer, die Häuser sehen verlassen aus. Nisha schwimmt und auf einmal wird ihr klar, wohin.

Nach Hause. Zu ihrem Elternhaus.

Ihr Herz beginnt heftig zu pochen, als sie es sieht. Ein kleines, grünes Haus, überwachsen von Korallen. All die Jahre. *Wann kommst du uns endlich besuchen, mein Kind? Wir vermissen dich so.* Ob sie wohl zu Hause ist? *Was, wenn sie zu Hause ist?* Mit zitternden Händen öffnet Nisha die Tür. Sie ist unverschlossen. »Mama?«, ruft sie vorsichtig.

Alles sieht genauso aus wie früher. Stapel von Büchern. Die blauen Floßies. Algen wachsen in den Ecken. Aber es ist so still. Niemand ist zu Hause. Nisha sieht in jedem Zimmer nach. Sie saugt das Wasser gierig ein. Es schmeckt nach zu Hause. Nach Kindheit. Sie schließt die Augen. Sie brennen, aber nicht so wie vorher im Dunkelriff. *Tränen.* Unsichtbare Tränen, die sie nie geweint hat. *Sie hat keine Zeit.* Sie packt wahllos Sachen in die Tasche mit den Bodenproben. Die Proben, die nutzlos geworden sind. Wenn sie früher gekommen wäre, die Proben früher nach Nof Shunit gebracht hätte. Vielleicht … warum war sie nur so stur? Wovor hatte sie Angst?

Es macht keinen Sinn, daran zu denken. Sie greift ins Bücherregal, packt Lichties ein, Korallenschnitzereien, die schöne, violett-grün gepunktete Muschel. Ihr Blick fällt auf ein Bild, das sie nicht kennt. Zwei lachende Kinder, Arm in Arm, im Trockenen. Die Sonne scheint, hinter ihnen das Meer. Der Junge hält eine Muschel in der Hand. *Anna und ihr Bruder.* Was für ein Lachen liegt in den Augen ihrer Mutter! Nisha steckt das Bild in ihre Tasche, verlässt das Haus.

Hektisch schwimmt sie durch die Straßen, klopft an Haustüren, ruft die Namen der Leute, die dort wohnen, gewohnt haben, *wohnen müssen*. Ihre Stimme wird immer schriller. Warum ist niemand in der Stadt? Wo ist ihre Mutter?

Was war *das?* Eine Bewegung? Da war ein Kopf in einem Fenster. Im Haus von Omeks Eltern. Nisha klopft am Fenster, aber sie wartet nicht auf Antwort, sie stößt es auf, schwimmt hinein. Eine alte Frau sitzt in einem Schaukelstuhl. »Hallo, Nisha«, sagt sie.

»Frau Yamli!«, platzt es aus Nisha heraus. Omeks Mutter ist gealtert. Sie sieht älter aus, als sie sein müsste, *viel* älter.

»Geh, Kind. Hier sollte man nicht bleiben, nicht jetzt. Eine große Gefahr kommt auf uns zu, so hört man.«

»Wo sind die ganzen Leute, Frau Yamli?«

Die alte Frau winkt mit ihren Händen in eine unbestimmte Richtung. »Weg. Da und dort. Alle sind gegangen.« Sie kichert. Ist sie verrückt geworden? Dann dreht sie sich zu Nisha, ihre Augen sind rot, ihre Stimme bricht. »Wie geht's meinem Jungen? Geht es ihm gut?«

»Warum hat uns niemand etwas gesagt?« Nisha schreit jetzt. Sie sollte nicht schreien, es hilft ja nichts, aber sie kann nicht anders. »Wenn Sie es wussten, warum hat uns niemand eine Nachricht geschickt?« Kann es sein, dass ganz Nof Shunit wusste, dass die Heißen Wellen kommen würden, und sie nicht gewarnt hat? Das ist unmöglich. Ihre Mutter würde sie nie so im Stich lassen. *Nein, nein.* Das Dunkelriff-Kollektiv ist tot, *alle sind tot* und in Nof Shunit *wusste man davon*? Frau Yamli schaut sie pikiert an, sie murmelt etwas Unverständliches. »Meine Mutter, Frau Yamli. Anna Hoareau. Wo ist sie?«

Aber Omeks Mutter scheint sie nicht zu hören. Sie starrt aus dem Fenster, an Nisha vorbei. »Alle sind gegangen, meine Liebe«, sagt sie dann doch noch. »Haben nur rollende Wellen und fliegenden Sand zurückgelassen. Nach Norden, nach Osten. Ist es wichtig? Es ist nur Wüste da draußen. Alles ist tot an Land.« Sie lacht leise. »Was wollen sie dort, im Trockenen? Sie werden alle sterben. Dort draußen gibt es nichts für sie.«

Wortlos schwimmt Nisha aus dem Fenster und lässt die alte Frau allein. Sie schwimmt in das nächste Haus. Wühlt sich zitternd durch die Vorräte, packt alles in ihre Tasche, was sie finden kann. Krebsprotein, verarbeitete Algen, Seetangriegel. Trinkwasserblasen, Amphikleider. *Amphikleider*. Seit *Jahren* schon hat sie keine Kleidung mehr besessen. Am Dunkelriff trägt man keine Kleidung. Wofür braucht man Kleidung, wenn man Schuppen hat? *Trug* man keine Kleidung, korrigiert sie sich und ignoriert ihre brennenden Augen. Am Dunkelriff *trug* man keine Kleidung.

Sie schwimmt durch das offene Fenster hinaus, ohne es zu schließen. Warum auch? Im nächsten Haus ist der Vorratsschrank prall gefüllt. Sie leert die Regale direkt in ihre Tasche. Sie braucht mehr Trinkwasserblasen, aber es gibt fast keine, denn unter Wasser trinkt man nicht viel. Sie muss weiter, sie muss weg, aber sie hat zu wenig Wasserblasen.

Draußen fühlt sich das Meer sonderbar an. Ein komischer Geschmack liegt in der Strömung. Ein schlechtes Gefühl breitet sich in ihrem Bauch aus. Nur ein letztes Haus noch. Sie schwimmt durch ein offenes Fenster in ein kleines, schiefes Membranhaus, macht die Schränke auf. Alles ist leer. Sie reißt Schubladen auf, sie fallen heraus. In einer Ecke ist ein großer Vorratsschrank. Und dort sind sie: Trinkwasserblasen. Ein paar Algen wachsen darauf, aber das ist egal. Ihre Tasche ist voll. Sie zieht die Korallenschnitzerei heraus, wirft das Porträt von ihrer Mutter und Gabriel in die Wellen und schiebt die Blasen in ihre Tasche. Einen letzten Blick wirft sie auf das Bild zurück, das langsam zu Boden sinkt. Das für eine andere Zeit steht, die für immer verloren ist. Dann verlässt sie das Haus.

Der faulige Geschmack im Wasser ist nicht mehr zu leugnen. Etwas mit der Strömung stimmt nicht. *War das vorher schon so?* Ihr Herz schlägt heftig gegen ihre Brust. Hat sie sich zu viel Zeit gelassen?

Sie schwimmt nach Norden, weg von den brennenden Wellen, weg von Nof Shunit. *Zur Küste. Nicht daran denken, was das bedeutet.* Einfach nur schnell sein. *Schneller.* Die Wellen ziehen sie hin und her. Die Strömung reißt sie von einer Richtung in die andere. Sie nimmt ihre ganze Kraft zusammen, lehnt sich gegen die Wassermassen, versucht ihnen zu entkommen. Sie ist wieder auf Kurs, als eine noch stärkere Strömung sie trifft und mitnimmt. Widerstand ist zwecklos. Die Strömung ist übermächtig, sie zieht Nisha mit sich nach Nordwesten. Sie schreit ins Wasser, schlägt das Wasser mit Armen und Beinen, versucht sich ihren Weg hinauszukämpfen. Aber es ist vergeblich. Sie lässt los. Einfach nur weg von Nof Shunit. Einfach nur Richtung Küste.

Etwas Spitzes drückt sich langsam in ihre Seite, wieder und immer wieder, dringt durch die warme Schwärze in ihr Bewusstsein. Nisha öffnet die Augen. Sie zuckt zusammen und paddelt panisch. Wellen schieben sie wieder und wieder gegen ein unbekanntes Riff.

Die Oberfläche glitzert dunkel über ihr. Es muss mitten in der Nacht sein. Das Wasser um sie herum fühlt sich normal an. Nicht brennend. Nicht sauer. Aber wenn Nof Shunit evakuiert wurde, ist es wahrscheinlich nur eine Frage der Zeit, bis es auch hier geschieht. Was auch immer *es* ist. Eine Katastrophe, so viel ist klar. *Es gibt nur einen Weg. Nur eine Richtung, die sie jetzt noch retten kann. Eine Richtung, die sie niemals nehmen wollte. Eine Richtung, die alles symbolisierte, was falsch war. Falsch ist. Was für Vergangenheit stand. Nicht denken. Sei wie eine Welle. Sei stark. Sei stark. Stark.*

Sie schwimmt über das Riff hinweg, spürt das Kitzeln von Luft und seichten Wellen am Rücken. Sie hält den

Atem an und durchbricht die Oberfläche. *Mein liebstes Kind. Ich vermisse dich so schrecklich.*

Es ist dunkel draußen, so dunkel wie die Nacht in der Tiefsee. Tausende von Sternen stehen am Himmel. Man hört nur die Wellen, sonst nichts. Es riecht nach Land. Trocken. Fremd.

Nisha taucht ein letztes Mal unter. Tränen fließen aus ihren Augen. Salzwasser in ihr, Salzwasser um sie herum. Der Geschmack von Salz auf ihrer Zunge. *Kann sie im Trockenen überhaupt atmen?* Als Kind war sie mit ihrer Mutter in Eilat. Als Jugendliche haben sie den Mond bewundert. Aber das ist nicht das Gleiche, wie von Luft zu leben.

Eine Welle trägt sie sanft an den Strand. Weicher Sand drückt sich gegen ihre Knie, zwischen ihre Zehen, zwischen ihre Finger. Und dann verschwindet das Wasser. Die Welle vereint sich wieder mit dem Meer und Nisha bleibt im Trockenen. Schwer wiegt ihr Körper auf ihren Armen. Sie schnappt nach Luft, öffnet ihren Mund und schließt ihn wieder. Versucht verzweifelt, die Luft zu schlucken. Ihre Finger krallen sich in den Sand. Er ist weich und feucht, bietet ihr keinen Widerstand. Wie soll sie diesen schweren Körper vorwärtsbewegen?

Zentimeter für Zentimeter verlässt sie das Meer. So muss es den ersten Landbewohnern ergangen sein, Fischen mit Füßen, vor Millionen von Jahren. Der Atem rasselt in ihren Lungen. Die Luft schmerzt. Sie atmet Scherben ein, die ihr Fleisch auf dem Weg in ihre Lungen aufritzen. Der Wunsch zurückzueilen ist übermächtig. Ins Wasser, ins kühle, weiche Wasser. Untertauchen, eintauchen. *Aber das geht nicht mehr*. Das Meer spielt verrückt und es wird sie töten, wenn das Land ihm nicht zuvorkommt. Die Azidifizierung … kann es sein, dass Turkiz doch recht hatte? Dass eins zum anderen gekommen ist und das Meer nun kollabiert? Ihre Brust krampft sich zusammen, wieder und immer wieder. Ihr Körper versucht, die Luft loszuwerden. Ihre Kehle schmerzt, ihr Mund, ihre Lippen. Ihr Körper protestiert.

Sie muss vorwärtskommen. Weg vom Meer. Sie versucht aufzustehen, aber ihre Beine gehorchen ihr nicht. Sie sind zu weich. Sie breitet die Arme aus, versucht ihr Gleichgewicht zu halten. Sie wackelt von rechts nach links, macht einen unsicheren Schritt. Ihre Knie brechen ein, sie fällt mit voller Wucht auf spitze Steine. Schmerz schießt durch ihren Körper. Noch mehr Schmerz.

Ihre Tasche. Ohne ihre Tasche ist sie verloren. Hektisch tastet sie um sich herum. Die Bänder haben sich gelöst, aber sie ist noch da. Mit zitternden Händen zieht Nisha die Tasche über den Sand zu sich und knotet sie an ihrem Körper fest.

Ihre Beine sind nutzlos. Sie krallt ihre Finger in den Boden und zieht sich liegend weiter. Nur weg vom Meer. Sie drückt mit den Fußflossen, drückt ihren schweren Körper vorwärts. Alles schmerzt. Ihre Haut blutet. Jede Bewegung reibt ihren Körper über Sand und Steine.

Nicht anhalten. Weiter. Schritt, Schritt, noch ein Schritt. Wie eine Welle. Dunkelheit hüllt sie ein. *Arme ausstrecken, Finger in den Sand krallen. Ziehen mit den Armen, drücken mit den Füßen. Den Schmerz ignorieren, das Stechen ignorieren, das Rasseln in der Lunge ignorieren.* Nach einer Unendlichkeit hält sie an und schaut zurück. Das Meer rauscht hinter ihr. Wie weit ist sie gekommen? Fünfzig Meter? Wird das reichen? Es muss reichen. Sie versucht sich zu strecken. Ihre Lungen brauchen mehr Platz. Sie presst die trockene Luft tiefer in ihren widerwilligen Körper. Die Schwärze kommt wieder, aus ihrem Inneren. Sie macht die Kanten weicher. Die Schwärze zieht an ihr, will sie mitnehmen. Aber noch lebt sie. *Sie lebt.*

Vorsichtig dreht sie sich auf den Rücken. Unendlich viele Sterne funkeln am schwarzen Himmel. Wann hat sie das letzte Mal den Nachthimmel gesehen? Mindestens ein Jahrzehnt muss vergangen sein. Die Sterne funkeln so hell wie Leuchtplankton im Meer. Wenn sie die Arme ausstreckt, ist es beinahe, als schwebe sie, als wäre sie im Inneren einer schwarzen Kugel. *Wie im*

Sternschildkröten-Tempel. Vor so langer Zeit. In einem anderen Leben.

Ich … habe Angst, dass alles noch schlimmer wird. Ich … will nicht, dass alles stirbt. Dafür hat sie damals gebetet. Aber alles ist noch schlimmer geworden. Alle sind gestorben. Alles ist tot. *Wenn Flippy etwas passiert … Bitte … beschützt Flippy, Sternschildkröten.* Flippy. Wenn nur Flippy jetzt hier wäre! In den schwindelerregend hohen Himmel zu schauen ist fast genauso, wie nach unten zu blicken, in die unendliche Tiefe des Meeres.

Sternenstaub

Sie verbrennt. Die Hitze ist überall. »Azrak«, flüstert Nisha schwach. Sie versucht, ihre Augen zu öffnen, aber es geht nicht. Die Welt bleibt schwarz, nur das Blut rauscht wie ein Sturm in ihren Ohren. Die Erinnerung trifft sie mit der Wucht einer brechenden Welle. *Azrak ist tot. Bina ist tot. Omek.* Das Dunkelriff. *Zerstört.* Ein Schrei will sich aus ihrer Brust lösen, aber es geht nicht. Ihre Kehle hat vergessen, wie man schreit, sie ist so hart wie die Schale einer Muschel. Ihr Mund ist trocken, die Schleimhäute dick geschwollen. Sie kann nicht schlucken. Sie versucht, sich aufzusetzen. Ein fürchterliches Stechen zwischen ihren Augen zwingt sie wieder zu Boden.

Warum kann sie ihre Augen nicht öffnen? Sie tastet mit ihren Fingern nach ihrem Gesicht und zuckt zusammen. Es fühlt sich an, als würde ihre Haut in Brand stehen. Krusten verkleben ihr ganzes Gesicht. Mit spitzen Fingern versucht Nisha, sie abzulösen. Sie will wieder vor Schmerz schreien, aber ein rasselndes Gurgeln ist alles, was sie schafft. Ihr Herz schlägt schneller. Sie *muss* etwas sehen. Sie ist blind und hilflos wie ein gestrandeter Fisch. Zum Sterben verurteilt. Sie braucht dringend Wasser. Und Schatten. Die Sonne verbrennt sie bei lebendigem Leibe. Nisha fühlt nach ihrer Tasche und wühlt darin herum. Wenn die Wasserblasen gerissen sind, ist alles verloren. *Da.* Sie spürt etwas. Eine, zwei, drei Blasen. Ihre Hand schließt sich um eine Membranblase. Mit zitternden Fingern führt sie sie an ihre Lippen, versucht sie fest darum zu schließen, aber ihre Lippen sind trocken und hart. Sie beißt zu und heißes Wasser läuft an ihrem Kinn herunter, in ihren Mund, in ihre Kehle. Erwärmt von der gnadenlosen Sonne bringt es nur noch mehr Schmerzen. Hoffentlich kann ihr Körper trotzdem etwas damit anfangen, hoffentlich weiß er, was zu tun ist.

Mit der feuchten Blasenmembran wischt sie sich vorsichtig über ihr Gesicht, legt sie auf ihre Augen. Die Feuchtigkeit bringt etwas Erleichterung. Sie presst die Membran auf die Schleimkrusten, massiert sie vorsichtig, versucht, mit ihren Fingern ihre Augenlider aufzudrücken. Zumindest ein kleines bisschen. Gleißendes Licht brennt sich durch den kleinen, offenen Schlitz ihrer Augen direkt in ihren Kopf wie gläserne Nadeln. Viel zu viel Licht. Nisha presst die Augenlider wieder zusammen, spürt, wie Schleim oder Eiter zwischen ihnen hervorquellen. Schnell drückt sie die Lider wieder mit ihren Fingern auf, zwingt sich, die helle, trockene Welt anzusehen. Alles um sie herum ist verschwommen, bewegt sich wild auf und ab. Das ist nicht die Wüste. Das sind riesige Wellen. Grüne Wellen bauen sich turmhoch vor ihr auf, explodieren und geben stinkende Gasschwaden frei. *Das Meer*. Sie schaut das Meer an. Das Gebrüll der Wellen erfüllt die Luft. Der Lärm ist also nicht nur das Blut, das in ihren Ohren rauscht. Das Meer brodelt wild und laut. Es schäumt und stinkt, alles daran ist falsch.

Nisha beginnt zu zappeln. Sie *muss* weg hier. Weiter weg, damit das sterbende Meer sie nicht schluckt. Sie will nicht mit ihm untergehen. Ihre Füße drücken gegen den Boden, pressen ihren Körper nach vorne. Vor ihr liegt die Wüste. Extinktionszone. Die Sonne brennt auf sie hernieder, der Himmel ist weißblau vor Hitze. Am Horizont sind gelbe Berge. Sonst schaut ihr eine trostlose Öde entgegen. Sie stützt sich auf, sammelt ihre Kraft. Ihre Arme zittern. Weiter, nur weiter. *Ihre Hände*. Was ist nur mit ihren Händen passiert? Ihre lila Schuppen sind schwarz geworden, sie stehen ab, haben sich gelöst. Unter ihnen kommt hellrote, blutige Haut zum Vorschein. Ihr Körper zersetzt sich langsam. Nisha schließt ihre Augen, zieht ihre Tasche fest zu sich, atmet. Es schmerzt und sie atmet flach weiter. Beginnt, sich vorwärts zu ziehen. Ihre Hände krallen sich am Boden fest, ihre Füße drücken, ihre Beine strecken sich durch. Die Schnitte von gestern brennen, erinnern sie daran, dass sie dafür nicht gemacht ist. Es fühlt sich an, als würde sie jede Schuppe einzeln von ihrem Körper reiben. Bestimmt hinterlässt sie eine blutige, schuppige Spur im Sand. Unendlich langsam zieht sie sich vorwärts. *Schritt, Schritt, noch ein Schritt.* Schritt kann man das wohl nicht nennen. *Sei stark. Du kannst es schaffen. Wie eine Welle. Wie eine verdammte, stinkende, schäumende Welle.*

Ein dürrer Baum und ein Fels nehmen langsam vor ihr Gestalt an. *Dorthin. Weiter*. Sie bricht in einem dürftigen Schatten zusammen. Ihre Hände bluten. Ihre Arme, ihre Ellbogen und Knie auch. Ihr Kopf pocht. Wie die Scheren eines Krebses schließt sich der Schmerz um sie. Sie dreht sich zur Seite und übergibt sich. Hilflos würgt sie ihren Mageninhalt in den Sand. Das kostbare Wasser, das wenige Essen, das ihr Körper noch gehalten hatte, alles ergießt sich auf den trockenen Boden. Sie dreht sich zurück und alles wird schwarz.

Mit klopfendem Herzen schreckt Nisha auf. Die Luft ist kühl. Ihre Augen sind wieder zugeklebt, aber sie spürt keine Sonne. Es muss Nacht sein. Ihre Lungen pfeifen widerwillig. Ihre Zunge ist geschwollen. Sie fühlt sich zu groß an für ihren Mund. Nisha tastet nach ihrer Tasche, findet eine Wasserblase und trinkt so vorsichtig wie möglich, um keinen Tropfen zu vergeuden. Mit der feuchten Membran wischt sie ihr Gesicht ab, drückt ihre Augenlider gewaltsam auf. Es fühlt sich an, als würde sie eine wehrhafte Mondmuschel öffnen. Sie wischt den Eiter heraus. Ihr Mund ist immer noch trocken, ihre Zunge immer noch hart. Ihr Hals schmerzt. Sie braucht mehr Wasser, viel mehr.

Sie versucht sich aufzusetzen. Sie muss in ihre Tasche schauen. Sie muss wissen, wie viel Wasser sie hat, wie viel Essen. *Sie muss wissen, ob sie hier sterben wird.* Schwindel zwingt sie zu Boden. Mit einer Hand tastet sie sich im Liegen durch die Tasche. Zehn Wasserblasen. Das heißt zehn Tage. Höchstens. Zehn Tage, um herauszufinden, wie sie überleben kann. *Ob*. Noch zehn Tage, dann wird sie sterben, spätestens. Zwei Packungen Krebsprotein sind da. Das reicht vielleicht für sechs Tage. Sieben Algenwürfel, fünf Seetangriegel, eine Hand voll lose Muscheln. Nochmal sieben Tage. Die Muscheln werden sich nicht lange halten. Vielleicht kann sie die Vorräte auf fünfzehn Tage strecken. Das Wasser wird zuerst zum Problem werden. Eine Blase pro Tag ist wenig. Vielleicht bringt die Sonne sie vorher um. Oder ihre Wunden. Sie zwingt sich, zwei Muscheln zu essen, unterdrückt den Reflex zu würgen. Sie braucht die Nährstoffe oder sie wird bald schon an Schwäche sterben.

Azrak. Wenn Azrak hier wäre. Er würde das Ganze strategisch angehen. Er würde Entscheidungen treffen. *Oder resignieren und aufgeben*. Sie war immer diejenige, die an das Unmögliche geglaubt hatte, die sich nicht von der Realität einschüchtern ließ. *Manchmal passieren die unwahrscheinlichsten Dinge*. Vielleicht hätte Azrak recht. Vielleicht wäre es besser, einfach aufzugeben. Jetzt und hier. Anstatt sich noch zehn Tage zu quälen. Aber Azrak ist nicht hier, sein Körper treibt irgendwo im Meer, wird von grünem, feindlichem Wasser zersetzt. Ob außer ihr jemand entkommen ist? *Die Schreie …* wahrscheinlich sind alle im Ring zusammengekommen, wie jeden Nachmittag nach der Arbeit. Aber Binas Tasche ist an ihnen vorbeigetrieben. Vielleicht konnte sie fliehen, genau wie sie. Vielleicht hatte sie sogar noch jemanden bei sich, vielleicht haben noch mehr Leute überlebt. Vielleicht sind sie an der gleichen Küste, am gleichen Strand wie sie? *Manchmal passieren die unwahrscheinlichsten Dinge!* Schwachsinn, das ist Schwachsinn. Verzweifeltes Wunschdenken. Realitätsflucht. Vielleicht geht es ja auch wieder vorbei. Vielleicht erholt sich der Ozean und sie kann zurück. Vielleicht ist es nur ein lokales Ereignis.

Und sie alle können zurück, in ein anderes Meer. *Wenn noch jemand übrig ist.*

Aus geschwollenen Augen blickt sie in den Nachthimmel. Salzige Tränen laufen über ihre aufgerissenen Wangen. Sie trocknen, noch bevor sie den Boden erreichen. Die Sterne funkeln hell. Wo nur ihre Mutter ist? Evakuiert? Vielleicht. Geflohen? Hoffentlich. Wenn sie überlebt hat, ist sie jetzt auch auf dem Trockenen. Schaut vielleicht in den gleichen Sternenhimmel. Die Sterne glitzern wie kostbare Steine. Wenn man sich konzentriert, sieht man die Muster, die sie an den schwarzen Nachthimmel zeichnen. *Die Sterne sagen die Zukunft voraus.* Ein Glaube der alten Welt. Steht in den Sternen geschrieben, ob sie überleben wird?

Nisha kneift die Augen zusammen. Die Schwärze übermannt sie, aber sie breitet die Arme aus, taucht ein in das Meer der Sterne. Sie lässt ihren geschundenen Körper hinter sich. Lässt den Baum und den Felsen hinter sich, schwingt sich hinauf in den Nachthimmel, zu den Sternen. Das dunkle Blau heißt sie willkommen. Unendlich liegt es vor ihr. Die Muster der Sterne sind plötzlich klar und deutlich. Die Sterne bewegen sich, erschaffen immer neuen Konstellationen, in einer fremden Sprache. Nisha schaut zu und nickt. Sie lässt die Muster in sich hinein sinken, in ihre Seele, dorthin, wo sie sie verstehen wird.

Die Sterne erschaffen eine neue Form. Eine glitzernde Konstellation mit zwei großen Flossen. Sie schwimmt auf sie zu durch das Sternenmeer, wird größer und größer, bis sie direkt vor ihr schwebt. Eine Meeresschildkröte, so groß wie Nisha von Kopf bis Fuß. Tausend Sterne glitzern auf ihrem nachtblauen Panzer, ein irisierendes Leuchten umgibt sie. *Ihre Augen.* Etwas im Blick der Schildkröte fühlt sich vertraut an. »Flippy«, flüstert Nisha und schwimmt auf die Sternschildkröte zu. Aber die ist viel größer als Flippy je war. Und Flippy war grün, nicht nachtblau. Sie hatte auch keine silberne, sternförmige Schuppe am Hals. Aber warum sieht diese Schildkröte

Nisha dann genauso an, wie Flippy es immer getan hat? Nisha spürt ein schmerzhaftes Ziehen in der Brust, und eine Flut von Erinnerungen stürmt auf sie ein. So lange ist es her, so lange, dass sie ihre Schildkrötenschwester im Arm gehalten hat. Tränen laufen über ihr Gesicht, als sie ihre Hand nach der Schildkröte ausstreckt.

Als Nishas Hand die Sternenschildkröte erreicht, spürt sie für einen kurzen Moment ihre kühlen Schuppen unter ihren Fingern. Ihre schwarzen Augen schauen direkt in Nishas Seele. Und dann ist sie weg. Wo sie war, funkelt nur noch Sternenstaub.

»Flippy!«, ruft Nisha in die Dunkelheit. »Komm zurück!«

DIE SPRACHE DER STERNE

Die Sonne brennt auf sie nieder. Nisha tastet nach ihrer Tasche, zieht ihre tägliche Wasserration heraus. Sie beißt die Membranblase auf, lässt jeden Schluck Wasser eine Weile in ihrem Mund sitzen, bevor sie ihn herunterzwingt. Mit der nassen Membran wischt sie ihre Augen aus. Die Schwellung ist zurückgegangen. Sie öffnen sich leichter. Nisha robbt näher auf den Felsen zu. In den Schatten.

Ihr Gesicht kann sie nicht abwischen. Die Schuppen lösen sich von ihrer Haut. Sie sind trocken und schmerzen fürchterlich. Jede Berührung treibt ihr Tränen in die Augen. Sie versucht, Wasser darauf zu tropfen, die Membran auszuwringen, aber es reicht nicht. Der Rest ihres Körpers ist in einem ähnlichen Zustand. Bei jeder Bewegung reißt ihre Haut auf, als läge sie in einem spröden Kokon. Nisha schaut an sich herunter. Die trockenen Schuppen und Hautpartien drehen sich gegeneinander, bis sie brechen und die blutige Haut darunter zum Vorschein kommt. Ihr Rücken schmerzt. Ihre Finger finden einen weichen Höcker. Wenn man darauf drückt, tut es höllisch weh.

Vorsichtig lehnt sie sich gegen den Fels und isst ein paar zähe Muscheln. Ihre Hinterflossen fühlen sich an wie Steine. Aber wenn sie jemals hier fortkommen möchte, muss sie neu lernen, wie man die Beine hier benutzt, muss sich anpassen an ein Leben im Trockenen.

Sie versucht, ihr Füße zu beugen und zu strecken. Das geht. Es ist wie Schwimmen. Wie stark sie im Wasser waren! Wie mühelos sie sie vorwärtstrieben! Aufgeben ist keine Option. Wenn sie im Wasser stark war, kann sie es auch an Land werden. Man muss nach vorne schauen. Zu den Sternen. Nicht zurück. Sie ist nicht wie Frau Yamli, die zurückbleibt, um zu sterben. *Sie ist nicht fertig*. Sie atmet tief ein. Ihre Lungen verkrampfen sich vor Schmerz, aber sie zieht die Luft entschlossen in ihren Körper. Im Sitzen streckt sie die Beine geradeaus von sich und versucht, ihren Körper steif zu machen, Gewicht mit ihren Füßen und Armen aufzunehmen. Ihr Rumpf hebt sich ein paar Millimeter vom Boden. Arme und Beine zittern und wackeln, als die Gelenke versuchen, sich unter dem neuen Gewicht zu stabilisieren. Nach ein paar Sekunden sackt ihr ganzes Gewicht in den Sand. Schweißperlen laufen ihre Stirn herunter und brennen auf der wunden Haut. Vorsichtig lockert Nisha Arme und Beine. Auf ein Neues. Anspannen, abstützen, hoch. Kleine Steine bohren sich in ihre Handflächen und Fersen, alle Muskeln in ihrem Körper zittern. Pause. Neue Risse bilden sich an zahllosen Stellen. Kleine rote Linien, durch die Blutstropfen austreten. *Nicht hinschauen.* Ihre Muskeln funktionieren. Wenn nur diese Schwere nicht wäre, gegen die man mit jeder Bewegung ankämpfen muss. *Weitermachen. Wie eine Welle. Sei stark, sei stark, sei stark. Du kannst alles schaffen. Alles! Du. Bist. Viel. Mehr. Als! Du! Denkst!*

Eine dickflüssige Träne löst sich aus ihrem Augenwinkel, rollt über ihre ausgetrocknete Wange, bleibt in einer Wunde liegen und brennt sich dort ein. »*Schildkrötentränen haben einen höheren Salzgehalt als das Meer, wusstest du das?« Mama … »Ja, auch Schildkröten weinen, Nisha.«* Sie spürt die Hand ihrer Mutter auf ihrem Kopf. Langsam streicht sie ihr übers Haar, wieder und wieder. Auch wenn Nisha ihr nur den Rücken zudreht, beleidigt ist, nicht mit ihr sprechen will. Nie wieder.

»*Schildkröten können auch wütend sein, Nisha. Vor allem Schildkrötenkinder.«*

»*Nein, Mama!*«, schreit die kleine Nisha. »*Echte Schildkröten sind nie wütend! Flippy ist nie wütend!*«

»Echte, wilde Schildkröten können auch wütend sein«, flüstert Anna. »Denn sie müssen allein überleben.«

Wilde Schildkröten. Wie sie. Eine Hybridin mit einer wilden Meeresschildkröte soll sie sein, das hat ihre Mutter in ihrem letzten Brief geschrieben. Sie hat den Brief ungläubig beiseitegelegt. Es erklärt vieles. Dass ihre Mutter sich während der Epidemie keine Sorgen um sie gemacht hat. *Das Leslie-Gupta-Gen.* Vielleicht erklärt es auch das Ziehen in ihrer Brust, den Ruf, den sie zu spüren meint, der sie zum Dunkelriff gebracht hat. Ein Ruf nach Freiheit? Aber was bedeutet es denn jetzt noch? Ihre Mutter, die ewige Skeptikerin, hat ihr ganzes Leben lang niemandem erzählt, dass sie eine Sternschildkröte getroffen hat. *Eine echte, wilde Sternschildkröte.* Ist so etwas denn möglich? Und bedeutet das, dass die Anhänger des Tempels recht haben? Oder, dass die Meeresschildkröten gar nicht ausgestorben sind? Und was bedeutet es für die Gene, die sie in sich trägt? *Vielleicht kannst du dich wie ein Hai an magnetischen Feldern orientieren oder ultraviolette Farben und Gerüche in der Luft sehen wie ein Schmetterling?* Wunschdenken. Ein paar funktionierende Beine ohne Flossen würden ihr schon reichen.

Die Sonne wandert über den Himmel, bis sie auf die Berge im Westen trifft. Das Licht blendet nicht mehr. Der Himmel ist eine unmögliche Symphonie von Orange, Rosa, Türkis und Blau. *Anspannen, abstützten, hoch. Pause. Wasser.* Sie muss trinken. *Nein.* Sie hat heute schon getrunken. Sie lässt ihre Augen über den Himmel wandern. Über die Kontur der Berge, die immer dunkler wird. *Ich vermisse dich so sehr. Bitte, bitte komm nach Nof Shunit.* Warum ist sie nie zurück nach Nof Shunit gegangen? *Es gibt einige Sachen, die ich dir erzählen muss.* Sie war wütend, so wütend. Wo ist die Wut jetzt, die ihr brannte? *Ich habe dir nie erzählt, was die genauen Umstände deiner Geburt waren … Dinge, die ich noch nie jemandem erzählt habe … Ich habe plötzlich das Gefühl, dass du darüber Bescheid wissen solltest.* Was für Dinge? Was wollte ihre Mutter ihr erzählen? Was ist bei ihrer Geburt passiert? *In dir steckt mehr als du weißt, mein Kind.*

Mama! Warum hast du mich nicht mehr angesehen, Mama? Warum hast du keine Zeit mehr für mich gehabt, Mama? Warum hast du mir nicht früher gesagt, dass mehr in mir steckt, als ich denke, Mama? Warum erst ganz am

Ende? Ich liebe dich. Mama … Paps … ich vermisse euch so sehr. War es das? War das das Ende? Sind ihre Eltern nun beide … tot? Wurde ihre Mutter von den Wellen fortgespült, an fremde Strände, unendlich weit weg? Sie schließt die Augen. Dicke Tränen drücken sich aus ihren Augenwinkeln, brennen auf der wunden Haut darunter. Brennen in ihrem Herzen. Wenn sie ihr eine Schildkröte gebracht hätte, ihrer Mutter … Vielleicht hätte sie dann wieder gelacht. So wie auf dem Bild. Dem Porträt von ihr und ihrem Bruder, der gestorben ist. Wie Paps. Wie alle. Alle sterben und sie bleibt allein. Vielleicht hätte Anna sie dann wieder mit *diesem Blick* in den Augen angeschaut. *Du verstehst mich nicht! Nie hörst du mir zu! Schreib mir nicht mehr!* Sie hört sich selbst schreien, schreiben, rufen. Sie spürt die Wut in sich. Die Wut auf ihre Mutter brannte wie ein Feuer, aber das Feuer hat keine Kraft mehr. Es ist verglüht. Sie hat vergessen, warum sie so wütend war. Alles verschwimmt in ihren Erinnerungen. Nur das Stechen in der Brust bleibt. Eine Schwere auf der Lunge, die sie vom Atmen abhält. Das Gesicht ihrer Mutter. Ihr Blick, dieser Blick, mit dem Anna jeden Streit verweigerte. *Lass mich nicht allein, Mama …*

Ihre Beine schmerzen. Sie sind steinschwer. Der Himmel ist schwarz geworden. Die Berge sind mit dem Nachthimmel nahtlos verschmolzen. Trockener Atem rasselt in ihren Lungen, der Durst macht sie verrückt. Einer nach dem anderen erscheinen funkelnde Sterne am Himmel, heller und heller werden sie. Nishas Augen saugen sich an ihnen fest. Die Welt um sie herum verschwindet. Die Schwärze verschluckt sie. Eine warme, beruhigende Schwärze, die alles vergessen lässt. Nichts existiert mehr, nur funkelnde Sterne am schwarzen Himmel und Nisha rast darauf zu.

Wind oder Wasser reißt an ihren Haaren, sie hält sich mit aller Macht fest. Niemals war sie so schnell. Sie sieht sich vorsichtig um. Die Dunkelheit rauscht an ihr vorbei. Sie reitet auf einer dunkelblauen Schildkröte, die durch den Nachthimmel fliegt. Millionen von Sternen liegen vor ihnen und sie schwimmen direkt auf sie zu. Sie greift nach dem Rand des glitzernden Panzers, hält sich daran fest, zieht sich ganz nah an die Schildkröte heran. Ihr Panzer ist glatt und warm, eine silberne Sternschuppe schillert an der Seite ihres Halses.

Die Sterne vor ihnen werden größer. Sieben Sterne bilden eine Konstellation, die sie an etwas erinnert. Ein Muster der Schildkrötentänze? Oder ist es das Symbol des Sternschildkrötentempels? Die Schildkröte wird langsamer. Nisha traut sich, den Kopf zu heben. Die sieben Sterne stehen funkelnd vor ihnen. Nur sind es keine normalen Sterne, nein. Es sind sieben Schildkröten, die am Nachthimmel schweben. Nisha setzt sich auf und reibt sich die Augen. Nie hat sie etwas Schöneres gesehen als diese Sternschildkröten. Die Schildkröte in der Mitte ist schwarz und riesengroß, die Tiere auf den Seiten sind kleiner, dunkelblau glitzernd. Jede von ihnen hat eine silberne, sternförmige Schuppe am Hals.

»*Schildkrötenkind*«, sagt der Alte in der Mitte und senkt seinen Kopf zum Gruß. Noch nie hat Nisha eine so große Schildkröte gesehen. Seine Haut ist glatt und nachtschwarz, sein Panzer gefurcht. Er ist so groß wie ein Berg.

»Wer bist du?«, flüstert Nisha.

»*Ich bin der Uralte. Ich war an vielen Orten zu Hause, oben und unten. So wie du.*« Seine Stimme klingt wie der tosende Wind, wie ein Grollen aus dem Mittelpunkt der Erde.

»Was bedeutet das?«

»*Das Meer und der Himmel sind einander nicht so fremd, wie du denkst. Sieh dich um! Wer hätte gedacht, dass ein Reptil der Tiefe wie ich hier zu Hause sein kann, zwischen all diesen Sternen?*« Er lacht donnernd. »*Aber wenn die Welt um einen herum zugrunde geht, muss man neue Wege gehen. Man muss neue Welten finden. Löcher im Stoff der Wirklichkeit. Ist es nicht ironisch, dass ihr uns fast vernichtet habt? Eine Welt ohne Schildkröten … Und nun retten unsere Gene euch. Und uns. So schließt sich der Kreis.*«

Nisha starrt ihn an, unfähig etwas zu sagen. »Das ist nicht meine Schuld«, bringt sie schließlich heraus.

Der Uralte lacht leise. »*Schuld, Menschin, ist ein dehnbarer Begriff. Niemand will sterben. Meine Boten haben euch den Schlüssel gebracht. Eine einzige Schuppe kann viel bewirken. Ein Puzzleteil am richtigen Ort, zur richtigen Zeit. Ihr werdet uns immer ähnlicher, Schildkrötenkind. Wer weiß, was wir gemeinsam bewirken können.*«

»Was …«

»*Hör mir gut zu, Tochter des Meeres und der Lüfte. Du musst hinter dir lassen, wer du warst, wenn du leben willst. Du und dein Kind.*«

»Mein *Kind?*«

»*Du trägst eine Tochter des Ozeans in dir, Schildkrötenmädchen.*«

»Das ist … unmöglich!«, keucht Nisha.

Der Uralte lacht und es klingt, als würde Fels brechen, als würde das Erdreich sich teilen. »*Die Welt ist unendlich groß, Kind. So viel ist möglich. Aber du musst loslassen, wenn du leben willst. Wer zu den Sternen schwimmt, muss nach vorne schauen, Schildkrötenmädchen. Du musst leicht sein, um zu fliegen.*« Das Echo des Satzes halt in ihrem Kopf nach, als sich die Sterne wieder bewegen. Aber die Muster sind zu schnell, Nisha kann nicht folgen. Unendlich viele Sterne rasen an ihr vorbei. Die Stimme des Uralten wird leiser. »*In anderen Zeiten spürten sie den Ruf, unsere Schwestern. Zehntausende schwammen gleichzeitig durch die Meere wie in einem gewaltigen Tanz, folgten unsichtbaren Linien bis zur Küste, um ihre Eier zu legen, und gemeinsam neues Leben hervorzubringen … Auch ihr werdet den Ruf spüren, Schildkrötenkinder. Folgt ihm.*«

Alles dreht sich um Nisha. Etwas zieht sie nach unten, in die Tiefe, mitten hinein in die Schwärze.

Sie fühlt sich leicht, als sie aufwacht, leicht und angenehm warm. Alles fühlt sich weich an. Dieses Mal lässt sie ihre Augen geschlossen. Warum sich anstrengen, warum kämpfen? Muster und Linien gleiten vor ihren Augen entlang und sprechen zu ihrer Seele. Eine alte Schildkröte, die etwas sagt. Seine Stimme klingt wie ein Erdbeben, wie ein Sturm im Meer. Ihre Gedanken entgleiten ihr. Es war wichtig, was er gesagt hat, oder war es das nicht? Sie lässt sich in die warme, weiche Schwärze fallen. *Mama, Paps … ich komme euch suchen …*

Sterne ziehen vor ihrem inneren Auge vorbei. Sie sprechen mit ihr. *Aber Paps ist doch tot.* Eine unfassbare Traurigkeit bemächtigt sich ihrer. Die Sterne zeichnen Linien am Himmel und im Meer. Erschaffen Muster, die eine klare Sprache sprechen, die man nicht in Worte fassen kann, aber die ihr einen Weg weisen, eine Karte zeichnen. *Wer zu den Sternen schwimmt, muss nach vorne schauen … Du musst hinter dir lassen, wer du warst …* Sie schwimmt. Es ist dunkel, ihre Augen sind geschlossen. Sie wird sie nicht mehr öffnen. Man sieht auch mit geschlossenen Augen genug. So viele Bilder, so viele Erinnerungen. *Aber wie lässt man hinter sich, wer man war?* Wenn sie fliegen könnte, dann könnte sie zu den Sternen fliegen. Könnte fragen, wo der richtige Weg ist. Aber sie kann nicht fliegen, sie kann nur schwimmen. Und liegen. Schwer liegt sie in der Dunkelheit, in der weichen Wärme.

In Sicherheit. *Du trägst ein Kind des Ozeans in dir …* Ihr Herz klopft weich und langsam in der Dunkelheit, die Sterne beschützen sie. Es gibt etwas, was sie tun muss … *Trinken.* Ist das wichtig? Der klopfende Rhythmus ist beruhigend. Und da ist noch etwas. Ein schneller

Rhythmus. Flatterleicht. Ein sachtes Klopfen, so sanft wie die Fühler einer Wasserschnecke. Es klopft neben ihrem Herzen. *Zwei Rhythmen.* Einer schnell, einer langsam, einer sanft, einer stark. Ein Muster entsteht … Man muss darauf aufpassen, auf das flatterweiche, kleine, schnelle Klopfen. Man darf es nicht untergehen lassen. Es nicht allein lassen.

Sie ist schwer, weich und warm. Ewig könnte sie hier liegen und aufhören, zu sein. Es ist anstrengend, zu leben. Eine Schwere sitzt in ihrer Brust, hart wie dunkler Stein. Fesselt sie an den Boden. Die Wut auf ihre Mutter ist dort verankert, die Wut auf alle Eltern. *Weil sie die Welt nicht gerettet haben.* Die Wut hat sie dazu getrieben, in die Tiefe zu tauchen. Das Dunkelriff zu gründen. Die Wut hat ihr Kraft verliehen. Hat sie sie in die Tiefe gezogen? Vielleicht. In die dunkle Tiefsee, einen Ort voller Wunder? Ihr Herz zieht sich zusammen.

Leicht soll sie sein? Wie denn? Und wenn sie nicht leicht sein *will?* Aber die Wut lässt sich nicht festhalten, auch wenn sie ihr so viel Kraft gegeben hat. Sie taucht in die Schwere ihres Herzens hinein. Angst sitzt dort, Angst vor einer sterbenden Welt. Angst davor zu sehen, dass selbst ihre Eltern im Angesicht der Katastrophe hilflos sind. Dass sie in diesem Kampf ums Überleben allein ist. Dass die Erwachsenen, von denen sie schon längst selbst Teil ist, nichts reparieren können. *Gar nichts.* Dass ihre Mutter ihr nicht helfen kann. Der Stein fällt zu Boden, fällt unter ihr in die Tiefe und lässt sie haltlos zurück. Was bleibt, ist die Sehnsucht.

Nisha wacht auf. Das erste Mal, seit sie den Ozean verlassen hat, schmerzt ihr Kopf nicht. Nichts schmerzt. Alles ist warm, dunkel und weich. Sie zuckt zusammen. Wie lange hat sie geschlafen? *Ist sie gestorben?* Panik ergreift sie. Sie kann ihre Augen nicht öffnen. Natürlich nicht, sie sind immer verklebt. War es nicht so? Sie will nach ihrer Tasche tasten, aber sie kann ihren Arm nicht bewegen. Sie versucht es wieder, aber ihr Arm gehorcht nicht. Sie will ihr Bein bewegen, aber ihr Körper reagiert nicht. Ein steinerner Käfig umgibt und lähmt sie.

Ihr Herz klopft noch schneller. Wie eine eiserne Faust greift die Panik nach ihr. Was ist mit ihr geschehen? Träumt sie noch? Halluziniert sie? Sterben Teile ihres Nervensystems? *Denk nach, Nisha. Denk nach!* Aber sie kann nicht denken. Ihr ist eiskalt, sie wird hier sterben. Vielleicht stirbt sie gerade. Vielleicht fühlt es sich so an, zu sterben. Hilflos und unbeweglich, dem Schicksal ausgeliefert. Sie will schreien, aber auch ihr Mund bewegt sich nicht. *Aber ihre Zunge.* Ja, sie kann ihre Zunge bewegen. Wer seine Zunge bewegen kann, kann noch nicht tot sein. Ihr Atem geht schnell. Sie bekommt nicht genug Luft. Etwas hält sie fest, ihr Brustkorb kann sich nicht bewegen. Kann sie ihre Zehen bewegen? Ja. Sie kann. Nur ein paar Millimeter, mehr nicht.

Hat sie es mit den Übungen gestern übertrieben? Gestern … Sie hat so lange geschlafen. Wie viel Zeit ist vergangen? Ihre Finger. Sie versucht, ihre Finger zu bewegen. Klitzekleine Bewegungen. Das geht. Sie ist nicht gelähmt. Das ist gut. Ihr Daumen und Zeigefinger berühren sich. Beinahe jedenfalls. Etwas ist zwischen ihnen. Eine Schicht. Sie ist zuerst weich und dann hart. Hart wie Stein. Wenn sie die Finger gegeneinander bewegt, knirscht es, als würde Stein auf Sand reiben. Haben sich ihre Schuppen in Stein verwandelt? Ihr Rücken tut höllisch weh. Sie liegt genau auf dem schmerzhaften Höcker. Nur, dass er sich größer anfühlt als zuvor und schrecklich schmerzt. Sie versucht, sich mit winzig kleinen Bewegungen zur Seite zu rollen. Vielleicht kann sie sich soweit bewegen, dass sie zumindest den Rücken entlastet. Sie rollt ein bisschen hin und her. Es fühlt sich an, als würde sich ihr Körper gegen eine harte Schale bewegen. Ein schreckliches Jucken breitet sich auf ihrer Haut aus, als würden tausend kleine

Insekten über ihren Körper krabbeln. Es ist unerträglich. Sie will sich kratzen, sie will schreien, aber es geht nicht.

Sie schaukelt weiter. Hin und her, hin und her. Das Jucken wird immer schlimmer, es treibt sie in den Wahnsinn. Sie bewegt sich gegen die Schale. Sie bewegt sich gegen ihre eigene Haut. Etwas reißt. Ein schreckliches Geräusch. Ihre Haut reißt. Aber der Schwung der Bewegung ist jetzt nicht mehr aufzuhalten. Und dann hört sie ein lautes Krachen. Sie brüllt, als ihr Fleisch aufreißt. Mit einer plötzlichen Bewegung fällt sie auf die andere Seite und landet keuchend auf Händen und Knien.

Ihr Atem kommt rasch und heftig. Das Licht ist zu hell, alles blendet sie. Etwas ist aufgebrochen. *Sie* ist aufgebrochen. *Und sie ist frei.* Ihre Haut ist zerrissen. Ihr Kokon ist geplatzt. Dicke Stücke von Schuppen, Haut und gehärtetem Schleim liegen auf dem Boden wie eine zerbrochene Felskruste. Ihr Brustkorb bewegt sich auf und ab. *Sie atmet.* Sie kann frei atmen! *Wie süß die Luft ist!*

Sie kann ihre Arme bewegen. Wie leicht sich plötzlich alles anfühlt! Sie schält trockene Schuppenkrusten von ihren Armen. In großen Stücken lassen sie sich ablösen. Und darunter ist kein Blut. Nein. Darunter ist weiche, dunkellila glänzende Haut. *Ohne Schuppen.* Weich wie Samt. Sie streicht über ihre neue Haut. Wie schön sie ist! Das Sonnenlicht glitzert auf ihr. Sie schält die Krusten von Brust und Bauch, von Beinen und Gesicht, sogar von ihren Augenlidern. Lila Samthaut liegt darunter.

Dann steht sie auf. Ihre Beine zittern, aber sie halten. Sie streckt ihre Arme aus, saugt die Sonne ein und streckt sich. Sie streckt sich weit und weiter, als wollte sie den Himmel berühren. Da kracht es laut und schmerzhaft, als würde ein großes Messer ihren Körper in Zwei spalten. Sie schreit schrill, ihr Herz rast und ein Schwall von Endorphinen und Adrenalin ergießt sich in ihren Körper, als der Höcker auf ihrem Rücken aufplatzt. Erleichterung tanzt durch ihren Körper wie ein Rausch, als Nisha das erste Mal ihre Flügel ausbreitet.

DAS HERZ DER WÜSTE

Oben auf dem Felsen hat man einen guten Ausblick. Man sieht bis weit in die Berge hinein. Man kann Sonne tanken. Wer muss schon Wasser trinken, wenn es Sonne gibt? Nisha streckt ihr Gesicht dem warmen Licht entgegen. Sie schließt die Augen und fühlt ihren Körper pulsieren, als er sich mit Sonnenlicht auflädt. Eine Brise weht an ihr vorbei. Nisha öffnet die Augen leicht. Sie sieht glänzendes Blau hinter sich erzittern. Gigantisch sind ihre Flügel, wenn sie ausgebreitet sind. Leuchtend blau. Die Flügel eines Schmetterlings. »*Tochter des Meeres und der Lüfte …*« So hat sie der Uralte genannt. »*In dir steckt viel mehr, als du denkst.*« Nicht nur Schildkrötenblut. Schmetterlingserbe. »*Schmetterlingsmädchen*« hat Mama sie in einem Brief genannt.

Es ist passiert. Es war also kein Zufall, dass Omek sich damals vor unendlich langer Zeit verwandelt hat. Es hat sich niemals wiederholt, obwohl sie alle darauf gewartet haben. Dann stimmen vielleicht auch die Gerüchte, von denen Anna ihr schrieb, über die spontanen Metamorphosen im Meer. Sie wollten zu wirklichen Tiefseekreaturen werden im Dunkelriff. So sehr haben sie ihn um die Reaktion seiner DNS beneidet. Aber jetzt, hier auf dem Trockenen, gerade dort, wo sie niemals sein wollte, ist sie ein Wesen der Luft und der Sonne geworden.

Nisha schüttelt den Kopf. Sie würde lachen, wenn ihre Verwandlung nicht ein Zeichen dafür wäre, wie viel sie verloren hat. Wer ist sie jetzt? Ein Schildkrötenmädchen mit Flügeln? Woher kommt die innere Leichtigkeit, die sie mit einem Mal spürt? Die Wüste sieht anders aus. Etwas füllt die Luft, das vorher nicht da war. Eine neue hauchdünne Schicht aus tausend schillernden Farben. Farben, die sich wie Fäden durch die Luft ziehen und ein flimmerndes Netz formen, das Orte miteinander verbindet. Wie bunte Bänder oder fließende Saiten, die die Luft mit glitzernder

Vibration erfüllen. Sind es Magnetfelder? Oder unsichtbare Duftstoffe, die ihre neuen Sinne wahrnehmen? Sind es die Muster, nach denen die Schildkröten tanzen, die ihre Mutter erforscht hat? Ihre Schmetterlingsaugen folgen den Linien vom Himmel zu den Bergen am Horizont bis zu ihrem Baum. Ein orangegelber Faden läuft wie eine pulsierende Ader durch ihn hindurch, verzweigt sich in unendlich viele kleinere, hellrosa Adern, die bis in das kleinste, trockenste Blatt hineinreichen. Von dort aus springen die Fäden in die Luft und strömen schließlich senkrecht in den Himmel hinauf. Sie streckt ihre Hand nach einem Faden aus, spürt einen leichten Widerstand in der Luft. Man kann ihn zupfen, wie eine Saite. Es prickelt auf der Haut und schwingt in der Luft.

Nishas Blick wandert zu den Bergen. Goldrosa liegen sie am Horizont. Sie schließt die Augen und lauscht den schwingenden Fäden. Sie erzählen von Dingen, die in der Ferne liegen. Oder sind es die Linien, von denen der Uralte erzählte? Ihre Muster sprechen die Sprache von Sand, Stein und Fels. Eine Sprache voller Licht, so anders als die Tiefsee. Ein heller Ton fängt ihre Aufmerksamkeit. Sie hört genau hin. *Menschen*. In den Bergen. *Sie ist nicht allein.*

Ihre Hände wandern auf ihren Bauch und suchen nach dem sanften Klopfen, nach dem flatternden Rhythmus. Was auch immer noch vor ihr liegt, auf welche Reisen sie sich noch begeben wird, eines weiß sie sicher: Ihre Tochter soll in Sicherheit geboren werden, und sie wird sie um jeden Preis beschützen.

Wer zu den Sternen schwimmt, muss nach vorne schauen. Entschlossen presst Nisha die Lippen zusammen. Nach vorne schauen. Ins Herz der Wüste. Denn die Wüste ist weit wie der Ozean.

Teil III

Lokapis Wurzeln

ERDE

EINE INSEL INMITTEN DER ZEIT

Selbstvergessen kratzt Lokapi sich an der entzündeten Wange. Fest bohren ihre Finger sich in die Ritze zwischen Schuppenreihe und weicher Haut. »In Ordnung«, sagt Faisal. Sein Hologramm fährt sich durch die grauen Locken, starrt auf den Bildschirm und tippt das Ende der Sequenz ein. Sein wirklicher Körper sitzt in Daressalam. Dort wird er dringender gebraucht als hier im Black River Labor auf der Insel Socotra im Arabischen Meer. So hat zumindest die Leitungsebene des WIO Rings entschieden. Energiegewinnung in Daressalam hat Vorrang vor der Erforschung des Waldes in der Blase, in diesem sonderbaren, zwischendimensionalen Raum. Das intermembranöse Gebilde ist bei einem Laborunfall entstanden. Tatsächlich gleicht es von außen einer transparenten Blase. Ein Loch in der Wirklichkeit, eine Ausstülpung, in deren Innerem sich der *Wald* versteckt, über den sie auch nach all den Jahren noch so wenig wissen. Daressalam dagegen liegt in der größten Extinktionszone des Planeten. Natürlich, die Menschen dort brauchen Energie. Der Staub macht die Solarfelder zunehmend nutzlos. Auch wenn die Stadt im gleichen Tempo schrumpft, wie die Extinktionszone sich ausdehnt, hat die Energieversorgung scheinbar die höchste Priorität.

Aber warum die Erforschung der Blase auf Prio 3 heruntergestuft wurde, kann sich Lokapi trotzdem beim besten Willen nicht erklären. Sie unterdrückt den Juckreiz und lässt sich schnell eine rote Haarsträhne ins Gesicht fallen.

»Der Eingang ist geöffnet. Du kannst durch. Funktioniert dein Armband?«

Lokapi rollt mit den Augen und zeigt dem Lichtkörper ihres Mannes den Sender. Er überprüft das Armband kurz, nickt ernsthaft und wirft ihr einen *dieser Blicke* zu.

Es ist noch früh. Die Luft wird klar und kühl sein. Lokapi tritt auf die ringförmige Plattform, die um die Blase herum gebaut wurde. Jeder Schritt klingt laut und hohl auf den Metallverstrebungen. Wie eine gigantische Träne hängt die Blase vor ihr im leeren Raum, als wäre sie kurz davor, herunterzufallen und auf dem Boden zu zerplatzen. Aber als Ausstülpung in der M-bran, als Singularität und Beweis der String-Theorie ist sie der Schwerkraft nicht unterworfen. Jedenfalls nicht auf *diese* Art, wie Faisal mit einem Lächeln und einer zuckenden Lippe sagen würde. Ein Zeichen dafür, dass er sich zurückhält, um sie nicht mit Details zu langweilen. Der Eingang liegt vor ihr, eingerahmt in eine silbrig glänzende Aluminiumkonstruktion. Eine schillernde Fläche, transparent und doch deutlich zu erkennen. Ein Riss in der Membran. Eine Öffnung, die direkt in den zwischenmembranösen Raum führt. Wenn die Sequenz nicht stimmt, tritt sie ins Leere. Im besten Fall landet sie dann auf dem harten Laborboden. Im schlimmsten Fall ... Aber dass das nicht passiert, dafür ist Faisal zuständig. Es gab schon lange keine Fehlfunktionen mehr bei Ein- und Austritt.

Sie schließt die Augen und macht einen Schritt. Die Membran fühlt sich feucht auf ihrer Haut an, obwohl sie so eine Qualität gar nicht besitzen kann. Mit einem saugenden Geräusch schließt sich der Eingang hinter ihr. Ein kurzes Schwindelgefühl und dann ist sie dort. In der Blase.

Sie öffnet ihre Augen. Das Labor ist verschwunden. Der Wind bläst ihr entgegen. Sie atmet tief ein. Die Luft riecht süß nach Erde und Bäumen. Das Zwitschern der Vögel dröhnt in ihren Ohren und der Wind rauscht in den Blättern. Wie jeden Morgen glänzt ihre frisch sterilisierte Laborkleidung silbern. Das Instrument hängt locker über ihrer Schulter. An die Arbeit. *Endlich wieder*. Ein Lächeln spielt auf ihren Lippen. Sie markiert den Boden zu ihren Füßen. Mit einem Klappmesser schneidet sie die

Vegetation beiseite und gräbt mit den Fingern ein Kreuz in die weiche Erde. Sie drückt einen kleinen Sender in das Zentrum des Kreuzes, obwohl sie weiß, dass er nicht mehr funktionieren wird, bis sie zurückkommt. Faisal und die anderen geben die Hoffnung einfach nicht auf. Jedes Mal eine neue Version, ein Update, ein korrigierter Materialfehler.

Sie schüttelt den Kopf, schultert das Instrument und ihre kleine Tasche und bricht auf. Nach wenigen Minuten erreicht sie den Waldrand. Die Bäume sind so hoch, dass ihre Kronen im Dunst verschwinden. Sie müssen hunderte von Jahren alt sein, wenn man von chronologisch linearer Temporalität ausgeht. Die Stämme wachsen dicht an dicht. Lokapi findet einen schmalen Pfad, der ins Innere des Waldes führt. *Ein Schildkrötenpfad?*

Papageien und rosa Tauben sitzen in den Bäumen. Webervögel singen. Ein Paar Weißschwanz-Tropikvögel kreist hoch oben am Himmel, ruft, laut und hell. *Phaethon lepturus*. Ein Dodo raschelt im Unterholz. *Raphus cucullatus*. Lokapi murmelt die Namen. Die Luft ist feucht, Schweiß steht ihr auf der Stirn. Jetzt schon. Draußen sind sie schon lange ausgestorben. *Aber nicht hier*. Leichten Fußes läuft Lokapi auf die Gruppe von Riesenschildkröten am Waldrand zu. Sie schauen sie mit müden, schwarzen Augen an. Augen, die die Zeit stillstehen lassen. Lokapi nimmt das Instrument von der Schulter, geht auf eine der Schildkröten zu und berührt sie sanft mit dem Sensor. *Eine* Schildkröte nur. Eine genügt. Das Instrument piept leise und projiziert die Biodaten in Lokapis Sichtfeld. *Genetischer Code bei 87%*, die Mikrobiom-Information überfliegt sie nur, *Herzfrequenz niedrig. Pathogene*. Eine lange Liste. Zu lang. Sie runzelt die Stirn. *Alter: 83, Lebenserwartung: Fünf Jahre, drei Monate und siebzehn Tage*. »Gut«, sagt sie leise zu sich selbst. *Akzeptabel*. Lokapi atmet die Anspannung aus.

Sie drückt den Knopf. Der Kontaktpunkt beginnt zu vibrieren und leuchtet hellblau. Die Schildkröte seufzt, als würde sich auch in ihr eine große Erleichterung ausbreiten. Ob sie die Veränderung fühlt? Die korrigierten genetischen Schäden, die abgetöteten Pathogene, die wiederbelebten Zellen? »*Cylindraspis triserrata*«, murmelt Lokapi und geht weiter. Schritt für Schritt geht sie durch den Wald, die Namen der Lebewesen reihen sich in Gedanken vor ihr auf, zeichnen einen Weg durch den Wald. Ihre Route für heute. Ein Individuum von jeder Art, das ist das Ziel, jeden Tag. *Das Minimum*. Lokapi seufzt. *Diospyros revaughanii. Ocotea lancilimba*, murmelt sie. Ist es genug zu wissen, dass ein Individuum jeder Art überleben wird, zumindest hier, zumindest für jetzt?

Es ist dunkel, als sie fertig ist. Erschöpft geht sie bergauf, lässt den Wald hinter sich, wischt sich die roten Haare aus dem Gesicht. Ihre Finger bleiben an der entzündeten Schuppe an der Wange hängen und kratzen daran. Die neuen Schuppenreihen auf dem Rücken reiben an ihrer Kleidung. Sie verbannt den Juckreiz aus ihrem Bewusstsein. Wie ein unendliches Gedicht hallen die Namen in ihrem Kopf nach. *Memecylon myrtiforne, Lophopsittacus mauritianus. Elasmias cernicum*. Zeit, nach Hause zu gehen. Nach draußen.

Aber wo ist der Ausgang? Sie dreht sich hin und her. *Nicht schon wieder.* Von einer Seite des Hügels auf die andere. Hier müsste es sein. Aber die Markierung ist nicht zu finden. Der Sender reagiert nicht auf ihr Armband. *Natürlich nicht.* Sie läuft den Hügel ein weiteres Mal ab, kniet sich auf den Boden. Ihre Hände suchen die Markierung zwischen Sand und Gras. Tasten sich voran in der Dunkelheit, durch den Boden, der sich überall gleich anfühlt.

Hier. Ihre Fingerspitzen finden die Furchen in der Erde. Erleichtert atmet sie aus. Sie pflückt den leblosen Sender aus der Erde, steht auf und aktiviert ihr Armband.

Die Luft vor ihr flimmert, als sich die Membran öffnet. Lokapi hält den Atem an, schließt die Augen und macht einen entschlossenen Schritt.

Die Luft im Labor riecht abgestanden. Es ist spät. Faisal hat sich schon ausgeklinkt. *Mach Feierabend, Lo!*, blinkt ihr eine Nachricht von ihm in der Mitte des Labors entgegen. Lokapi schickt ihren Bericht ab und schließt die Labortür. In den anderen Büros sind die Lichter schon aus. Mit langsamen Schritten geht sie zurück zu dem blauen Haus. Sie atmet ein, ihr Körper noch in Erwartung der frischen Waldluft. Stattdessen legt sich ein metallischer Geschmack auf ihre Zunge, setzt sich an den Schleimhäuten ihrer Nase fest. Sie hält den Finger in die Luft. *Westwind*. Das bedeutet toxischer Staub aus der Extinktionszone. Eine Mischung aus Sand, Düngemitteln und allem, was der Wind aus den Brennfeldern Ostafrikas herüberträgt. Dort, wo der Müll und Schrott der Jahrhunderte zusammen mit den Resten der Zivilisation in der Hitze schwelt. Lokapi versucht, flacher zu atmen, aber man kann dem Geruch nicht entkommen.

Die blaue Farbe bröckelt ab, genau wie an den Nachbarshäusern. In manchen wohnen Kollegen aus dem Labor, andere stehen leer. Sie wohnt im oberen Stockwerk. Im Erdgeschoss wohnt niemand. Als Faisal noch hier war, hatten sie Pläne, nach unten zu ziehen. Es gibt niemanden, den man fragen muss. Der Laborleitung ist es egal. Es gibt sowieso mehr Wohnraum als Menschen. Man muss einfach eine Entscheidung treffen. Jetzt, wo sie allein hier ist, ist sie sich nicht so sicher. Sie trifft nicht gerne Entscheidungen. Die ganzen Sachen nach unten tragen, und warum? Sie braucht den Platz sowieso nicht. Alles, was sie hier tut, ist essen und schlafen.

Sie rührt sich etwas zu essen an, ohne das Licht einzuschalten. Die Trockenalgen-Packungen, die sich im Kühlschrank stapeln, schmecken sowieso alle gleich. Leise isst sie, seufzt, duscht und geht zu Bett. Trotz der abgestandenen Luft hier draußen hat sich der Geruch des Waldes tief in ihre Nase eingegraben. Es ist schwer, ihn zu vergessen, selbst wenn das Bett modrig riecht, weil es immer zu feucht zu ist. In ihrem Traum ist die Luft frisch und schmeckt nach Erde. Fast ein bisschen süßlich. Je mehr man einatmet, desto mehr Nuancen entdeckt man, als würde die Nase erst dann ihr wahres Potential entfalten. Von dieser Luft können die Lungen nicht genug bekommen.

»Du arbeitest zu viel, kein Wunder, dass du deprimiert bist«, sagt Faisal. Als Physiker ist er zuständig für die Messungen der M-bran, während sie in der Blase ist. Ihre genetische Passung ist außergewöhnlich. Deswegen haben sie sich verbunden, vor neun Jahren.Um der Spezies Mensch noch eine Chance zu geben. Trotz ihres hybriden Erbes. Faisal ist ein guter Mensch und seine Familie war seit Generationen im Trockenen. Es gab nichts, was gegen die Verbindung sprach.

»Ich bin nicht deprimiert. Ich bin realistisch«, antwortet sie. Sie ist deprimiert. Oder traurig. Vielleicht ist sie einfach traurig. Aber ist das verwunderlich, wo die Dinge doch so liegen, wie sie liegen?

»Jedenfalls arbeitest du zu viel.« Er macht sich Sorgen. Sie sieht es in seinem flimmernden Gesicht.

»Ja, vielleicht stimmt das.« Aber ist es Arbeit, wenn es der einzige Ort ist, an dem man sich aufhalten will? Immer schaut Faisal sie so besorgt an, wirft noch einen zusätzlichen Blick auf ihre Ausrüstung. Nur um sicher zu sein. »Ich bin kein Kind mehr, Faisal«, sagt sie, kurz bevor sie eintritt. »Du kannst aufmachen. Ich habe meine eigene Checkliste.«

»Ich weiß, ich weiß«, murmelt er beschämt. »Du wirkst eben manchmal so …« Er gestikuliert hilflos mit seinen Händen in der Luft. »… abwesend. Ist alles in Ordnung bei dir?« Für einen Moment liegt seine Lichthand prickelnd auf ihrer.

Lokapi runzelt die Stirn. »Alles in Ordnung, Faisal.«

Er zieht seine Hand zurück, startet die Sequenz und der Eingang erscheint. »Komm doch ein bisschen früher zurück heute, Lo. Lass uns zusammen Tee trinken. Wie früher.«

»Wie früher?« Sie zieht die Augenbrauen hoch.

Lichtfinger fahren durch Lichthaare. »Fast. Ich hier, du dort.« Er in Daressalam, sie und sein Hologramm in Socotra. Er lächelt, hoffnungsvoll. Sie nickt und tritt ein.

Ein kalter Wind zieht sich über ihr Gesicht wie ein feuchter Vorhang. Als sie ihre Augen wieder öffnet, ist sie in der Blase. Der Eingang hinter ihr ist bereits verschwunden. Sie spürt, wie ihr Körper leichter wird, ihre Lungen größer, ihre Gedanken langsamer. Spürt den Wind im Gesicht. Ihr Labormantel ist zu weiß, ihre Stiefel zu klobig.

Zwei Dodos laufen gurrend auf sie zu. »*Raphus cucullatus*«, flüstert sie und berührt einen Vogel mit dem Instrument. Er bleibt stehen und lässt sie gewähren. Dann betritt sie den Wald. Sie kennt die Arten auswendig. Wie Mantras murmelt sie die Namen im Rhythmus ihrer Schritte.

»*Diospyros tessellaria.*« Schritt, Schritt. Einatmen. Schritt, Schritt. Ausatmen. »*Phaethon rubricauda.*« Schritt. Einatmen. Schritt, Schritt. Ausatmen. »*Pandanus iceryi.*« Schritt, Schritt. Einatmen. Schritt, Schritt. Ausatmen. »*Roussea simplex.*« Schritt. Einatmen. Schritt. Ausatmen.

Die Worte sind wie Balsam, wie eine sanfte Berührung. Die Geckos drehen sich nach ihr um, wenn sie vorbeiläuft, erwarten das blaue Leuchten des Instruments. Sie verstecken sich schon lange nicht mehr vor ihr. Die Riesenschildkröten beobachten sie. Sie krault ihre Panzer, berührt sie mit dem Kontaktpunkt.

Wenn sie gehen kann, ist sie ruhig. Wenn ihr Herz den Weg erspürt, den unsichtbaren Spuren folgt, die sich wie ein Netz über das Land ziehen, dann singt ihre Seele. Wer will schon stehen bleiben, wenn man auch gehen kann? Wer will warten, wenn man sich bewegen kann? Die Füße wissen am besten, wo es hingeht. Man muss nur dem Weg folgen, der sich vor einem auftut.

Faisal ist immer noch da, als sie am Abend zurück ins Labor kommt. Sein Lichtkörper leuchtet auf einem echten Stuhl. Er starrt an die Wand. Sind das Ringe unter seinen Augen? Lokapis weißer Mantel ist dreckig, ihre Wangen sind vom Wind gerötet. Blätter stecken in ihren Haaren. Sie werden bald genug verschwinden, sich in Luft auflösen.

»Ach, schon zurück?«, fragt er.

Lokapi grinst. »Ja.« Es ist spät. »Aber warum bist du noch hier?«

Er flimmert. »Ich dachte, ich kann genauso gut auf dich warten, um die M-bran ordentlich zu schließen.«

»Du weißt schon, dass ich das auch kann, oder?«

Er lächelt sie müde an und setzt sich vor den Bildschirm. Kleine Lichtfunken ziehen eine Spur hinter ihm her, die schnell verblasst. »Und wie wär's mit einem Tee? Oder Abendessen? Du hast doch bestimmt Hunger, nach dem langen Tag.«

Plötzlich erinnert sie sich an seinen Vorschlag und das Lächeln fällt von ihrem Gesicht. »Faisal, das tut mir leid. Ich habe das ganz vergessen. Aber es ist schon so spät. Ich will nach Hause.«

»Kein Problem«, sagt er leise.

Sie setzt sich in seinen Stuhl, während er die Öffnung in der M-bran schließt. »Stellst du sie dir auch wie eine Art Insel vor?«, fragt sie ihn leise.

»Was? Die Blase?«

»Ja. Sie fühlt sich an wie eine Insel, finde ich. Nur, dass sie nicht von Wasser umgeben ist.«

»Sondern? Von Nichts?« Er lacht. Sie kneift die Augen zusammen. Hinter seinem Mund ist Leere. Sein Körper ist nur eine Hülle aus Licht. Wenn sie will, kann sie einfach durch ihn hindurchgehen. »Ich weiß nicht, Lokapi«, sagt er schließlich.

»Sie hat eine andere Zeit, das zeigen doch auch die Messungen. Man spürt das. Schau nicht so. Es fühlt sich so an, als sei man umgeben von … Langsamkeit. Als sei man mitten in dieser zeitlosen Wolke … in der die Vergangenheit noch existiert. In der man Verlorenes finden kann. Ich kann einfach nicht glauben, dass das alles ein Zufall war.«

»Ich war doch dabei, Lokapi. Es war ein *Unfall.* Die Explosion war so laut, dass ich sie vom anderen Ende des Institutsgeländes gehört habe! Aber ja … es gab auch schon andere, die von einem *Paradies* gesprochen haben.« Er schaut sie konzentriert an, mit seinen warmen, grauen Augen. »Aber es hat nicht gut geendet.« Bestimmt meint er Professor Ngouzi. Die Physikerin war eine Legende. Die erste Person, der es gelang, eine M-bran zu isolieren. Sie entdeckte die Blase durch Zufall, durch einen Laborunfall vor dreißig Jahren, erforschte sie weiter und weiter, bis sie von einem Tag auf den anderen verschwand.

»Wie auch immer«, verteidigt sich Lokapi. »Es ist ein besonderer Ort. Mir macht er Hoffnung.« Sie zuckt die Schultern und beide sind still für eine Weile.

»Hoffnung ist gut.« Er lächelt. Um seine hellgrauen Augen herum zeichnet das Licht viele kleine Falten. »Unser lebendiges Museum«, seufzt er. »Die Hoffnung der Menschheit. Wenn man es wirklich lebendig nennen kann.«

»Es *ist* lebendig.«

»Wenn du meinst. Wenn sie nur mal die Finanzierung nicht streichen.«

Lokapi seufzt. Immer hat Faisal nur pragmatische Themen im Kopf. Nie kann er dahinter schauen, die wirklich wichtigen Dinge sehen. »Sieh dich doch um draußen!«, braust sie auf. »Wie viel ist denn noch übrig? Wann hast du das letzte Mal eine Pflanze gesehen? Ein Tier?«

»Lo, ist ja gut.«

»Es ist doch nur noch *Wüste.* Staub, alles zerfällt zu Staub und Salz. Ich verstehe nicht, warum sie uns die Leute abziehen. Warum sind wir Prio 3? Warum sollen jetzt alle an dem Energieprojekt arbeiten? Prio 1? Warum, Faisal?«

Faisal presst die Lippen zusammen. »Du weißt, dass ich dir nichts über das Projekt erzählen kann.«

»Ich verstehe es einfach nicht.«

»Wolltest du denn, dass ich bleibe?« Seine Stimme ist leise. Lokapi zuckt mit den Schultern und vermeidet seinen Blick. »Das hättest du mir sagen können.«

»Du kannst machen, was du für richtig hältst«, sagt sie ausweichend.

»Wenn sie nicht verlängern ...« Er schüttelt den Kopf, aber Lokapi unterbricht ihn.

»Warum sollten sie mein Projekt nicht verlängern? 95% der Kontinente sind Extinktionszonen! Die Blase ist ein *Wunder,* Fais!«

»93%. Ich weiß, Lo. Ein Wunder, das wir immer noch nicht viel besser verstehen als vor zwanzig Jahren.« Hilflos hält er seine leuchtenden Hände in die Luft.

Lokapi schüttelt den Kopf. Sie sieht sich im Labor um. Wenn man genau hinschaut, sieht man, dass die Thermowände in den Ecken rosten. »Sie halten mich für unfähig.« Ihre Stimme ist sachlich.

Faisal wird das Gespräch sichtlich unangenehm. »Nein, Lo, *das* ist es nicht. Aber vielleicht hast du dich verrannt. Vielleicht ist es eine Sackgasse mit den Kartierungen und Katalogisierungen.«

»Das ist doch nicht alles, was ich mache, das weißt du doch genau! Und das ist mal wieder typisch. Jede Woche fügen sie ein Protokoll hinzu, jeden Monat einen Bericht. Einschränkungen, Einschränkungen, Einschränkungen! Und dann beschweren sie sich, dass ich nichts Neues herausfinde. Wie soll ich denn so arbeiten?«

»Ich weiß es nicht«, sagt er resigniert.

»Aber ich weiß es. Sie wollen einfach jemanden, der sich an die Extraktionen macht. Stimmt's?«

»Das sind doch jetzt Mutmaßungen, Lo. Das bringt uns doch nicht weiter.« Faisal fuchtelt mit den Armen herum. Aber sie hört in seiner Stimme, dass sie recht hat.

Alle Versuche, organisches Material aus der Blase zu extrahieren, verliefen im Sand. Die Proben verschwanden innerhalb von kürzester Zeit. Pflanzen lösten sich buchstäblich in Luft auf. Die Herzen von gefangenen Vögeln und Geckos hörten auf zu schlagen, sie zerfielen zu Staub und verschwanden. Dann waren da noch die kalten Verbrennungen. An den Berührungspunkten mit Objekten von draußen nahmen sie manchmal etwas Materie mit. Wer das Pech hatte, eine Probe in der Hand zu halten, als sie verschwand, verlor etwas, behielt sonderbare Verbrennungen an den Fingern zurück, die nicht mehr verheilten. Aber der Traum war geblieben. Wenn man nur Tiere und Pflanzen aus der Blase herausbringen könnte … Man könnte Wälder wieder erschaffen, ausgestorbene Tierarten zum Leben erwecken, vergangene Fehler wiedergutmachen. Dass es falsch war, interessierte in der Leitungsebene niemanden. Lokapi ist klar, dass wenn einmal ein Ausgang entdeckt wird, das Ende der Blase erreicht sein wird. Dass sie sie leeren oder aus dem Gleichgewicht bringen würden. Weil Menschen keine Grenzen kennen. Vielleicht würde sie auch einfach verschwinden, genauso schnell, wie sie erschienen war. Einfach in sich zusammenfallen.

Lokapi presst die Lippen zu sammen. Es macht keinen Sinn, mit Faisal darüber zu reden. Sie atmet tief ein und wieder aus. »Kanntest du sie?«, fragt sie leise.

»Wen? Zenobia Ngouzi?« Lokapi nickt. Faisal ist lange vor ihr nach Socotra gekommen. Er hat gesehen, wie alles angefangen hat. Hatte schon studiert, an einer richtigen Universität. Damals arbeiteten viele Menschen auf der Insel. Lange bevor die Wissenschaftler einer nach dem anderen abgezogen oder ersetzt wurden. »Ja.« Er zögert.

»Sie war … ungewöhnlich. Brilliant. Nicht gerade einfach. Ich war Student.« Er lacht. »Vor fünfundzwanzig Jahren muss das gewesen sein. Und eines Tages ist sie verschwunden … Einfach weg.« Er schnipst mit den Fingern. »Aber die Geschichte kennst du ja. Niemand hat je wieder von ihr gehört. Aber sie war auch nicht gerade gesprächig.« Er lacht kurz auf und schüttelte den Kopf.

»Wusste ich nicht.«

»Sie eckte oft an. War vollkommen obsessiv in der M-bran-Forschung, obwohl sich damals niemand mehr um die String-Theorie kümmerte. Menschen … mochte sie, glaube ich, nicht so. Sie lebte in ihrer eigenen Welt.«

»Und sie dachte, die Blase sei das Paradies?«

Faisal zuckt mit den Schultern. »Man hörte eben so das eine oder andere. Dass sie sehr viel Zeit in der Blase verbrachte. Diese Kommentare machte, fast schon missionarisch. Irgendwas mit paradiesischer Urzustand. Aber die erhofften Ergebnisse hat sie nicht geliefert. Deswegen wurde dann ja auch das Geld gekürzt.«

Lokapi seufzt. Sie schaut auf ihre Hände. Die Rillen werden tiefer, selbst an den Fingern tauchen Schuppen auf. Sie schiebt die Hände tiefer in die Ärmel zurück. »Ich muss noch meinen Bericht schreiben, Faisal. Geh ruhig schon mal nach Hause. Wir sehen uns morgen.«

»Ich dachte, der ist schon lange fertig? Du weißt, dass der Evaluationsausschuss darauf wartet?«

»Ja, ich weiß.«

»Das ist wichtig, Lo!«

»Die werden das doch gar nicht durchlesen. Das weißt du doch auch. Es geht doch immer nur darum, ob es sich lohnt. Ob man etwas extrahieren kann. Was hier wirklich geschieht, in der Blase … Das verstehen die doch nicht.«

»Dann *erklär es ihnen*, Lo! Überzeug sie! Was glaubst du, wofür dieser Bericht ist?«

Lokapi zuckt irritiert mit den Schultern. »Nicht alles kann man mit Worten beschreiben.« Faisal seufzt. »Ich schreibe ihn ja«, murmelt sie. »Keine Sorge.«

VERGANGENES

Es ist nach Mitternacht, als sie nach Hause kommt. Sie nimmt sich eine Packung aus dem Kühlschrank und rührt das Pulver an. Der Lichtie mit dem angefangenen Bericht für den Evaluationsausschuss liegt vor ihr auf dem Tisch und schaut sie vorwurfsvoll an. Mit einem Mal werden ihre Arme bleischwer. Selbst der Löffel, mit dem sie ihr Abendessen löffelt, scheint Tonnen zu wiegen. Sie stellt das Geschirr in die Spüle und löscht das Licht. Leise schlüpft sie unter die Decke. Sie schließt die Augen und versucht einzuschlafen, aber es ist schwer, Ruhe zu finden. Bäume wachsen vor ihrem inneren Auge, Schmetterlinge flattern umher. Irgendwann steht sie auf und holt sich in der Küche ein Glas Wasser. Sie sollte den Bericht schreiben. Aber stattdessen denkt sie an einen Artikel über Professor Ngouzi, den sie vor Jahren gelesen hat. Sie kann sich nicht mehr an die Details erinnern, aber er muss hier noch irgendwo sein. Vielleicht ist es die Müdigkeit nach einem langen Tag, aber auf einmal fühlt sich nichts wichtiger an, als den Artikel zu finden.

Im Dunkeln stolpert sie ins Arbeitszimmer, zieht die Tür hinter sich zu und schaltet das Licht an. Mit pochendem Herzen beginnt sie sich durch ihr Minilichtie-Archiv zu arbeiten, das Faisal hiergelassen hat, als er nach Daressalam gehen musste. Gehen *wollte.* Hätte sie ihm sagen sollen, dass sie will, dass er bleibt? Aber es hätte nicht gestimmt. *Nicht wirklich.* Das Archiv ist schlecht organisiert. Eine Kugel nach der anderen löst sie sanft aus der Nährmoos-Unterlage, bis ihre Fingerspitzen blau sind, lässt Lichtbilder über Lichtbilder an ihren Augen vorbeiflirren, bis sie endlich die Sammlung des *Indian Ocean Science Alert* findet. Sie zieht das Minilichtie-Tablett vorsichtig heraus und setzt sich damit auf ein Kissen. Der saure Geruch des Nährmooses sticht aufdringlich in ihrer Nase. Mit einer leichten

Berührung verbindet sie die Lichties mit dem Tablett und sucht in der sich auffaltenden Lichtoberfläche nach »Ngouzi«. Fünfhundert Treffer. Sie schüttelt den Kopf und überfliegt die Überschriften manuell. *Wie schlimm Extinktionszonen wirklich sind. – Geburtsrate gegen den Nullpunkt.* Sie blättert weiter. Und weiter. *Bilderreihe: Zerstörte Riff-Städte! – Killer-Virus im Ozean.* Weiter. *Prof. Ngouzi: Ein missverstandenes Genie.* Das ist es! Mit einer flinken Geste faltet sie den Text vor sich auf.

Prof. Ngouzi: Ein missverstandenes Genie
Von Aldren Basavaraju
3.5.198

Professor Zenobia Ngouzi ist ein Unikat. Ehemalige Inhaberin der namhaften Rachel-Carson-Professur an der Universität zu Alexandria, ist sie nach ihrer Knüller-Entdeckung auf mysteriöse Weise untergetaucht. Lesen Sie in diesem exklusiven Interview, wo Ngouzi die ganze Zeit war und wie sie zum Star des WIO-Ring Forschungszentrums Black River auf Socotra wurde.

Aldren Basavaraju: Guten Morgen, Professor Ngouzi, oder soll ich Sie Zenobia nennen?

Zenobia Ngouzi: Sie können mich nennen, wie Sie wollen, so lange es manierlich bleibt.

AB: (lacht) Großartig. Sehr witzig. Alles klar, Zenobia! Lassen Sie uns anfangen. Wir haben so viele Fragen an Sie. Wie wir alle wissen, wurden Sie im Daressalam Daily und in vielen anderen Zeitungen auch als »Superstar-Wissenschaftlerin« bezeichnet. Wie gehen Sie damit um?

ZN: Ich interessiere mich nicht die Bohne dafür, das ist mir …

AB: Würden Sie es vorziehen, nicht so bezeichnet werden? Warum?

ZN: Es gibt wohl interessantere Fragen. Fragen, die wir stellen müssen, um das Universum besser zu verstehen. Die großen Fragen, wenn Sie wissen, was ich meine.

AB: Absolut! Aber lassen Sie uns nicht länger zappeln – Sie wissen bestimmt schon, worauf ich hinauswill: Wo waren Sie letztes Jahr? Haben Sie an den »großen Fragen« gearbeitet, von denen sie sprachen? Die Gerüchteküche brodelt mit Vermutungen über Ihren Verbleib, es war sogar von einer Entführung die Rede! Können Sie vielleicht etwas Licht in die Angelegenheit bringen?

ZN: Na gut, warum nicht. Der WIO-Ring hat mir ein Angebot gemacht. Ein sehr gutes, das ich nicht ablehnen konnte. Sie hatten relativ sinnvolle Ideen bezüglich der M-bran-Forschung und waren sehr großzügig. Ich bin daher nach Socotra gezogen und arbeite nun in der Black River Forschungsstation. Es war eine sehr intensive Zeit, vor allem zu Beginn, und ich habe mich etwas aus dem öffentlichen Leben zurückgezogen.

Lokapi lächelt. Das muss eine aufregende Zeit gewesen sein. Es ist schwer, sich Black River als einen belebten Ort vorzustellen. Aber so muss es damals gewesen sein, neu und lebendig. Und als Ngouzi dann kam … da wurde es erst richtig spannend.

AB: Oh là là, herzlichen Glückwunsch, kann man da nur sagen! Aber Zenobia, bitte spielen Sie Ihren Erfolg nicht herunter. Sie waren die erste und einzige Person bisher – und das kann man wirklich nicht genug betonen –, die es geschafft hat, eine M-bran zu isolieren. Das war bisher der Stoff von Spekulation und Fantasie!

ZN: (nickt)

AB: Keine falsche Bescheidenheit! Erzählen Sie uns von Ihrer großartigen Entdeckung. Warum sollten wir uns dafür interessieren?

ZN: Es war einfach diese große, offene Frage in der String-Theorie – wo verstecken sich die ganzen Dimensionen in unserer Realität, von der man in der String-Theorie ausgeht? Niemand hat sie bisher gefunden. Eine M-Bran zu isolieren – man spricht es übrigens »Embran« – und sichtbar zu machen für bloße Augen, endet damit eine jahrhundertealte Debatte.

AB: Eine Debatte, so alt wie die Polkappen. Über beide redet eigentlich niemand mehr (lacht). Aber das änderte sich, als man die M-bran plötzlich sehen konnte. Nicht wahr, Zenobia?

ZN: (nickt)

AB: Gut. Bevor wir mehr über den WIO-Ring reden, lassen Sie uns die Uhr ein bisschen zurückdrehen. Erzählen Sie uns etwas über sich, Zenobia. Etwas Persönliches!

ZN: Was denn?

AB: Sie sind in Eilat aufgewachsen, ist das korrekt? Wie haben Sie dort Ihre Kindheit erlebt?

ZN: Nein, das stimmt nicht ganz. Ich stamme aus dem Roten Meer.

Aus dem Roten Meer? Lokapi runzelt die Stirn. Sie dachte immer, Ngouzi stamme von den Komoren.

AB: Nein! Sind Sie etwa ein mariner Typ?

ZN: Ja, ich habe marines Erbe. Das darf man ja heute fast nicht mehr laut sagen. Zum Glück habe ich mich wieder gut an das Leben über Wasser angepasst. Andere hatten weniger Glück …

AB: Darf ich daraus schließen, dass sie das globale Azidifizierungsereignis persönlich miterlebt haben?

ZN: Die Heißen Wellen, ja, habe ich. Und ich denke nicht gerne daran zurück. Soweit ich weiß, hat außer mir nur eine einzige Person aus der Tiefsee-Kommune, in der ich damals lebte, überlebt. Die Evakuierungsnachricht hat uns nicht erreicht. Wir waren von den meisten Nachrichtenkanälen und der lokalen Verwaltung abgeschlossen, das war zum Großteil ja auch so gewollt. Dass sich die Azidifizierung bereits ankündigte, wussten wir nicht, sonst hätten wir mit Sicherheit auch die lokalen Gasvorkommen besser gesichert, um Mikrotrigger zu vermeiden. Aber darüber sprechen wir heute nicht. Man kann die Zeit nicht zurückdrehen, was verloren ist, bleibt verloren.

AB: Natürlich, natürlich.

ZN: Man muss nach vorne schauen.

Lokapi legt das Magazin zur Seite. Aus unerfindlichen Gründen pocht ihr Herz bis zum Hals. Dass Ngouzi hybrid war, erzählte man sich hinter vorgehaltener Hand. Damit fiel sie bestimmt genug in einer Gruppe von trockenen Wissenschaftlern und Wissenschaftlerinnen auf, die Hybridität für den Irrweg der Generationen vor ihnen hielten. *Wie Faisal.* Aber sie wusste nicht, dass Ngouzi aus dem Meer kam. Dass sie das globale Azidifizierungsereignis miterlebt hat, das alle Hoffnungen auf eine Rettung der Menschheit im Meer zerstört hat. Danach ist nicht mehr viel geblieben. Riesige Extinktionszonen, die nur von einzelnen grünen Inseln unterbrochen werden. Die embryonale Hybridisierung versagt. Fehlgeburten über Fehlgeburten. Die Tage der Menschheit sind gezählt, wenn nicht ein Wunder geschieht. Lokapi reibt sich mit schwitzenden Händen über das Gesicht und fährt die Konturen der wachsenden Schuppenreihen nach. Wenn sie die Finger fest genug darauf presst, lässt der Juckreiz nach. *Am besten wäre es, die Schuppen einfach wieder zurück unter die Haut zu drücken.*

»*Man muss nach vorne schauen*«, hat Ngouzi gesagt. Das sagt Faisal auch immer.

»*Du hast doch ein Leben, Lokapi. Du kannst doch nicht in der Vergangenheit leben. Du bist hier. Jetzt. Mit mir.*« Das sagt er.

»*Du hast gut reden*«, braust sie auf. »*Du weißt nicht, wie es ist.*«

»*Du musst nach vorne schauen, Lo. Vergrab dich nicht in deinen Gedanken, das tut dir nicht gut.*«

Es ist immer das gleiche Gespräch. Sie haben es schon tausendmal geführt. Schmerz steht dann immer in seinen hellgrauen Augen. Er hat sich von der Verbindung zwischen ihnen mehr erhofft. Wenn die genetische Passung so hoch ist, dann gebietet es die Loyalität zur Spezies Mensch, es zu versuchen. *Nachkommen zu zeugen. Die Art zu retten.* Über ihre Schuppen, ihre wilden Haare, ihre schwarzen Augen hat Faisal großzügig hinweggesehen. Und fast hat es geklappt. *Fast. Die Art.* Ein Konstrukt, dessen Grenzen schon lange ausgefranst sind. Und dennoch … Man versucht es trotzdem. Kann sich von der Idee der Erhaltung der Menschheit scheinbar einfach nicht verabschieden.

»Ich vergrabe mich doch gar nicht. Ich suche nicht mehr. Ich bin doch hier, oder?« Das antwortet sie. Jedes Mal. In Socotra. Seit mehr als zehn Jahren schon. Wie weit können einen die Füße tragen? Durch die Wüste, immer nach Süden. Den Linien nach, die sie *vielleicht* ans Ziel führen werden. Aber vielleicht ist es auch nur Einbildung, dieser Ruf, den sie spürt. Vielleicht irrt sie ziellos durch die Welt. Socotra. »Schildkröte« bedeutet das Wort. Eine Schildkröteninsel, auf der es keine Schildkröten gibt. Auf der es überhaupt nicht mehr viel gibt. Muss man nicht irgendwann ankommen, an einem Ort bleiben? Sie atmet durch, konzentriert sich auf die leuchtenden Zeilen vor ihr und liest weiter.

ZN: Man muss nach vorne schauen.

AB: Zweifelsohne. Wo ging es danach für Sie hin?

ZN: Ich bekam ein kleines Stipendium am Physik-Institut in Alexandria, um einige meiner Ideen auszuprobieren. Daraus entstand auch meine Dissertation.

AB: Eine außergewöhnliche Arbeit, so hört man.

ZN: Das hat damals fast niemanden interessiert. Man hat sich von mir ferngehalten. Keine Kooperationen. Ich war denen zu radikal. Bis auf eine Freundin aus Kindestagen. Zusammen hätten wir Großes erreichen können. Aber sie wollte weiter.

AB: Großes erreichen können? Sie haben doch …

ZN: Erst danach, als ich es schaffte, eine M-bran zu isolieren, wurde man auf mich aufmerksam und bot mir eine Stelle an.

AB: Verstehe. Aber lassen Sie uns über die Gegenwart reden. Erzählen Sie uns ein bisschen über den WIO-Ring. Woher haben die das ganze Geld, das Sie Ihnen angeboten haben?

ZN: Das Geld interessiert mich nicht. Ich habe komplette Forschungsfreiheit! Keine Tabus! Im WIO-Ring habe ich das erste Mal wirkliche akademische Offenheit erlebt. Davon kann man an den Universitäten nur träumen. Hier experimentiert man mit unkonventionellen Ansätzen, sprengt Grenzen. Das wird nicht nur akzeptiert – nein, es wird erwartet!

AB: Schön und gut, aber das muss ja auch finanziert werden.

ZN: Der WIO-Ring besteht aus verschiedenen Forschungsinstitutionen des Westlichen Indischen Ozeans. Daher haben wir eine solide finanzielle Basis. Die TU Daressalam, die Freie Universität Mogadishu, das Institute des Sciences Marines des Mascareignes, die Socotra-Labore und natürlich die Schule für Höhere Wissenschaften der Komoren. Aber das kann man überall nachlesen. Das ist kein Geheimnis. Die Institute haben ihre Gelder zusammengelegt und ihre Einrichtungen geschlossen. Nur die besten Wissenschaftlerinnen und das beste Equipment kamen nach Socotra, um eine außergewöhnliche Forschungsstation zu kreieren. Eine, die den Problemen unserer Zeit gewachsen ist.

AB: Beeindruckend! Ihre Einrichtungen geschlossen. Das zeigt Commitment.

Commitment. Sie lacht leise. Das würde Faisal auch gern hören. Damals muss es ganz anders gewesen sein auf Socotra. Unkonventionelle Ansätze, Experimente. Aber dann haben sie die Welt doch nicht gerettet. Ngouzi ist verschwunden und nach und nach wurden die anderen Experimente eingestellt. Nur die Blase ist noch da. Die Blase, ein kleines Team und sie.

Ihre Augen sind mit einem Mal sehr schwer. Es ist zwei Uhr. Was macht sie hier? Was dachte sie, was sie in diesem Artikel finden könnte?

»*Was verloren ist, bleibt verloren.*« Das hat Ngouzi gesagt. »*Man kann die Zeit nicht zurückdrehen. Man muss nach vorne schauen.*« Aber was, wenn man nicht nach vorne schauen *will*?

Es ist zu spät. Zu spät zum Nachdenken. Sie steckt den Lichtie in ihre Tasche, schaltet das Licht aus und stolpert durch die Dunkelheit zurück ins Bett.

Nicht mehr fliegen

Drei Olivbrillenvögel sitzen auf dem Instrument. Lokapi hält es fest in der Hand und studiert die kleinen Federbälle. Sie putzen sich, zwitschern leise und mustern sie dann mit neugierigen Knopfaugen. *So klein.* Sie reiben ihren Schnabel am Instrument, zwitschern wieder, werfen Lokapi einen Blick zu und schauen einander an. *Zosterops chloronothos,* denkt sie. Sie ist mitten im Wald. Tief fühlt es sich hier an. Wie tief unten in einem grünen Meer. Hier könnte man alles vergessen. Einfach tiefer in den Wald hineingehen, immer weiter. Das Draußen vergessen, sich selbst vergessen, bis man namenlos wäre. *Man kann die Zeit nicht zurückdrehen.* Sie schließt ihre Augen, atmet langsam aus und wartet. Hält ganz still. Aber die Welt verschwindet nicht. Sie öffnet die Augen, atmet heftig ein und mit einem Mal ist ihr schwindlig. Eine innere Unruhe treibt sie heute vorwärts. Ihre Haut spannt. Neue Schuppen wachsen auf ihrem Rücken und ihren Beinen, zeichnen harte Linien auf ihre weiche Haut. Trotz des Juckreizes geht sie weiter. Es ist gut, die Haut zu dehnen. Aktiv zu sein. Alle Wege scheinen bergab zu führen und sie lässt sich von ihren Füßen tragen.

Plötzlich hält sie an. Auf dem Boden vor ihr liegt ein Ei. Weiß mit braunen Flecken, nachlässig versteckt im Laub. Vögel nisten hier auf dem Boden. Ungestört und arglos. Sie haben nicht gelernt, sich zu fürchten. *Wie im Paradies …* Einfach liegen gelassen … Hat ihre Mutter sie nicht genauso abgelegt, wie dieses einsame Ei? Im Glauben, dass ihr nichts geschehen wird, beschützt von den Alten im Dorf? Lokapi berührt das Ei vorsichtig mit ihrem Instrument. Ein Vogel fliegt auf, zwitschert laut im Geäst über ihr. Die Vogeleltern wachen von oben über das Ei. *Und wer wacht über sie?*

»*Was verloren ist, bleibt verloren.*« Stimmt das? Beweist die Blase nicht das Gegenteil? Hier drinnen gelten andere Gesetze. Was draußen ausgestorben ist, lebt in der Blase. Faisal hat ihr die Grundannahmen erklärt. Es hat etwas mit Hoareaus Satz der intertemporären topologischen Fluidität zu tun. Höhere Mathematik, die ein raumzeitliches Paradox ermöglicht. Aber es erklärt nicht, warum sich die Blase so anfühlt wie ein Zuhause.

Fahrig reibt sie sich über die juckenden Schuppen im Gesicht. Schweißperlen laufen ihren Rücken hinunter und brennen dort, wo sich die Haut von den Schuppen löst. Wer hat nur diese unmögliche Funktionskleidung entwickelt? Ihre Füße ziehen Lokapi weiter. Sie wollen schneller laufen, tiefer in den Wald eintauchen. Ihre Schritte tragen sie schwungvoll über große, schwarze Wurzeln. *Ebenholzwurzeln.* Die Stränge laufen alle in die gleiche Richtung. Lokapis Herz klopft. Sie müssen zu einem riesigen Baum gehören.

Sie versucht sich am Rücken zu kratzen, aber ihre Finger erreichen die Stelle zwischen den Schulterblättern einfach nicht. Sie windet sich hin und her, der Juckreiz macht sie verrückt. Ihr Rücken, ihre Beine, ihre Arme. Ihr ganzer Körper juckt, als würde er in Flammen stehen. Sie bleibt stehen und versucht durchzuatmen. Der Schweiß auf ihrer Haut hilft nicht. Sie schließt die Augen und beißt die Zähne zusammen. *Das Jucken ist nur eine Einbildung. Eine Konstruktion deines Gehirns. Geh weiter.* Aber warum hört es dann einfach nicht auf? Ein Schrei dringt aus ihrer Kehle. Ihre Finger kratzen über jeden Fleck Haut, den sie finden. Sie presst und drückt, treibt ihre Fingernägel in die Haut und zwischen die Schuppen. Es lässt einfach nicht nach. Hitze pulsiert in ihrem Kopf, jede Berührung an ihrem Körper macht sie verrückt. Ihre Haare, ihre Kleidung. Sie wirft sich gegen einen Baum, reibt sich an seiner Rinde mit aller Macht.

Der Labormantel fällt zu Boden. Ihre kratzenden Finger finden den Reißverschluss und mit einem festen Ziehen öffnet sie ihn und reißt sie sich die Funktionskleidung vom Leib. Ihr Unterhemd ist vollkommen verschwitzt. Mit fahrigen Bewegungen zieht sie es aus und wirft es auf den Boden. Ein kühler Windstoß streicht über ihre Haut. Lokapi stöhnt erleichtert und schließt die Augen. Sie zittert. *Das ist besser.* Viel besser. Noch immer fahren ihre Hände über die juckenden Stellen, noch immer bohren ihre Fingernägel sich in die wunde Haut. Aber sie werden langsamer und verharren schließlich in einer Umarmung ihres nackten Oberkörpers.

Mit geschlossenen Augen sinkt sie zu Boden, legt ihre Wange gegen die feuchte, schwarze Erde. Der Wind streichelt ihren wunden Rücken. Ihr Atem beruhigt sich. Sie öffnet die Augen und atmet langsam weiter. Ein und aus. Die Spannung ist aus ihrem Körper gewichen. Sie spürt jede einzelne Schuppe, so wie sie jeden einzelnen Baum sieht. Ihre Augen folgen den dunklen Wurzeln auf dem Waldboden. Ist das ein Baum dort hinten, tiefer im Wald? Ein riesiger Baum, der alle anderen überragt?

Plötzlich wird ihr bewusst, dass sie halbnackt ist. Wenn sie jemand so gesehen hat … Aber wer soll schon hier sein, im Wald? Und doch fühlt Lokapi sich auf einmal beobachtet. Sie zieht an dem Funktionsanzug, der nur noch ihre Beine bedeckt. Bis zur Hüfte schließt sie ihn, aber bei dem Gedanken, ihren Oberkörper wieder hineinzupressen, spürt sie den Juckreiz von Neuem auflodern. Sie hebt das Unterhemd vom Boden auf und zieht es sich über. Es klebt unangenehm auf ihrem Körper, aber bestimmt trocknet der Wind es schnell.

Es dauert fast eine Stunde, bis Lokapi den Ausgang findet. Schweiß tropft von ihrer Stirn und rinnt in ihre Augen, als sie mit zitternden Fingern endlich die Markierung auf dem Boden findet. Gras und Moos haben sich über sie gelegt, sodass das Kreuz in der Erde beinahe verschwunden ist. Sie zieht den nutzlosen Sender aus der Erde und aktiviert ihr Armband. Die Membran öffnet sich vor ihr, aber Lokapi bewegt sich nicht. Sie blickt in die wabernde Öffnung, die man bei schnellem Hinsehen für eine Reflektion von Sonnenlicht auf einem Nebelschwaden halten könnte. Ein Moment vergeht und dann noch einer. Muss sie wirklich zurück? Was wartet denn auf sie, auf der anderen Seite? Was wäre verloren, wenn sie hierbleiben würde, was nicht schon längst verloren ist?

»Wie siehst du denn aus?« Faisal blickt sie entgeistert an.

Lokapi sieht an sich herunter. Sie ist über und über mit Erde bedeckt. Der Funktionsanzug hängt offen an ihr herunter. Schnell schlüpft sie hinein und schließt den Reißverschluss. »Mir war warm«, entgegnet sie.

Faisal hebt die Augenbrauen. »Hältst du dich ans Protokoll? Du weißt, dass das wichtig ist.«

»Ja, ja.« Sie seufzt. »Alles in Ordnung?« Er nickt zaghaft. »Was denn?«, fragt sie ihn.

»Nur wieder ein Sturm. Kein schlimmer.« Die toxischen Staubstürme wüten über den Extinktionszonen, wirbeln alles auf und tragen den Staub bis nach Socotra, bis in den Indischen Ozean hinein, bis auf die letzten grünen Inseln.

»Wir bleiben erstmal drin. Nur ein oder zwei Wochen.« Er schnauft. »Aber es ist sowieso Einiges an Arbeit liegengeblieben. Ich habe sowieso keine Zeit, rauszugehen. Hast du den Bericht fertig?« Lokapi klettert die Plattform hinunter und mustert die Zahlenreihen, die über die Bildschirme laufen. Faisal schüttelt den Kopf. Er steht nur eine Handbreit von ihr entfernt und schaut sie mit einem undefinierbaren Blick an. Millionen kleiner Lichtpunkte überbrücken Tausende von Kilometern zwischen ihnen. »Warum so traurig? Musstest du dein Paradies verlassen?«

Sie fährt sich langsam mit den Händen durch die Haare. »Du solltest es auch sehen. Dann würdest du verstehen, was ich meine.«

»Ich will! Das kannst du mir glauben. Aber Regeln sind Regeln und ich weiß nicht, ob sie mich noch mal rüberschiffen.« Er seufzt. »Ich bin ja nur ein armer, alter Physiker.«

Lokapi lacht. »Man könnte fast Mitleid mit dir bekommen.« Für einen Moment sind beide still. Nur Faisals Hände sind unruhig. *Nervös*.

Faisal räuspert sich. »Wie ist es denn wirklich? Das, was du nicht in die Berichte schreibst, meine ich. *Wenn* du denn mal einen schreibst.«

Lokapi ignoriert sein Sticheln und denkt nach. »Lebendig. *So lebendig*. Die Farben, die Details … Wo man auch hinguckt, es gibt immer noch mehr und mehr. Es ist einfach … es ist so viel.« Sie schüttelt den Kopf. »Ich weiß gar nicht, wie ich es beschreiben soll.«

»Versuch es.« Ernst schaut er sie mit flimmernden Lichtaugen an. Lokapi schweigt und mustert ihn. So genau hat er noch nie nachgefragt. Bisher hatte sie nicht den Eindruck, dass es ihn überhaupt interessiert.

Dann schließt sie die Augen, spürt die Erinnerung des Windes auf ihrer Haut. Die Süße der Luft in ihren Lungen, die Augen der Schildkröten auf sich, die sie vom Waldrand aus beobachten. »Man ist … nicht allein.« Sie flüstert. Erwartungsvoll blickt Faisal sie weiter an. Sie bewegt ihre Lippen. Sie will es ihm ja erzählen, aber die Worte kommen nicht. Und langsam verschwindet sein Lächeln. »Man kommt auf einem Hügel an. Ich kenne jeden Pfad im Wald. Aber es ist, als würde ich jedes Mal etwas vergessen und etwas Neues wiederfinden. Als würde der Wald kein Ende haben, als würde es *unendlich viel* zu entdecken geben.«

»So groß dürfte es ja nicht sein.« Faisal lacht kurz. Lokapi zuckt mit den Schultern und erneut breitet sich eine sonderbare Stille zwischen ihnen aus. »Lo«, sagt er und rutscht auf dem Stuhl hin und her, auf dem er in Wirklichkeit gar nicht sitzt. »Dein Projekt wird nicht verlängert. Ich habe eben die Nachricht bekommen.«

Lokapi muss sich an einem Tisch festhalten, denn die Welt verschwimmt um sie herum. Sie spürt nur noch ihre

Füße, die die Balance nicht halten können. »Warum?«, presst sie leise hervor. Ihre Hände verkrampfen sich um den Tischrand.

»Du wirst abgezogen.«

»Wo soll ich denn hin?«

»Wohin du willst.«

Sie presst die Lippen zusammen. Zwingt sich, ruhig zu bleiben. Weiterzuatmen. »Was passiert mit der Blase?«

»Nichts, nehme ich an. Was soll damit passieren? Andere werden weitermachen.« Faisal zuckt mit den Schultern, fährt mit seinem Lichtfinger unsichtbare Kreise auf der Tischplatte.

»Komm zu mir. Nach Daressalam. Wir können uns was Neues aufbauen, Lo. Es … nochmal probieren. Du bist doch noch jung. Vielleicht klappt es das nächste Mal.«

Sie schüttelt langsam den Kopf. »Ich … muss hierbleiben.«

»*Aber dort ist doch nichts!*« Seine Stimme ist laut und überrascht schaut Lokapi ihm in die Augen. »Was … was willst du denn dort?« Er lächelt wieder, versucht, geduldig zu sein. Seine Anstrengung ist spürbar, selbst über die Distanz.

»Ich weiß es nicht.« Sie vermeidet seinen Blick. Daressalam. Eine tote Stadt. Was ist dort für sie? Eine Wohnzelle mit Faisal? Staubstürme? Vielleicht eine Stelle am Institut? Und wofür? Um der Welt beim Sterben zuzusehen?

»Lo, ich weiß nicht, ob du verstehst, was das für ein *Privileg* ist. Sie würden ein Boot für dich schicken. Du könntest hier eine Stelle im Archiv bekommen. Ich weiß gar nicht, was du noch erwartest. Die Blase ist eine Einbahnstraße. Wir haben so viel investiert …«

»Wir?«

Faisal gestikuliert vage mit den Händen. »Du weißt schon, was ich meine.«

»Nein.« Sie schüttelt den Kopf und beißt die Zähne zusammen. Sie soll dankbar sein, das meint er. Dankbar, dass sie abgezogen wird. Dankbar, dass der WIO-Ring über ihr Leben entscheidet.

»Lo, ich weiß nicht, was ich noch sagen soll. Ich weiß überhaupt nichts mehr.« Er läuft durchs Labor mit langen Schritten. Durch den Stuhl. Flimmernd bleibt er stehen, sein rechter Fuß steckt in einer Kiste. »Du machst ja sowieso was du willst«, sagt er leise. Er wirft seine Hände in die Luft. Und dann verschwindet er.

Lokapi sinkt in einen Stuhl, lässt ihren Kopf nach hinten fallen und schließt die Augen.

ESSENZIELLE TRANSFORMATIONEN

Das Ziehen war schon immer da. Seit sie denken kann, sieht sie Muster im Sand, auf den sanften Hügeln und den schroffen Bergen der Wüste, über die Landschaft gelegt wie eine zweite Haut. Die Muster zogen sie fort wie Straßen und Flüsse in eine bessere Zukunft, und sie folgte ihren Linien und Farben.

»Deine Mutter hat sie gemalt«, sagten die Alten im Dorf, ihre Großmütter und Großväter, während sie die Ziegen molken.

»Wo ist sie hin?«, fragte sie, aber die Alten zuckten nur ihre Schultern und zogen die Thermoplanen vor den Fenstern und Türen der Lehmhütten zu, bevor der nächste Sturm kam.

»Sie hat geweint, als sie gegangen ist, Meerestochter.« Sie leerten kostbares Wasser aus dem Evaporator und steckten ihn zurück in den Sand. »Sie kam aus dem Meer. Aber sie hatte Flügel!« Sie schlugen die Hirsekörner aus den harten Hülsen. *Pak. Pak. Pak.* »Sie hat wirr gesprochen, sie war nicht wie wir.« *Pak. Pak. Pak.* »Sie wollte andere suchen gehen, die wie sie sind.« Und unweigerlich legte sich eine Hand auf ihre Schulter, tätschelte ihre Wange, oder streichelte ihre nicht zu bändigenden roten Haare. Ein ganzes Dorf von Großmüttern und Großvätern für ein einziges Kind. Es gab immer genug Arme, die sie trugen, Knie, auf denen man sitzen konnte, Hände, die ihr Ziegenmilch reichten und Blumenkränze flochten.

Aber auch sie war anders. Die Alten im Dorf hatten braune Haut und weiße Haare. Nur sie hatte rote Haare, die in dicken Knäueln vom Kopf wegstanden und sich manchmal von selbst bewegten wie die Arme eines Oktopusses. Und schwarze, viel zu große Augen. Als sie zehn Winter alt war, fiel ihre Haut in Stücken vom Körper und darunter kamen weiche Schuppen zum Vorschein. Feine Linien, fast nicht zu sehen. Die Alten runzelten die Stirn und woben ihr längere Kleider. Mit jeder Häutung wurden die Schuppen deutlicher. Schimmernd wuchsen sie vom Rücken zum Bauch. Bald tauchten sie auch an Armen und Beinen auf und ihre Ärmel wurden immer länger.

Als sie siebzehn war, wurde das Ziehen in der Brust zu stark, der Ruf der Linien zu laut, und Lokapi verließ das Dorf. Sie packte Ziegenmilch und Hirsefladen ein und lief und lief, tagein, tagaus. Sie lief durch eingetrocknete Flussbetten, über Sand und Felsen. Kaute auf Wurzeln, sammelte Tau und redete selten. Sie brauchte nicht viel. Beinahe war es ihr, als nährten die bunten Linien sie.

Es gab nicht viele Menschen. Eine Frau mit Flügeln hatte niemand gesehen, aber Lokapi ließ sich von Zeichen und Linien leiten, die niemand außer ihr sah. So verging eine lange Zeit, bis sie eine Meerenge erreichte. *Den Golf von Aden.* Sie sah ein Boot, das gerade ablegte. Die Wissenschaftler sahen sie an wie einen Geist, fragten sie ungläubig, woher sie kam. Immer und immer wieder. »*Sinaii*«, wiederholte sie dann. *Sinaii.* Das Wort für Heimat.

Sie redeten untereinander. »*Unverantwortlich*«, hörte sie. »*Wunder.*« – »*Zum Sterben verurteilt.*« Sie gaben ihr Wasser und überredeten sie, mitzukommen. Nach Socotra. Vor vierzehn Jahren.

Die Sonne ist untergegangen. Man hat eine gute Aussicht von ihrem Drehstuhl. *Eine Aussicht auf Nichts. Nein,* korrigiert sie sich. *Eine Aussicht auf den Himmel und Nichts.* Auf eine staubige Einöde, in der die schwarzen Skelette der letzten Palmen langsam zerfallen. Sie dreht den Stuhl langsam mit ihren Füßen hin und her. Schaut abwechselnd an die Labordecke und an den Himmel. Ein paar Wolken leuchten noch orange und rosa. Bald wird es dunkel sein.

Lokapi steht auf und holt den Minilichtie aus ihrer Tasche. Ihr Magen knurrt. Sie sollte nach Hause gehen und etwas essen. Stattdessen drückt sie die Kugel sanft und das angefangene Interview mit Ngouzi faltet sich leuchtend vor ihr auf. Ihre Augen huschen über die Zeilen und finden die Stelle, an der sie zu lesen aufgehört hat.

AB: Beeindruckend. Ihre Einrichtungen geschlossen. Das zeigt Commitment.

ZN: Ja.

AB: Welche Art von Forschung findet am WIO-Ring statt, die diesen Aufwand rechtfertig?

ZN: Das meiste dreht sich um neue Energiequellen, Auswege aus dem ökologischen Kollaps.

AB: Sie werden also wohl die Welt retten, was? (lacht) Ich sollte es mir also nicht mit Ihnen verscherzen, was?

ZN: Die aktuell prominentesten Forschungsfelder sind M-bran-Interaktion, Unterwasser-Vulkan-Bergbau, Bioelektrizität und Gentechnik.

AB: Bitte versprechen Sie mir, dass Sie keine Vulkane explodieren lassen!

ZN: Das ist … nicht wirklich möglich. Also nein. Aber Bioelektrizität könnte uns helfen, natürliche Energiequellen anzuzapfen. Es gibt eine Vielzahl von Organismen, zu deren Verhaltensrepertoire auch elektrische Stöße zählen. Manchmal hängt das auch von saisonalen Zyklen ab. Wir arbeiten am WIO-Ring mit verschiedenen Arten – elektrische Schmetterlinge, der gemeine blaue Blitzgecko, Silberalgen und Glutanemonen. Wir modifizieren sie genetisch, um ihr bioelektrisches Vermögen zu stärken, und explorieren die sich daraus ergebenden Möglichkeiten.

AB: Heißt das, wir können bald damit rechnen, dass hier Schmetterlinge umherfliegen und Leuten Stromstöße verpassen?

ZN: Natürlich nicht. Diese Exemplare verbleiben alle innerhalb des Labors. Wir haben verschiedene Biosicherheits-Maßnahmen implementiert, man darf beispielsweise nicht –

AB: Interessant, sehr interessant. Aber erzählen Sie mir etwas über die M-bran. Als Amateur finde ich sehr schwierig mir auszumalen, naja, was man damit tun kann!

ZN: Natürlich. Es gibt verschiedene Dinge, an denen wir im Moment arbeiten. Die vielversprechendste und spannendste Richtung –

AB: Wie sieht sie überhaupt aus? So wie ich mir vorstelle – transparent, hellblau, glitzernd und elektrisch kitzelnd, wenn man sie berührt?

ZN: Nicht ganz. Sie ist semitransparent, ja, und ein bisschen verschwommen, wie eine Wasseroberfläche. Sie reflektiert nur Teile des UV-Spektrums, die Farbe hängt also vom Einfallswinkel des Lichts ab. Man kann sie allerdings nicht fühlen. Es ist fast so, als sei sie gar nicht da.

AB: Man kann sie sehen, aber nicht anfassen?

Ein Lächeln hat sich auf Lokapis Lippen geschlichen. »*Man kann sie sehen, aber nicht anfassen?*« Inzwischen kann man sie anfassen. Sie denkt an das kalte Gefühl eines feuchten Vorhangs, das sie so gut kennt. Nicht *richtig* anfassen. Aber man kann sie öffnen und schließen. Sie als Eingang in den intermembranösen Raum benutzen. Aber inzwischen ist die Leitung des WIO-Rings wohl davon gelangweilt. Wenn sie wirklich versuchen, organisches Material zu extrahieren … Das Gleichgewicht in der Blase ist empfindlich. Sie spürt die Wut in ihrem Bauch. *Die Verzweiflung.* Sie verstehen doch noch lange nicht alles. Nicht einmal ansatzweise!

ZN: Ja, im Moment ist das so. Wir arbeiten daran. Das wollte ich eben schon sagen. Wir erforschen die Interaktionen. Wir schicken verschiedene Elemente und Objekte durch die M-bran. Teilchen, Mikroorganismen, Zellen – Leben, kurz gesagt, in verschiedenen Stadien und Skalen. Wir schießen sie durch die Membran – langsam, schnell, superlangsam, superschnell und messen –

AB: Und, was haben Sie herausgefunden?

ZN: Am Anfang nicht viel. Messbare Interaktion mit der M-bran sind unglaublich selten. Tatsächlich konnten wir sie nur feststellen, wenn eine Lebensform in exakt dem Moment, in dem sie die Membran passierte, eine essenzielle Transformation durchmachte. Die Details dazu können Sie auch in unserem neuesten Artikel nachlesen, in dem es um die Rolle von Hoareaus Satz der intertemporären topologischen Fluidität geht.

AB: Aber was bedeutet das? Essenzielle Transformation?

ZN: Wenn Atome oder Moleküle sich spalten oder verbinden, zum Beispiel, während der Reifeteilung einer Zelle, der Meiose, und natürlich die Befruchtung, Geburt, Metamorphose, Tod. Alle diese Ereignisse haben Wellen in der M-bran erzeugt.

AB: Geburt und Tod! Das klingt, als würden Sie Gott spielen!

ZN: Wissenschaft und Religion liegen eng zusammen. Das versteht nicht jeder. Die meisten Menschen schauen nicht über den eigenen Tellerrand. Ignoranz ist die größte Krankheit unserer Spezies, wenn Sie mich fragen.

AB: Die meisten würden Wissenschaft und Religion als Gegensätze bezeichnen …

ZN: (lacht) Wie gesagt, Ignoranz. Es geht um höheres Wissen, tiefere Zusammenhänge. *Es geht darum, Muster zu erkennen, die Bedeutung haben.* Warum sollen das Gegensätze sein?

Lokapi zieht die Luft durch die Zähne ein. Etwas an diesem Satz fühlt sich richtig an. *Es geht darum, Muster zu erkennen, die Bedeutung haben.* Ignoranz. So hätte sie es nicht bezeichnet. Sie ist kein religiöser Mensch. Wie kann man religiös sein, wenn die ganze Welt stirbt? Aber Muster erkennen, ja. Mit Mustern kennt sie sich aus.

AB: Gut, gut. Aber wie haben sie das geschafft? Rein logistisch, meine ich. Sie töten einen Vogel und werfen ihn durch die M-bran, kann ich mir das so vorstellen?

ZN: Nicht ganz so primitiv. Logistisch ist das herausfordernd. Wir haben eine Art Gleissystem gebaut und arbeiten auch mit einem Pendel.

AB: Ah.

ZN: Wir haben großartige Forscher und Forscherinnen, die sehr viel Einsatz zeigen. Gut, bei einigen könnte das noch mehr sein. Nicht alle verstehen, um wie viel es dabei geht.

AB: Wo wir schon von viel Einsatz sprechen – lässt Ihre Arbeit denn überhaupt Zeit für ein Privatleben?

ZN: Ich glaube nicht an die Trennung von Arbeit und Privatleben. Ich habe nie verstanden, warum man nach siebzehn Uhr nicht mehr das tun sollte, was man am liebsten tun will.

Lokapi lacht laut auf. Das sollte Faisal einmal lesen! Aber er versteht einfach nicht, dass die Arbeit in der Blase für sie keine Arbeit ist. Dass es kein getrennter Teil von ihr ist. Dass sie nicht einfach Feierabend machen kann.

AB: In der Tat, warum. Aber gibt es jemanden, eine bessere Hälfte sozusagen, mit dem, oder mit der Sie Ihre Leidenschaft teilen? Ihre Leidenschaft für die Wissenschaft, meine ich.

ZN: Nein, ich mag keine Ablenkungen.

AB: Gar keine Ablenkungen? Kommen Sie schon! Es muss doch etwas geben.

ZN: (schweigt)

AB: Nun gut. Wie geht es jetzt weiter bei Ihnen? Was sind Ihre Pläne für die Zukunft?

ZN: Also es gibt da etwas. Wir haben schon lange über dieses Experiment geredet. Wir planen etwas mit der M-bran und den genetisch modifizierten Glutanemonen, was vor allem die Relevanz von Hoareaus Satz der intertemporären topologischen Fluidität nachweisen sollte. Das sollte interessant werden, sehr interessant. Aber mehr verrate ich hier nicht.

AB: Wir bleiben gespannt! Zenobia, vielen Dank für das faszinierende Gespräch! Viel Erfolg mit Ihren nächsten Projekten – ich bin mir sicher, wir werden noch viel von Ihnen hören!

ZN: Vielen Dank.

ANMERKUNG DER REDAKTION:

Kurze Zeit nach unserem Interview mit Prof. Zenobia Ngouzi gab es einen Vorfall an der Black River Forschungsstation. Bei einer Explosion starben zwei Menschen, der Schaden an den M-bran-Laboren ist beträchtlich. Mehr Informationen über den mysteriösen Unfall gibt es exklusiv in der nächsten Ausgabe von Indian Ocean Science Alert!

Bei dem Vorfall, der am Ende erwähnt wird, muss die Blase entstanden sein. Das Interview lag also direkt davor. Es geht darum, Muster zu erkennen, die Bedeutung haben.

Muster, die Bedeutung haben. Geburt und Tod. Transformation. *Natürlich.* Sie haben seit den Experimenten am Anfang nicht viel geändert. Was hat Ngouzi gesagt? »*Hier experimentiert man mit unkonventionellen Ansätzen, sprengt Grenzen. Das wird von uns erwartet.*« Sie sind nicht unkonventionell geblieben in Black River. Vor allem nachdem Ngouzi verschwunden ist. Sie hatten Angst, dass noch mehr passiert. Dass Leute verschwinden. Oder teilweise verschwinden. Einen Arm oder ein Bein in der Blase lassen, wenn sie zu spät zurückkommen. Die kalten Verbrennungen zeigten es doch. Nur sonderbar, dass man für Extraktionen dieses Risiko in Kauf nehmen würde. Sie lacht leise auf. Faisal ist der Inbegriff von Konventionalität. Wehe, sie kommt auch nur fünf Minuten nach der vereinbarten Zeit zurück. Oder hat die Funktionskleidung etwas geöffnet. »*Das ist nur zu deinem Schutz, Lokapi.*«

Sie haben sich nicht ändern lassen, sondern haben Grenzen aufgebaut. Die Expeditionsleitung hat sich strikt an das Protokoll zu halten. Wie soll so Transformation möglich sein? Wie soll man so Muster erkennen, die Bedeutung haben, wenn man seinen Blick verschließt? Ihre Finger kribbeln. Sie steht auf und startet die Öffnungssequenz.

Faisal wird traurig sein. In Daressalam gibt es nichts für sie. Ja, es stimmt. Sie ist erst 35, vielleicht geht es noch einmal. Aber warum? Noch eine sinnlose Schwangerschaft, deren Ende vorprogrammiert ist?

»*Wer keine Wurzeln hat, kann fliegen*«, sagten die Alten. »*Von Ort zu Ort.*« Aber wenn sie nicht mehr fliegen will? Nicht mehr suchen will? Vielleicht ist es Zeit zu akzeptieren, dass sie niemals Wurzeln haben wird. Dass sie niemals finden wird, was verloren ist, sondern im leeren Raum schweben wird. *Eine Insel, umgeben von Nichts.*

Ihre Hand liegt auf der Markierung im Gras, der Wind pfeift in ihren Ohren. Ihr Finger liegt auf dem Armband. Sie schließt die Augen. Ihr Herz pocht. *Was wohl passiert, wenn man immer tiefer in den Wald geht? Wenn man nicht mehr zurückgeht?* Sie spürt ein altbekanntes Ziehen in der Brust. Ihre Finger jucken, vielleicht wird sie sich bald häuten. Sie zieht die Ärmel über ihre Hände. Sind schon wieder zwei Jahre vergangen?

Man braucht nur drei leichte Berührungen, um das Armband zu deaktivieren. Mit zitternden Fingern verwischt sie die Markierung auf dem Boden und zieht den Sender heraus. Sie sieht Faisals Gesicht vor sich. Wie sein Leuchtkörper im Labor auf dem Stuhl sitzt. Wie er wartet. Wie die Furchen in seinem Gesicht tiefer werden. Aber die Luft lenkt sie ab, denn sie riecht süß, nach feuchter Erde. Der Wind lenkt sie ab, denn er spielt mit ihren Haaren. Die mächtigen Silhouetten der Bäume gebieten ihre ganze Aufmerksamkeit, verdrängen alles andere, füllen sie aus.

DER BODEN IST ÜBERALL WEICH

Nachts war sie noch nie in der Blase. Sie lehnt sich gegen einen großen Baum und atmet einfach nur. Atmet das Gefühl ein, immer noch hier zu sein. Atmet Erleichterung aus. Darüber, dass nicht schon wieder gehen muss. Sie hat keine Angst. Sie kennt den Wald und der Wald kennt sie.

Nachts im Wald: Das ist leiser Wind. Das ist ein Rascheln in den Büschen. Ein kurzer Regen. Wärmende Erde. Duft nach feuchtem Waldboden. Leuchtende Augen, die schnell im Unterholz verschwinden.

Die Gedanken werden langsamer. Eine beruhigende Schwere legt sich über sie. Eine Schwere, die sie hält und umfängt. Lokapi atmet und lässt ihre Gedanken treiben. Vielleicht ist auch sie verloren, dort draußen. Allein, wurzellos, vergessen. Wie all die die Tiere hier in der Blase. Es macht Sinn, dass sie jetzt hier ist. Vielleicht kann sie an diesem Ort, an dem es noch Leben gibt, eigene Wurzeln schlagen. Sich wandeln.

Einen Tag und eine Nacht wird sie bleiben. Höchstens zwei. Nur unter ganz außergewöhnlichen Umständen eventuell länger. Was ist das Gegenteil von Extraktion? Insertion? Was geschieht mit einer Biologin, die in der Blase bleibt? Wird sie verschwinden, wie die extrahierten Objekte draußen? Man muss Grenzen sprengen. Vielleicht wird genau das Gegenteil passieren. Vielleicht wird sie wachsen. Sie legt ihren Kopf auf die Erde, deckt sich mit Zweigen und Blättern zu und schläft ein.

Sie isst Körner und Wurzeln, Blätter und Früchte. Aus zwei Tagen werden drei. Und vier. Ein Tag verschwimmt mit dem nächsten, bis das Zählen der Tage an Bedeutung verliert. In Lokapis Kleidern sammeln sich Erde und Moos. Ihre Haut spannt und juckt. Schon nach drei

Tagen bekommen ihre Kleider Löcher und bald fallen sie ab wie eine unnötige Hautschicht, zersetzt wie im Zeitraffer. Danach beginnt sich ihre Haut zu lösen. Unter jedem Stück abgefallene Haut kommen neue Schuppen zum Vorschein, glänzender und stärker als davor. Selbst an den Händen und Füßen. An den Brüsten. Nur ihre Fingerspitzen und Zehen sind noch frei. *Was kommt darunter, wenn alles abgefallen ist?*

Sie webt sich neue Kleider aus Blättern und Rinde, webt den Wald auf ihren Körper. Die Ärmel und Säume sind etwas kürzer, damit sie nicht in Ranken hängenbleibt. Das Jucken ist verschwunden. Eine Stimme in ihr beginnt zu singen, die lange verstummt war. *Nur noch ein bisschen länger bleiben. Nur noch ein kleines bisschen.*

Sie ist allein. Waldluft erfüllt sie. Endlich kann sie frei atmen. Warum *fühlt* sie sich nicht allein? Sie wälzt die Frage hin und her in ihren Gedanken. Allein. Was bedeutet das? *Allein sein bedeutet, dass die Welt stirbt. Allein sein bedeutet, dass die Frau mit den Schmetterlingsflügeln immer ein paar Schritte weiter ist. Allein sein bedeutet, die Hand auszustrecken, aber niemand ist da, um sie zu nehmen. Allein sein bedeutet, nicht mitgenommen zu werden. Allein sein bedeutet, nicht zu wissen, warum sich die Haut in Schuppen verwandelt. Warum … Warum hast du mich allein gelassen?* Aber sie ist nicht allein. Nie war mehr Leben um sie herum. *Echtes* Leben. Vielleicht genügt das.

Einmal findet sie einen geflochtenen, kleinen Korb. Aus dem Labor ist er nicht. Sie nimmt ihn mit pochendem Herzen und sammelt in ihm Beeren.

Das Instrument benutzt sie nicht mehr. Runde um Runde läuft sie durch den Wald. Tag für Tag. Sie berührt jeden Baum und jeden Vogel. Sagt ihre Namen. Vielleicht ist es am wichtigsten, sie nicht zu vergessen. Ihre Namen zu sagen, damit sie nicht verschwinden. Nicht verloren gehen. Manchmal sieht sie Spuren. Fußabdrücke, abgebrochene Äste. Zeit vergeht, die keine Zeit ist. Wie lange wollte sie bleiben? *Will* sie bleiben? Gibt es einen Grund, zurückzugehen?

Nachmittags sitzt sie bei den Riesenschildkröten und sieht ihnen beim Fressen zu. Ihre Gesichter erinnern sie an die Alten im Dorf. Trockene, faltige Haut, hart geworden durch Sonne, Wind und Zeit. Sie schauen ihr direkt in die Seele. Sie singt den Schildkröten alte Lieder vor, die sie im Dorf sangen. Die Schuppen der Schildkröten erinnern sie an sich selbst. An die tiefen, verborgenen Schichten unter ihrer Haut, die immer mehr nach außen dringen. Ihre Augen sind schwarz, wie Lokapis Augen.

Sie schläft auf dem Boden. Jeden Tag an einer anderen Stelle. Der ganze Wald ist ihr Zuhause. Der Boden ist überall weich und behaglich.

Die Nacht ist schon dunkel, aber Lokapi ist wach. Etwas nagt an ihr. Eine Erinnerung? Ein Name. *Faisal*. Sie sitzt auf einem Hügel und lehnt an einem alten Baum. Spürt seine raue Rinde an ihrem Rücken. Grillen zirpen, die Blätter rascheln im Wind. Die Nacht hat ihre eigene Melodie. Sie blickt in die Dunkelheit. Ihre Augenlider sind schwer, ihr Atem geht langsam und ruhig. Ihre Finger haben sich ins Erdreich gegraben und sind dortgeblieben. Wie Wurzeln strecken sie sich tief in die Erde hinein. Als sei sie selbst ein Baum, als könnte sie Nahrung aus dem Boden ziehen. Eulen und Flughunde rufen durch die Nacht. Wenn man genau hinhört, singen sie ein Lied. Der ganze Wald ist ein Orchester. Jedes Tier, jede Pflanze, jedes Blatt. Alle singen ihre eigene Melodie.

Und dann ist da noch eine andere Melodie. Lokapi setzt sich auf und zieht ihre Finger mit einem Ruck aus der Erde. Mit einem Mal ist sie nicht mehr schläfrig. *Ein Lied*. Jemand singt ein Lied! Es ist die Stimme eines Menschen, die vom Fuße des Hügels kommt, aus einiger

Entfernung. Mit pochendem Herzen steht sie auf. Ist hier noch jemand? Jemand wie sie? Wie kann das sein? Sie hält sich die Ohren zu, zwingt die Melodie hinaus aus dieser Welt. Aber als sie die Hände wieder herunternimmt, hört sie das Lied immer noch. Klarer als zuvor.

Ihre Füße ziehen sie voran. Widerwillig folgt sie dem Lied, läuft den Hügel hinunter, findet einen Pfad in den Wald hinein. Etwas an dieser Melodie … klingt vertraut. Tröstlich, beinahe. Baumstämme und undurchdringliches Gestrüpp stellen sich ihr in den Weg und zwingen sie zu Umwegen, die sie von der Melodie entfernen. Ihre Füße bewegen sich immer schneller, führen sie wieder in die richtige Richtung, tragen sie im Rhythmus der Musik. Sie wird unruhig. Leben noch mehr Menschen im Wald? Sie hat Spuren gefunden. Den Korb. Abgebrochene Zweige. Angebissene Früchte.

Das Flackern eines Feuers lässt sie abrupt zum Stehen kommen. Flammen spielen mit den Schatten der Bäume, tauchen alles in flackernd goldorangenes Licht. Sie muss ganze nahe sein. Sie dreht sich um, dreht sich wieder und hat plötzlich die Orientierung verloren. Woher kam das Lied? In welche Richtung ist sie gerade eben noch gegangen? Sie läuft weiter, aber dort ist kein Flackern mehr, kein Feuer. Sie läuft schneller, stolpert über Wurzeln und verfängt sich in niedrigen Ästen.

Das Lied ist verstummt. Sie läuft weiter und weiter, an einem gigantischen schwarzen Baum vorbei, ihre Atmung geht in Stößen. Erst nach langer Zeit hält sie an, fällt auf die Erde und schläft ein, ohne die Tränen in ihren Augen zu bemerken.

Sie steht auf dem Hügel. Noch dämmert der Morgen nicht. *Faisal!* Wie konnte sie ihn einfach vergessen? Im Traum ist er zu ihr gekommen. Sein Gesicht streift durch ihre Erinnerungen. Sie kann es kaum greifen. Sie sieht einen kahlen Ort, trocken und dürr, ohne Bäume. Sie wollte ein Experiment machen. Sie hatte eine Idee. Aber etwas ist durcheinandergeraten. Etwas mit der Zeit stimmt hier nicht. Sie muss mit ihm reden. Ihre geschuppten Finger suchen die Markierung. Bestimmt ist sie schon lange verschwunden. Sie aktiviert ihr Armband, aber nichts passiert. Sie geht ein Stück weiter und versucht es noch mal. Wieder und immer wieder. Tränen laufen über ihr Gesicht. Auf einmal blitzt der Eingang vor ihr auf. Zitternd macht sie einen Schritt hindurch.

»Lokapi?« Faisals Lichtkörper setzt sich direkt vor ihr zusammen. Sie zittert immer noch. Warum ist es hier so kalt? »Lo! Du lebst? Warum …« Er macht zwei eilige Schritte auf sie zu, als ob er sie umarmen wollte. »Ich dachte schon … Wo warst du? Was ist mit dir passiert?« Seine Hand liegt jetzt fast auf ihrer Wange. Sie spürt das Prickeln seines Lichtkörpers. Auf einmal wird sie sich ihrer Erscheinung bewusst. Statt der Funktionskleidung trägt sie Kleider aus Rinde und Blättern. Und sie hat Schuppen. So viele Schuppen auf ihrer Haut. Sie sieht aus wie ein Tier. Wie eine wilde Schildkröte. Sie verschränkt die Arme vor ihrer Brust, lässt sich die Haare ins Gesicht fallen. »Ich habe mir solche *Sorgen* gemacht!« Er versucht ihre Hand zu nehmen, aber seine holographische Hand gleitet durch sie hindurch. »Lo, sag doch was!«

»Faisal, ich …« Ihre Stimme bricht. »Ich komme nicht mehr zurück.«

Er lacht irritiert. »Das Boot ist bald bei dir. Halte nur noch ein bisschen durch. Sie wären ja früher gekommen, aber der Sturm … Bestimmt schaffen sie es rechtzeitig.«

»Ich brauche *Freiheit*. Ich kann nicht nach Daressalam kommen. Verstehst du das nicht? Was soll ich dort? Dort bin ich verloren.«

»Lo, Lo! Beruhige dich. Ich kümmere mich um dich. Ich verspreche es. Wir schaffen das schon.« Seine tiefe

Stimme klingt positiv. Optimistisch. »Solange es Hoffnung gibt, ist nicht alles verloren.«

»Ich muss mich nicht beruhigen! Hörst du dich überhaupt? In Daressalam ist nichts für mich. Dort bin ich *gefangen!* Ich muss laufen können, gehen können. Ich bin kurz vor einem Durchbruch, Faisal. Wir müssen Grenzen sprengen, um Muster zu erkennen.«

»Lo, hör mir doch zu! Ein Sturm kommt auf uns zu. Ein großer. Ihr werdet ihn auch zu spüren bekommen.« Ein toxischer Staubsturm, der bis Socotra reicht. Es sollte sie nicht überraschen.

»Ich kann nicht.« Ihre Stimme ist fest. Wenn die Welt untergeht, ist das ein Grund, hierzubleiben?

Faisal sieht sie mit diesem sonderbaren Blick an. »Du suchst *sie* immer noch, stimmt's?«, sagt er schließlich leise.

Lokapi wendet den Blick ab. »Darum geht es doch gar nicht!«

»Die Welt ist groß, Lokapi. Deine Mutter könnte überall sein. Aber bestimmt nicht in der Blase! Du musst das loslassen. Das macht doch keinen Sinn!«

»Ich weiß.« Sie presst die Lippen zusammen.

»Willst du denn gar nichts erreichen? Hast du gar keine Ziele?« Sie sieht die Verzweiflung in seinen Augen.

»*Hörst du mir überhaupt zu?*« Ihre Stimme überschlägt sich fast.

»Vielleicht … Vielleicht klappt es ja noch mal, Lo.« Er flüstert jetzt beschwichtigend. Geht noch einen kleinen Schritt auf sie zu. »Du musst nicht allein sein. Du willst Familie. Ich verstehe das. Wir versuchen es nochmal. Vielleicht klappt es ja, trotz deiner –« Er bricht mitten im Satz ab.

»Meiner *was?*« Ihre Stimme ist schneidend. »Sag es ruhig. Trotz *meiner minderwertigen Gene.*«

Er murmelt etwas. »Ich will hier keine Schuldzuweisungen machen. Das weißt du. So meine ich es nicht.«

»Wie denn dann?«

»Dein Projekt ist beendet, Lo. Es wird keinen Durchbruch geben.« Sie versucht, ihm in die Augen zu schauen, aber da ist nur leeres Leuchten. »Ich weiß, dass wir verschieden sind. Dass für dich … vieles anders war. Aber ich dachte, du *willst* das. Mit uns. *Bitte,* Lo. Komm zurück.« Seine Stimme ist leise. Flehend.

»Vielleicht leben wir einfach in unterschiedlichen Welten«, flüstert sie. Vielleicht war das schon immer so. »Tut mir leid, Faisal.« Und damit dreht sie sich um und geht zurück.

Tagsüber läuft sie viel. Manchmal auch bis spät in die Nacht hinein. Sie läuft, wohin ihre Füße sie tragen, folgt dem Wind und der Sonne. In ihren Gedanken ist Ruhe. Nur die Namen, die Namen hört sie wie ein lautloses Gedicht in ihrem Inneren. Sie spricht sie aus, jeden einzelnen. Jeden wachen Moment füllt sie mit Namen. »*Columba mayeri. Lophopsittacus mauritianus. Calophyllum tacamahaca. Alectroenas nitidissimus. Cacyreus darius.*« Damit sie nicht vergessen werden.

Vögel beginnen, auf ihrer Schulter zu landen. Pflanzen streifen ihre Samen an ihr ab, sprießen neu in ihren Haaren, schlagen Wurzeln auf ihrem Körper. Sie findet ein Ei in der Tasche ihres Gewands, klein, warm und dunkelweiß.

Wie früher, als sie noch lief. Als Laufen noch Leben bedeutete. Ein Lachen löst sich aus ihrer Kehle. Wie konnte sie das vergessen? Wie konnte sie die Vögel vergessen, die in ihren Haaren nisteten? Alles war ausgestorben, als sie die Sinaii-Halbinsel überquerte und weiter nach Süden ging, ohne die Küste des Roten Meeres aus den Augen zu lassen. Und doch fanden die Vögel sie. Die Schmetterlinge. Wie konnte sie die Eidechse vergessen, die lange Monate in ihrer Tasche lebte? Damals, als sie durch die Wüste bis zum Golf von Aden lief. Tagein, tagaus. Alles erschien tot, aber in den Nischen, in den Ritzen der Felswände und zwischen den Sandkörnern gab es noch Leben. Ob es an den bunten Linien lag, die nur sie zu sehen schien?

Sie lacht und lacht, bis Tränen aus ihren Augen fließen und ihre Wangen heiß werden. *Sie hat ihm nie davon erzählt.* Dem Mann. *Faisal.* Sein Name rollt sonderbar über ihre Zunge. Schwerfällig. *Auch nicht von den Linien.* Manches passt nicht in Worte. Die Worte sind zu klobig. Sie können die Feinheit der Welt nicht fassen. Was hätte sie ihm erzählen sollen? *Ich spreche mit Tieren?* Das stimmt nicht wirklich. Nicht mit Worten. *Ich verstehe Tiere, Pflanzen, Dinge, die leben?* Natürlich tut sie das, sie ist ja Biologin. Sie kichert. *Tiere kommen zu mir?* Ja, das vielleicht. *Ich bin ein Lebensraum. Eine Welt.* Das Lachen brodelt in ihrem Bauch. Ihre Brust bebt, sie gurgelt. Es bricht aus ihr heraus und schüttelt sie.

Der Mann hätte sie nur verwundert angeschaut und seine Augenbrauen hochgezogen. Er hätte ihre Verschrobenheit auf ihre ungewöhnliche Kindheit geschoben und keine weiteren Fragen gestellt. *Meine Füße sind mit der Erde verbunden.* Nein, das stimmt nicht, sie kann sie ja anheben. Beziehungsweise, es stimmt für jeden, denn jeder steht mit den Füßen auf der Erde. Fast jeder. *Meine Füße haben Augen, sie sehen Formen im Land und folgen Linien.* Das Lachen schüttelt sie wieder. Sie stellt sich den Blick des Mannes vor und wirft den Kopf in den Nacken. Es gibt keinen komischeren Gedanken als diesen. *Manche dieser Linien hat meine Mutter gelegt, ich spüre ihre Anwesenheit in ihren Schwingungen, deswegen kann ich nicht aufgeben. Ich muss weitersuchen. Deswegen bin ich nie allein, auch wenn ich immer allein bin.* Noch nie hat sie so laut gelacht. Ihr ganzer Körper zittert und schüttelt sich. Ihr Lachen hallt durch den Wald, lässt sie schwitzen und glühen. Tränen laufen aus ihren Augen und an ihrem Gesicht hinunter. Das Lachen hat sie vollständig eingenommen, sodass sie die kleine Frau nicht bemerkt, die ihr gegenüber auf der kleinen Lichtung steht und sie aus türkisfarbenen Augen heraus beobachtet.

Abrupt verstummt sie und starrt die Frau an. Ihr Mund steht offen. Zuckungen wallen noch durch ihren Körper.

Die Frau mustert sie aus zusammengekniffenen Augen. Etwas wie Erkennen funkelt darin. Lokapi will sie fragen, wer sie ist, was sie hier tut, warum sie sie erst jetzt sieht. Aber kein Wort verlässt ihre Lippen. Die Frau ist kleiner und älter als sie. Ihre Haare sind lang und grau meliert. Vielleicht waren sie früher einmal helllila, vielleicht auch blau. Ihre Haut ist dunkel und faltig, die Mundwinkel zeigen nach unten. Streng sieht sie aus. »Du bist neu«, sagt sie schließlich. Ihre Stimme ist tief. Eine Feststellung, keine Frage. Lokapi nickt. Der Blick der Frau bleibt an ihren Haaren hängen. Sie setzt an, etwas zu sagen, sagt es aber nicht. »Savanna«, sagt die Frau.

»Hm?«

»Ich bin Savanna.«

»Lokapi.«

Die Frau rührt sich keinen Zentimeter. Immer noch mustert sie Lokapi unverhohlen. »Haben sie dich geschickt?«

»Nein …« Lokapi schüttelt den Kopf. »Ich bin … geblieben.« Hat sie in so kurzer Zeit vergessen zu sprechen? Worte fühlen sich fremd an in ihrem Mund.

Savanna nickt. »Viel Glück«, sagt sie und dreht sich um.

»Warte!« Sie bleibt stehen, schaut Lokapi konzentriert an. »Gibt es … noch andere? Ich habe … ein Lied gehört.«

Savanna zuckt mit den Schultern und schaut Lokapi prüfend an. »Der Wald macht allerlei Geräusche in der Nacht.« Und dann verschwindet sie zwischen den Bäumen.

DAS LAGER

Das Dorf zu verlassen war nicht einfach. Sie weinte, als sie ging. Sie weinte tagelang, wochenlang. Zum Abschied legte sie ein Muster aus Blumen auf die Erde, das sich von der Mitte nach außen erstreckte, spiralförmig, und dann wieder zurück ins Zentrum führte. Die kleinen, blauen Blumen. Die Sonne war erbarmungslos. Es gab kein Wasser und nichts zu essen. Ihre Vorräte waren schnell verbraucht. Ihre Erinnerung an diese Zeit ist verschwommen. Sie kaute auf Wurzeln und harten Blättern. Trank sie etwas?

Das einzig klare Bild, das ihr geblieben ist, sind ihre Füße auf trockenem, gelbem Boden, die einen Schritt nach dem anderen gehen. *Schritt, Schritt, noch ein Schritt.* Von den bunten Mustern im Land, den Linien, die ihr Herz lachen ließen. Der Himmel, weiß und hellblau. Die Sonne. Und die Tiere, die zu ihr fanden. Vielleicht zieht Leben anderes Leben an? Eine magnetische Anziehung. Wie ein Naturgesetz.

Zu Beginn zählte sie die Tage. Ihre Gedanken waren bei den Alten im Dorf. Beim abendlichen Feuer, an dem sie nicht mehr sang. Doch ihre Füße wurden gezogen. Das Land war wie ein Kunstwerk, voller Muster und Linien. Sie musste weitergehen. Weiter, immer weiter. Einmal wurden die Tage kürzer und die Nächte kälter und dann wieder wärmer, bevor sie Socotra erreichte.

Es ist anders, durch den Wald zu gehen, wenn man hinter jedem Baum eine kleine, alte Frau vermutet. Jedes Rascheln klingt anders. In den Formen von knorrigen Bäumen kann man Gesichter sehen, kauernde Menschenkörper. Lokapi schreckt auf in der Nacht, sie dreht sich ruckartig um, wenn sie mit den Schildkröten spricht. War das nicht jemand, der hinter den Bäumen vorbeigeschlichen ist?

Sie findet Spuren. Einmal findet sie einen Korb mit Obst und Blumen. Sie blickt sich um, aber niemand ist zu sehen. Die Früchte schmecken wunderbar und sie steckt sich die Blumen ins Haar.

Ein Flüstern weckt sie. Es ist Nacht. Lokapi öffnet die Augen. Erwartungsvolles Schweigen schlägt ihr entgegen. Es ist Savanna, bekleidet in den Farben des nächtlichen Waldes. Lokapi sieht sie an. Dann verschwimmt ihre Sicht, als Tränen aus ihren Augen hervorquellen und an ihren Wangen hinunterlaufen, bis ihr ganzes Gesicht nass ist. Warum sie weint, weiß sie nicht, aber sie steht auf und folgt der unausgesprochenen Einladung.

Sie gehen schweigend, erreichen eine Lichtung. Ungläubig schweift Lokapis Blick über das einfache Lager. Sie war hier, in der Nacht, als sie dem Lied gefolgt ist, sie war ganz nahe. Vielleicht ist sie sogar über die Lichtung gestolpert, als Savanna schlief? Ihre Gefährtin legt sich schlafen und Lokapi tut es ihr gleich.

»Er ist größer, als man annimmt«, sagt Savanna und kaut auf einem Zweig. »Der Wald. Er wächst.« Ihr Haar ist störrisch. Fliederfarben und weiß gesträhnt fällt es ihr über den Rücken. Aus einem faltigen Gesicht schauen große Augen Lokapi aufmerksam an, blitzend türkis. *Unwirklich*. Groß ist sie nicht, aber muskulös. Sie strahlt Autorität aus. Lokapi erzählt ihr vom Labor, von dem Mann, den sie zurückgelassen hat. Aber sein Bild ist unscharf, es verschwimmt bereits. »Ich versuche, hier etwas aufzubauen«, sagt Savanna. »Etwas Neues, etwas anderes.« Kann man hier etwas aufbauen? Ist die Blase ein Ort, wo Zeit diese Art von Rolle spielen kann? Lokapi ist unschlüssig. Aber sie nickt. »Du kannst helfen«, schlägt Savanna vor.

»Wie …«, beginnt Lokapi und stockt, schaut Savanna an. »Wie bist du hierhergekommen?«

»Durch den Eingang, natürlich.« Savanna schaut sie überrascht an.

»*Natürlich*«, sagt Lokapi, nicht mehr sicher, warum ihr die Frage so wichtig erschien.

Savanna hat auf der Lichtung eine Art Lager eingerichtet. Eine Ecke, in der Sachen von Draußen liegen: ein Hammer, ein Schraubenschlüssel, ein Instrument, das ihrem ähnelt. Messer, Medikamente. Eine Vorratsecke, in der sich Essbares stapelt: Früchte, Nüsse und Wurzeln.

»Die Blase kann nicht wachsen. Ist dir das klar?«, sagt Lokapi zu Savanna.

Die alte Frau flicht aus störrischen Palmblättern einen Korb. »Ja, ich weiß«, antwortet sie.

»Die Membran ist nicht unendlich. Ihre Ausdehnung ist *begrenzt*«, betont Lokapi.

»Ich weiß«, sagt Savanna. Dann flucht sie leise und führt einen blutigen Finger zu ihren Lippen.

»Aber *wie* soll sie dann wachsen?«, fragt Lokapi.

»Das weiß ich noch nicht«, sagt Savanna. »Aber ich vermute, dass sie *nach innen* wächst.« Sie flicht vorsichtig weiter.

Lokapi runzelt die Stirn. »Das sollte nicht möglich sein.«

»Ich werde dir zeigen, wie man Körbe flicht«, sagt die alte Frau.

* * *

Bald wird die Sonne untergehen. Sie sitzen am Rande der Lichtung und tun nichts. Vor ihnen öffnet sich der Wald. Die Landschaft erstreckt sich hügelig bis zu einem fernen Horizont. Ist das ein Schillern in der Luft in der Ferne? Sieht man dort die Membran, das Ende dieser Welt? Und dahinter das Labor … Das Draußen, das vielleicht gerade in einem toxischen Sturm versinkt. *Alles, was nicht verloren ist.* Oder ist es umgekehrt? Ist draußen alles verloren und nur hier drinnen, in der Blase, entziehen sich die Dinge dem zerstörerischen Einfluss der Zeit?

Solange es Hoffnung gibt, ist nicht alles verloren. Wer hat das gesagt? Aber es stimmt nicht. Denn Hoffnung hatten viele. Hoffnung hatten sie draußen viel zu lange und trotzdem starb alles. Vielleicht wäre es besser gewesen, die Hoffnung früher aufzugeben. Wie lange hat sie gehofft, etwas zu finden? Einen Hinweis auf ihre Herkunft. *Antworten. Vielleicht werde ich ja schwanger. Vielleicht überlebt mein Kind.* Hoffnung oder nicht. Man muss nach vorne schauen.

Ein Paar weißer Tropikvögel kreist hoch am Himmel. Flughunde drehen ihre Runden auf der Suche nach Futter. Savanna lehnt entspannt an einem Baum. Lokapi sitzt im Schneidersitz neben ihr, kaut auf einer Frucht und wirft kleine Stücke in eine Gruppe von grün und blau gefleckten Geckos, die erwartungsvoll über den Waldboden flitzen.

»Warum bist du hierhergekommen?«, fragt sie in die Stille hinein.

Savanna wendet ihren Blick nicht vom Horizont ab. »Warum willst du das wissen?«

Lokapi zuckt mit den Schultern. »Irgendeinen Grund muss es ja geben.«

Savanna lacht. »Bestimmt gab es einen Grund.«

»Du musst es mir auch nicht sagen.«

»Hier, im Wald, gibt es nur das Jetzt, Lokapi, keine Gründe. Gründe … gehen verloren.« Sie schüttelt den Kopf. »Und das ist auch gut so.« Kann ein Grund verloren gehen wie eine Erinnerung? Sterben wie eine Art, eine einzigartige Art, die es so niemals wieder geben wird? Vielleicht bleiben Gründe auch immer erhalten, irgendwo, in irgendeiner Sphäre, auch wenn sich niemand mehr an sie erinnert. Wie Spuren, die eine Frau hinterlässt, die durch die Wüste geht, oder eine Schildkröte, die sich durch einen Wald bewegt. Was wäre die Welt, wenn es keine Gründe mehr gäbe? Musterlos. Bedeutungslos.

Lokapi presst die Lippen zusammen. »Es gibt immer Gründe.« Savanna neigt den Kopf, aber sagt nichts. »Wie lange bist du hier?«, fragt Lokapi weiter.

»*Zeit* … Was spielt Zeit für eine Rolle?« Savanna zuckt wieder mit den Schultern. »Wie lange bist *du* denn hier, Lokapi?«

»Ich … *so* lange ist es nicht.« Auf einmal verschwimmt die Zeit in ihrem Kopf. Lange ist sie noch nicht hier, das weiß sie sicher. »Aber du hast immer noch keine meiner Fragen beantwortet.«

Brüsk dreht sich Savanna endlich zu ihr um. »Gründe und Zeit, Lokapi, gehen hier verloren. Hast du das noch nicht bemerkt?«

»Ich …«

»Was sind *deine* Gründe, Lokapi? Wo ist *deine* Zeit hin? Was hast *du* zurückgelassen?«

Lokapi dreht sich entrüstet zu der alten Frau, setzt zu einer Antwort an, aber die Leere legt sich wie ein schwerer Schleier über ihren Kopf. Was *hat* sie denn zurückgelassen? Es gab etwas, jemanden …

»Ich wollte einfach …« *Was ist nur los mit ihr?* »Ich bin so viel gelaufen …« Ihre Stimme wird leise. »Ich habe etwas gesucht … Ich wollte einfach nicht mehr … Es war so anstrengend …«

»Siehst du?« Savannas Stimme ist jetzt sanft. »Hier bedeutet all das nichts. Es ist nicht mehr wichtig. Hier drin bin ich jemand anderes. Ich flechte Körbe, sammle Früchte und Wurzeln. Ich führe meine Beobachtungen durch. Es ist eine zweite Chance. Ein neues Leben.« Ihre Stimme wird leise. »Wenn nur diese eine Erinnerung nicht wäre. Dieses eine Bild. Es taucht immer wieder auf. Eine Frau, die im Bett liegt und ihre Hände nach mir ausstreckt. Wer ist sie?« Sie dreht sich zu Lokapi, schaut sie mit einem flehenden Blick in den Augen an, als wüsste *sie* die Antwort. »Ist sie meine Mutter? Eine Freundin? Habe ich sie verlassen? Oder betrogen? Ich weiß es nicht.« Sie dreht sich wieder zur Seite, ihren Blick in die Ferne gerichtet.

»Das tut mir leid«, sagt Lokapi. Sie schaut Savanna an, ihren faltigen Körper, ihr ernstes Gesicht, ihren unfreundlichen Blick. Wer ist sie? Wer *war* sie? Hier ist es egal. Nichts von alledem bedeutet noch etwas. Nur die Gegenwart.

Aber es gab jemanden … Einen Mann aus Licht … Ein Ziehen an ihren Fingern lenkt sie ab. Sie schaut hinunter und sieht, wie zwei Geckos versuchen, ein Stück Frucht aus ihrer Hand zu stehlen. Schwarze Knopfaugen springen zwischen ihr und der Frucht hin und her. Ihre Schwänze klopfen auf den Boden im Versuch, sich gegenseitig zu beeindrucken. Lokapi bricht die Frucht entzwei und gibt jedem Gecko ein Stück. Sie berührt ihre Köpfe sanft mit der Fingerspitze. Das Muster auf ihrem Rücken ist prachtvoll. Türkisblau und rot, weiß und schwarze Punkte und Streifen winden sich ineinander, erschaffen ein verschlungenes Ornament. *Es geht darum, Muster zu erkennen, die Bedeutung haben.* Hat *dieses* Muster eine Bedeutung? In welcher Sprache ist das Ornament auf dem Geckorücken geschrieben? Eine lebendige Geometrie. Wie das Land … wie eine Karte. Aber wer kann diese Karte lesen? Kann sie verloren gehen, wie die Gründe, die sie alle in die Blase geführt haben? »*Phelsuma ornata*«, murmelt sie. Die Geckos halten still. Als sie ihren Finger hebt, spurten sie los und bringen ihre Beute in Sicherheit.

Diese Nacht hat Lokapi einen Traum. Sie läuft ihre Runde im Wald, berührt jede Pflanze, jeden Baum und jedes Tier. Vögel landen auf ihrer Hand, um ihre Namen zu hören, dann fliegen sie weiter. Die Eidechsen krabbeln zu ihr, warten, bis sie an der Reihe sind, und verschwinden dann leise wieder in den Wald.

Plötzlich verschwimmt alles vor ihren Augen. Sie stolpert und verliert das Gleichgewicht. Ihr Herz schlägt wild, ihre Augen versuchen, sich an etwas festzuhalten, etwas mit Blicken zu greifen. Und dann zerbricht die Welt. Zerbricht vor ihren Augen in eine Million kleiner Splitter und ist verschwunden.

Sie findet sich im Labor wieder, umrundet von bedrückten Mienen, von Gesichtern, die sie schon lange vergessen hat. »Es tut uns leid«, murmeln sie betroffen. »Wir haben alles versucht. Wir konnten sie nicht retten.«

Schreiend wacht sie auf. Ihre Kehle brennt, ihr Kopf schmerzt und sie fühlt sich, als hätte sie schon lange Zeit geschrien. Dann erreicht der Geruch des Waldes ihre Nase und ihre Finger spüren die feuchte Erde unter sich. *Es war ein Traum.* Sie beginnt zu zittern und leise zu weinen, wie sie damals auch geweint hat. Stille Tränen in der Nacht für ein Kind, das nie geboren wurde, eines Todes wegen, der kein wirklicher Tod war, denn ihm war kein Leben vorangegangen. Sie erinnert sich plötzlich an diese Nächte und an den Schock, dass es so weh tun konnte, etwas zu verlieren, das man nie hatte. Der besorgte Mann hat kein Gesicht in ihrer Erinnerung, nur der Schmerz ist klar und deutlich.

Diese Welt ist wirklich. Sie lebt. Ich werde sie nicht verschwinden lassen.

ENTDECKEN

Das Zwitschern der Vögel weckt Lokapi. Savanna läuft bereits geschäftig auf der Lichtung hin und her. »Ich zeige dir, wo die Blase wächst. Pack deine Tasche«, ruft sie Lokapi zu.

Lokapi brummt etwas. Sie pflückt zwei Geckos von der Kuhle zwischen ihrem Hals und ihrer Schulter und setzt sich verschlafen auf. Ihre Füße jucken. Sie stemmt sich hoch und stampft auf den Boden. Vielleicht hilft es ja, zu laufen.

Gemeinsam folgen sie einem schmalen Pfad, der sie zwischen mächtigen Stämmen hindurchführt. Zu beiden Seiten wachsen die Bäume ineinander und formen ein undurchdringliches Dickicht, das sich kreuz und quer über den Pfad hinweg ersterckt. Immer wieder klettern Lokapi und Savanna über Wurzeln und ducken sich unter tiefhängenden Ästen hindurch.

Savanna geht vor, Lokapi folgt schweigend. Der Singsang der Webervögel begleitet sie und von Zeit zu Zeit sehen sie eine Riesenschildkröte im Unterholz. Drei Blauschwanzgeckos haben sich auf Lokapis Schultern niedergelassen und lassen sich durch den Wald tragen. Ihre kleinen, klebrigen Zehen halten sich an Lokapis nackten Schultern fest, und sie lässt sie gewähren.

Nach einiger Zeit machen sie Pause an einem Bach. Sie trinken und Savanna holt Beeren aus ihrer Tasche. »*Rubus rosifolius*«, flüstert Lokapi und greift zu. Unbemerkt sind ihre Finger zu ihren Füßen gewandert und kratzen dort die Haut von den Sohlen. Der Juckreiz wird schlimmer. Lokapi stöhnt, setzt sich auf ihre Hände und versucht, ruhig zu atmen.

»Was ist los?«, fragt Savanna.

»Nichts«, murmelt Lokapi und zwingt sich zu einem Lächeln. Sie befreit ihre Hände und nimmt sich eine

Beere. Unwillkürlich fahren ihre Finger über ihre Wangen und bleiben an der entzündeten Schuppe hängen. Ihre Fingernägel umfahren die Ränder der Schuppe, aber sie unterdrückt den überwältigenden Impuls zu kratzen. Ihre andere Hand zieht sich in die Falten ihres Gewands zurück.

»Was ist mit dir?«, bohrt Savanna weiter. »Ich bin auch hybrid. Sieh mich an!« Sie schiebt ihre weiten Ärmel zurück und entblößt eine sonderbar glatte, irisierende Haut. »Und hier«, sagt Savanna forsch und neigt ihren Kopf nach unten. Sie teilt ihr Haare direkt neben ihrem Scheitel, wo kleine, weiße Spitzen aus ihrer Kopfhaut herauswachsen. Ihr misstrauischer Blick trifft Lokapis Augen, auf der Suche nach etwas. »Aber du bist anders. Tiere sitzen auf dir, der Wald wächst in deine Haare hinein. Deine Haut ist die einer Riesenschildkröte. Bald vergisst du noch, was es bedeutet, ein Mensch zu sein.«

»Unsinn!« Lokapi steht auf. »Nichts ist mit mir.«

»Ich kannte mal jemanden …«, setzt Savanna an, ihre zusammengekniffenen Augen immer noch auf Lokapi fokussiert.

»*Was?*«, fragt Lokapi barsch.

»Nichts.« Savanna schaut zur Seite und steht auf. »Komm, wir gehen weiter.«

Der Wald wird dichter und die Bäume höher. So tief ist Lokapi noch nie in ihn vorgedrungen. Der Pfad schlängelt sich jetzt abwärts und bald verschwindet er ganz. Savanna führt sie zielsicher weiter, immer tiefer in das Dickicht hinein, ohne zu zögern. Der Wald wächst in alle Richtungen: Bäume wachsen nach oben, Lianen und hängende Wurzeln wachsen nach unten, Äste und Blätter strecken sich in alle Richtungen. Wie suchende Hände, die sich an allem festhalten, was sie finden. Eine Zusammenkunft von Wesen mit mannigfaltigen Gliedmaßen ist dieser Wald, Wesen, die sich aneinander festhalten, um zu überleben.

Lokapi lässt sich tief in diesen Wald hineinsinken. Sie atmet ihn ein und lässt ihn jede Zelle ihres Körpers füllen. Was geschieht dort, wo sich die Pflanzen berühren? Wo

Rinde auf Rinde trifft, wo Wurzeln und Wurzeln sich begegnen, wo Blätter im Wind aneinander streichen? Wie finden sie sich ohne Augen? *Vielleicht so, wie ihre Füße den Weg finden, sich an unsichtbar sichtbare Linien halten …* Welche Muster weben sie? Zahllose Linien, die sich treffen, kreuzen und verbinden. *Es geht darum, Muster zu erkennen, die Bedeutung haben.* Was tauschen diese Wesen aus? Sprechen sie durch Chemikalien miteinander, die zwischen ihnen hin und her fließen? Was geschieht mit ihr, wenn sie die Waldluft einatmet? Spricht der Wald durch winzige Moleküle in der Luft mit ihr? Die Luft, die sie atmet, riecht wundervoll und berauschend. Man kann gar nicht genug davon bekommen. Wie soll das keine Botschaft sein? Lokapis Körper vibriert vor Kraft. Ihre Augen nehmen alles gleichzeitig wahr. Ihre Ohren hören das leiseste Geräusch. *So viele Details hat diese Welt. So viele Feinheiten.* Sie fällt in einen perfekten Rhythmus, ihr Herz schlägt mit unbeirrbarer Regelmäßigkeit. Im Einklang mit ihr, im Einklang mit dem Wald. Ein einziges, vollkommenes Wesen.

Die Bäume hier sehen anders aus. Der Abhang wird steiler. Vorsichtig arbeiten sie sich weiter vor. Savanna hebt die Hand und sie halten an. Sie zeigt auf eine Markierung. An einem der Bäume ist auf halber Höhe ein Kreuz in die glatte, weiße Rinde geritzt. »Diesen Baum habe ich das letzte Mal markiert.« Sie dreht sich um. »Weiter bin ich nicht gekommen. Wie fühlst du dich?« Savanna schaut ihr aufmerksam in die Augen.

»Gut«, sagt Lokapi. »Alles in Ordnung. Lass uns weitergehen.« Savanna schaut sie immer noch an und bewegt sich keinen Millimeter. »Was ist los? Ich fühle mich wunderbar!«

»Es ist etwas in der Luft«, sagt Savanna. »Merkst du es nicht? Ich fühle mich auch gut. Nicht nur gut. Großartig, voller Kraft, als könnte ich diesen ganzen Berg gleich mehrmals hoch und runter rennen.« Lokapi nickt langsam. Ihre Füße sind unruhig. Sie wollen weiter. »Genau diesen

Effekt habe ich das letzte Mal bemerkt.« Savanna schaut sie vielsagend an. »Ich bin auf Erkundung gewesen. Ich versuche, den Wald zu kartieren. Die Stellen zu finden, an denen er wächst. Dann habe ich dieses Waldstück gefunden. Es war vorher nicht da. Und je tiefer ich vordrang, desto stärker wurde dieses … Gefühl. Wie eine Droge.« Sie schaut Lokapi direkt in die Augen. »Ich hielt gerade noch rechtzeitig an. Beinahe wurde ich überwältigt. Wir können hier nichts riskieren, Lokapi. Ein Fehler und wir verlieren uns im Wald. Ich habe diesen Ort markiert, um diese unsichtbare Grenze nicht zu überschreiten.«

Lokapi schaut sie konzentriert an. *Ist so etwas möglich?* Kann der Wald sie verschlucken, überwältigen, sie sich einverleiben? »*Wer keine Wurzeln hat, kann fliegen*«, haben die Alten gesagt. Sich mit dem Wald zu verbinden, Teil dieser zeitlos wachsenden, lebendigen Welt zu werden, tief in den Boden hinein und in den Himmel hinauf zu wachsen … seine Sorgen vergessen. Nicht mehr verloren sein. *Nicht mehr fliegen*. Nichts mehr *wollen*. Sie atmet tief durch und konzentriert sich. »Aber im Moment haben wir uns doch noch unter Kontrolle. Denkst du etwa, dass die Linie sich verschoben hat?«

»Ja«, sagt Savanna. »Ich habe auch den Verdacht, dass der Raum sich hier ausdehnt. Es gibt verschiedene Anzeichen dafür. Selbstverständlich sind noch mehr Beobachtungen nötig. Ich vermute, dass der Raum auf eine gewisse Art in sich selbst hineinwächst. Direkt vor uns liegt ein Waldgebiet, das ich beim letzten Mal nicht gesehen habe.«

»Aber dieser Wald ist *alt*«, sagt Lokapi. »Er ist nicht erst gestern gewachsen. Schau dir die Bäume an, wie sie ineinander verschlungen sind. Schau dir die Vögel an, die Flughunde. Die Biodiversität hier ist enorm hoch. Dieses Netzwerk an Beziehungen ist über einen *sehr langen* Zeitraum hin entstanden.«

Savanna schaut sie an. »Deswegen habe ich dich mitgenommen. Du kannst mir helfen, das zu verstehen.

Vielleicht findest du eine bessere Erklärung. Vielleicht nicht. Wir gehen noch ein kleines Stück weiter und behalten unseren Zustand kontinuierlich im Blick. Wenn wir uns einig sind, dass wir unsere Grenze erreicht haben, markieren wir einen Baum und gehen zurück. Hier soll niemand verloren gehen.« *Niemand soll verloren gehen.* Sind sie nicht alle verloren gegangen, um hier zu sein? »In ein paar Wochen kommen wir wieder und stellen erneute Beobachtungen an. Dann werden wir schon sehen, was passiert ist. Und vielleicht hast du ja eine bessere Theorie.«

Lokapi runzelt die Stirn, antwortet aber nicht. Langsam und vorsichtig gehen sie weiter. Savanna hält sie an der Hand, als wäre sie ein kleines Kind. Lokapis Füße sind unruhig, der langsame Rhythmus passt ihr nicht. Sie will rennen, über die Wurzeln springen. Sie *weiß*, dass sie nicht fallen wird. Sie weiß, wo ihre Füße auf den Boden treffen, spürt es bereits in ihren Zehen. Vorwärts, vorwärts, es gibt nur noch eine Richtung, einen Willen: Ins Herz des Waldes wie in einen Ozean einzutauchen.

Savanna hebt ihre Hand und sie halten an. »Das ist es. Nicht weiter.« Ein Moment vergeht, dann noch einer. Momente der Stille. Lokapi atmet ein und aus, spürt die Luft in ihren Lungen, und sonst nichts. Wie viel Zeit ist vergangen? Eine Minute? Eine Stunde? Savanna räuspert sich. Lokapi hat sie ganz vergessen. Die alte Frau zieht ein Messer aus der Tasche und ritzt ein Kreuz in einen der kleineren Bäume. Einer seiner Äste ist in eine kuriose S-Form gewachsen. »Lass uns zurückgehen«, sagt sie mit rauer Stimme.

ENTDECKEN II

Es ist Nachmittag, als Savanna Lokapi ans Feuer bittet. Sie sitzt auf einem kleinen Felsen in der Mitte der Lichtung und stützt ihr Kinn in ihre Hände. Savanna räuspert sich und beginnt zu gestikulieren, als würde sie zu einem großen Publikum sprechen. »Wenn wir etwas erreichen wollen, müssen wir Aufgaben und Verantwortlichkeiten verteilen. Bis heute haben wir einfach von Tag zu Tag gelebt, ohne einen Plan, ohne Struktur. Wir haben getan was nötig war, um zu überleben. Und ich finde, wir können stolz auf uns sein. Aber man muss auch zugeben, dass es noch Optimierungspotential gibt.«

Lokapi hat die Beine ausgestreckt und lehnt sich gegen einen Baum. »Was schlägst du vor?« Zwei kleine blaue Webervögel landen auf ihrem Kopf. Sie spürt ihr zittriges Flattern. Geistesabwesend tastet sie nach den Vögeln und nimmt sie vorsichtig in die Hand.

»Wir sollten zu allererst Ziele definieren. Was möchten wir hier aufbauen? Wie stellen wir uns diese Gemeinschaft vor?«

Lokapi lacht leise. »Gemeinschaft? Wir sind doch nur zu zweit.«

Savanna wischt ihren Einwurf mit einer brüsken Geste beiseite. »Wir brauchen *Ziele,* Lokapi.«

Lokapi schaut die alte Frau mit gerunzelter Stirn an. *Ziele* … Hatte sie nicht ein Ziel? Wollte sie nicht etwas herausfinden? Lokapi flüstert etwas und die Vögel werden ganz ruhig in ihren Händen. Kleine, warme Federbälle, pulsierend mit Leben. Savannas eindringlicher Blick trifft Lokapi, als sie gerade ihre Hände öffnen will, um die Webervögel weiterfliegen zu lassen. Sie öffnet ihren Mund, möchte etwas sagen, aber die Worte kommen nicht. Stattdessen beginnt ihr Herz wie wild zu pochen. Was soll sie sagen? Ist sie denn mehr als eine unsichtbare Beobachterin hier? Ist sie nicht viel mehr ein Baum, der langsam, aber sicher in den Wald hineinwächst? Die kleinen Vögel zwitschern leise. Lokapi öffnet ihre Hände und sie fliegen davon.

Wieder trifft Savannas suchender Blick den ihren. »Ich möchte dich zur Verantwortlichen für wissenschaftliche Observationen ernennen. Wir müssen Daten sammeln, diesen Ort besser verstehen. Systematische Beobachtungen. Deine Erfahrung qualifiziert dich dafür.«

Lokapi verschluckt sich vor Überraschung beinahe an ihrer eigenen Spucke. »Wozu musst du mich denn ernennen?«

Savanna schaut sie eindringlich an. »Lokapi, wir müssen das hier *ernst* nehmen. An einem Strang ziehen. Dann können wir Großes erreichen.«

Großes erreichen … »Ich bin mir nicht sicher, ob wir das Gleiche wollen«, sagt sie zögerlich.

»Vielleicht nicht.« Savanna reibt sich das Kinn. »Aber denk nur an die *Möglichkeiten*! Eine andere Welt. Eine zweite Chance. Wir verstehen noch so wenig davon. Dass wir hier sein können, ist ein *Privileg*, Lokapi. Wirf es nicht einfach weg.« Lokapi schüttelt den Kopf. *Ein Privileg*. Schon wieder. Der Knoten, der sie dabei in ihrer Brust bindet, fühlt sich bekannt an. Savanna beugt sich vor und flüstert: »Ich habe *Pläne*, Lokapi. Ideen. Aber allein komme ich nicht weiter. Ich habe gesehen, wie du dich im Wald bewegst. Es ist, als wärst du ein Teil von ihm. Ich weiß nicht, wie du es machst, aber mit deiner Hilfe könnte ich tiefer kartieren. Der Wald ist gewachsen. Ich muss Lücken in meinen Daten füllen, die mir fehlen, um tieferliegende Muster zu erkennen.«

Muster erkennen. Lokapi zögert. »Was hast du vor?«

»Ich will, dass wir Daten sammeln.« Savannas Stimme ist eindringlich. »Eine umfangreiche Mission. Wir nehmen uns die unbekannten Waldgebiete vor. Ich muss herausfinden, von wo das Wachstum ausgeht.« Sie bemerkt ihren zögerlichen Blick. »Zwei Wochen. Das ist alles, worum ich dich bitte. Wir entdecken den Wald. Das willst du doch auch, oder?«

Lokapi schaut die alte Frau an. Was wohl ihr großer Plan ist? *Den Wald entdecken* … Ja. *Muster erkennen.* Das will sie auch. Aber kann sie Savanna vertrauen? Zwei Wochen. Was hat sie schon zu verlieren? »Gut. Ich helfe dir. Aber danach … gehe ich meine eigenen Wege.«

Sie werden Karten zeichnen, beschließt Lokapi, und die Wachstumszonen eingrenzen. Wie sonst soll man Muster erkennen? »Verlass die Lichtung Richtung Osten. Zähl deine Schritte, bis du die nächste große Lichtung erreichst«, instruiert Lokapi Savanna. »Folge der Lichtung Richtung Süden und zähl weiter. Geh so weit nach Süden, wie du kannst. Wir treffen uns vor Einbruch der Dunkelheit wieder hier. Notiere alles, was dir auffällt.« Die alte Frau nickt eifrig. »Suchen wir etwas Bestimmtes?«

Savanna macht eine vage Geste. »Alles kann wichtig sein.«

»Gut. Hör nicht auf zu zählen und verlier nicht die Orientierung, ansonsten ist die Karte wertlos und das alles hier reine Zeitverschwendung. Fragen?«

Savanna nickt ernsthaft. »Was machst du?«

»Ich gehe nach Westen.«

Savanna räuspert sich. »Sollten wir nicht besser zusammenbleiben?«

»Wir wollen ein großes Gebiet abdecken. So viele Daten wie möglich sammeln. Ich dachte, das war dein Ziel.« Vielleicht vertraut die alte Frau ihr doch nicht. Sie mustert Lokapi mit zusammengepressten Lippen. Dann nickt sie.

Lokapi prüft den Kompass, den sie in Savannas Lager gefunden hat, und skizziert eine grobe Karte der Gegend, in die sie ihre Expedition führen wird. Dann geht sie los, Richtung Westen. Es ist früh am Morgen. Die Luft ist noch kühl und der Wald still. Es riecht nach feuchter Erde, nach Morgensonne und noch ein bisschen nach Nacht.

Webervögel beobachten sie aus den Baumwipfeln. Eine Merle sitzt auf einem Ast direkt über ihr und putzt ihr Gefieder.

Lokapi findet den Pfad, den Savanna ihr gezeigt hat. Den Pfad, der nach Norden geht. *Tiefer in den Wald hinein*. Sie hält an. Ihr Blick springt zwischen dem Weg nach Westen und dem Pfad nach Norden hin und her. Ihre Füße werden unruhig. Savanna vertraut ihr nicht. Aber um Muster zu erkennen, braucht man *Daten*. Mehr Linien, mehr Punkte. Ein vollständigeres Ornament. Wie sollen sie die Wachstumszonen verstehen, wenn sie nicht tiefer gehen? Um Bedeutung in den Daten zu lesen, benötigt man Kontext. Und sie braucht Antworten. Sie biegt ab, nach Norden.

Der Wald wird dichter und der Pfad schmaler. Die Bäume wachsen hier höher. Felsen und Wurzeln blockieren den Weg. Es ist heiß und feucht. Lokapi schwitzt. Sie läuft. Ihre Füße wissen, was zu tun ist. Sie spüren den Pfad, auch als er schlüpfrig wird und immer steiler bergab führt. Die Geräusche des Waldes sind wie ein sanftes Lied, das sie begleitet. Das Knorren der Stämme, das Rascheln der Blätter und des Windes, der Gesang der Webervögel. Papageien rufen hell und laut, manchmal ertönt ein knarrendes Geräusch aus dem Unterholz. Wie ein sonderbares Orchester ist dieser Wald, in dem Instrumente Melodien spielen, die nicht zusammenpassen, die ihren eigenen Rhythmus haben, taub für alle anderen Lieder. Und doch entsteht ein vollkommenes Ganzes daraus, eine vielschichtige Symphonie. Ist es das, ein Muster mit Bedeutung? Oder ein Zufallsprodukt? Ergibt sich die Bedeutung erst im Nachhinein, je weiter das Muster wächst?

»Ich habe gesehen, wie du dich im Wald bewegst.« Savanna sieht, dass sie anders ist. Dass etwas mit ihr nicht stimmt. *»Es ist, als bist du Teil von ihm.«* Sieht sie auch, dass sie *verloren* ist?

Ihr Körper will schneller laufen, sucht einen anderen Rhythmus und Lokapi gibt nach. Sie lässt ihre Füße von Fels zu Fels springen. Ihre Finger tasten nach Ästen und den Stämmen tausendjähriger Bäume an den Seiten des Pfades, um das Gleichgewicht zu halten. Sie rutscht nicht und stolpert nicht. Sie läuft schneller und schneller. Ihr Herz schlägt fest, ihre Lungen atmen sich voll. Sie ist hellwach, ihre Sinne sind scharf. Vielleicht schafft sie es, den Wald ganz in sich aufnehmen. Eins mit ihm zu werden, bis alle Grenzen sich auflösen, sich innen und außen nicht mehr voneinander unterscheiden. Die Luft riecht nach Leben. Sie rennt und schwitzt, ihr müssten Flügel wachsen, so fliegt sie durch den Wald. Sie registriert den markierten Baum im Vorbeirennen und kommt abrupt zum Stehen.

Die Rinde des Baumes mit dem eingeritzten Kreuz ist angenehm kühl unter ihren Fingern. Ihr Atem geht stoßweise. Ihr Körper pulsiert. Steht sie auf dieser magischen Grenze? Ist sie bereits unter dem Einfluss der Waldluft? Ihr Herz schlägt rasch. Sie will rennen, so schnell sie kann. Ist es bereits zu spät für sie? Haben die Chemikalien des Waldes ihr Gehirn schon fest im Griff? *Ist so etwas überhaupt möglich?* Ihre Hände lösen sich von der Rinde des Baumes. Sie macht einen Schritt. Dann noch einen. Und noch einen.

Es stimmt. Die Anziehungskraft des Waldes lässt ihren Körper vibrieren. Ihr ganzes Sein fühlt sich wie magnetisch angezogen. Sie will tiefer gehen, weiter, schneller. Aber ist das nicht einfach nur die Essenz wissenschaftlicher Neugier? Das Bedürfnis, Muster zu erkennen, Bedeutung zu finden? Die Liebe zur Natur? Warum sollte sie Savannas Theorie glauben?

Vielleicht irrt sie sich. Die alte Frau will Daten. Soll sie ihre Daten bekommen. Lokapi läuft los. Langsam zuerst, dann immer schneller, bis sie rennt wie der Wind. Ihre Füße finden einen Weg, wo es keinen gibt. Der Pfad ist längst verschwunden, aber das macht nichts, denn sie folgt ihren Instinkten oder etwas anderem. Etwas, das sie trägt. Das sie zieht. Und so fliegt sie dahin. Immer weiter, immer tiefer.

Bis sie an eine kleine Lichtung gelangt. Eine Lichtung mit einem blubbernden Bach. Eine Lichtung, die von der Sonne fast nicht erreicht wird, da die Bäume rundherum in die höchsten Höhen wachsen. Ihre Kronen treffen sich im Himmel, wie eine schützende Kuppel. In der Mitte der Lichtung steht der größte Baum, den sie jemals gesehen hat. Dicke, schwarze Wurzeln strukturieren den Boden und führen von allen Richtungen auf den Stamm zu. Er ist eng mit allen anderen Bäumen verwachsen. Nein, je genauer Lokapi schaut, desto mehr sieht sie, dass er die Lichtung ist. Seine Krone bildet die Kuppel, seine Äste die Pfade, an denen entlang alles andere wächst. Er reicht den anderen Pflanzen die Hände, lenkt und leitet sie. Es ist ein majestätischer Ebenholz-Baum. Seine Rinde gefurcht, seine Blätter fleischig und dunkelgrün. Sie hat ihn von Weitem gesehen, vor langer Zeit. Hellgrüne Flechten hängen von seinen Ästen wie lange Bärte. Sein Stamm ist mehrere Meter dick. Er muss tausende von Jahren alt sein. Süß riecht die Luft hier, süßer noch als anderswo in diesem Wald. Lokapi steht und atmet. Der Geruch von Erde und Ebenholz füllt sie ganz aus.

WIE EIN BAUM

Kein Wind weht hier. Trotzdem ist ein leises Rascheln zu hören. Lokapi sieht ein sonderbares, fließendes Wackeln auf der Rinde und an den Ästen, das sie schwindlig macht, aber sie kann die wellenartigen Bewegungen nicht zuordnen. Schließlich fokussieren ihre Augen einen kleinen orangefarbenen Webervogel, der auf einem der mächtigen unteren Äste sitzt. Neben ihm sitzt ein weiterer und neben ihm noch einer. Plötzlich sieht Lokapi mehr und mehr Vögel. Blaue Webervögel, graue Brillenvögel, Echosittiche, kleine Falken, ein hellblauer Paradiesschnäpper mit orangenen Flügeln, ein Raupenfänger, eine kleine Salangane. Seite an Seite sitzen sie. Manch einer schüttelt seinen Kopf, reibt seinen Schnabel, wechselt das Bein, aber ansonsten sitzen sie still.

Lokapi legt ihren Kopf in den Nacken und schaut nach oben, so weit sie kann. Sie kneift die Augen zusammen und hält den Atem an. Aber sie findet keinen freien Zentimeter, keinen freien Ast. Die Vögel sind überall, haben sich den Baum vollkommen zu eigen gemacht. Auf dem Stamm, ja, da bemerkt sie eine große Blauschwanz-Phelsume. Das leuchtende Blau des Schwanzes hat den Gecko verraten. Ob das eine gute Idee ist, zwischen den ganzen Vögeln? Leichte Beute ist er da. Doch keiner der Vögel scheint sich für den Gecko zu interessieren. Eine Gruppe junger Blauschwanz-Phelsumen sitzt ganz in seiner Nähe. Dann bemerkt Lokapi auch noch die grünen Geckos etwas weiter unten, Weibchen wahrscheinlich, Hochland-Geckos, grün mit roten Flecken und ein, zwei dunklen Bändern über der weißen Kehle.

Mit einem Mal wirkt die Rinde nicht mehr schwarz und still. Nein, alles bewegt sich. Der ganze Stamm lebt. Er ist voller kleiner Krabbeltiere. Geckos, Käfer, Schmetterlinge und Schnecken, kleine Echsen. Alle sitzen nebeneinander. Jede hat ihren Platz gefunden, auf dem sie stillsitzt und sich höchstens ein bisschen nach rechts und links schiebt und wackelt und damit die Wellenbewegung über den ganzen Stamm auslöst, die ihre Augen nicht zuordnen konnten. Aber sonst ist alles still.

Atmen, Lokapi, atmen. Hat sie nicht schon beinahe alles in diesem Wald gesehen, alles was man sich vorstellen kann und noch mehr, so viel mehr, dass sie im Labor zurück, Draußen, niemals Worte dafür gefunden hat? Aber *so etwas* hat sie noch nie gesehen. Ein uralter Baum, bedeckt mit Tieren, mit einer lebendigen Schicht, einer krabbelnden Haut, einer Rinde aus lebenden Individuen. Ein bewegliches Muster. Je länger sie schaut, desto mehr Tiere entdeckt sie. Auf jedem Ast, jedem Blatt, jedem Zentimeter Oberfläche sitzt ein Tier. Manche sind alte Bekannte. Sie hat sie mit dem Instrument berührt, hat ihre Namen gesagt. Dort ist der Hochlandgecko, dessen Rücken unwirklich rot leuchtet, dort der Webervogel mit dem schiefen Schnabel. Und dort drüben die Eule mit dem Silberblick.

Langsam, ganz langsam, geht sie auf den Baum zu. *Schritt, Schritt, noch ein Schritt*. Sie atmet verhalten. Die Geckos drehen ihre Köpfe und schauen sie an. *Alle* schauen sie sie an. Die Vögel neigen ihre Köpfe von rechts nach links. Wie Wellen fließen ihre Bewegungen über den Baum, zeitgleich und versetzt. Die Stille ist gespenstisch.

Ein Meter trennt Lokapi noch von dem Stamm. Wie ein lebendiges Wesen sieht er aus. Als könnte er selbst auf sie zukommen, der Baum. Als könnte er seine Arme nach ihr ausstrecken, tausende von Armen. Er ist eine lebendige Masse, schwänzelnd, wackelnd, schlängelnd. Alle Köpfe sind nach ihr umgedreht. Tausende Augenpaare folgen jeder ihrer Bewegungen, blicken sie erwartungsvoll an. *Auf was warten sie?* Lokapi sinkt zu Boden, setzt sich auf die Erde. Ihre Beine zittern, aber sie kann ihren Blick nicht von dem Baum abwenden. Tausendfach wird ihr Blick gehalten. Die Tiere schauen sie an und sie schaut zurück. Sie ist nicht allein hier, in der Blase, tief im Wald. Voller

Leben ist er, Leben in so vielen Formen. Leben, von dem sie jetzt ein Teil ist. Ihr Atem verlangsamt sich, entspannt sich. Ihr Blick wandert von Augenpaar zu Augenpaar, von Tier zu Tier.

»*Ich sehe euch*«, sagt sie, sagen ihre Augen.

»*Wir sehen dich*«, antworten sie ihr, tausendfach. »*Du existierst, du bist hier.*«

»*Ihr seid hier*«, sagen ihre Blicke, als sie sich berühren. »*Zosterops chloronothos, Phelsuma cepediana, Psittacula eques, Foudia rubra, Phelsuma ornata, ornata, ornata …*«, flüstert Lokapi …

… Schwarze Augen, Federn, Schuppen und Schnäbel, Rinde und Blätter und Erde und Sonne verbinden sich, ihre Augen fallen zu.

Sie steht an der Tür eines großen Hauses. Die hellblaue Farbe blättert ab. Auf der großen Veranda steht ein kleiner, runder Tisch, auf dessen Platte ein verschlungenes Mosaik aus kleinen Steinen eingelassen ist, ein paar rostige Stühle und leere Blumenkübel. Sie öffnet die Tür und ruft: »Faisal!«

Der Mann kommt die Treppe hinunter, ihr entgegen, lächelt aus hellgrauen Augen, aber dann wird sein Gesicht bleich. Er eilt auf sie zu, blickt auf den Boden unter ihr und da sieht sie es auch: *Blut.* Blut tropft auf den Boden, Blut zwischen ihren Beinen, Blut, wo kein Blut sein sollte, *nicht jetzt.* Sie streckt die Hand zu ihm aus und er fasst sie, aber ihre Hand ist auch blutig. Auf seinem Gesicht sieht sie, dass etwas nicht in Ordnung ist, überhaupt nicht in Ordnung ist, und sie will ihn beruhigen. Ihm sagen, dass es nicht so schlimm ist, dass es bestimmt in Ordnung kommen wird, dass das Baby leben wird, entgegen der Statistik. Trotz ihrer hybriden Gene. Oder *wegen* ihrer hybriden Gene? Denn sie hatten schon so viel Glück. Konnten nicht damit rechnen, dass sie überhaupt schwanger wurde, denn niemand wurde mehr schwanger, und doch trotzten sie der Statistik. Und nicht nur das, es wuchs immer weiter. Deswegen würde es auch jetzt gut gehen, ganz bestimmt. Das will sie ihm sagen, aber ihr Mund gehorcht ihr nicht und dann ist plötzlich alles dunkel.

Sie liegt in einem Krankenhausbett, um sie herum reden Menschen. Faisal sitzt neben ihr, hält ihre Hand. Er hat geweint, sie sieht es in seinen Augen. Er streicht über ihr Haar, flüstert etwas, dass sie nicht schuld ist, aber sie kann es nicht verstehen, kann sich nicht darauf konzentrieren, was er sagt, auch wenn sie es wirklich will, denn da sitzt ein Schmetterling auf seiner Nase. Ein schöner, großer Schmetterling, leuchtend blau mit purpurnen Flecken. Die Vögel in seinen grauen Locken sehen aus, als würden sie ein Nest bauen. Sie zwitschern fröhlich zwischen seinen Haaren hervor. Sie kichert. Faisal hat die Vögel noch nicht bemerkt. Das ganze Zimmer ist voller Schmetterlinge und Vögel, die zwitschern und flattern. Eine Symphonie von Flügeln und Federn, von Blau und Grün und Grau und Gelb, aber niemand bemerkt sie.

Und dann hat auch sie Flügel, purpurleuchtend – oder sind es Flossen, die aus ihren Händen und Füßen wachsen? Riesige Flossen mit purpurnen Schuppen und sie fliegt los. Stark sind ihre Flossenflügel, sie tragen sie gegen den Wind und die Wellen, tragen sie immer weiter. Was ist das vor ihr, was glitzert da am Horizont? Eine Schildkröte gleitet auf den Wellen des Windes dahin. Sie schimmert dunkelblau wie das Meer und der Himmel und die Nacht. Ihre mächtigen Flossen arbeiten im Gleichklang, sie dreht ihren Kopf nach hinten, öffnet ihren Schnabel zum Gruß. Ein silberner Stern ziert ihren Hals. Lokapi fliegt mit dem Wind, schneller und schneller. Sie muss die Schildkröte einholen, es ist wichtig. »Warte!«, ruft sie und schwimmt so schnell sie kann, schlägt mit ihren Flossenflügeln, aber sie ist zu langsam. Der Abstand zwischen ihnen wird größer und größer.

Dann landet Lokapi auf der Hand einer Frau in einem weißen Labormantel, der silbern glitzert vor Sauberkeit. Sie spricht über einzigartige Lebensformen, die katalogisiert und extrahiert werden müssen, gerettet werden müssen für zukünftige Generation, auch für unsere Generation, denn »sonst werden wir an den Schäden in unserer DNS scheitern, das wird unser Ende sein, unser endgültiger Untergang«. Lokapi nickt, flattert zustimmend und fliegt weiter.

Sie schwimmt durch eine große, weiße Leere, bis sie eine Insel am Horizont erkennt. Aber es ist keine normale Insel, nein, es ist eine schillernde Blase. Um sie herum kein Ozean, sondern Leere. Aber innen in der Blase ist es grün. Sie fliegt und fliegt. Die Inselblase kommt näher und sie sieht, dass ein Wald darin wächst. Jetzt erkennt sie einzelne Bäume, hört Geräusche, hört andere Vögel zwitschern und Schildkröten schwimmen, hört den Wind. Eine Welt in einer Blase, unendlich groß und mikroskopisch klein. So zerbrechlich, so wunderschön.

Ihre Augen hängen an jedem Detail, um die Welt in ihrer Gänze in ihr Gedächtnis aufzunehmen. Jeden Ast und jedes Blatt will sie sich einprägen, damit nichts verloren geht. *Niemals*. Vollkommen ist diese Welt. Jeder knorrige Baum, jeder Stein, jede Linie, jeder Winkel. Die Perfektion blendet sie. Ein unendliches Muster, das in unendlich viele Richtungen wächst, in sich hinein und aus sich heraus, mit unendlich vielen Bedeutungen. Sie fragt sich, warum man etwas aus dieser Welt extrahieren will. Warum man eine zerstörte Welt retten will, wenn man auch *in dieser hier* verschwinden kann.

Sie breitet ihre Flossenflügel aus, streckt sie, so weit sie kann, bis sie so groß sind wie die Blase. Größer noch, bis sie sie ganz umfangen kann. Ihre Flügel legen sich um diese kostbare Welt, bis jede Schuppe und jede Feder sie berührt, sie vorsichtig hält, bis sie sich ganz um die Blase gewickelt hat, sie umfasst und beschützt. Die Blase pulsiert. Sie hat ihren eigenen Rhythmus, ihr eigenes

Leben, ihr eigenes Herz. Lokapi spürt den Puls an ihrem Körper, bis tief nach innen vibriert er, dieser Herzschlag. Er setzt sich in ihr fort. Jeder Schlag ruft sie.

»*Komm*«, sagt das Herz.

»*Komm*«, singt ein Vogel.

»*Komm zu uns*«, ruft eine Eule.

»*Komm näher*«, flüstert eine Schildkröte. Tausend Gesichter rufen sie mit jedem Herzschlag.

Ein alter Baum flüstert: »*Komm, bleib bei uns.*«

Und dann taucht eine alte Meeresschildkröte aus den Tiefen des Nichts aus. Wellen teilen sich wie Berge für den Koloss. Er bringt Korallenwälder mit auf seinem schwarzen Panzer, auf seinen gigantischen, schwarzen Flossen. Welten entstehen und vergehen, wenn er blinzelt. Seine dunklen Augen finden Lokapi. »*Komm, Meerestochter*«, donnert seine Stimme wie das Grollen der Erde. »*Es ist Zeit für dich. Du gehörst zu uns. Es gibt einen Weg in die Zukunft. Wer zu den Sternen schwimmt, muss nach vorne schauen.*«

Der Rhythmus wird lauter und stärker. Es ist der Rhythmus ihres eigenen Herzens, wie konnte sie das übersehen? Er pulsiert in ihr, er übertönt alles, bis sie sonst nichts mehr hört, nichts mehr fühlt.

DENKEN, FÜHLEN

Lokapi öffnet die Augen. Sie liegt auf dem Boden. Angenehm warm ist es. Sie spürt ihren Herzschlag, langsam und gleichmäßig. Eine tiefe, innere Ruhe hat sich in ihr ausgebreitet. Neben ihr kaut eine Riesenschildkröte langsam auf einem Ast. Lokapi will ihren Arm heben, um ihr die weiche Haut am Hals zu kraulen, aber es geht nicht, weil ein Flughund auf ihrem Arm sitzt, ihn mit seinen ledrigen Flügeln umfangen hat. Aus seinem pelzigen Gesicht steht eine spitzige Schnauze hervor. Mit neugierigen braunen Augen starrt er Lokapi an.

Er ist nicht das einzige Wesen. Eine Reihe von Vögeln sitzt auf ihren Beinen und ihrem Bauch. Geckos und kleine Eidechsen fangen auf ihrem Oberkörper ein paar Sonnenstrahlen ein. Aus dem Augenwinkel sieht sie, wie sich etwas an ihrer Schulter bewegt, und dann spürt sie einen Windstoß und ein Flattern, und etwas Großes fliegt los. Ein Falke ist es, der mit den Flügeln schlägt und dann in den Baumwipfeln verschwindet.

Was … wie? Fragen tauchen in ihr auf und verschwinden wieder, als wäre es zu mühsam zu versuchen, zu verstehen, was ihr geschieht, zu analysieren und zu kontextualisieren. Als hätte nur das Jetzt Bedeutung. Die Tiere wärmen sie wie eine lebendige Decke. Tausende Pfoten, Federn und Krallen beruhigen sie wie unzählige Hände einer Mutter, die sie liebevoll streicheln. Die ihr sagen, dass alles gut wird.

Das Gesicht des Mannes taucht vor ihr auf. Faisal mit seinem sorgenvollen Blick. Der Schmerz schneidet tief in ihr Fleisch, trifft sie wie ein Messer ins Herz. Sie sieht die Bilder wieder, das Blut, spürt das dumpfe Pochen im Unterleib, sieht das Labor, die weißen Mäntel, ihr hellblaues Haus. Sie will sich einrollen, will klein sein. So klein, dass sie nichts mehr spürt, dass niemand sie sieht. Sie will schreien und weinen, aber die Tiere lassen sie nicht. Sie bleiben auf ihr sitzen, schwer und warm. Sie bewegen sich kaum merklich hin und her, nur ein bisschen.

Sie hatte Glück. Das haben alle gesagt. Vielleicht stimmt es. Wer hat in einer sterbenden Welt ein Recht auf mehr? Ein Geschenk des Universums, das war es, diese Schwangerschaft, auch wenn sie zu früh endete. *Ein Privileg.* Fast niemand bekommt noch mehr. Ein lebendiges Baby. Es ist Unsinn, das zu wollen. Man muss realistisch sein mit dem, was man hofft. Sie sollte sich zufriedengeben, in diesen Zeiten. Sie sollte zufrieden sein mit dem, was sie hatte, mit diesem kurzen Geschenk. Mit diesem halben Baby. *Defekt. Kaputt. Nicht lebensfähig.*

Aber warum tut es dann so weh? Tränen fließen aus ihren Augen, als sie wieder das Gefühl in sich spürt, dass Leben in ihr wächst. Die Erinnerung an ein Kind, das hätte leben können. Das aber keine Chance hatte, sondern zum Tod verurteilt war. War es zu hybrid oder nicht hybrid genug? Oder war sowieso schon alles verloren? Die Geckos laufen zu ihr, huschen mit weichen, klebrigen Füßen über ihr Gesicht und lecken ihr die Tränen aus den Augenwinkel. Ihr Weinen und Beben wird aufgefangen von den blauen Tauben, die schwer auf ihrer Brust sitzen und gurren. Von der Riesenschildkröte, die sich sanft an ihre Seite lehnt. Langsam beruhigt sich ihr Atem. Schließlich setzt sie sich vorsichtig auf. Die Vögel fliegen hektisch hoch, manche landen sofort wieder auf ihrer Schulter. Eidechsen springen herunter und verschwinden zwischen den Bäumen. Andere halten sich mit klebrigen Füßen an ihr fest oder verstecken sich in ihren Taschen. Mit den Tieren löst sich alte Haut von ihren Armen und Beinen, den letzten ungeschuppten Orten ihres Körpers. In groben Fetzen fällt sie ab. Selbst zwischen Fingern und Zehen kommen goldbraun glänzende Schuppen zum Vorschein. Sie schält eine dünne Hautschicht von ihrer Stirn und den Augenlidern. Ein komplett geschupptes Wesen ist sie jetzt. Sie streckt ihre Arme und Beine, dreht sie hin und her. Wo Sonnenstrahlen ihre Schuppenhaut treffen, glitzert sie golden. *Merkwürdig … schön*. Sie tastet nach ihren roten Haaren, sie sind noch da. Die Blätter und Sprösslinge auf ihrem Kopf sind gewachsen, wie ein zweites Haarkleid hängen sie ihr bis auf die Schultern.

Sie lässt ihren Blick umherwandern. Hinter der Lichtung blitzt zwischen großen Bäumen der Himmel auf, als wäre der Wald zu Ende. Oder sie befindet sich auf einer Anhöhe über einem Tal. Sie kneift die Augen zusammen. *Ein unbekanntes Tal …* Sie spürt ihr Herz pochen. Ihr Körper vibriert vor Aufregung. Sie könnte für immer hierbleiben. Weitergehen, tiefer in den Wald hinein, das Tal entdecken.

»*Du gehörst zu uns …*«

»Ja.« Sie seufzt. »*Aber noch nicht …*« Noch braucht sie Antworten. Langsam steht sie auf und kehrt der Lichtung, dem Baum und dem Tal, das sie leise ruft, den Rücken.

Die Sonne geht unter, es wird dunkel. Lokapi geht langsam, Schritt für Schritt. Im Zwielicht sieht alles anders aus. Die Bäume haben scharfe Konturen und scheinen von innen leuchten. Lokapis Augen entgeht nichts. Kleinste Zweige, Risse in der Rinde, ein Vogelnest hoch oben in den Baumkronen, ein kleiner Gecko, der sich im Schatten versteckt, ein Kreuz auf einem Baum, eingeritzt in die Rinde. Lokapi bleibt stehen und stutzt.

Die Dunkelheit umfängt sie jetzt. Der Wald ist schwarzweißgrau, alle anderen Farben sind bereits verschwunden. Ihre Finger fahren über die Rinde des Baumes, finden die Markierung, das Kreuz, das Savanna erst vor drei Tagen in den Baum geritzt hat. Es ist von Moos und Flechten bedeckt. Die Wülste an den Kanten wirken alt. Älter als drei Tage jedenfalls, drei Wochen eher, oder drei Monate. Lokapi sieht sich um. Auf welchem Pfad ist sie gerade eben noch gelaufen? Der Pfad ist verschwunden, um sie herum sieht der Wald überall gleich aus, dunkel und eng. Wurde diese Markierung vom gleichen Messer in den Baum geritzt? *Aus demselben Grund?* Wann?

Sie versucht, sich den Baum einzuprägen. Die Karte in ihrer Tasche fällt ihr ein, sie zieht sie heraus, schiebt vorsichtig zwei schlafende Geckos beiseite. Ihre Hand schwebt zitternd über der Karte. Weiß sie sicher, wo sie ist? Sie zeichnet ein Kreuz ein und geht weiter.

Ihre Augen sind jetzt aufmerksam, *anders* aufmerksam als vorher. Sie sind fokussiert, misstrauisch. Sie findet einen weiteren geritzten Baum. Und noch einen. Ihre Gedanken rasen. *Was hat das zu bedeuten?* Wie oft war Savanna schon hier draußen? Wie oft hat sie Bäume markiert? Warum hat sie vorgegeben, es wäre ein *neuer* Gedanke, eine neue Theorie? Sie hat gelogen. Es gibt keine andere Erklärung. Aber warum?

Zehn weitere markierte Bäume zeichnet sie auf ihrer Karte ein. Die Dunkelheit ist vollkommen, als sie schließlich ins Lager zurückkehrt. Ihre Gedanken rasen. Sie folgt dem Feuer, dem Geruch und den Geräuschen, den Farben der Flammen. Wie damals, vor langer Zeit, als sie neu in der Blase war. Wie lange ist das nun her? Auf dem Feuer in der Mitte der Lichtung steht ein Kessel, in dem etwas vor sich hinköchelt. Es riecht wunderbar und Lokapi spürt mit einem Mal, wie hungrig sie ist.

Savanna kommt zielsicher auf sie zu, legt beide Hände fest auf Lokapis Schultern, etwas zu fest. »Wie war deine Expedition?« Ihr Blick wandert über Lokapis schuppige Haut, über die Pflanzen, die aus ihren Haaren wachsen. Ein Gecko läuft auf ihre Schulter und von dort auf Savannas Hand. Die alte Frau zieht sie ruckartig zurück und schüttelt den Gecko ab. Er fällt auf den Boden und läuft schnatternd weg. »Wo kommen diese ganzen Tiere her? Ständig sitzen sie auf dir!« Sie verzieht ihren Mund und reibt sich die Hand.

Lokapi zuckt mit den Schultern. »Tiere kommen immer zu mir. Ich bin … wie ein Baum.«

Savanna fasst in Lokapis Haare. »Ein Baum! Wahrlich!« Sie lacht. »Der Wald wächst dir aus dem Kopf! Wie kann das sein?«

»Lass das.« Sie schiebt Savannas Hand beiseite.

»Bald brechen *Äste* unter deinen Schuppen hervor!« Die alte Frau lacht bellend. »Oder ein *Panzer* wächst auf deinem Rücken!« Lokapi starrt sie mit zusammengepressten Lippen an, aber Savanna schüttelt nur den Kopf. »Nun erzähl schon«, bohrt Savanna nach. »Wie war es?«

»Gut, gut. Alles gut. Ich musste mich erstmal orientieren, schauen, wie man am besten vorankommt. Irgendwo muss man ja schließlich anfangen.«

»*Ja*, sicher.« Savanna nickt und klopft ihr auf die Schulter. »Ich bin froh, dass wir direkt begonnen haben. Ich wusste, dass ich mit dir die richtige Person gefunden habe. Von Anfang an hatte ich so ein Gefühl bei dir.« War es nur das, oder hatte Savanna noch andere Gründe, sie eingehend zu mustern? Wieder durchforstet Lokapi ihr Gedächtnis, wieder schlägt ihr nur Leere entgegen.

»Danke. Gibt noch viel zu tun. *Sehr viel.* Wir wissen ja fast nichts über die tieferliegenden Gebiete im Tal. Über die Wachstumszonen. Im Labor hatten wir gute Karten, aber das hilft uns hier nichts …«

»Ja. Ja, du hast Recht. Du … erinnerst dich daran? An die *Karten?*« Ist Savannas Blick etwas zu neugierig oder bildet sie sich das nur ein?

»Nicht wirklich. Verschwommen. Ist schon eine Weile her, dass ich mir die Karten angesehen hatte«, murmelt Lokapi.

»Natürlich. Gut. Bald werden wir unsere eigenen Karten haben, die besser sind, die die Dynamik dieses Ortes miteinbeziehen.« Savanna lächelt stolz. »Du weißt schon … wie er *wächst.*« Sie klopft Lokapi verschwörerisch auf die Schulter und geht zum Feuer.

Lokapi nimmt sich eine Schüssel mit Suppe aus dem Topf und geht zu dem alten Mimusops-Baum, unter dem sie nachts schläft. *Denken. Sie muss denken.* Und allein sein. Zwei Geckos klettern aus ihrer Hosentasche, hüpfen auf den Mimusops und verschwinden im Geäst, während Lokapi nachdenklich ihre Suppe löffelt.

WAHRHEIT UND LÜGE

Ein Windhauch kitzelt Lokapi an der Nase. Müde öffnet sie ihre Augen einen Spalt breit. Das Morgenlicht ist grau und die Luft frisch, aber unter ihrer Decke aus Moos und Blättern ist es warm. Fast fallen ihre Augen wieder zu, fast lässt sie sich in die dunkle Wärme hineinfallen, aber eine innere Unruhe nagt an ihr. Savannas Schnarchen tönt laut über die Lichtung.

Leise steht Lokapi auf und sucht ihre Karte, auf der sie die markierten Bäume eingezeichnet hat. Im Norden ist sie leer, dort, wo der Baum mit den tausend Augen ist. Weiter im Norden liegt das unbekannte Tal. Dort muss das Herz des Waldes sein.

»Komm. Komm näher. Du gehörst zu uns, Meerestochter.«

Dort zieht es sie hin. Der Baum mit den tausend Augen ist Teil des Musters. Genauso wie die Tiere, die sie anschauten. Und auch ihr Traum. Alles gehört zusammen. Es *muss* so sein. Sie muss wissen, was dort ist. Muss die Geheimnisse lüften, bis sie sieht, was sich dahinter verbirgt. Wie ihre Haut, die sich in endlosen Schichten immer weiter löst, bis ihr wahres Ich zum Vorschein kommt. Oder bis nichts mehr von ihr übrig ist. Sie hat sich erinnert, als sie unter dem Baum lag. An Draußen, an den Schmerz, an den Mann. Und dann das sonderbarste Erwachen: bedeckt und getröstet von zahllosen Tieren, von kleinen, wimmelnden, weichen Körpern.

Sie streicht die Karte flach, pflückt einen Gecko herunter und setzt ihn auf den Baum neben ihr. Wenn sie die Augen schließt, spürt sie immer noch die tausend kleinen Pfoten auf ihr, so sacht. Die Augen, die auf ihr ruhen. Das überwältigende Gefühl, erkannt zu werden. *Dazuzugehören.* Endlich Wurzeln zu haben. Ob der tausendäugige Baum der Ort ist, wo die Blase nach innen wächst? Wenn das überhaupt stimmt, wenn die Wachstumszone nicht auch eine von Savannas Lügengeschichten ist. Hinter dem Baum lag ein unbekanntes Tal, das sie auch vorher nicht kannte, als sie von Draußen kam. Vielleicht ist dort das Herz des Waldes.

Aber wer war die uralte, schwarze Schildkröte? Und was soll das bedeuten: »*Du gehörst zu uns*«? Vielleicht macht ihr eigener Geist ihr etwas vor, vielleicht schenkt ihr Bedürfnis nach Wurzeln ihr diese Träume … Aber da ist dieses *Gefühl*. Ihr ganzes Sein vibriert, wenn sie daran denkt. An den Blick aus alten Schildkrötenaugen. *Uralt.* »*Wer zu den Sternen schwimmt, muss nach vorne schauen.*« Was meint der Uralte damit? Ist auch das ein Zeichen? Teil des Musters? Wie der tausendäugige Baum? Ein Zeichen dafür, dass sie auf dem richtigen Weg ist, dass der Wald sie ruft, sie aufnehmen will. Ihr vielleicht ihre Erinnerungen zurückgeben würde, wenn sie nur weiterginge. Oder etwas anderes … Etwas neues? »*Es gibt einen Weg in die Zukunft*«, hat der Uralte gesagt. Wie sieht dieser Weg aus?

Sie hört ein Rascheln von Savannas Nachtlager. Die alte Frau ist aufgewacht. Lokapi macht Feuer, setzt Teewasser auf, geht in den Wald, nimmt einen Korb mit, sammelt Früchte. Als sie zurückkommt, kocht das Wasser und Savanna hat Kräuter dazugegeben. Lokapi leert ihren Korb auf den Waldboden.

Savanna kommt auf sie zu und gibt ihr ein Stück Papier. »Die Karte«, sagt sie. »Das ist die Karte, die ich gezeichnet habe. Gestern.« Sie zeigt auf die Skizze. »Hier. Ich habe alles eingetragen, was ich gesehen habe. Große Bäume, Felsen und so weiter.«

Lokapi starrt die Karte an und versucht, sich zu konzentrieren, nicht den blauen Schmetterling auf ihrem Arm zu studieren, nicht die komplexe Struktur seiner Flügel zu bewundern. Die Karte sieht auch komplex aus. Sie ist voller Zeichen und Linien, die sich überschneiden, Zahlen und eine Tabelle daneben, angefüllt mit Messungen, von was auch immer. *Hat sie sie gebeten, etwas zu messen?* Sie ist durcheinander, ihre Gedanken gehorchen ihr nicht.

Aber nein, Savanna hat ihre eigenen Pläne. »Großartig. Gute Arbeit«, hört sie sich sagen.

Savanna kneift die Augen zusammen. »Ich habe auch bemerkt, dass die Durchschnittshöhe der Bäume sowie der Kronenschluss stark variieren. Ich habe es eingezeichnet. Hier. Alle fünfzig Meter habe ich Notizen gemacht. Entlang dieser Linien.« Sie zeigt wieder auf die Karte. »Auf der Rückseite ist noch mehr. Vielleicht hilft das ja bezüglich der Geologie … und der Herkunft des Waldes.«

»Ja, natürlich. Gute Idee.« Lokapi faltet Savannas Karte zusammen und steckt sie in die Tasche ihres Gewands, aber nicht, bevor sie nicht ein paar orangene Webervögel herausholt, die gerade dabei waren, ein Nest zu bauen. Entrüstet fliegen sie weg.

»Und, was hast *du* entdeckt?«

Lokapi räuspert sich. »Ziemlich genau das, was ich dachte. Dichter Wald, einige Felsen. Hauptsächlich Mimusops und Diospyros, und Farne im Unterholz.«

»Kann ich deine Karte mal sehen? Wenn wir unsere Daten triangulieren und eine große Karte anfertigen, bekommen wir bestimmt einen besseren Überblick in die evolutionäre –«

»Später«, schneidet ihr Lokapi das Wort ab.

Savanna mustert sie einen Moment lang. »Gut. Dann später. Kein Problem. Wo gehen wir heute hin?«

Lokapi schaut sie an und überlegt, wartet. »Wie wäre es, wenn du weiterhin den Osten erkundest –«

»Du meinst, hinter der östlichen Lichtung? Ich bin ja von dort nach Süden gegangen.«

»Natürlich. *Süden.* Ja. Du könntest versuchen, deinen Endpunkt im Süden von gestern über eine Route zu erreichen, die noch weiter östlich verläuft. *Das* meinte ich mit Osten. Und währenddessen deine Beobachtungen notieren.«

Die alte Frau nickt. »Gut. Ich habe schon gepackt. Gehe gleich los. Welche Daten soll ich sammeln?«

»Das musst *du* doch selbst wissen. Was suchst du denn?« Lokapi zieht die Stirn kraus.

»Ich nehme mich selbst gerade zurück. Ich muss meinen Blick öffnen und loslassen. Ich denke, es ist besser für mein Projekt, wenn du entscheidest. Ein frischer Blick auf die Dinge kann von Vorteil sein. Also?«

»Also was?«, fragt Lokapi gereizt.

»Welche Daten? Kronenschluss, also wie dicht eben die Baumkronen sind, die Höhe der Bäume, Biodiversität …«

»Ich weiß schon, was Kronenschluss bedeutet.«

»Gut«, sagt Savanna skeptisch.

»Ja. Dann das. Was du gesagt hast. Das sollte ausreichen.« Irritiert dreht Lokapi sich um und geht schnell Richtung Feuer.

Lokapi schenkt sich Tee ein, nimmt sich zwei Früchte und setzt sich auf den Boden. Ihre Gedanken drehen sich im Kreis. Savanna kniet über einem Stapel von Sachen, die sie in die Zwischenräume zwischen den Wurzeln ihres Baumes sortiert. Lokapi schaut sich um, atmet tief ein und aus, und steht schließlich auf. *Antworten. Sie braucht Antworten.* Ihr Herz pocht. Sie geht auf die alte Frau zu. »Savanna?«

Savanna dreht sich um und schaut mit gerunzelter Stirn zu Lokapi hoch. Sie schwitzt ein bisschen. Ihre Haut hat einen Grünton, der Lokapi vorher nie aufgefallen ist. *Marines Erbe.* »Ja, ich gehe ja gleich los.«

Lokapi zieht ihre Karte aus der Hosentasche und faltet sie auseinander.

Savanna steht auf. »Deine Karte!«, sagt sie freudig.

»Weißt du, was das ist?«, fragt Lokapi.

Savanna kneift die Augen zusammen. »Was denn?«

»Hier ist unsere Lichtung und hier«, Lokapi zeigt auf die Spitze des Papiers, »ist Norden. Und hier –«

»Ich dachte, du warst gestern im *Westen!*« Savannas kneift ihre Augen noch weiter zusammen.

Lokapi spricht weiter, ohne zu antworten. »Das hier ist der markierte Baum, den du mir gezeigt hast. Wo wir angehalten haben. Und das hier ist der Baum, bis zu dem wir gegangen sind. Den wir gemeinsam markiert haben. Also denk mal nach. Irgendeine Idee, was die *anderen Kreuze* sein könnten?«

Savanna starrt die Karte an. Ihre Augen folgen dem Pfad, ihre Finger berühren die Kreuze, eins nach dem anderen. Als sie schließlich den Kopf hebt und Lokapi anschaut, stehen Tränen in ihren türkisfarbenen Augen. »Sind es schon *so viele?*«, flüstert sie.

»Ich weiß nicht, Savanna! Es kommt darauf an, *worüber* wir reden!« Lokapis Stimme ist lauter als beabsichtigt.

»Ich dachte, ich war vielleicht zwei oder drei Mal dort im Wald, *wirklich.* Ich hatte das eben erst entdeckt. Das war doch gerade erst. I-ich würde dich nicht anlügen, dich ganz bestimmt nicht … Das wollte ich w-wirklich nicht.« Savanna stottert. »D-dass es so v-viele sind, das wusste ich nicht, das glaube ich nicht, das *kann nicht sein …*«

»Savanna, ich habe *zwölf markierte Bäume* gefunden, mit einem Kreuz, genauso wie der Baum, den wir gemeinsam markiert haben. Vielleicht gibt es noch mehr!« Savanna starrt immer noch die Karte an. »Gibt es noch mehr?«

»Ich weiß nicht, ich …«

»Warum hast du mich angelogen, Savanna? Warum diese Geschichte über eine Grenze, über den gefährlichen Wald? *Was soll das?*« Lokapi zittert vor Wut.

»Ich habe nicht gelogen! Der Wald ist gefährlich! Er legt dich herein, verwirrt dich. Ich habe einfach nur … Ich habe die Zeit aus den Augen verloren. Aber das passiert einem hier. Das ist nicht meine Schuld! Wir verlieren die Zeit aus den Augen. Oder weißt du noch, wie lange du schon hier bist? Ich weiß es nicht …« Savanna hebt die Hände gen Himmel, eine hilflose Geste. »Und weißt du was? Ich will es auch nicht wissen. Ich will mich nicht erinnern! Aber der Wald, er zwingt mich dazu.« Ihre Stimme wird eindringlich. »Niemand hier muss sich erinnern, Lokapi. Wir sind besser dran, ohne ständig an Draußen zu denken, du und ich.«

»Wir? Wie meinst du das?«

»Wenn unser Leben draußen so wichtig gewesen wäre, dann wären wir wohl jetzt nicht hier. Dann wären wir dortgeblieben. Und hier … *müssen wir vergessen.* Es ist zu unserem eigenen Besten, glaub mir.« Ihr Blick bohrt sich in Lokapis Augen. »Was gibt es schon draußen, Lokapi? Konkurrenz, Druck, immer nur mehr und mehr. Erwartungen, die man erfüllen muss, der nächste Geniestreich, den man sich einfallen lassen muss. Wie können wir hier etwas wirklich Neues aufbauen, so lange wir uns noch erinnern? *Das ist unmöglich!* Aber etwas ist anders hier, außergewöhnlich, und es erfüllt uns diesen Wunsch. Es lässt uns vergessen. Ohne Schmerzen. Für immer in der Gegenwart leben! Ohne Vergangenheit, ohne Zukunft. Was ist daran falsch? Es ist das *Paradies,* verstehst du? Ein wirkliches, reales Paradies! Die größte Gnade, das ist es.«

»Du hast *gelogen.*« Lokapi zittert innerlich, ihr Gesicht ist heiß.

Savanna blickt sie verletzt an, schüttelt langsam den Kopf. »Es ist zu deinem Besten, glaub mir. Diese Welt ist das perfekte Zuhause. Was könnte besser sein?«

Es rauscht in ihren Ohren. »Die *Wahrheit,* zum Beispiel!« Beinahe schreit sie. »Was passiert dort? *Was ist das Herz des Waldes?*«

Die alte Frau schüttelt den Kopf. »Ich weiß es nicht. Je weiter man geht, desto sonderbarer wird der Wald. Die Tiere … verhalten sich seltsam. Der Wald … bringt dir eigenartige Träume, will, dass du weitergehst. Immer weiter und weiter. Deine Menschlichkeit verlierst …«

Lokapi lacht leise. »Und was ist daran so schlimm? Was bedeutet das denn noch – Mensch sein?«

Savanna starrt sie mit geweiteten Augen an. »*Alles.* Alles bedeutet es! Du bist zu jung, um das zu verstehen. Es ist das einzige, das uns bleibt. Das einzige, das zählt, wenn alles andere vergeht.«

»Was soll daran denn zählen? Du machst dir doch etwas vor!« Ihre Stimme überschlägt sich. »Die Spezies! Alles für den Arterhalt! Hast du deine DNS mal angeschaut? Was glaubst du, wie viel von deinem kostbaren Menschsein noch übrig ist? Und was bringt dir das, wenn alles stirbt? Was bringt es dir dann? Eine ranzige Algenpackung bringt es dir! *Nichts!* Rein gar nichts!« Lokapi atmet heftig und starrt Savanna an.

Aber die alte Frau blickt mit glasigen Augen an ihr vorbei. »Ich habe mich an Dinge erinnert, die ich vergessen wollte.« Ihre Lippen verziehen sich zu einem schmerzhaften Lächeln. »Weißt du, wie es ist, wenn deine ganze Welt zusammenbricht? Alles, was du aufgebaut hast … von Heißen Wellen zerstört wird? *Sekunden* dauert das. Dann ist alles tot.«

Sie kommt aus dem Meer. »Wie … bist du entkommen?«

Savanna lacht kurz auf. »Pures Glück. Ich habe eine Strömung erwischt. Bin am Festland gelandet.«

Lokapi runzelt die Stirn. »Du weißt noch alles.«

»Die Erinnerungen verschwinden immer langsamer. Habe ich den Wald erzürnt?« Ihre Augen sind rot angelaufen, sie atmet heftig. »Vergessen ist ein Segen, Lokapi.«

»Du willst dich selbst vergessen, aber deine Menschlichkeit behalten?« Lokapi will den Kopf schütteln, will die Worte wütend hinausspucken, aber sie kommen leise. Savanna zittert. Die Fassade der unnahbaren Anführerin ist zusammengebrochen. Dahinter steht eine alte, traurige Frau. »Meine Mutter kam aus dem Meer«, fügt Lokapi leise hinzu. Bei allem Mitleid für das, was Savanna durchgemacht hat, sie kann ihr nicht in die Augen sehen. Vergessen ist kein Segen, mit Sicherheit nicht. Die alte Frau starrt sie an, ihr Gesichtsausdruck unlesbar. »Ich würde alles dafür tun, mich an sie zu erinnern. *Alles.* Sie … hat mich zurückgelassen …«

»… in einem Dorf in der Wüste«, flüstert Savanna.

Entdecken III

Lokapi atmet im Rhythmus der zirpenden Grillen aus und ein. Ein wahres Orchester sind diese Insekten. Wie ein Sturm zieht das Zirpen, das Flattern, das Rascheln und das Klacken von Flügeln und Beinchen über Lokapi hinweg, droht sie mitzunehmen und umzuwerfen, denn die Erde unter ihren Füßen schwankt gefährlich. Lokapi will nichts mehr sehen aus dem verschwommenen Grün und Braun der Welt, die ihr Zuhause ist. Aber dann bleiben ihre Augen an der alten Frau hängen und ihr Herz beginnt wild zu pochen. Es kostet so viel Anstrengung zu atmen und fast schafft Lokapi es nicht, ihren Mund zu öffnen. »Was weißt du über meine Mutter?«, presst sie hervor. Beinahe ist sie überrascht über ihre eigenen Worte. Sie keucht, als hätte sie kurzfristig vergessen, was Savanna gesagt hat, und die Bedeutung dieses einen Satzes würde sie erst jetzt mit voller Wucht treffen.

Die ältere Frau knetet unruhig ihre Finger. »Ich … wusste nicht … wenn du dich nicht erinnerst, ist es besser so. Besser für dich. Glaub mir. Ich wollte nicht … Vielleicht … stimmt es auch nicht. Vielleicht ist es Zufall …«

Lokapi zittert. Die Bäume drehen sich, sind sinnlose Formen geworden, und mit ihnen dreht sich die ganze Welt. »Wovon redest du?«

»Ich … kannte eine Frau. Sie hatte rotes Haar, so wie du. Violette Haut. Die Flügel eines Schmetterlings. Sie … war auf der Suche. Nach ihrer Mutter. Sie erzählte von einem Baby, das sie zurücklassen musste. In einem Dorf in der Wüste.« Savanna spricht leise.

Kann es sein? »Das war ich. Ich war dieses Baby! Du kanntest … meine Mutter?« Lokapi schreit jetzt beinahe. Sie streckt ihre Hand nach Savanna aus und hält ihren Arm fest, während alles andere um sie herum verschwimmt. »Warum sagst du es mir erst jetzt? Erzähl mir mehr. Alles, was du weißt.« Ihre Stimme zittert. »Ich suche schon so lange. So lange!«

»Das *war* alles!« Savannas Stimme klingt scharf, aber Lokapi lässt ihre Hand nicht los.

»Was hat sie dir gesagt? Sie muss dir doch etwas gesagt haben! Hat sie über mich gesprochen? *Wo wollte sie hingehen?*« Sie merkt, dass sie fleht, aber es ist ihr egal. Hat ihre innere Stimme recht gehabt? Hat das Ziehen in ihrer Brust sie die ganze Zeit in die richtige Richtung gelenkt? Vielleicht *musste* sie in die Blase kommen, hier in diesem Wald verloren gehen, um endlich eine Spur zu finden. *Um das Muster zu erkennen.*

»Ich *weiß* es nicht! Ich kann mich nicht erinnern. Lokapi … Lass mich los!« Sie schüttelt Lokapis Hand ab, entzieht sich ihrem Griff, macht einen Schritt zurück und stolpert dabei über eine Wurzel, rudert für einen Moment mit den Armen.

»*Kannst* oder *willst* du dich nicht erinnern?« Lokapi bebt, ihre Augen brennen. Mit einem Mal ist es schwer zu schlucken, schwer, nicht zu schreien. »*Savanna, ich brauche die Wahrheit!*« Der Wald verschwimmt vor ihren Augen.

»Wahrheit. Ein großes Wort. Bist du sicher, dass du die Wahrheit *brauchst*? Du willst dich im Wald verlieren, Lokapi. Ich sehe es doch in deinen Augen. Was nützt dir die Wahrheit, wenn du deine Menschlichkeit verlierst? Man kann die Zeit nicht zurückdrehen. Was verloren ist, bleibt verloren. Du spürst seinen Ruf. Bald gehst du ganz verloren. Die Tiere leben auf dir, der Wald wächst schon aus dir heraus. Lang wird es nicht mehr dauern.« Sie streicht Lokapi grob über den Kopf, scheucht drei Schmetterlinge auf. »Vielleicht ist es besser so. Für dich.« Lokapi starrt sie an, öffnet den Mund, aber sie findet keine Worte. Savanna schüttelt wieder den Kopf. »Geh in deinen Wald, aber lass mich in Ruhe. Zwing mich nicht, mich zu erinnern. Vielleicht vergesse ich, aber ich *lebe.* Du, du willst das Leben hinter dir lassen. Das ist das Ende, der Tod.«

»Unsinn«, faucht Lokapi.

»Dieser Ort hier ist ein Segen. Gut, vielleicht habe ich dir nicht die ganze Wahrheit gesagt. Aber es war zu deinem Besten. Denk nur. Wir können in einem paradiesischen Urzustand leben, Lokapi. Das ist etwas Besonderes. Ein *Geschenk.* Du fühlst es doch auch.«

»Eine Lüge bleibt eine Lüge.« Lokapis Augen brennen immer noch, die Hitze pocht in ihrer Brust.

»Das ist die Wut, die aus dir spricht.« Die ältere Frau schnalzt missbilligend mit der Zunge. Lokapi zerrt die Karte aus Savannas Händen, steckt sie in ihre Tasche, dreht sich um und geht.

Einfach nur laufen, so schnell sie ihre Füße tragen. Ihr Herz klopft laut und fest, es dröhnt in ihren Ohren und übertönt alles andere. Ihr ist heiß, zu heiß. Das Ziehen in der Brust ist unerträglich, es ist fast ein körperlicher Schmerz. Sie fasst sich an die Brust und drückt dagegen. Es soll aufhören! *»Ich kannte einmal eine Frau … Sie hatte rotes Haar, so wie du …«* Wo ist sie jetzt? *Wo? »Bald gehst du ganz verloren … Du willst das Leben hinter dir lassen …«*

»Nein!«, schreit sie. *Ich will leben! Ich will doch nur … Antworten. Ankommen. Endlich frei sein! Einfach leben können, so wie ich es will. Warum ist das so schwer?* Tränen laufen ihr aus den Augenwinkeln und verschleiern ihre Sicht. Grünbraunschwarz ist der Wald. Der Geruch süßer Erde umfängt sie.

Savannas missbilligender Gesichtsausdruck lässt sie nicht los, das Funkeln ihrer meerfarbenen Augen, die bis zum Grund ihrer Seele schauen. *Wie kann Vergessen paradiesisch sein?* Paradiesisch … Sie fühlt das Wort in ihrem Mund, dreht und wendet es auf ihrer Zunge, es fühlt sich bekannt an. *Paradiesischer Urzustand.* Wo hat sie das schon einmal gehört? Stimmt es? Will sie dem Leben entfliehen? Hat Savanna recht? Wollen sie das nicht alle, auf die eine oder andere Art? Die Welt stirbt. Draußen sind alle Hoffnungen zerstört. Verbraucht. Verschwommene Bilder aus einem anderen Leben ziehen vor Lokapis innerem Auge vorbei. Für was soll man denn noch leben wollen? Es ist doch nur noch eine Frage der Zeit, bis das Leben zwischen ihrer aller Finger zerrinnt wie der Staub, der alles bedeckt.

Der Wald zieht sie an, das stimmt. Sie will nichts mehr, als diesem Ziehen nachgeben, sie will sich in die grünbraune Tiefe fallenlassen, in der weichen Erde versinken, rennen, fliegen, mitten hinein in die Blätter und Wurzeln, in das Herz des Waldes. »*Man kann die Zeit nicht zurückdrehen. Was verloren ist, bleibt verloren …*« Hat Savanna recht? Ist dann auch die Zukunft verloren? Vielleicht ist es eine Einbahnstraße. *Vielleicht gibt es kein Zurück. Vielleicht gab es nie ein Zurück.* Ist der Wald genug für sie? Ist er alles, was sie braucht? Würde sie alles andere hinter sich lassen? *Hat sie das nicht schon?* »*Was verloren ist, bleibt verloren.*« Dieser Satz … Die Worte hallen nach in ihren Ohren wie ein Echo aus einer längst vergangenen Zeit. »*Du gehörst zu uns …*« Nein, sie will dem Leben nicht entfliehen. Sie rennt darauf zu. Aber was, wenn ihre Mutter noch da draußen ist? Wenn Savanna mehr weiß, als sie zugibt? »*Konkurrenz, Druck, mehr und mehr Erwartungen*« – das hat Savanna gesagt. *Wer ist sie?* Und wie hat sie ihre Mutter getroffen?

Sie muss im Kreis gelaufen sein. Sie steht vor ihrem Baum am Rande des Lagers. Zwischen seinen Wurzeln liegen stapelweise Dinge. Wie können sich hier in so kurzer Zeit so viele Dinge angesammelt haben? Sie wühlt sich durch die Sachen, sortiert alles, was sie findet. Ein Stapel ist für große, ein Stapel für kleine Dinge, aber das macht keinen Sinn, sie wirft alles wieder zusammen und fängt von Neuem an. Dann steht sie ruckartig auf, ringt mit sich, setzt sich wieder hin und versteckt ihr Gesicht in den Händen. Sie versucht, einfach nur zu atmen, an nichts zu denken, an gar nichts. Aber die Geckos lenken sie ab. Sie rennen hektisch umher, sie hat sie beim Sortieren wohl aufgescheucht. Sie haben zwischen ihren Sachen ein Nest gebaut, Sachen, an die sich nicht mehr erinnern kann. Kleine grün-rosa Echsen schlafen dort zusammengerollt nebeneinander. Niedlich sehen sie aus, umgeben von einer weißen Masse, die wahrscheinlich mal Papier war. Lokapi kriecht näher hin und setzt die erschrockenen Tiere auf einen Ast, die schlafenden Kleinen lässt sie in Frieden.

Dann fällt ihr Blick auf die Papiere. Stapelweise vollgeschriebene Papiere. Das ist Savannas Handschrift, sie kennt sie inzwischen. Und das sind Karten, Landkarten, die sie gezeichnet hat, Tabellen und Zahlen. Sie blättert sich durch die Seiten, überfliegt die Notizen. Wie kommen Savannas Notizen zu ihrem Baum? Alle zeigen dasselbe. Dieselbe Karte, das selbe Stück Wald, immer und immer wieder. Unzählige Karten und Beobachtungen, mit größter Gründlichkeit notiert. Koordinatensysteme, Punkte und Linien. Sie sind halb aufgefressen von Geckos, mit Spucke vermischt zu einem Nest. Ein Gecko-Zuhause. Darunter kommen noch mehr Seiten. Ein weiterer Stapel. Lokapi erkennt ihre eigene Handschrift. Sie schüttelt den Kopf, ihre Finger zittern.

»Nein«, sagt sie. »Nein, nein, nein.«

Es ist *die* Karte. Ihre Karte, an der sie die letzten Tage gearbeitet hat. Die Karte des Waldes zwischen dem Lager und dem tausendäugigen Baum. Zehn, zwanzig, fünfzig Versionen der gleichen Karte, vielleicht noch mehr. Die markierten Bäume sind eingezeichnet. Nicht immer die gleichen, manchmal sind sie an anderen Stellen, und Lokapi zählt sie, arbeitet sich durch die Karten durch. Es müssen mehr als hundert Bäume sein. Wie kann das sein? *Wie lange sind sie schon hier?* Sie zittert. Wie lange ist *sie* schon hier? Ein Schüttelfrost hat sich ihres Körpers bemächtigt. Wie lange hat sie für Savanna an diesen wissenschaftlichen Observationen gearbeitet?

Die Geckos, deren Nest sie fast zerstört hat, sind auf ihre Schulter geklettert. Sie sitzen dort und machen Klick-Laute.

Sie klingen beunruhigt, aber vielleicht bildet sie sich das auch nur ein. Sie steht auf, stolpert auf die Lichtung. Tränen verschleiern ihr die Sicht. Sie stolpert weiter, in den Wald hinein. Lokapi geht schneller, ihre Füße tragen sie, finden den Weg, ihr Atem geht rhythmisch. Sie saugt die Waldluft so tief ein, wie sie nur kann. Sie füllt ihre Lungen bis zum Platzen. Sie lässt den Wald auf sich wirken, lässt die Moleküle in der Luft ihre Arbeit tun, sie wehrt sich nicht mehr. *Wozu auch? Was hat sie noch zu verlieren?*

Alles ist eine Lüge! Welche Muster habe ich erkannt? Sie beginnt zu schwitzen. Weiße Tropikvögel fliegen über ihr, so hoch am Himmel, dass ihr schwindlig davon wird. Sie rufen sich mit einem schrillen Pfeifen. Lokapis Füße sind ihre Flügel, gefiedert wie die Tropikvögel sind sie, und sie fliegt schneller und schneller. Ihre Schwingen tragen sie, ihre Lunge nimmt den Wald in sich auf, trinkt ihn in ihren Körper hinein.

Jeder Baum ist ein Kunstwerk. Die perfekte Komposition von Linien, Punkten und Farben, von Formen, die ineinanderfließen, sich treffen, verbinden und zu Leben werden. In den Bäumen sitzen Geckos, die mit blauen Schwänzen wedeln. Die Flughunde sind schwarze Silhouetten am Himmel mit gezackten Flügeln. Sie sind zu früh aufgewacht, reiten auf warmen Luftströmen, nutzen den Aufwind. Lokapi rennt und atmet und sieht. Der Wald füllt sie aus, sie rennt, bis sie aufhört zu sein, bis alles, was von ihr übrig ist, Wald ist.

Sie hält erst an, als sie die Lichtung mit dem tausendäugigen Baum erreicht. Ihr Atem geht schnell, plötzlich wird sie sich wieder ihrer Existenz bewusst. Ihr Bewusstsein zieht sich hinter die Grenzen ihrer Haut zurück, ihre Fingerspitzen formen sich neu. Der Baum steht dort, gewaltig und majestätisch, genau wie in ihrer Erinnerung. Aber heute ist er ein einfacher Baum, ohne wimmelnde Tiere. Nur ein paar blaue Webervögel sitzen auf den unteren Ästen und beäugen Lokapi neugierig.

Unter dem Baum liegt eine Riesenschildkröte. Ihre dicken Beine hat sie von sich gestreckt, ihr langer Hals ruht auf dem Boden. Ihre Augen sind geschlossen. Alles an ihr ist faltig und grau. Sie sieht aus, als wäre sie aus Fels gemeißelt, ihr Panzer ist gewaltig wie ein Dom, die Schuppen darauf größer als Lokapis Hand. Werden Schildkröten hier in der Blase älter? Oder waren sie immer schon alt? Lokapi geht auf die Schildkröte zu. Das Tier strahlt eine ansteckende Langsamkeit aus und öffnet träge die Augen. Ein paar Sonnenstrahlen fallen der Schildkröte ins Gesicht, sie blinzelt und gähnt. Hinter ihrem offenen Schnabel liegen eine kleine, rosa Zunge und gezackte Hornplatten anstelle von Zähnen. Umständlich steht sie auf. Dann schaut die Schildkröte Lokapi bewegungslos an. Kleine Falten liegen um ihre schwarzen Augen. Die Zeit steht still, als Lokapi ihrem Blick begegnet. Vielleicht vergeht Schildkrötenzeit anders. Lokapi sieht ihre Arme und Hände an, ihre goldbraunen Schuppen. *Wie ähnlich wir uns sind.*

Sie geht in die Knie, bis sie auf Augenhöhe mit der Schildkröte ist. Aus der Nähe sieht ihr Gesicht weich und verletzlich aus. Lokapi streckt ihre Hand nach ihr aus und lässt sie auf ihrem Panzer ruhen. Goldbraune Schuppen auf graubraunen Schuppen. »*Cylindraspis triserrata*«, sagt sie. Langsam steht sie auf und wendet sich dem Baum zu. Sie berührt seine Rinde und lehnt sich mit dem Rücken an ihn an. *Was ist der richtige Weg? Ich bin so erschöpft …* Sie atmet aus, beobachtet die Vögel in den Zweigen, entdeckt einen kleinen Ornamentgecko, der sich sonnt. Sie schließt die Augen, leise Tränen fließen ihre Wangen hinunter. Und dann kommen die Schmetterlinge. Einer landet auf ihrem Arm. Er ist schwarz mit irisierenden türkisblauen Bändern. »*Papilio manlius*«, flüstert Lokapi. Dann fliegt ein zweiter auf ihre Schulter, ein dritter auf ihren Kopf. Immer mehr Schmetterlinge landen auf ihr und flattern um den Baum herum. Bald ist es ein Wirbel aus Farben und zarten

Flügeln, ein Durcheinander von Schwarz und Türkis, ein geräuschloses Geflatter. Wie ein leiser Sturm, in dessen Auge sie steht. Sie lacht und schaut nach oben, dort wo der Himmel sein muss.

Und dann tragen tausende Schmetterlinge sie fort. Nach Norden. Der Wald rast unter ihr dahin. Sie ist schnell und leicht. Oder vielleicht sind ihr auch selbst Flügel gewachsen, schwarz mit türkis glitzernden Bändern. Oder mit goldenen Schuppen, *Flossenflügel.* Oder vielleicht sind ihre Füße noch schneller geworden, so schnell, dass sie den Boden beinahe nicht mehr berühren. Sie fliegt auf das unbekannte Tal zu, jenseits des Baums mit den tausend Augen. Sie fliegt an Bäumen vorbei, die größer sind als alle anderen Bäume, die sie je gesehen hat. Sie sieht Blumen, die prächtiger blühen als alle anderen. Felsen, die bizarr geformt sind. Die zauberhaftesten Lichtungen sieht sie. Aber sie halten nicht an, sie fliegen weiter.

Schließlich geht es nach unten. Lokapi fliegt in das Tal hinein, in eine Schlucht aus Fels, Wald, Erde und Blättern, wo die Bäume nicht mehr braun und grün sind, sondern braun, rot, und gold. *Das Herz des Waldes.* Sie landet am Fuß einer Treppe aus Wurzeln und stolpert auf eine Lichtung. Der Boden ist trocken und staubig. Die Bäume am Rand der Lichtung neigen sich zur Seite, als wollten sie für diesen Ort Platz machen. Weiße Felsen wachsen wie dünne Säulen in die Höhe, sonderbar gewunden, als seien sie eingefroren. Vor sich sieht Lokapi die spiegelglatte Oberfläche eines Sees. Wie eine Decke aus blauem Silber liegt er dort. Keine Welle bewegt sich. Zwei weiße Felsenbäume rahmen eine Treppe aus Wurzeln ein, die hinunter zum See führt.

Hinter ihr auf der Lichtung sitzen die Schmetterlinge. Es müssen tausende sein, die dort mit ihr gelandet sind, ein türkis-schwarzer Teppich. Und plötzlich fliegen sie alle auf einmal los. Ein riesiges Schmetterlingswesen, ein blauschwarzer Wirbel. Sie kreisen einmal um die

Lichtung und fliegen dann direkt in den See hinein. Das Wasser kräuselt sich, als hätte jemand unzählige kleine Steine hineingeworfen.

Lokapi stürzt die Stufen hinab, bis sie direkt am Ufer steht. Sie beugt sich über die durchsichtige Oberfläche. Die Treppe führt in den See hinein. Und unten im See fliegen die Schmetterlinge. Sie flattern weiter und weiter in die Tiefe. Lokapi hält den Atem an. Bäume und Blumen wachsen dort unter Wasser, als wäre es eine eigene Welt. *Eine Blase in der Blase?* Alles wächst in diesem See wie im Zeitraffer. Lokapi schaut von außen zu, wie die Bäume im See höher und immer höher werden. Blätter wachsen, große, rote Blüten, die verblühen und zu Früchten werden, große, purpurne Früchte, bis sie fallen und bald schon zu Samen verwittern, die dann zu sprießen beginnen. Und die Tiere sind überall. Vögel, Flughunde, Geckos und Schildkröten, Schmetterlinge und Fische. Sie alle werden geboren, wachsen, sterben und werden wieder geboren. *Ein Fenster in eine andere Welt. In eine andere Zeit.* Hier stirbt nichts aus, nichts geht verloren.

Das andere Ufer des Sees verschwimmt in der Ferne. Etwas blitzt dort grün. Lokapi streckt sich und kneift konzentriert die Augen zusammen. Kann es sein, dass etwas aus dem See herauswächst? Ist es das – das Herz des Waldes? Ist es hier, wo er wächst? Vorsichtig streckt Lokapi ihre Hand aus und berührt die Wasseroberfläche mit einem Finger. Kleine Wellen zeichnen Ringe auf dem See. Glitzernde Wassertropfen kitzeln sonderbar an ihrem Finger. Lokapi schaut die Tropfen an und als sie zurück auf den See blickt, ist das Wasser nicht mehr durchsichtig, sondern dunkelblau. So blau wie das Meer. Mit klopfendem Herzen beugt Lokapi sich weiter vor. Und da sieht sie es. Auf dem Grund des Sees sitzen zwei Mädchen, wie ein Echo aus der Vergangenheit. Sie spielen mit etwas, das aussieht wie ein kleines, schwarzes Amulett. Das eine Mädchen hat helllila Haare. Als sie sich umdreht, sieht Lokapi ihre türkis-blitzenden Augen. Sie hält den Atem an. Ist das etwa Savanna als Kind? Das andere Mädchen hat violette Schuppen und … wilde, rote Haare. *Genau wie sie.*

Lokapi keucht. Glockenhelles Lachen ertönt direkt in ihrem Kopf. »Komm schon, Bina«, sagt das Mädchen mit den roten Haaren blubbernd. »Lass es mich wenigstens mal anschauen.« Sie streckt die Hand nach dem Amulett aus. Lokapi stolpert rückwärts die Treppe hinauf. Sie ringt um ihr Gleichgewicht und versucht, sich an etwas festzuhalten, aber da ist nichts. Mit voller Wucht stößt ihr Kopf gegen etwas Hartes, dann ist alles schwarz.

Ihre Augen sind geschlossen. Sie ist der Wind. Sie bläst durch die Bäume, fliegt und windet sich, bis die Blätter rascheln. Dann fliegt sie hoch und immer höher, bis in den Himmel und zu den Wolken. Sie füllt den ganzen leeren Raum in der Luft aus, ehe sie hinabstürzt und sich von den Baumkronen auffangen lässt. Sie biegen sich unter ihrer Macht. Äste krachen. Sie zerspringt zu vielen kleinen Böen, rollt sich in der Luft und schlingt sich um einen Baum. Einen großen Baum. *Den tausendäugigen Baum.*

Sie zieht sich in die Mitte der Lichtung zurück und schwebt dort regungslos in der Luft. »*Ich sehe dich*«, hört sie eine alte, tiefe Stimme. Sie zittert und die Luft vibriert. Die Rinde des gigantischen Ebenholzbaumes ist eine sich windende und wackelnde Masse von kleinen Körpern. Wie Wellen auf einer Wasseroberfläche formt sich ein Gesicht darin. *Das Gesicht einer Schildkröte,* uralt, die aus dem Baum herausschaut. Das Gesicht verwandelt sich ohne Unterlass. Mal ist es breit und mal schmal. Der Schnabel wackelt hin und her. Ineinander verschlungene grünblaue Geckos formen einen Mund, der sich öffnet und schließt. Käfer und Schmetterlinge sind sonderbare Augen. Ein Windstoß nähert sich dem Schildkrötenbaum. »*Was suchst du?*«, fragt der Baum und sein Mund öffnet und schließt sich im falschen Rhythmus.

»*Leben*«, antwortet der Wind.

»*Hast du nicht gelebt?*«

»*Das habe ich*«, heult der Wind laut. »*Aber so viel ist verloren.*«

»*Das ist die Natur des Seins*«, sagen tausend Echsen, eine alte Schildkröte und der Baum. »*Aber das Leben an sich geht niemals verloren.*«

»*Ich will Antworten. Ich will dort sein, wo nichts verloren geht. Ich will das Herz des Waldes sehen.*«

»*Das Herz des Waldes …*« Der Baum seufzt. »*Von dort führt kein Weg zurück für dich, Menschin. Es ist ein Weg, der nur nach vorne führt. Du musst etwas Großes zurücklassen, um ihn zu gehen.*«

»*Was?*«, fragt der Wind.

»*Dein Menschsein, natürlich*«, lacht der Baum, während sein Gesicht beinahe auseinanderfällt.

Der Wind ist still. »*Wer bist du?*«, fragt er leise.

»*Ich bin der Uralte*«, sagt der Schnabel des Schildkrötenbaums mit donnernder Stimme. »*Der Wächter aller Schildkröten. Ich habe oben und unten gelebt. Ich habe viele Formen. Ich warte auf dich und auf andere, die wie du sind.*«

»*Es gibt noch andere?*« Der Wind bläst unsicher durch die niedrigen Äste und Blätter.

Der Uralte brummt müde. »*Schildkrötenerben … haben den Schlüssel. Wenn sie den Weg finden.*«

»*Den Schlüssel?*« Der Wind bläst aufdringlich, aber der Baum bleibt still. Der Wind versucht es wieder. »*Wer ist Savanna?*«

Der Baum lacht. Es klingt wie ein Erdbeben. »*Warum fragst du mich?*«

»*Du bist doch schon lange hier*«, pustet der Wind.

»*Das stimmt*«, sagt der Baum. »*Sie ruhte zwischen meinen Wurzeln. Sie hatte viele Namen.*«

»*Ich muss es wissen!*« Der Wind bläst stärker.

»*Diese Dinge ändern sich die ganze Zeit, Menschin*«, sagt der Baum und damit schließt er seine krabbelnden Augen.

MUSTER

Savanna wirft Wurzeln in großen Stücken in einen Topf mit kochendem Wasser, der auf dem Feuer steht. »Da bist du ja wieder«, sagt sie, ohne aufzuschauen. Lokapis Brust hebt und senkt sich. Sie tritt mit langsamen Schritten auf die Lichtung. Jede Bewegung kostet Willenskraft. Ihr Geist fliegt hoch oben zwischen den Baumkronen, taucht tief in das Wurzelwerk der Erde hinein. »Hier«, sagt die alte Frau, schiebt einen Haufen von Knollen zu ihr und drückt ihr ein Messer in die Hand. »Die kannst du schälen.« Lokapi schaut Savanna lange an, bevor sie ihre Hand um das Messer schließt und mit dem Schälen beginnt. Die gleichmäßigen Bewegungen und der saure Geruch der geschälten Knollen nehmen ihre ganze Aufmerksamkeit in Anspruch. »Und?«, fragt Savanna. »Wie läuft es mit dem Kartieren? Ich denke, wir haben einen guten Zeitpunkt gewählt. Die Dynamik muss man ausnutzen.« Sie wirft einen zufriedenen Blick in den Kessel auf dem Feuer.

Lokapi schüttelt den Kopf. »Dynamik. Hm …«

Savanna runzelt die Stirn. »Was denn?«

Lokapi nimmt eine rote Wurzel und schält sie langsam. »Ich weiß nicht, ob wir hier Fortschritte machen können. Hier. An *diesem* Ort.«

Savanna zieht ihre Lippen zu einem engen Strich zusammen. »Du glaubst nicht daran. Ist es dir zu viel Arbeit?«

»Nein.«

»Dann sag mir, was es ist!« Die alte Frau hat aufgehört zu schnippeln und stemmt die Hände in die Seiten.

Lokapi starrt ihr geradewegs in die Augen. »Savanna, wer warst du draußen? Bevor du hierherkamst?«

Die alte Frau verschluckt sich fast. »Was meinst du?«

»Hast du es vergessen?« Savanna schnippelt mit voller Kraft und weicht Lokapis Blick aus. »Du erinnerst dich«, sagt Lokapi. »Savanna … War das *schon immer* dein Name?«

Savanna wirft das Messer auf den Boden. »Hör auf damit, verdammt! Was willst du, Lokapi? Was willst du von mir? Du willst einfach nur alles kaputt machen, ist es das? In den Wunden herumstochern?«

»Nein, ich wollte einfach nur …«

»Und was machst du dann mit allem, was du ausgräbst?«, fragt Savanna. »Du wirst es doch sowieso vergessen!«

»Sag es mir«, flüstert Lokapi.

Savanna seufzt. »Was willst du wissen?« Sie klingt resigniert.

»Bist du … *Bina*?«

Savanna reißt ihre Augen weit auf. Für einen Moment kämpft sie mit sich und schüttelt ungläubig den Kopf, aber dann gewinnt etwas in ihr die Oberhand. »Du meinst *Zenobia*. Bevor ich hierher kam, war mein Name Zenobia.«

Lokapi schaut sie mit offenem Mund an. »Zenobia? Zenobia … *Ngouzi*?« Der Name wühlt etwas in ihr auf. *Zenobia Ngouzi*. Sie kennt diesen Namen. »Die … die *Blase erschaffen* hat?«

Savanna lacht heiser. »›Erschaffen‹ … Das ist ein großes Wort. ›Zufällig entdeckt‹ trifft es eher. Darüber gestolpert. Ohne Nisha wäre ich niemals dahintergekommen.«

»Wer ist Nisha?«

Savanna verstummt und atmet geräuschvoll aus. Dann sieht sie Lokapi in die Augen. Etwas Neues liegt darin. Etwas Weiches. »Nisha ist … *deine Mutter.*« Die Welt dreht sich wieder im Kreis. Lokapi versucht aufzustehen, aber ihr ist schwindlig. Savanna dreht sich zu ihr. Ihre Arme hängen schlaff an ihren Seiten herunter. Ihre Strenge ist verschwunden. »Deine Mutter und ich sind gemeinsam aufgewachsen, Lokapi.« Sie hält die Hände abwehrend vor ihre Brust. »Ja, ich hätte es dir früher erzählen sollen, aber …« Sie senkt ihren Blick.

»Ich konnte nicht. Wir waren Kinder in Nof Shunit. Im Roten Meer.«

Lokapi keucht. »Dann stimmt es, was ich gesehen habe? Dann bist du auch Bina?«

Savanna nickt. »Gemeinsam haben wir das Dunkelriff gegründet. Deine Mutter war eine Rebellin. Sie hatte große Ideen. Sie war ungeduldig und … wütend. Sie kannte keine Angst. Zusammen waren wir unschlagbar. Wir haben alles geschafft.« Sie fährt sich durch das störrische, graue Haar. »Als die Heißen Wellen kamen, wurde alles zerstört. Alles, was wir aufgebaut haben. Unsere Freunde …« Ihre Stimme bricht und für einen Moment schweigt sie. »Erst viel später haben wir uns wiedergefunden. Ich dachte, außer mir hat niemand überlebt. Aber eines Tages, Jahre später, stand sie vor mir. In Socotra. Sie sah anders aus. Hatte keine Schuppen mehr. Aber dafür Flügel.« Savanna lacht und schüttelt den Kopf. »Eine Metamorphose, an die wir alle nicht mehr geglaubt hatten.«

Die geflügelte Frau. Aus dem Meer. »Sie hatte … Schuppen?«

»Sie war mit einer Meeresschildkröte hybridisiert.« *Schildkrötenerben!* Lokapis Blick fällt auf ihre goldgeschuppten Hände. *Natürlich!* Auf einmal macht alles Sinn. »Azrak … Dein Vater … Er starb in der Azidifizierung. Niemand wusste, dass die Experimente so weit fortgeschritten waren. Es hätte nicht möglich sein sollen. Aber aus irgendeinem Grund … Du wurdest in der Wüste geboren.«

Lokapi hat den Atem angehalten. Was als nächstes kommt, weiß sie. »Warum hat sie mich allein gelassen?«, flüstert sie.

Savanna seufzt. »Ich habe keine gute Antwort für dich. Keine, die dir genügen wird. Es tut mir leid.« Sie hebt die Hände in einer hilflosen Geste. »Sie wollte ihre Mutter suchen. Herausfinden, ob sie überlebt hat.«

»Aber warum hat sie mich nicht mitgenommen?« Lokapis Kopf pulsiert heiß.

»Ich weiß es nicht, Lokapi. Vielleicht hatte sie Angst, dass dir etwas zustößt. Reisen ist nicht ungefährlich. Du warst dort in Sicherheit, in dem Dorf in der Wüste.«

Wütende Tränen laufen ihre Wangen herunter. »Aber … warum ist sie nicht zurückgekommen?«

»Anna war krank. Es war –«

»Anna?«

»Deine Großmutter. Anna Hoareau.«

Lokapi keucht. »*Die* Anna Hoareau ist meine Großmutter?«

»Nisha hat sie gefunden. Auf Réunion, einer Insel im Indischen Ozean. Anna hatte es irgendwie geschafft, zu ihrer Insel zurückzukehren. Sie war krank. Nisha kümmerte sich um sie. Ihr Geist war scharf wie eh und je, aber körperlich hätte Anna es ohne Hilfe nicht mehr geschafft.«

»*Aber ich war doch ihr Kind!*«

»Es tut mir leid, Lokapi. Ich weiß.« Savanna schüttelt den Kopf.

Deswegen hat sie die Linien in der Wüste hinterlassen. Weil sie wusste, dass sie vielleicht nicht zurückkommen wird. Eine Nachricht, gewebt in die Landschaft. »Wie auch immer«, flüstert Lokapi unter Tränen. »Jetzt ist es zu spät.«

Savanna sieht sie überrascht an. »Ich weiß nicht … Es ist schon ein paar Jahre her. Aber ich war regelmäßig mit Anna in Kontakt. Sie hat mir mit den Berechnungen geholfen. Das letzte Mal, das ich von ihr gehört habe, lebten beide noch auf Réunion.«

EINTAUCHEN

Es ist spät. Lokapi liegt auf dem Boden. Sie schaut in den Nachthimmel und hört die Blätter rascheln. Die schwarzen Silhouetten der Baumkronen verschwimmen mit der Dunkelheit. Es ist ein gutes Leben hier. In der Gegenwart. Im Jetzt. Ohne Sorgen. Nur sein. An diesem Ort, diesem Paradies.

Anna. Anna Hoareau. Ihre Großmutter.

Nisha. Der Name ihrer Mutter.

Auf Réunion. Einer kleinen Insel im Ozean.

Und sie. *Lokapi*. Auf einer Insel inmitten von Zeit. In der Blase.

Kann es sein, dass sie immer noch dort sind? Auf der Insel? Und auf sie warten? Wer weiß, wie viele Jahre inzwischen vergangen sind. Erleichterung bahnt sich einen Weg durch ihren Körper, fließt durch ihre Augen und läuft an ihren Wangen herunter. *Sie ist nicht allein*. Sie war nie allein. Savanna. Zenobia. Bina. Sie war der Schlüssel.

Réunion ist tausende von Kilometern von Socotra entfernt. Aber es könnte möglich sein. Die Blase verlassen. Den Wald verlassen? Für eine lange Reise zu einem ungewissen Ziel. Niemals hätte sie sich träumen lassen, dass es noch möglich sein könnte, ihre Mutter zu finden. Sie könnte ihr all die Fragen stellen. *So viele Fragen!* Sie atmet aus.

Der Boden fühlt sich gut an. Warm und weich. Tröstlich. Sie stellt sich vor, dass Wurzeln aus ihrem Rücken herauswachsen, tief in die Erde hinein. Die Wurzeln suchen etwas. Etwas Pulsierendes. Etwas, das *weiß*. Das Herz des Waldes.

Es ist früh am Morgen, als die Schmetterlinge kommen. Ein leises Rascheln weckt Lokapi. Die Sonne ist noch nicht aufgegangen, aber der Morgen graut schon. Die Schmetterlinge sind überall. Sie bedecken die ganze Lichtung mit ihren schwarzblauen Flügen. Winzige Körper, die sitzen und warten. Auf sie.

Lokapi steht auf. Als die Schmetterlinge sich wie eine flatternde Welle erheben, ist sie bereit. Sie hüllen sie ein, umfangen sie wie ein lebendiger Umhang, bis sie Teil von ihnen wird. Dann fliegen sie los. Ein bunter Wirbelwind, ein Sturm von Flügeln und Lokapi fliegt mit. Durch den tiefsten Wald rauschen sie auf versteckten Wegen durch Baumkronen. Vorbei am tausendäugigen Baum. Vorbei an der Riesenschildkröte. Mit einem warmen Luftstrom fliegen sie hinunter ins Tal und landen an der Lichtung vor dem See.

Schildkrötenerbe … Der nächste Schlüssel.

Lokapi steht mitten auf dem runden Platz, als die Sonne aufgeht und die ersten goldenen Lichtstrahlen die Baumkronen berühren. Goldenes Licht trifft auf die Spitzen der weißen Felssäulen, dort, wo die Treppe in den See führt.

Lokapi geht die Stufen hinunter, bis sie am Wasser steht, und schaut nach unten. Tiefer und tiefer führen die Stufen in den See. Große Blätter von gigantischen Bäumen schaukeln in den Wellen hin und her. Blüten, so groß wie Lokapi selbst. Und auf einmal verblasst all das und das Wasser wird schwarz. Lokapi keucht und beugt sich nach vorne. Tausend Sterne blitzen ihr aus der Dunkelheit entgegen. Sterne, die sich langsam durch die Tiefe bewegen, die sich treffen und gemeinsam Muster formen und sich dann wieder verlieren.

Doch bevor Lokapi Zeit hat, mehr darüber nachzudenken, schwimmt aus der Tiefe eine Meeresschildkröte auf sie zu. Sie gleitet bis zur letzten Stufe und streckt ihren Kopf aus dem Wasser. Eine sternförmige, silberne Schuppe glänzt an der Seite ihres Halses.

Lokapi hält den Atem an. Noch nie hat sie eine Meeresschildkröte gesehen. Ihre großen Flossen sind dunkelblau. Sie öffnet ihren Schnabel. Weiche, schwarze Augen schauen direkt in Lokapis Seele. Sie spürt ein Kitzeln in ihren Fingerspitzen. Eine warme Langsamkeit legt sich um ihr Herz. Was heißt das, *zu Hause*? Was bedeutet es, Wurzeln zu haben? Verloren zu sein und gefunden zu werden?

Ihr ganzes Leben lang ist sie den Mustern gefolgt, die ihre Mutter in die Landschaft gewebt hat. *Aber nicht nur*. Sie ist ihren eigenen Weg gegangen. Einen anderen Weg als ihre Mutter. Auch wenn er sie genauso nach Socotra geführt hat. Es war immer ihr Weg. Aber sie war nie allein. Die Vögel und Echsen haben sie begleitet. Und ihre Mutter war immer bei ihr, in den Mustern. Etwas Schweres fällt von ihr ab.

Was bedeutet es, loszulassen? Was heißt es, nach vorne zu schauen und zu den Sternen zu gehen? Ihre Augen wandern von den Flossen der Sternschildkröte zu ihren eigenen Händen. Blaue und goldene Schuppen. *Schwester*. Ein Windstoß rauscht an ihr vorbei. Vorsichtig streckt sie ihre Hand aus. Ihre Finger berühren die Flosse der Schildkröte. Das Rauschen des Windes wird stärker, bis es alles ist, was Lokapi hört. Die Welt rauscht außen und innen. Die Wasseroberfläche kräuselt sich. Tausend kleine Wellen zittern über den See, breiten sich in Lokapis Bewusstsein aus und verwirren ihre Sinne, bis sie etwas Uraltes zwischen den Falten der Wirklichkeit spürt.

»*Was ist im See?*«, flüstert sie dem uralten Wesen zu, das auf sie wartet.

»*Eine Chance*«, ertönt die Antwort im Wind. »*Eine Lücke im Stoff der Wirklichkeit, durch die man hindurchschlüpfen kann. Langsamkeit ist eine Kunst, die den Blick für das schärft, was sich zwischen den Feinheiten der Welt verbirgt. Du hast es beinahe geschafft, Tochter der Meere. Streif deine menschliche Haut ab.*«

Zitternd steht Lokapi auf. Die Welt schwankt unter ihr. »*Ist es wie hier, wie unsere Welt?*«

Der Uralte lacht wie der rauschende Wind. »*Nichts ist mehr wie hier. Ihr habt diese Welt zerstört, Menschin, und uns beinahe ausgelöscht. Aber wir müssen nicht gemeinsam untergehen. Unsere Rufe hallen durch die*

Falten des Stoffes, aus dem diese Welt gewebt ist. Manche hören uns. Sie kommen zu uns und wir kommen zu ihnen. Unser Erbe ist der Schlüssel, um durch die Lücken zu schlüpfen, in eine neue Welt hinein. Wir sind nicht mehr, wer wir einmal waren. Und ihr ... seid uns nun ähnlicher.«

»*Dann ... gibt es Hoffnung?*«, stottert Lokapi. »*Dann ist nicht alles verloren?*«

»*Komm*«, rauscht der Wind. »*Komm zu uns.*«

Der Uralte antwortet nicht mehr. Lokapi schließt ihre Augen. Sie atmet langsam und ruhig. Die Langsamkeit der Schildkröten liegt in ihren Genen. Sieht sie deswegen das Leben zwischen den Feinheiten der sterbenden Welt? Passt sie deswegen durch die Maschen der Wirklichkeit? Sie versucht, langsamer zu werden. Sie öffnet ihre Augen einen Spaltbreit. Zwischen den Falten der Welt bilden die farbigen Linien ein leuchtendes Netz. Von überall her laufen sie auf sie zu, kreuzen sich und versinken dann im See. Pulsierende Stränge bunter Energie. Große und kleine. Je bedächtiger man schaut, desto mehr Fäden entdeckt man.

Lokapi verlangsamt ihre Gedanken noch weiter. Sie atmet im Rhythmus der Erde. Es ist eine ganz bestimmte Linie, die sie sucht. Eine, der sie so lange gefolgt ist. Ihre Hand streicht über das irisierende Netz. Sanft lösen ihre Finger einen Strang vom anderen, bis sie den richtigen Faden gefunden hat. Leicht und warm liegt er in ihrer Hand, als sie ihre Finger einen nach dem anderen darum schließt.

Mit der Geschwindigkeit eines fallenden Sterns rast sie in den Himmel hinein. Ihr Sein streckt sich in alle Richtungen und fliegt hoch hinaus. Unter ihr ist totes Land. Trockenes, staubiges Ödland, in dem Stürme wüten. So weit dehnt sie sich aus, dass sie den Stoff ihres Selbst beinahe reißen spürt. Doch dann fällt sie hinab und landet auf einer kleinen Insel mit einem Vulkan, in einem Haus am Meer.

Blätter schaukeln im Wind. *Es gibt dort Bäume?* Die Sonne fällt durch ein offenes Fenster hinein in das kleine Haus. Sie hört eine Stimme, die sie noch nie gehört hat und die trotzdem so klingt, als würde sie sie schon immer kennen.

An einem kleinen Bett sitzt eine Frau mit dem Rükken zu ihr. Ihre blauen Flügel zittern leicht in einer unsichtbaren Brise. Rote Haare mit silbernen Strähnen stehen wild gelockt zu allen Seiten. Die Frau beugt sich über das Bett. Lokapis Geist zieht sich zusammen, sie muss näherkommen, sie muss sehen, was dort ist. Sie verlagert ihre Aufmerksamkeit. Unter einer dünnen Decke liegt eine alte Frau. In ihrem runzligen Gesicht blicken hellblaue Augen in die Ferne. Lange, silberne Haare liegen auf dem Laken. Wenn man genau hinsieht, kann man Spuren von Rot darin erkennen. Die andere Frau hält ihre Hand und summt eine leise Melodie, die Lokapi zum Erzittern bringt.

»*Mama?*«, flüstert sie. Die Frau wird still und dreht sich um. Und für einen Moment hat Lokapi den Eindruck, dass grüne Augen sie aus einem dunkelvioletten Gesicht ansehen, das von der Zeit gezeichnet ist. »*Ich schwimme zu den Sternen*«, flüstert sie ihr zu. Sie spürt eine Hand auf ihrer Wange, sieht Überraschung und Erkennen in den Augen, die die Tiefe des Meeres spiegeln. Aber dann löst das Bild sich auf. Etwas zieht sie zurück in den Himmel, zieht sie über verödete Kontinente und tote Meere zurück zum Herz des Waldes.

Aber dort oben, zwischen dem engen Netz von leuchtenden Strängen, die alles verbinden, sieht Lokapi sie für einen Moment: Andere, die auf gefiederten Flossen fliegen und mit geschuppten Flügeln schwimmen. Die den Linien folgen und die Rufe hören.

Dann steht sie wieder vor dem See. Keuchend versucht sie, ihr Gleichgewicht wiederzuerlangen. Die Sternschildkröte liegt immer noch vor ihr im seichten Wasser. Sie öffnet ihren Schnabel und hebt auffordernd den Kopf. Sieht Lokapi aus schwarzen Augen fragend an. Dann dreht sie sich um und gleitet in die Tiefe.

Es ist Zeit. Zitterend atmet Lokapi ein letztes Mal ein und aus.

Bleibt bei mir. Nisha. Anna. Bleibt bei mir, auch wenn ich neue Wege gehe.

Sie macht einen Schritt und taucht ein.

Glossar

GESELLSCHAFTLICHER HINTERGRUND

Der Roman beginnt in Teil I 154 Jahre nach einer Klimakatastrophe, den Feuern, die die uns heute bekannte Welt in der Zukunft an den Rand des Abgrunds geführt hat. Ausgelöst durch die Dezimierung der Bevölkerung und genetische Experimente direkt nach den Feuern steuert die Menschheit auf einen genetischen Kollaps zu. Dieser drückt sich in einem dramatischen Sinken der Geburtenrate und einer hohen Säuglingssterblichkeit aus. Um dem entgegenzuwirken, werden in Annas Generation in Teil I des Buches defekte menschliche Embryos mit der DNS anderer Spezies repariert – allen voran Meerestiere. Alle Hoffnungen, einen Ausweg aus der unvermeidlich erscheinenden Katastrophe zu finden, ruhen auf der wissenschaftlichen Erforschung des Lebens im Ozean.

Politisch spaltet die Hybridisierung die Gesellschaft der Fünf-Staaten-Allianz und stärkt bestehende Unruhen. Hybride werden als minderwertige Menschen oder Nicht-Menschen verurteilt und zum Sündenbock sozialer Probleme gemacht, angetrieben auch durch Ängste, auf dem Trockenen in Zukunft durch Fortschritt unter Wasser abgehängt zu werden.

Durch das globale Azidifizierungsereignis in Teil II, die sogenannten Heißen Wellen, und das Ausbleiben großflächiger Lösungen durch die Hybridisierungen verlagert sich das Mächtegleichgewicht innerhalb der nächsten Jahrzehnte wieder zugunsten des Trockenen. In Lokapis Zeit in Teil III wird die Hybridisierung als gescheitert gesehen, da die Geburtenrate nicht gestiegen ist. Die im Text verwendeten Namen haben hebräische, arabische und aramäische Wurzeln und spiegeln damit die regionale Geschichte in der Fünf-Staaten-Allianz wider, dem heutigen Israel, Ägypten, Jordanien, Libanon und Syrien sowie engere Verbindungen nach Nordostafrika.

TECHNISCHE, KULTURELLE UND GEOGRAPHISCHE BEGRIFFE

- ALG – Nach den Feuern entwickelter Rohstoff auf Algenbasis, Grundlage für die Herstellung einer Vielzahl von Materialien, von Treibstoff über Nahrungsmittel bis hin zu Kleidung.

- FLOSSIE – Unterwasser-Mobiliar, Sitzkissen oder Betten.

- HOLOS – Armbänder, die als kleine persönliche Computer/Smartphones fungieren und deren Benutzeroberfläche holographisch in die Luft projeziert wird.

- IMGÖ – Institut für marine Genetik und Ökologie. Ein Forschungsinstitut in Eilat.

- *Kil'ayim* – hebräisch: »Hybride«. Hier im kulturellen Kontext genutzt mit negativer Konnotation.

- LICHTIES – kleine kugelförmige Speichermedien, basiert auf organischer Biotechnologie. Müssen in einer Nährlösung aufbewahrt werden, die sie mit Energie versorgt.

- MESSIBA – Slang, hebräisch: »Party«.

- NOF SHUNIT – Unterwasserstadt im Roten Meer, vor den Toren Eilats. Hebräisch: »Aussicht auf das Korallenriff«.

- QWA – fiktive Einheit, die Schäden im embryonalen Genom misst.

- TIEFE HYBRIDE – Hybridisierte Menschen, deren Phänotyp (Aussehen) soweit vom durchschnittlichen Menschen abweicht, dass sie nicht auf den ersten

Blick als Mensch zu erkennen sind. Die Akzeptanz von Tiefen Hybriden ist gesellschaftlich besonders schwierig und spitzt die Problematik der Definition von Menschlichkeit zu.

NAMENSGLOSSAR TEIL I

- ANNA HOAREAU – Arbeitswütige Meeresbiologin, die sich gern an Fakten und Zahlen hält. Seit dem Tod ihrer Eltern und ihres Bruders kämpft die rothaarige Anna mit Panikattacken, wenn sie versucht, unter Wasser zu atmen. Als sie eine wilde Meeresschildkröte trifft, die es eigentlich gar nicht geben dürfte, treibt die Neugier sie dazu, sich ihren Ängsten zu stellen. Sie hat einen geringen Anteil hybrider Gene. Ihre Lungen können sowohl Luft als auch Wasser atmen, ihre Augen fokussieren auch unter Wasser, allerdings ist ihre Hörfähigkeit unter Wasser eher begrenzt. Anna stammt aus La Réunion. Hoareau ist einer der häufigsten Nachnamen auf dieser kleinen Insel im Westlichen Indischen Ozean. Vorname hebräisch: »Die Anmutige«.

- ASENATH PAVIER – Muhits Mutter, Professorin für Genetik. Vorname altägyptischer Herkunft.

- DR. REFAI – Arzt, der eine informelle »Piratenpraxis« in der Algenstadt betreibt, einem Brennpunkt-Viertel in Eilat.

- GABRIEL HOAREAU – Annas jüngerer Bruder, verstarb zusammen mit den Eltern bei einem Vulkanausbruch. Wurde einer illegalen Hybridisierung mit Beuteltier-DNS unterzogen, weshalb er sein Leben lang unter Entzündungen an Haut und Fell litt. Anna stand ihm sehr nahe und gibt ihren Eltern sowie sich selbst die Schuld für sein Unglück. Vorname hebräisch: »Der Kämpfer/Held Gottes«.

- MEIRA NASSER – Annas Kollegin am IMGÖ. Hebräisch: »Die Licht bringt«, Nachname arabischer Herkunft.

- Muhit Pavier – Kollege Annas am IMGÖ und ihr bester Freund. Mariner Hybrid mit rötlichen Schuppen an Gesicht und Körper. Vorname arabisch: »Ozean«.

- Prof. Xanthopolous – Forscherin und Betreiberin einer Praxis für embryonale Hybridisierung in Nof Shunit. Tiefe Hybridin mit Oktopuskörper und Delfinschwanz.

- Shiryam – Walhybrid, Waise, Ergebnis ethisch problematischer genetischer Experimente. Bläuliche Haut, kann unter Wasser besser sprechen und hören als im Trockenen und hat eine besondere Singstimme, die unter Wasser sehr weit trägt. Zwischen ihm und Anna besteht ein romantisches Interesse. Hebräisch: »Lied des Meeres«.

- Talitha Jaddawi – Professorin, Leiterin der Forschungsgruppe am IMGÖ, in der auch Anna arbeitet. Vorname aramäisch: »Mädchen«, Nachname arabischer Herkunft.

- Yovesh Saab – Kollege Annas im IMGÖ. Noch relativ neu in Eilat und nicht an den Umgang mit Hybriden gewöhnt. Eckt oft mit der hybrid-befürwortenden Kultur an, vor allem mit Muhit. Vorname hebräisch: »Trockenheit«, Nachname arabischer Herkunft.

NAMENSGLOSSAR TEIL II

- AZRAK MAYIM – Nishas Partner und Mitbegründer des Dunkelriffs. Er hat schwarze Augen, weiche, weiße Haut und einen formlosen Körper, der über eine unklare Anzahl von Tentakeln verfügt. Oft kritisiert er bestehende Meinungen und sieht die Dinge aus einem anderen Winkel. Vorname arabisch: »Blau«, Nachname hebräisch: »Wasser«.

- BINA LETA'A – Nishas Freundin und Mitbegründerin des Dunkelriffs. Aus ihrem Kopf wachsen Flossenkämme, ihr Haar ist violett. Entdeckt schon früh ihre Leidenschaft für die Forschung. Folgt der Religion der Sternschildkröten. Vorname hebräisch: »Einsicht, Verstehen«, Nachname hebräisch: »Eidechse«.

- MAHIRA KACHOL – Nishas Freundin und Mitbegründerin des Dunkelriffs. Sie hat schwarze Haut mit weißen Streifen, bunt leuchtende Tentakel anstelle von Haaren sowie Seiten- und Schwanzflossen anstelle von Armen und Beinen. Sehr fröhlich, flink und experimentiert gerne mit Neuem. Vorname hebräisch: »schnell«, Nachname hebräisch: »blau«.

- NISHA HOAREAU – Annas und Shiryams Tochter Nisha ist ein Meeresschildkröten-Hybrid. Ihr ganzer Körper ist violett geschuppt, ihre Füße enden in Flossen. Ihre Haare sind so rot wie die ihrer Mutter. Die willensstarke Jugendliche wächst in der Unterwasserstadt Nof Shunit auf, lässt sich nichts verbieten und wünscht sich vor allem, endlich von ihrer Mutter ernst genommen zu werden. Die Rolle weiterer Arten in ihrer Hybridisierung wird erst im Laufe ihres Lebens klar. Vorname Sanskrit: »Nacht«.

- Omek Yamli – Nishas Freund und Mitbegründer des Dunkelriffs. Er hat Flossenkämme und Schwimmhäute, seine Haut ist gräulich. Meist ist er zögerlich und vorsichtig, zuweilen etwas ängstlich. Vorname hebräisch: »Tiefe«, Nachname: »mein Meer«.

NAMENSGLOSSAR TEIL III

- FAISAL – Lokapis Mann. Physiker. Er geht zwar wohlmeinend mit seiner Frau um, hat aber kein Verständnis für sie und ihre Wünsche. Vorname arabischer Herkunft: »Entscheider«.

- LOKAPI – Nishas und Azraks Tochter, die in einem Dorf in der Wüste zurückgelassen wurde und nichts über ihre Herkunft weiß. Sie hat rote Haare, die sich wie Tentakel bewegen, schwarze Augen und vereinzelte goldbraune Schuppen, die sich zunehmend auf ihrem Körper ausbreiten. Auf der Suche nach ihren Wurzeln driftet die Biologin durch die Welt und folgt einer inneren Stimme. Sie fühlt sich mit Tieren verbunden und erforscht einen rätselhaften Wald in der zwischendimensionalen Blase. Herkunft des Namens: »*L'okapi*« – französisch für Okapi, ein scheues Huftier, das wie eine Mischung zwischen Zebra und Giraffe aussieht und im Regenwald lebt.

- ZENOBIA NGOUZI/SAVANNA – Physikerin, weltweit bekannt geworden durch die Entdeckung der Blase am Black River Labor auf Socotra. Verschwindet spurlos von einem Tag auf den anderen. In der Blase nennt sie sich »Savanna«. Vorname babylonischer/griechicher/syrischer Herkunft, Nachname Suaheli: »Echse«.

DER KALENDER

In der Welt von Anna, Nisha und Lokapi wird in der Fünf-Staaten-Allianz nach den Feuern ein angepasster hebräischer Lunisolarkalender verwendet. Dabei richten sich die dreizehn Monate nach den Mondphasen. Das Jahr Null bezieht sich auf das Ende der Feuer, in denen die Welt, wie wir sie kennen, zerstört wurde.

Hebräischer Monat		**Anzahl der Tage**	**Gregorianischer Kalender**
Tischri	תִּשְׁרֵי	30	September/Oktober
Cheshvan	חשון	29	Oktober/November
Kislew	כסלו	30	November/Dezember
Tevet	טבת	29	Dezember/Januar
Shvat	שבט	30	Januar/Februar
Adar	אדר	29	Februar/März
Nisan	ניסן	30	März/April
Ijjar	אייר	29	April/Mai
Siwan	סיון	30	Mai/Juni
Tammus	תמוז	29	Juni/Juli
Aw	אָב	30	Juli/August
Elul	אֱלוּל	29	August/September

DIE SCHILDKRÖTEN

Wilde Meeresschildkröten gelten als ausgestorben. Dafür sind verschiedene Linien von genetisch manipulierten *Arbeitsschildkröten* allgegenwärtig in Teil I und II, um fossile Brennstoffe zu ersetzen. Die letzten wilden Meeresschildkröten agieren als reale und spirituelle Wesen im Verborgenen. Der mystische *Uralte*, eine gigantische Lederschildkröte, ist der Wächter der Schildkröten und ihrer Beziehungen zu den Menschen. In Träumen und Visionen erscheint er Anna, Nisha und Lokapi und gibt ihnen Hinweise. Die durch eine sternförmige Schuppe gekennzeichneten *Sternschildkröten* sind seine Boten. Sie sind in Traum und Realität auf der Suche nach Menschen, die besonders enge Beziehungen mit Schildkröten eingehen können. Durch Verflechtungen auf der genetischen und spirituellen Ebene stehen die Sternschildkröten den Menschen bei und retten gleichzeitig das Erbe der Meeresschildkröten.

- INSTIES: Instandhaltungsschildkröten. Stark, groß und kräftig. Sehr entspannt. Weniger Durchhaltevermögen, weniger wendig als *Navties*. Gute Feinmotorik. Implantate erlauben ihnen, komplexe Arbeiten mit ihren Vorderflossen auszuführen. Sehr loyal. *Insties* haben den höchsten Anteil an Genen der Lederschildkröte, weswegen sie trotz ihrer Langsamkeit ein hohes Ansehen genießen.

  Genetische Grundlage: Grüne Meeresschildkröte (Chelonia mydas) und Unechte Karettschildkröte (Caretta caretta) plus Hybridisierungsbasis der Lederschildkröte (Dermochelys coriacea) von 3,7%.

- KONTIES: Haustierschildkröten, Gefährten. Kleinster Typ. Weiche Panzer, viele Farbvariationen. Verspielt, freundlich, sanft und loyal. Intelligent. Sehr personenbezogen auf Einzelpersonen, daher oft als Geschwisterersatz eingesetzt. Arbeitswille wurde durch Züchtung reduziert, damit sie in den Häusern weniger zerstörerisch sind.

Genetische Grundlage: Grüne Meeresschildkröte und Atlantik-Bastardschildkröte (Lepidochelys kempii). Letztere ist vor allem für die Reduzierung der Größe und das Bedürfnis nach engen Beziehungen verantwortlich.

- NAVTIES: Navigationsschildkröten. Ziehen Boote und Transportblasen. Starker Orietierungssinn, aufmerksam, wendig und schnell, motiviert, freundlich, loyal, hohe Stamina, stark und schlank.

  Genetische Grundlage: Grüne Meereschildkröte und Echte Karettschildkröte (Eretmochelys imbricata), plus die notwendige Hybridisierungsbasis von 3,5% Lederschildkröte.

- PORTIES: Transportschildkröten. Ähnlich den *Navties*, werden zum Transport von Waren eingesetzt. Genetisch ähnliche Grundlage wie die *Navties*, unterscheiden sich aber im Training. Werden nach Fähigkeiten selektiert. Anforderungen an *Navties* sind höher.

DISKUSSIONSANREGUNGEN FÜR LESEZIRKEL

Klimakatastrophe

- Denkt ihr, ein solches Szenario wie im Buch beschrieben ist als Konsequenz einer ökologischen Katastrophe wahrscheinlich? Warum? Warum nicht?
- Welche Aspekte sind realistisch, welche würden rein fiktional bleiben?
- Was glaubt ihr, was die Autorin mit den eher fiktionalen Aspekten der Konsequenzen und dem Umgang mit der Klimakatastrophe bewirken wollte?

Dystopie – Utopie

- Würdet ihr den Roman als dystopisch oder utopisch bezeichnen? Warum?
- Welche Aspekte sind utopisch, welche dystopisch?
- In welchem Teil des Buches würdet ihr am liebsten leben und warum? In welchem nicht?
- Denkt ihr, dass es wie in der Welt von Anna, Nisha und Lokapi immer weitergeht, auch im Angesicht von Zerstörung? Dass sich immer wieder neue Nischen und Möglichkeiten auftun, in denen das Leben Fuß fasst? Habt ihr dafür Beispiele?

Hybridisierung

- Haltet ihr die Idee einer Hybridisierung von Mensch und Tier für realistisch? Für Ethisch?
- Welche Probleme ergeben sich im Buch daraus?
- Wie, denkt ihr, würde die Menschheit auf die Präsenz von Tiefen Hybriden reagieren? Findet ihr die im Buch beschriebenen Reaktionen nachvollziehbar?

- Wo verläuft eurer Meinung nach die Grenze zwischen Mensch und Tier?
- Lässt sich die Menschlichkeit eher an äußeren oder an inneren Merkmalen festmachen?

Anna

- Warum schafft Anna es nicht, unter Wasser zu atmen, obwohl sie körperlich dazu eigentlich in der Lage wäre?
- Könnt ihr verstehen, dass Anna Shiryam nichts über die Schwangerschaft gesagt hat? Wie hättet ihr diese Situation gehandhabt?
- Hättet ihr euch an Annas Stelle für oder gegen eine Hybridisierung entschieden?
- Warum wollte Anna nicht die von Dr. Refai angebotene Hybridisierung annehmen?
- Wie verlief die erste Begegung zwischen Anna und Dr. Xanthopolous? Warum hat sich Anna im Nachhinein für ihre Reaktion entschuldigt?
- Was, denkt ihr, ist während Annas Visionen von und mit Schildkröten passiert? War dies Einbildung oder Realität?
- Was hat das Geschenk der Schildkröte an Anna, die Schuppe, bedeutet?

Nisha

- Warum ist Nisha so wütend auf ihre Mutter?
- Warum fühlt Nisha sich so sehr in die Tiefsee gezogen?
- Wie geht ihre Mutter Anna mit dem Konflikt um? Was hätte sie besser machen können?
- Warum haben Nisha und Anna sich nach Nishas Wegzug ins Dunkelriff nicht mehr besucht? Warum ist Nisha nicht zur Beerdigung ihres Vaters gegangen?

- Könnt ihr nachvollziehen, dass Nisha die Dunkelheit der Tiefsee als Geborgenheit erfährt? Was sind eure Assoziationen mit der Tiefsee?
- Was passiert mit dem gesellschaftlichen Leben im Dunkelriff? Wie wirken sich die Tiefe und Isolation auf die jungen Menschen aus?

Lokapi

- Wie war Lokapis Kindheit? Hatte sie eine glückliche Kindheit?
- Könnt ihr verstehen, dass Nisha Lokapi allein gelassen hat? Warum sie das getan?
- Warum konnte Lokapi nicht mit der Vergangenheit abschließen? Warum hat sie weiter nach ihrer Mutter gesucht?
- Warum hat der Wald Lokapi so sehr in seinen Bann gezogen? Warum hat sie sich entschieden, in der Blase zu bleiben?
- Warum ist Savanna in der Blase geblieben?
- Was passiert im Wald in der Blase?
- Warum nennt Savanna den Wald ein Paradies? Stimmt ihr ihr zu? Warum? Warum nicht? Stimmt Lokapi Savanna zu?
- Was symbolisiert der See auf der geheimen Lichtung tief im Wald? Was könnte dahinterkommen?
- Warum springt Lokapi in den See? Was hättet ihr gemacht an ihrer Stelle?

Anna – Nisha – Lokapi

- Was verbindet die drei Generationen?
- In welcher Hinsicht sind Mutter, Tochter und Enkelin sich ähnlich? Wo sind sie verschieden?

- Was denkt ihr, würden sich die drei Hauptfiguren gerne sagen, was nicht ausgesprochen wurde?
- Was bedeutet Heimat für jede der drei Hauptfiguren?
- Finden sie jeweils ihre Heimat? Wenn ja, wo und warum? Was müssen sie dafür loslassen?
- Kann es sich im Laufe des Lebens verändern, was Heimat ist? Habt ihr Beispiele dafür aus eurem eigenen Leben?

DANKSAGUNGEN

Es gibt so viele Menschen, die Teil an der Entstehung der Welt von Anna, Nisha und Lokapi hatten und daran, dieses für ein Debüt eigentlich viel zu komplexe und zu lange Manuskript zu schreiben, neu zu schreiben, zu übersetzen, zu überarbeiten, einzureichen, zu überarbeiten, zu polieren und letztendlich zu veröffentlichen, dass man eigentlich mehr von einer Kooperation sprechen muss als alles andere. Zwar ist der Schreibprozess einsam, aber ein Netz von Beziehungen führt schließlich zu einem fertigen Buch. In diesem Moment, in dem *Drei Phasen der Entwurzelung* erscheint, liegt der Anfang schon so weit zurück, dass vieles im Nebel der Erinnerung verschwimmt.

Dennoch erinnere ich mich noch ganz genau an den Moment. Der kritische Satz kam von Isabelle Hoareau Joly, die hier die Erste ist, der ich zu Dank verpflichtet bin und zu deren Ehren Anna benannt ist. Auf meiner Forschungsreise nach La Réunion war Isabelle meine Nachbarin, wohnhaft in einem kleinen Haus am Strand, in einem kleinen Dorf, auf einer Insel mit einem Vulkan. Ich löcherte sie mit vielen Fragen in Bezug auf meine Forschung als Postdoktorandin zum Leben mit Geckos im Garten, aber auch zu ihrem Leben als Schriftstellerin. Ich teilte mit ihr, dass es immer mein Traum war, Bücher zu schreiben, aber dass ich nun auf einem akademischen Weg bin. Mit einem Unterton von: »Jetzt ist es eben zu spät.« Sie lachte. »Du bist doch noch so jung!«, sagte sie, »*Mais tu es encore jeune!*« Das war 2018. Und irgendetwas in mir dachte, vielleicht hat sie recht. Vielleicht ist es nicht zu spät. *Merci Isabelle pour cette phrase, à ce moment.* Dieser Satz ist bei mir geblieben.

Die ersten Worte schrieb ich allerdings erst ein Jahr später in Mauritius, wieder auf Forschungsreise, angefüllt mit Eindrücken von tropischen Inseln, von Geckos und Schildkröten, von tiefen Wäldern und traumhaften Unterwasserwelten. Auf der Suche nach einem Ventil begann ich die ersten Szenen zu schreiben. Von einer jungen Frau, die im Wald verloren gehen will. Von einer Begegnung mit einer mysteriösen Schildkröte unter Wasser. Von einer angespülten schwangeren Frau, die unsichtbare Linien tief hinein in die Wüste ziehen. Nach und nach spannen sich diese Geschichten von Lokapi, Anna und Nisha zu etwas Eigenem, und nach und nach verband ich sie zu einer Chronologie von Zerstörung und Hoffnung, Verlust und Liebe.

Neben Isabelle gebürt mein Dank an dieser Stelle zu allererst Omri – meinem Mann und Begleiter, der von Anfang an und bis zum Ende mein größter Unterstützer war und ist, der immer an mich geglaubt und mich durchgehend ermutigt hat, weiterzumachen.

Danke an Christine Griffiths, Nicholas Zuel, Vincent Florens, Jean-Michel Probst, Mickaél Sanchez, Oliver Hawlitschek, Kathleen Webster, Ashwini Mohan und vielen anderen Naturforscher*Innen und -schützer*Innen, die mir auf Mauritius, La Réunion und Mayotte neue Welten eröffnet haben. Danke an Thomas Roussel, der viel zu früh gegangen ist.

Die erste Version schrieb ich auf Englisch. Nach zahllosen Überarbeitungen, Frustrationen und demgegenüber den ersten erfolgreichen Kurzgeschichten-Veröffentlichungen auf Deutsch entschied ich, dass Deutsch meine kreative Sprache ist, trotz meiner akademischen Arbeit auf Englisch und meinem Alltag, der größtenteils hebräisch ist. Mithilfe der besten Schreib-Coachin der Welt, der genialen Amit Shamir, machte ich mich daran, den ganzen Text noch einmal aufzurollen, zu schärfen, zu vertiefen und zu strukturieren. Während ich übersetzte, versorgte Amit mich mit Übungen, Fragen und Aufgaben, die mich alles hinterfragen und neu zusammenfügen ließen und das Buch zu dem gemacht haben, was es heute ist.

תודה עמית היקרה, בשביל הכל. אני עדיין לא מאמינה שפגשתי אותך בדיוק ברגע הזה, ושזכיתי לעבוד איתך. את עזרת לי להפוך את כל הספר ולבנות אותו מחדש, עם הרבה יותר עומק. למדתי הרבה בתהליך הזה. אני כל כך מעריכה את היצירתיות והמקצעוניות שלך. זו ההצלחה שלך לפחות כמו שלי.

Danke an die Community des Tintenzirkels, die die Entstehung des Romans begleitet hat. Dank an Raphael Dagen, der mir ein großartiger und kritischer Beta-Leser war, ebenso wie mein Vater, der viele kritische Fragen hatte, aber auch Lob.

Zum richtigen Zeitpunkt, nach vielen Absagen, fand Michael Stavaric ermutigende Worte, und motivierte mich, Geduld zu haben und weiterzumachen.

Beim Wortschatten-Verlag stießen die Schildkröten auf Begeisterung. Danke an Christoph Swiontek und Kim Colling für die gelungene Zusammenarbeit auf dem Weg hin zum fertigen Buch!

Jetzt freue ich mich, diesen Roman in die Welt hinaus zu entlassen, und bin gespannt, was die Leserinnen und Leser daraus machen.

DIE AUTORIN

Lisa Krieg lebt mit ihrem Mann, ihrer Tochter, mit drei Katern und einer Hündin in einem kleinen Dorf in der Wüste Israels. Als promovierte Ethnologin erforscht sie die kulturelle Seite von Mensch-Natur-Technologie-Beziehungen in Laboren und Museen in Deutschland, in Wäldern und Meeren im Indischen Ozean. Als Künstlerin bringt sie die unendlich vielfältigen Formen der Wüste in Öl und Aquarell auf Leinwand und Papier. Sie schreibt spekulative Literatur und leitet das kleine Designlabel LKArava.

EBENFALLS IM WORTSCHATTEN VERLAG ERSCHIENEN

PETRA P. HASLER

Der Herzschlag einer anderen Welt

472 Seiten, 17,00 EUR

978-3-96964-026-5

Die Autorin Ana schreibt gerade an ihrem Manuskript über die junge Magierin Arithmene, als die Schurken aus ihrer eigenen Geschichte sie entführen. Sie kann entkommen, steckt aber nun in der ebenso vertrauten wie fremden Welt ihres Manuskripts fest. Mit Hilfe einer sarkastischen Wanderheilerin und eines charmanten Meisterdiebs heckt sie einen Plan aus, um ein Amulett zu stehlen, mit dem sie wieder nach Hause zurückkehren kann.

Und das ist nur der Anfang!

JULIA VON REIN-HRUBESCH

Alle deine Monster

232 Seiten, 15,00 EUR

978-3-96964-032-6

Niemand kennt Bella so gut wie ihr bester Freund Timothy. Sie teilen alles, auch die Liebe zur Kunst. Als Bella im Wald von einem grauenhaften Wesen entführt wird, versucht Timothy alles, um sie zurückzuholen. Doch wie soll ihm das gelingen, wenn Mut immer zu Bella gehörte und Furcht zu ihm?

Wem gehören die Stimmen, die plötzlich zu ihm sprechen? Und was hat die alte Grüßwetter, die am Waldrand wohnt, mit Bellas Verschwinden zu tun? Als Bella zurückkehrt, könnte Timothys Freude nicht größer sein. Bis diese Freude zur Angst wird. Denn Bella hat etwas mitgebracht.